"十二五"普通高等教育本科国家级规划教材

北京市高等教育精品教材立项项目

新编21世纪新闻传播学系列教材

基础课程系列

外国新闻传播史纲要

第3版

陈力丹　张玉川　著

A Brief History of Foreign Journalism and Communication

中国人民大学出版社
·北京·

内容简介

《外国新闻传播史纲要》首先从宏观上概括了人类社会现代新闻传播的历史轨迹，以期让读者对15世纪末至今全球现代化进程中新闻传播的发展大势有直观的印象。其次，按照世界上目前的发展区域或板块，本书分别介绍了欧洲、美洲、亚洲（西亚除外）、西亚北非、撒哈拉以南非洲及大洋洲的新闻传播史。

第3版大幅增加各文化板块、各代表性国家互联网传播的内容；各文化板块里的代表性国家，分别增加了西班牙、印度尼西亚、哈萨克斯坦、阿尔及利亚、以色列、沙特阿拉伯、尼日利亚、肯尼亚、民主刚果等9个国家。修订后，本书的叙述涉及世界上101个国家新闻传播业的历史和现状，重点阐述的国家24个，简单介绍的国家77个，时间下限为2021年2月。

作者简介

陈力丹　四川大学文科讲席教授，博士生导师。中国人民大学荣誉一级教授，博士生导师。1993年起享受国务院特殊津贴。曾任中国社会科学院新闻与传播研究所研究室主任（1988—2003）、第六届国务院学位委员会学科评议组成员（2008—2015）、中国人民大学《国际新闻界》主编（2005—2016）、中国人民大学新闻学院学术委员会主任。研究方向为新闻理论、传播理论、中外新闻史、舆论学。

张玉川　四川大学文学与新闻学院新闻系副教授、硕士生导师。美国密苏里新闻学院访问学者（2016年1月至2017年1月）。主要从事新闻史论、网络传播研究。主要担任“外国新闻传播史”“中国当代新闻”“网络传播学”等课程的教学工作，先后在《新闻与传播研究》《国际新闻界》《新闻记者》等新闻传播学学术期刊上发表论文30余篇，出版《中国电视知识分子论》《新闻评论学》两本专著。

总序

中国人民大学出版社策划出版的“新编 21 世纪新闻传播学系列教材”，是一套在新闻传播学领域内，皋牢百代，卢牟六合，贯穴古今，笼罩中外，密切联系新闻传播工作的实际，广泛吸收新闻传播学的最新研究成果，高掲遐揽，取精用宏，供新世纪的高等院校新闻传播院系教学使用的系列教材。

20 世纪初以来的 100 年，是世界新闻传播事业飞速发展的 100 年。这 100 年来，随着科学技术的不断发展，继报纸、期刊、通讯社之后，广播、电视、网络和多种新媒体相继问世，新闻传播的媒介日趋多元化，新闻传播的手段日趋现代化，“地球村”变得越来越小，新闻传播事业对世界政治、经济和文化的影响则变得越来越大。

这 100 年，也是中国新闻事业飞速发展的 100 年。尤其是中国改革开放以来，发展得尤为迅猛。

进入 21 世纪以后，中国新闻事业发展的势头更为迅猛。报纸、期刊、通讯社、广播电台、电视台的数量在宏观调控下，虽无大变化，但软硬件的实力都有了很大的提高。据 2011 年 12 月出版的《中国新闻年鉴》的最新统计数字，2010 年全国共出版报纸 1 939 种，平均期印数 2.14 亿份。共出版期刊 9 884 种，平均期印数 1.63 亿册。全国共有广播电台 227 座，电视台 247 家，广播电视台 2 120 家，教育电视台 44 家。广播综合人口覆盖率为 96.78%，电视综合人口覆盖率为 97.62%。

另据 2012 年 1 月中国互联网络信息中心（CNNIC）发布的《第 29 次中国互联网络发展状况统计报告》，截至 2011 年 12 月底，中国网民规模已达到 5.13 亿，互联网普及率达到 38.3%。其中，手机网民数量为 3.56 亿，博客和个人空间用户数量为3.19亿，微博用户数量为2.5亿，社交网站用户数量为2.44亿，网络视频用户数量为3.25亿。中国居民中具备上网条件和技能的人已经基本转化为网民，大专及以上学历人群中互联网使用率已达96.1%。中国网站总数为230万个，网页数量为866亿个。

这样大的发展规模，这样快的发展速度，在世界和中国新闻事业史上都是空前的。回顾既往，盱衡未来，新闻传播事业在21世纪还将保持旺盛的发展势头。新闻传播，作为上层建筑和意识形态的一个重要组成部分，在全面准确地宣传党的基本理论、基本路线和基本方针以及各项决策，反映人民群众的伟大业绩和精神风貌，以及推动改革开放和社会主义现代化建设等方面，必将继续发挥重要的作用。

与新闻传播事业的发展相配合，这100年来，为中国的新闻战线培养和输送人才的中国新闻教育，也有了相应的发展。中国的新闻教育起始于20世纪初，迄今有近90年的历史。新中国成立前的30年，虽然先后在个别院校中设立了新闻系或新闻专科，但规模都不大，设备也不够完善，在校学生人数最多的时候不超过400人，30年间累计培养出来的毕业生还不到3 000人。新中国成立后，为了给新中国的新闻事业培养人才，新闻教育有了新的发展，但到20世纪60年代中期为止，全国的新闻教育机构也还只有14家。当时全国只有343家报社、78座广播电台和13家电视台，革命老区来的新闻工作骨干正当盛年，足以支撑大局，新闻系和新闻专业的学生统招统分，基本上能够满足中央和省市以上新闻单位梯队建设方面的需要。“文化大革命”爆发后，新闻事业进入低谷，新闻人才的培养也被迫中辍。拨乱反正之后，新闻事业有了飞速的发展，但新闻工作的人才却出现了断层，明显供不应求，因而极大地推动了新闻教育的发展。中国的新闻教育得以重整旗鼓并得到空前迅猛的发展，主要是改革开放以来的这30多年的事情。30多年来，中国新闻教育和中国新闻事业同步发展。截至2011年，全国设有新闻传播学类院、系、专业的高校已由改革开放之初的两三所增加到800所以上，各种类型和层次的专业教学点已不下1 000个。新闻专业的教学已从单一的大学本科教育，发展到博士生、硕士生、本科生、大专生、成人教育、函授教育等多层次的格局，不少院系还设置了新闻传播学方向的博士后流动站。改革开放之初，全国在校新闻系科学生总共只有500来人，现在仅在校本科生就有16万人左右，硕士和博士研究生3万人左右，办学层次、办学规模、办学水平都有了很大的提高。进入新世纪以后，随着新闻传播事业的加速发展和新闻战线人才需求的不断增加，中国的新闻教育还将有更大幅度的发展。

一般说来，新闻教育质量的高低，起决定作用的主要是两个因素：一个是师资，一个是教材。两者之间，教材的作用更大。这是因为，师资的多少和良窳，往往受办学主客观条件的限制，而教材一旦完成，就可以直接嘉惠于学子，风行四海，无远弗届。进一步说，一部好的教材，不仅可以满足教学的需要，培养出一大批人才，而且还可以同时拥有一定的学术含量，推动新闻传播学研究的发展。1919 年出版的徐宝璜的《新闻学》，1927 年出版的戈公振的《中国报学史》，就是这方面的很好的例子。这两本书都是作者在高等学校从事新闻学理论和新闻史教学时作为教材编写出来的，出版之后，立即引起世人的关注和推崇，一再重版，历久不衰，至今仍然是公认的新闻学理论和新闻史方面的传世之作和经典之作。正因为这样，新闻教育的前辈们，历来十分重视教材的建设。新中国成立初期的十来年，坊间出版的新闻学方面的书籍，绝大部分是教材。改革开放以后，新闻传播学研究空前繁荣，新闻学方面的书籍大量问世，但教材仍然在其中占了很大的比重。这些教材，覆盖了新闻传播学的方方面面，经过出版家和众多作者们的长期努力，门类和品种基本配套齐全，曾经为同时期的新闻教学做出过重要的贡献。但是，随着时间的推移和新闻工作实际的飞速发展，这些教材的体例日显陈旧，观点和内容也亟待调整和更新。一些属于学科前沿和科技含量较高的新开课程的教材尚付阙如，使现有的教材出现了不少缺口。在新世纪已经到来之际，集聚力量，重新编写出一套体系完整、门类齐全、能够为新世纪的新闻教育和新闻人才培养服务的新闻传播学的系列教材，已经成为人们的共识和新闻业界与新闻教育界的迫切需求。

呈现在读者面前的，就是应这样的需求产生的一套系列教材，它将涵盖新闻学、传播学两个二级学科的方方面面内容，满足新闻、广播、电视、广告、媒体经济、新媒体等多个专业的教学需要。负责这些教材编写工作的，是中国人民大学、复旦大学、北京大学、清华大学、中国传媒大学、中国青年政治学院等多所著名院校长期从事新闻传播学方面教学与研究工作的专家学者，其中有相当大的一部分编写者是相关学科的国家级的学术带头人，堪称一时之选。收入本系列的教材中，既有国家级重点教材，也有部级重点教材，其他的也是经过严格筛选的精品，所以，本套系列教材的质量是有保证的，其权威性也将得到社会的认同。

21 世纪是一个高度信息化的时代，是信息经济和知识经济占主导地位的时代。信息经济和知识经济有两大支柱，一是以高科技为代表的传播技术产业，二是从事新闻和信息产品生产的媒体产业。新闻传播学作为将这两大领域有机联结的桥梁，在今后的国家建设和社会发展中必将发挥越来越重要的作用。中国人民大学出版社经过精心策划，隆重推出这套系列教材，是具有高度的前瞻性和战略眼光的。在这里，我谨代表编委会和全体作者向中国人民大学出版社表示由衷的感谢。

这部系列教材开始策划于20世纪的最后一年，21世纪初起陆续问世，迄今已编写出版了50余种。在体例和内容的创新和开拓等方面，远远超过同时期出版的同类教材。其中的有些教材，还根据整个新闻传播理论与实践的发展和新闻传播学教学与研究的发展，陆续作了必要的补充和修订，重新出版，实现了内容的与时俱进。

这批教材的问世，将会为新闻传播事业和新闻教育事业的发展和繁荣、为新世纪新闻传播人才的培养做出它应有的贡献。这是出版者和全体作者共同的一点希望。是为序。

方汉奇

2012年3月15日

于中国人民大学宜园

第三版序言

如今世界一体化了，中国人出国工作、学习、旅行成为平常事。然而，2020 年一场新冠肺炎疫情袭来，顿时世界似乎变小了，别说出国，就是走出所居住的城市、村屯都难。不过我们现在的大脑，装进了“世界”的概念以后不可能再回到封闭的起点，有了见识世界的经历后，已经开阔了的大脑可以懂得马克思和恩格斯所论述的这个道理：“各个相互影响的活动范围在这个发展进程中愈来愈扩大，各民族的原始闭关自守状态则由于日益完善的生产方式、交往以及因此自发地发展起来的各民族之间的分工而消灭得愈来愈彻底，历史也就在愈来愈大的程度上成为全世界的历史。”其实，即便是在可以自由交往和走动的时候，我们也感觉到所看到的世界需要进一步深入了解，别国人也同样需要深入了解中国。因此，学习外国新闻传播史是新闻传播学科必要的知识积累。

作为学习新闻传播学的学子，在本可以走出去深入了解别国同行的历史和现实的时候，这种交往突然中断也使我们更需要这方面的知识。在这个背景下，我们着手做本书第三版的修订，意义似乎又多了一层，即给新入门的新闻传播学学子提供更为全面的世界各国同行的历史和现实知识，以便在战胜新冠肺炎疫情以后，能够很快面对和适应与世界各国新闻传播界的直接交往。

与此同时，在信息化、全球化的背景下，提高国际传播效力成为国家发展的重要战略方针。2023 年，习近平总书记在全国宣传思想文化工作会议上，强调要“着力加强国际传播能力建设、促进文明交流互鉴”。党的二十届三中全会审议通过的《中共中央关于进一步全面深化改革、推进中国式现代化的决定》中，进一步提出“构建更有效力的国际传播体系”的改革举措。

国际传播的有效性必须建立在对国外传播历史、法律法规、受众文化等充分认知的基础之上，编写一本与时俱进的外国新闻传播史教科书有利于夯实这个基础，避免国际传播出现盲人摸象、对牛弹琴的困境。

本书首先从宏观上概括了人类社会现代新闻传播的历史轨迹，这样可以让读者对15世纪末至今的全球现代化进程中新闻传播的发展大势有一个直观的印象。接着，按照世界各大文化板块的划分，分别介绍欧洲、美洲、西亚以外的亚洲、西亚北非、撒哈拉以南非洲、大洋洲等六大区域的新闻传播史。

2013年，习近平总书记提出共建“一带一路”倡议，为外国新闻传播史研究提出了新的研究课题，这次修订相当程度上把本书重新写了一遍，大幅增加了包含一带一路沿线国家在内的各文化板块、各代表性国家互联网传播的内容；各文化板块里的代表性国家，分别增加了西班牙、印度尼西亚、哈萨克斯坦、阿尔及利亚、以色列、沙特阿拉伯、尼日利亚、肯尼亚、民主刚果等9个国家。原来介绍的国家依然保留，这样本书重点阐述的国家从15个变成24个。其中阿尔及利亚新闻传播史，部分内容参考了马晓霖、李晓悦的文章《伴随政治风雨的阿尔及利亚新闻传播业》，并得到马教授的授权，这里对他们表示感谢。

如果打开每个文化板块的地图，就可以发现本书所介绍的国家，在具体的文化板块里分布均匀了。当然，这也给我们带来了很大的文字调整的困难，除了对增加的国家从零开始进行研究外，原有国家的文字需要较大幅度压缩，以保持原书的字数规模，这样的压缩相当于重新写作，不得不反复斟酌字句和做结构上的调整。

为了勾画每个文化板块新闻传播业的历史景观，本书每一章均在第一节概述本文化板块新闻传播业的总体特征，简单介绍有一定面积、人口或影响力的国家其新闻传播业的基本历史和现状（已经列入代表性国家的除外）。除了工业发达国家外，本书还简单介绍了77个国家新闻传播业的历史和现状。加上24个设“节”的代表性国家，本书的叙述已经涉及世界上101个国家。

2019年玛丽·米克尔的《互联网发展趋势报告》写道：“媒介形态升级发生在图片领域：图片制作和分享的门槛持续降低，图片展示对于用户间的互动效应产生了明显的拉动作用。”这里讲的是社交媒体，对于属于印刷本的本教材，更需要考虑采用较多的图片来配合文字阐述。所以，这次我们加大了配图的数量，花费了比文字写作还要大的精力找寻比较适宜的图片，特别是各国最早的报刊版面图和现在各国互联网使用情况的图片。本版的配图，从第二版的174幅图增加到305幅图。

我们渴望深切地了解世界，但世界太大了。这本教材尚只能简单地起到提示作用，但它可以开阔我们的视野，让我们对马克思和恩格斯下面这段话感同身受：“每一个单独的个人的解放的程度是与历史完全转变为世界历史的程度一致的。至于个人的真正的精神财富完全取决于他的现实关系的财富，这从上面的叙述中已经一目了然。仅仅因为这个缘故，各个单独的个人才能摆脱各种不同的民族局限和地域局限，而同整个世界的生产（也包括精神的生产）发生实际联系，并且可能有力量来利用全球的这种全面生产（人们所创造的一切）。”

这次再版，原来的第二作者王辰瑶教授工作太忙，故由四川大学文学与新闻学院副教授张玉川参与修订。这一版虽然做了很大幅度的内容调整，但基本框架结构和部分材料未变，第一版和第二版时王辰瑶教授为此付出了大量劳动，这里必须要说明她在其中的重要贡献。

陈力丹　张玉川

2021 年 2 月 11 日

第二版序言

法国浪漫主义作家维克多·雨果在小说《笑面人》中，曾经对历史与未来做过一个富有诗意的比喻：历史是什么？历史是过去传到将来的回声，是将来对过去的反映。站在社会图景变化得越来越快的当下，认识和理解世界新闻传播业的格局也变得越来越困难。政坛的变数、经济的波动、新技术的涌现等诸多因素的合力，使得新闻传播这条历史大河中的小支流，已经变成了一条水深浪急的大支脉。在这种时候，对新闻传播专业的学习者来说，能够清晰地把握世界新闻传播发展的脉络，对于深刻理解这个专业，是一把钥匙。

出于这样的目的，本书首先从宏观上概括了人类社会现代新闻传播的历史轨迹，以期让读者对 15 世纪末至今的全球现代化进程中新闻传播的发展大势有一个直观的印象。其次，按照世界上目前的发展区域或板块，本书分别介绍了欧洲、美洲、西亚以外的亚洲、西亚北非、撒哈拉以南非洲及大洋洲的新闻传播史。

为了勾画相对完整的世界新闻传播发展的历史景观，本书在每一章的开头都有一段关于该地区新闻传播业发展的整体概述。这样，就避免只论及几个工业发达国家而忽略大多数发展中国家的情况。当然，在每一地区选择代表性的国家加以介绍时，新闻传播业的发达程度是一个重要的标准。因此，英国、美国、法国、德国、日本、俄罗斯等国家的新闻传播史依然占据了很重要的篇幅。而一些过去讲得不那么多的国家，此次也辟有专节介绍，如澳大利亚、加拿大、意大利、埃及、南非、墨西哥、巴西、印度、韩国等国。这些国家或者具有地区的影响力和代表性，或者在新闻传播发展的某些方面具有让世界瞩目的特征。

一本30多万字的书，要对世界六个区域板块和15个国家新闻传播业数百年的发展进行论述，颇为困难。我们耗费精力的，莫过于在浩如烟海的史料中梳理出那些最为重要的部分，指出其意义。希望读者在看完本书后，能够对诸如“英法两国为什么会形成两种迥异的新闻传播发展道路”“报刊发展与澳大利亚民族意识的形成有怎样的联系”“与西方有别的日本式新闻自由的特点是什么”等问题做出回答，而不只是简单地记住一些传媒的名称和创办时间。

另一个难点在于，当代新闻传播业的变化，媒体的生生死死、重要媒介集团的聚合消散、著名新闻界人物的轮番登场，都变得像走马灯般的迅速。本书第二版尽力根据最新的事实修订了当今世界新闻业的发展情况，但无论如何历史书写总是落后于现实变动的。因此，历史书写的意义并不在于仅仅提供当下图景的精确描摹，更在于告诉读者形成今日之景观的历史脉络，以期能更好地理解当下，甚至展望未来。

本书除了作为大学新闻传播学专业本科外国新闻史的教科书外，对新闻传播感兴趣的一般公众也可以从中受益。出于对读者群的考虑，本书力求在不长的篇幅里，做到内容丰富、条理清晰、语言平实。本书还收录了较多的图片，并穿插了一些新闻传播史上的故事与趣闻。如果在传播知识的同时，还能够引发读者对世界新闻传播历史的兴趣，那么这本入门性的小书也就达到了目的。

陈力丹　王辰瑶

2013年5月30日

目录

第四章
亚洲（西亚除外）新闻传播史

第五章
西亚北非新闻传播史

第六章
撒哈拉以南非洲新闻传播史

第七章
大洋洲新闻传播史

第一章

现代新闻传播的历史轨迹

学习要点

1. 了解印刷术的发明对信息传播的重要作用。
2. 了解现代报刊产生的条件。
3. 了解现代报刊从起源到遍布全球的三个发展环节。
4. 了解西方报刊发展的三个历史阶段。
5. 了解“信息社会”的特点。
6. 了解学习、研究世界新闻传播史的意义。

信息的传播，如同一条永无止息的河流，贯穿着人类发展的全部历史。但是，新闻信息的传播从一般的信息传播中分离出来，成为一种独立的社会行业，仅是最近几百年的事情。在此前漫长的数百万年内，人类的新闻信息的传播融于一般的信息传播之中，难以以某些明确的标准加以区分。而到了现代，文明的演进呈现出明显的加速度发展态势。面对迅速变化着的世界，人类社会越来越需要专门的新闻信息传播系统来支撑其自身的发展，由此诞生了现代新闻传播业。

现代新闻传播业从发展之初起，就和经济、政治、科技、文化等因素交织得十分紧密，不但不同时代的变化差异很大，而且国家和地区间的差异也很大，在短短数百年间已经形成了一幅经纬交织、复杂多变而又奇谲瑰丽的历史画卷。本章的目的，在于尽可能归纳现代新闻传播活动在不同时代的特征，梳理出新闻传播业发展的大致历史轨迹。

第一节　现代新闻传播活动出现之前的信息传播

信息的交流与传播不仅是作为个体的人最为重要的生存条件之一，甚至对于人类文明演进也起到了根本性的决定作用。“在上一次冰河结束后的

13 000年间，世界上的某些地区发展成为使用金属工具的、有文字的工业社会，另一些地区仅仅发展成为没有文字的农业社会，还有一些地区则仍然保留着使用石器的狩猎采集社会。”① 造成这种局面的重要原因之一就在于不同文明区域间的信息交流条件不同，例如由于第四纪冰川期末期地球海平面上升，海洋将澳洲和新几内亚地区与欧亚主大陆文明间的交流渠道阻断，导致其文明发育进程缓慢，乃至停滞。

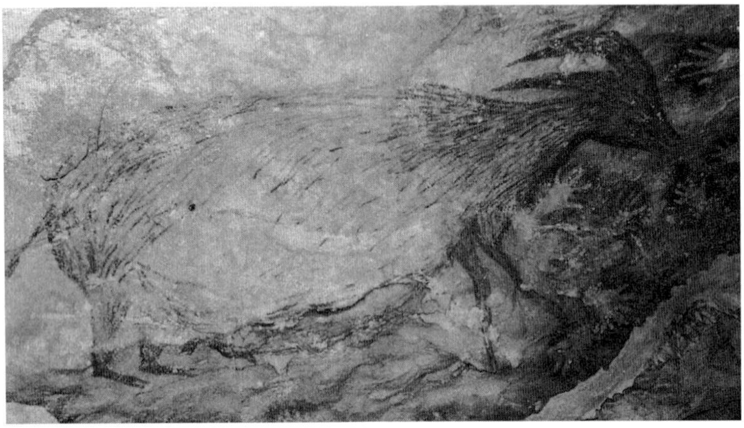

4.55万年前印尼苏拉威西岛东部洞穴里的岩画（一头倭水牛和诸多手模图案）

在从猿到人进化的漫漫长途中，人类的祖先主要通过简单的视觉、听觉、触觉和嗅觉符号进行信息的交流。这些非语言传播符号尽管简单，但在当今最为现代化的信息传播中，它们依然是不可或缺的辅助性信息符号。如从香水的使用、亲吻到言语中的声调、轻重、停顿，体语的广泛运用，甚至传播空间、色彩的选择，无不代表了某种文化含义。有时候，这些非语言符号所能传递的微妙和模糊的意蕴，反而是明确的语言符号表达不出来的。

4万～10万年前，人类社会产生了语言，从此人类能够通过各种音节的组合，表达较为复杂、抽象的意思。语言的产生是人类社会第一次信息革命的标志。直到今天，无论人类创造的传播技术发展到何等高度，现代信息传播依然无法摆脱语言这个基本的传播媒介。

文字最早出现在公元前5000年的古埃及。文字的出现是人类社会第二次信息革命的标志，也是人类进入文明社会的标志。文字与语言的不同之处在于，它基本是一种改变了的语言形式，使听觉符号转变为视觉符号，使语言有形和得以保存。有了文字，就产生了超出语言时空范围的信息传播。公元前59年至公元330年古罗马的“每日纪闻”，以及中国汉代（公元前3世纪末期始）的木简“府报”、唐代的手抄“邸报”，是人类最早使用文字进行有

① 戴蒙德．枪炮、病菌与钢铁：人类社会的命运［M］．谢廷光，译．上海：上海译文出版社，2016：1.

系统新闻传播的尝试。但是在古代，也只有个别强大的王朝，在拥有较通畅的信息传递系统的条件下，才可能维持这种成本较大的官方新闻信息传播，而且这种文字传播的能量和范围也是很有限的。

公元前 15 世纪古埃及第 18 王朝的泥版历书

2012 年版王钢《泥版书》封面

文字虽然保留了语言信息，但是手抄传递的信息无论如何也形不成规模，而且手抄的文字在一定程度上又变成一种很容易禁锢的信息。于是，印刷术的发明通常被视为信息传播史上又一座里程碑。

能够规模化地复制文字的技术，最早出现于中国，即 7 世纪的雕版印刷术，这种对工艺要求过于专业化的发明可以适应宗教教义的传播，但难以在时效上适应真正的新闻传播。11 世纪，中国人毕昇发明泥活字印刷术，对于规模化的信息传播，其重要意义大于雕版印刷术。但是，由于缺乏社会需要，以及原材料（胶泥）无法适用于笔画繁多的汉字等原因，中国在几百年内没有将其用于新闻传播。15 世纪中叶德国人约翰·谷登堡（Johann Gutenberg）重新改进活字印刷术，且一开始就是金属活字。欧洲印刷新闻纸流行之后，直到 17 世纪中叶，中国才将活字印刷术用于“邸报”。

谷登堡发明欧式印刷术不久，恰好遇上 15 世纪末的世界地理大发现。于是伴随着西班牙、葡萄牙和荷兰商人向全球的扩张，印刷技术和最初简单的新闻公报式的新闻纸传到了全世界。如果没有 16 世纪开拓世界市场、文艺复兴运动对于信息传播需求的急速升温，可能谷登堡这位普通印刷业主的发明也会遭遇毕昇的境遇。但是，谷登堡是幸运的，他客观上成了自由交流思想的化身，因为印刷术使得信息得以规模化地传播，禁锢信息的政策遭遇到信息公开的挑战，以至由恩格斯翻译并改写的西班牙诗人金塔纳（M. J. Quintana）之长诗《咏印刷术发明》赞颂道：“谷登堡作了这番表白，印刷术便问世流行，看，欧洲感到激动、震惊，它迅速崛起，发出海潮澎湃的强音，就像一阵狂飙骤然降临，将地底的火苗从昏睡中唤醒，于是烈焰升腾，传来阵阵轰鸣。”“光荣属于他，是他击溃了专制政权下的蒙昧势力，是他让理智和心灵的力量直冲云霄！光荣属于他，是真理促使他乘胜前进，是真理鼓励他动手进行硕果累累的创造！我们的颂歌永不停歇，我们要赞美为世界造福的英豪！”①

欧式印刷术为现代新闻传播业的诞生做了技术上的准备。但是现代新闻传播业的出现，还需要多种因素共同发生作用，才可能出现并持续下来。

第二节　现代报刊——从起源到遍布全球

现代报刊是现代新闻传播的第一种载体，最早出现于欧洲，然后缓慢地推向全世界。这里使用的“现代”（modern）概念，与我国通常将俄国十月社会主义革命之后的历史称为“现代”不同，“文艺复兴以来的欧洲历史学家们一直把君士坦丁堡自1453年陷落之后的历史称之为‘现代史’。……至今西方国家在使用modern这一词时，在意义上并没有多大的变化。……他们在使用modern这一词说明历史进程时仍包含着我们现在所说的近代和现代两个时代”②。

恩格斯在分析1453年君士坦丁堡被奥斯曼帝国攻陷后欧洲形势时的一些要点，对于我们综合分析现代报刊的起源很有借鉴意义。由于拜占庭帝国的首都君士坦丁堡陷落，新崛起的奥斯曼帝国堵塞了欧洲通往亚洲的陆路交通，迫使欧洲商人找寻通往亚洲的海路；而找寻海上的世界交通通道启动了世界地理大发现，使得欧洲的商业和工业逐渐转变为全球性的商业和工业；加上当时欧洲各国先后兴起的文艺复兴运动、欧洲大陆的王权统一运动等，多种因素促成了科学的兴盛与传播。③ 现代报刊正是在这种大背景下产生的。根据恩格斯的分析，考察15世纪末欧洲与世界的状况，现代报刊在欧洲得以产生的原因，在于以下五个相互依存的条件：

第一，世界地理大发现使得欧洲的商业和工业从地中海贸易转向全球贸易，因此造成对新闻传播的规模化需求。

这是一个大环境背景，如果没有这个背景，欧洲中世纪的地中海贸易和北海贸易仍然会继续下去，意大利仍然是地中海贸易的中心地带，中世纪的手抄新闻仍可以大体满足商人对于新闻信息的需求。但是，当大批商人转向全球贸易时，简单的手抄新闻显然不够了。市场经济向全球的拓展，形成了

① 马克思恩格斯全集：第2卷［M］.2版．北京：人民出版社，2005：31-32，38.
② 钱乘旦，陈意新．走向现代化国家之路［M］．成都：四川人民出版社，1987：10.
③ 马克思恩格斯全集：第20卷［M］．北京：人民出版社，1971：524，530-531.

对新闻传播的规模化需求。

第二，此时，欧洲地理上正在形成连成一片的文明地区，地理上进行贸易的关卡减少，传递信息的障碍也随之减少。

任何规模化的新闻传播都需要畅通的渠道，而在中世纪的欧洲，由于封建割据，商品流通极不方便，当然信息的流通同样也受到阻碍。15—16 世纪，正是欧洲大陆王权削减诸侯势力高涨的时期（特别在法国），平民为了自身贸易的利益，大多站在王权一边。相对统一的国家，提供了商品（包括信息）相对自由流通的空间条件。尽管这一过程是渐进发生的，但割据减少的趋势对于现代报刊来说，无论如何都是一个必要的生存条件。

第三，六个主要的欧洲民族（意、西、葡、德、法、英）经过文艺复兴运动，自然形成了各自的标准语言和文字，奠定了规模化新闻传播的语言文字基础。

在意大利，由于但丁、佩脱拉克、薄伽丘、马基雅维利、博雅多等著名大家的作品使用的都是托斯卡纳方言，通过他们作品的传播，这种方言便自然而然地逐渐成为意大利通行的标准语。

在西班牙，由于西班牙戏剧和塞万提斯小说采用的都是加斯梯里亚方言，于是通过戏剧和小说的广泛传播，这种方言逐渐变成了西班牙的标准语。

最早的《卢兹塔尼亚之歌》
1572 年里斯本版

葡萄牙由于出现传播广泛的卡蒙斯（Luis de Camẽs，1524—1580）的叙述诗《卢兹塔尼亚之歌》（Os lusiadas，歌颂达·伽马绕过好望角发现印度），于是他的作品的语法结构和语言成为葡萄牙的标准语。在德国 16 世纪席卷全国的宗教改革运动中，马丁·路德用低地德语翻译的《圣经》以及他创作的一些赞美诗广泛传播，使得德语获得了以这些作品为依据的标准语。法国文艺复兴运动中拉伯雷、蒙田等大家的作品采用的都是北方法兰西语，于是这种语言替代了南方法兰西语成为法语的标准语。最后，英国作家乔叟、戏剧家莎士比亚等人的作品，使得当时不完善的英语有了自己的标准语。

报刊的规模化传播，至少需要在一国或一种民族语言的使用区域内采用通行的标准语，而相对应的文字又要以通行的标准语作为前提。当这些条件具备时，规模化的报刊新闻生产和传播才成为可能。

第四，谷登堡印刷术的发明，提供了规模化新闻传播的新技术条件。

这个发明本来适应宗教传播和德国宗教改革酝酿时期的需要，因为恰好与世界地理大发现衔接，于是它先是成为大量传播《圣经》的技术条件，接着成为全球性新闻传播的必要技术条件。

斯洛文尼亚16世纪印刷所（绘画）

第五，文艺复兴后，文化从僧侣阶层的垄断下逐步解放出来，转向世俗社会，为规模化新闻传播提供了一定的读者群。

这五个条件相互依存，缺一不可。没有第一个大背景条件，单独的其他条件都不可能造成新闻传播的规模化；而其他四个条件，缺少任何一项，都可能使新闻传播的规模化难以为继。

现代报刊的起源与其说是一个具体的时间或空间的"点"，不如说是一个全球性的历史发展过程。因为现代报刊从欧洲传播到全球，历经数百年，只有全世界主要国家都出现现代报刊，这个起源的过程方可说结束。从宏观上把握和理解现代报刊从起源到遍布全球的过程，表现为以下三个发展环节：

第一，15世纪中叶德国印刷术的发明和出现印刷新闻纸。就传播内容和简陋的程度而言，印刷新闻纸应看作中世纪的新闻传播类型。但是，由于恰好赶上了不久后世界新航路的发现和开通，于是原本属于中世纪的新闻传播与未来的现代报刊直接联系了起来，成为现代报刊起源的第一个环节。

第二，整个16世纪，西班牙、葡萄牙、荷兰等商业民族在全球的经商无意间传播了欧式印刷术和简单的公报式的报纸，构成了现代报刊起源的第二个环节。

第三，从17世纪开始，英国作为工业民族逐步替代了西、葡、荷等国，有目的地在世界各地建立殖民地，发展工商业，传播西方文化，将报刊移植到世界各地。只是在这个时候，新闻传播才具有一定的影响力，正如哈贝马斯（Jürgen Habermas）所说，直到17世纪末，社会才具备让大众知晓信息的条件，因为"只有当信息定期公开发送，也就是说能为大众所知晓的前提下，才有真正意义上的新闻可言”①。18—19 世纪，现代报刊遍及世界各个角落，完成了起源的全过程。

17 世纪 30 年代德国的报贩

19 世纪 70 年代中国递送京报的官差

在这里，德国中世纪的印刷新闻纸是最初的源头，16 世纪三个欧洲商业民族在全球的贸易是一个不可超越的历史过渡，最后才发生以英国为主的将现代新闻传播业移植到世界各个角落的文化传播过程。

第三节　西方报刊发展的三个历史阶段

西方国家的新闻传播史虽然各有自身的文化传统和发展特点，但是多数国家报刊发展的历史，都经历了较为明显的依次发展的三个阶段。

其一，封建集权制下的“官报时期”。

现代报刊出现于欧洲中世纪末期，因而在诞生的时候便受到王权的直接控制，或直接由政府部门创办报刊（例如 1665 年时的英国、1702 年时的俄国），或者特许少数王权信任的出版商出版报刊（例如 1631 年时的法国），对报刊内容实行书报检查；同时严格查禁其他非官方的出版物。在殖民地，则由殖民当局代表王权行使书报检查。这个时期封建王朝对报刊内容的检查，主要是禁止报道和讨论与本国政治相关的问题，禁止对官员的批评（任何批评，即使是真实的，也均被视为诽谤），禁止一些当时宗教道德不允许报道的内容，而对于外国的政治新闻，只要不涉及本国政治，一般允许报道。

① 哈贝马斯．公共领域的结构转型［M］．曹卫东，等译．上海：学林出版社，1999：16.

其二，新闻出版自由条件下的党报时期。

资产阶级革命时期（包括临近革命前夕的短暂时间）和革命成功以后的一段或长或短的时期，由于国家的基本政治体制、许多具体政策尚未确定，各阶级和各利益群体都要为自身赢得更多的革命果实而进行宣传活动。在结社自由和新闻出版自由的条件下，人们的热情集中在政治问题上，政党活动极为频繁。在这种情况下，政党报刊成为报刊的主体，即使是商业报刊，也带有明显的政治倾向，投入各自选择的政治宣传和讨论中。

其三，商业报刊时期（又称自由报刊时期）。

一般来说，一个国家大规模地出现廉价的大众化的报刊，是商业报刊时期到来的标志。此前的报刊属于党报时期，此后或者很快进入商业报刊时期（例如美国），或者从党报时期的发展顶点走下来，逐渐转向商业报刊时期（例如法国）。此前，报刊主要被看作一种事业；此后，报刊主要被看作一种产业。

历史上，有的西方国家的政党报刊和商业报刊并存的时间较长，甚至公营广播电台和电视台也一度实际上被各政党分别掌握（例如意大利、法国），但是政党报刊的衰落和商业报刊的兴起，包括政党不再控制公营广电，到20世纪下半叶形成一种无法阻挡的趋势。在有些西方国家，由于政治斗争的反复，第二阶段和第三阶段出现过几次交替。无论如何，到20世纪80年代，几乎所有西方国家已经完全进入了商业报刊时期（包括广播电视）。

1996年美国传媒集团的大兼并影响全世界，媒体集团规模越来越大，在新闻运作方面受商业精神的影响也越来越深。现在，西方国家的传统传媒业与网络技术公司已经成为仅次于金融业的高回报产业，信息-娱乐-新闻业的跨国性经营已经比较普遍。这种媒体集中的现象会不会损害言论自由，会不会降低新闻品质，从而影响公众的普遍福祉？这些已经成为当下被广泛关注和思考的新问题。

第四节　新闻传播业从算数级数到几何级数的发展

1844年5月24日，在华盛顿-巴尔的摩之间的电报线路开通后，莫尔斯用电报代码发出了第一句话："上帝创造了何等奇迹！"（What Hath God Wrought!）回复的第一句话是："有什么新闻吗？"（Have You Any News?）当然，不是上帝而是人创造了令人惊异的传播技术：在较长的距离之间，信息可以瞬间传递了。电报在英国普遍应用的第二年，即1855年1月，马克思写道："电报已经把整个欧洲变成了一个证券交易所；铁路和轮船已经把交通和交换扩大了百倍。”①

1839年照相术公之于众，并不断得到改进，推广速度较快。19世纪中叶，欧洲与美洲间铺设了海底电缆，通讯社开始利用电报传递重要新闻。1876年，电话首先在美国出现。1895年法国首次出现电影技术。以上19世纪传播技术的发明和应用，为20世纪电子媒介的快速发展奠定了技术基础，提供了观念准备。

1858年大西洋铺设海底电缆作业

1920年11月，美国匹兹堡的KDKA电台的播音，标志着世界上出现了一种新的面向社会的大众媒介——无线广播电台。这种新的传播技术在短短几年内就遍及了世界各主要国家，在20世纪三四十年代，广播已经在世界主要国家普及。

广播与第二次世界大战

作为一场人类的浩劫——第二次世界大战的发生、发展和结束都与广播这一媒体息息相关。

1939年8月30日夜，纳粹党卫队对位于边境地区的莱维茨电台发动虚假进攻。希特勒的部队伪装成波兰士兵，袭击并占领了电台，用波兰语广播了向德国的“挑战”声明，还无情地杀死了几名员工——他们实际上是政治犯，那天夜里被运送到电台充当德国挑衅的牺牲品。第二天，希特勒和电台大肆渲染，要求波兰为此次行为付出严重代价。9月1日，德国入侵波兰，第二次世界大战爆发。在此后的闪电战中，德国宣传部门利用广播向荷兰、比利时、卢森堡、法国等国散布谣言，加

纳粹德国宣传部部长戈培尔（右一）
在视察价格低廉的“大众收音机”

① 马克思恩格斯全集：第14卷［M］.2版．北京：人民出版社，2013：43.

速了对方的溃败。①

在另一方，英国首相丘吉尔每到战争的紧要关头就会通过BBC（British Broadcasting Corporation，英国广播公司）进行演讲，鼓舞英国军民抵抗纳粹德国侵略的勇气。同时，法国流亡政府领袖戴高乐也利用BBC的广播向法国民众发出抵抗号召。

1945年8月15日，裕仁以日本天皇的身份，第一次通过广播向全体民众宣布投降，第二次世界大战结束。

有趣的是，广播媒体普及之时，就开始了被一种更新的电子媒介——电视媒体"边缘化"的过程。从20世纪20年代末到30年代，世界主要国家如美国、英国、德国、法国、苏联，都在研究无线电视。1936年8月德国的实验电视部分转播了柏林奥运会。现在一般把BBC 1936年11月定时播出节目，视为世界电视广播的开端。第二次世界大战中断了电视的发展，在40年代末50年代初重新开始。然而，仅过了十几年，苏联和美国于1962年将通信卫星送上天空，并成功地进行了卫星信号的洲际传播试验。1994年8月美国开播卫星数字电视，开启了世界广播电视数字化的进程。2014年全球数字电视家庭用户超过10亿。

随着报道手段的进步，电视已经完全能做到同时同步地把新闻事件"展示"给全球的电视观众，人们有幸可以成为几乎所有重大事件的"见证人"。1969年全球有5.28亿人同时目睹了美国宇航员登月的壮举。1981年英国查尔斯王子与戴安娜的世纪婚礼有超过7亿的观众，而1997年戴安娜的葬礼则有不下25亿电视观众观看。2003年的伊拉克战争被称为第一场全方位、大规模现场直播的战争，全球几十亿人每天通过电视屏幕了解战争的进程。而在181年前，第一次鸦片战争中道光皇帝直到定海失陷20天以后才得到快马传递的关于这件事情的奏章，此时英国军舰已经快要逼近天津了。

如果将现代新闻传播的历史做一简单的年代分析，不难看出，20世纪之前的发展处于相当缓慢的算术级数增长态势，而20世纪内的电子大众传播媒介，其发展则是呈几何级数增长态势，具体如下：

1502年　有记录的最早印刷新闻纸《来自东方的新报纸》（*Newe Zeytung von Orient und Auffgange*）问世（德国）。

1561年　现存最早的印刷新闻纸出现（德国）。

1605年　第一份连续出版的报纸《报告》（*Relation*，周报）在斯特

---

① 让纳内．西方媒介史［M］．段慧敏，译．桂林：广西师范大学出版社，2005：158－159，174－175.

拉斯堡（当时属于德国，现在属于法国）问世。

1615 年　第一张“真正的报纸”——《法兰克福新闻》问世。

1650 年　第一家日报《新到新闻》在莱比锡问世。

1835 年　巴黎出现世界上第一家通讯社——哈瓦斯通讯社。

1920 年　世界上第一家获得正式执照的广播电台美国匹兹堡 KDKA 电台开播。

1936 年　世界第一家电视台 BBC 定时播出节目。

1969 年　欧美之间最早开播卫星电视。

1971 年　发送第一个网络电邮。

1983 年　TCP/IP（传输控制协议/网际协议）被采用，成为大部分互联网共同遵守的一种网络规则。

20 世纪 80 年代中期　美国最早开始普及计算机技术（1969 年首次互联网试验成功）。

1989 年　万维网（World Wide Web，WWW，也称为 Web）发明，开启全世界规模化的信息互动交流。

1995 年　亚马逊公司（Amazon）成立，开启网络最早的电子商务。

1997 年　博客（Weblog）发明，1999 年它被简化为 blog 以后，迅速普及。

1998 年　谷歌（Google）创建，开启新的信息寻求——互联网搜索。

2004 年　脸书（Facebook）创立，开启互联网的社交媒体时代。

2006 年　推特（Twitter）将微博（microblogging）推广开来。

从最为简陋的只印刷一条新闻的传单到出现定期出版、每张纸上有若干条新闻的所谓“真正的报纸”，历经 110 多年！从较为像样的报纸到出现专门为报纸采写和批发新闻的通讯社（这需要存在数量很大的报纸群），历经 200 多年！显然，早期报刊的发展是相当缓慢的。但是在 20 世纪，广播电视的出现和发展循着萨弗（Paul Saffo）的“一代人法则”①，十几年到二十年发生一次重大的载体形态和传播内容、形式的革命性变化，大众传播媒介对社会的影响力由于无处不在、深入家庭所有成员而具有举足轻重的作用。

21 世纪世界新闻传播面临的情形是无止境的传播技术创新、高度的商业化操作、全面的全球化趋势。

---

① 菲德勒．媒介形态变化［M］．明安香，译．北京：华夏出版社，2000：7．

第五节　网络传播——“信息社会”的到来

1969年，美国国防部资助了一个有关广域网络的项目ARPANET（阿帕网）。当四台计算机联网沟通时，谁也没有想到20世纪90年代会形成全球性的无数台计算机联网的壮观景象。网络传播的出现是人类信息传播史上的又一次革命，它动摇了原有大众传播的基本形态，对人类社会的信息交流模式已经并且还将持续发生着深远的影响。

“信息社会”是相对于“农业社会”和“工业社会”而言的又一种社会形态。一般来说，“农业社会”对应的媒介是手抄书，“工业社会”对应的媒介是可以进行批量复制的现代报刊、广播和电视。而到了以“信息工作者”为社会主流人群的“信息社会”，相对应的主导媒介是“帮助创造、储存并加工信息的计算机”，而全世界计算机之间的联合——“互联网”则已经成为“信息高速公路”的同义词。[①]

1969年10月29日引发了一场通信革命的加州大学洛杉矶分校阿帕网实验

与人们期待广播电视能把信息最快速最广泛地传递给受众不同，对于网络传播，人们更为看重的是它有别于以往大众传播的如下特点：即时的和交互的、非线性的、链接的和超链接的、圈层的和融合的。

网络传播的即时性和交互性使得使用电脑或移动终端的每一个人在理论上具有同等的权力——在接受的同时也可以传播信息。大众传播时代泾渭分明的受众和传播者的角色，开始变得模糊不清。越来越多的个人热衷于在网络平台上发出声音，有的还在网络上经营着一小块属于个人的空间——个人网站、博客、播客或是其他形式的网络空间。这些被称为“自媒体”或“用户媒体”，具有很强的传播能量，与传统媒体比起来毫不逊色。

纽约大学的丹尼斯·佩利和罗切斯特理工学院的查尔斯·比奇洛在2009年的一项研究发现，自欧式印刷机发明以来，从1500年到2000年，每年发

---

① 斯特劳巴哈，拉罗斯．今日媒介：信息时代的传播媒介［M］．熊澄宇，等译．北京：清华大学出版社，2002：8－11.

表作品（有100人以上读者的）的作者从100人左右增加到了约100万人，还不到当时总人口的0.01%。但是，21世纪之初出现了博客、社交网站、微博和媒体分享服务以后，发表作品的人数飙升到15亿，约占世界人口的25%。在历史的长河中，个人把自己的思想与他人分享，可触及的受众越来越多，今天的社交媒体可以视为这股源远流长的历史潮流的顶点。①

在网络和新媒体的平台上，以往封闭的传统大众传播渠道被打破，以亿为单位的受众群体在全球范围内同时进行着信息互动与共享，营造出网络虚拟空间——一种新的社会场景；以搜索引擎、社交媒介为代表的新媒介环境将传统媒体再媒介化，融合出一个又一个集信息、娱乐、消费、支付于一体的宏大平台；内容生产部门正日益被技术部门取代，成为推动媒体发展的核心动力；大数据技术以用户思维对传统的读者、听众进行精准分析、挖掘价值；大规模的视觉传播、共享经济深刻改变着现代人的社会行为和思维方式。人类社会正在迎来一个变革的新媒介时代，不断涌现的新科技产品、媒介体验正迅速瓦解传统的经验社会。

当然，技术的革新只是提供了一种可能性，并非是一种必然。一些持“计算机乌托邦”观点的人曾经希冀在“信息社会”中，每个人都能按照自己的目的和志愿行动，而“信息社会”就是一个人人自主参加的多中心的自主的共同体。但是，这种对于自由的信息传播的乐观想象，却一次又一次被种种更新的操控技术打破。信息传播的自由，其实就是在这种打破控制、操纵控制、再打破控制的循环往复中扩大的。此外，网络传播固然极大地提高了人类的传播能力，但在信息高速公路上也充斥着无数无用的和无关紧要的信息，如何鉴别和筛选出真正有用和有价值的信息也日益成为一个令人头疼的问题。

21世纪，以数字技术为支撑的媒介形态变化无穷，几乎隔不了几个月就会出现一批新名词。可以肯定的是，数字化媒体的网络正越来越深地渗透进人类社会的每个角落。我们需要批判意识。互联网传播已经完全颠覆了大众传播的线性模式，成为典型的动态、开放、非线性传播的混沌系统。在现代生产条件占统治地位的社会里，整个社会生活显示为一种巨大的景观积累。当今的日常生活、公私领域已经意象化、符号化，进而景

交流的演变

① 斯丹迪奇．社交媒体简史：从莎草纸到互联网［M］．林华，译．北京：中信出版集团，2019：288-289.

观化了；社会生产成为意象符号、景观的生产过程。网络的虚拟世界，已经作为一种“第二自然”的环境统治着网民。在网络中漫游，需要警示自己：让日常生活重新成为生活！需要自我质疑：我有必要知道这些信息吗？

未来传统新闻传播模式会发生怎样的变化？“信息社会”能否带来更多的传播自由？在全球化的信息流通中，各种不同政治体制和不同传统文化的国家，多大程度上能够相互认同？是否存在信息帝国主义？答案在未来的发展中，但也在历史中。辩证法有一个著名的原理，即历史与未来两极相通。

第六节 研究世界新闻传播史的意义

一位历史学家说过，人人都是他自己的历史学家。其意思是，每个人都必须知道自己是何人、从何而来、在何处、去何方或做什么，否则就不能做任何事情。一个人一旦早上醒来失去了记忆，就一定会不知所措，原因就在于他失去了自己的历史，他不知道自己是谁、要做什么或去哪里。而当一位新闻工作者完全不知道本行业的历史（许多行业的知识其实就是由历史构成的），也会出现类似情况，他不知道什么是新闻，也不会抓新闻。现在的问题是，许多新闻工作者知道一些新闻传播的历史，但较肤浅，一般地写写新闻还过得去，若涉及本行业的一些规律性问题，则会由于缺乏行业史知识而出现偏差。在这个意义上，关于新闻传播的历史知识越丰富，面对现实的新闻工作就越自由（哲学意义上的）。世界新闻传播的发展历史，至少有两点给人以启示。

首先，全球性的市场经济的发展，是推动现代新闻传播业发展的基本动力。如果没有现代世界市场和世界交往，现代新闻传播业是不可想象的。

无论是出现现代新闻传播的萌芽，还是从欧洲封建社会末期的王权报刊转变到政党报刊、从资产阶级取得政权后的政党报刊转变到大众化的商业报刊，以及通讯社的建立、广播电视业的普及、互联网传播的推进，其基本的动力始终是市场经济的发展，它顽强地为现代新闻传播业的发展开辟着道路。

政治斗争的需要会造就一定的社会对于政治信息的需求，但是不会持久地拥有最广泛的社会性市场。英、法、德、日等国新闻传播业发展历经波折，都是在新闻业全面进入市场经济以后才最终稳定发展起来的。亚太、非洲、拉美的现代新闻传播业，也是在市场经济向全球的推进中产生的。对新闻传播的社会化需求，只能来自市场经济，而不可能来自其他经济形态。

其次，表达自由政策的实行，需要各种综合条件的“配套”。例如较完善的市场经济环境、政治、文化历史中的民主政治传统、公众和领袖人物基本的民主政治素养等。否则，表达自由只能成为频繁的政治事变的直接牺牲品。

巴西早在帝国时代就由皇帝恩准了相当程度的新闻出版自由，墨西哥1824年第一部宪法也规定了新闻出版自由，但是由于频繁政变中的政治领导人无视这种人民的自由权利，公众对于这种自由也没有真正的了解和迫切的需要，致使新闻传播业历经数百年的磨难，直到现在新闻出版自由才有了实行的经验。为此，这些国家的新闻工作者付出的代价实在太大了。

第二次世界大战中法西斯主义的新闻政策得以横行，其中有经济萧条民众寻求出路的背景、民族的黩武传统，同时更重要的是公众崇拜克里斯玛（charisma）人物的心态，支持着法西斯主义新闻观拥有了市场；而一旦这种新闻观占据主导地位，由于已经形成极权主义的政治、军事体制，即使多数人后来意识到需要改变，改变本身也付出了极大的代价。法西斯国家的新闻传播业因此走过的曲折道路，其教训值得深思。

基于历史经验，在法律确立信息自由流通的前提下，衡量一个国家或地区实行某种形式的新闻政策是否符合时代的要求，需要综合考察其政治历史传统、经济形态、公众和领袖人物的民主政治素养等。历史上一些发展中国家新闻传播业的情形，有的似乎超前了些；现实中滞后的似乎多一些。从最近数百年新闻政策发展变化的历史看，实现自由的信息流通的政策是不可逆转的，这里所谈的是如何以较小的代价较顺利地实现它。

人们也许会有不同的看法，那么就让我们共同研究世界新闻传播史，更多地领会这个世界已经须臾不可缺少的行业走过的历程，在不断的讨论中一定会有更好的理解。

小 结

本章是对世界新闻传播史的简略介绍，用粗线条勾勒了人类信息传播发展的历史阶段，分析了现代新闻业兴起的历史原因，并探讨了其发展过程中的规律。读者还可通过本章了解学习和研究世界新闻传播史的意义。

本章思考题

1. 简述印刷术的发明对信息传播产生的影响。
2. 简述现代报刊在欧洲得以最早产生的五个相互依托的原因。
3. 简述现代报刊从欧洲发展到全球的三个历史环节。
4. 简述西方报刊业发展的三个历史阶段。
5. 简述网络传播将对人类的信息交流模式产生的影响。

第二章

欧洲新闻传播史

学习要点

1. 在了解欧洲新闻传播发展总体特征的基础上，区分欧洲四个不同地区新闻传播发展的各自特色。

2. 了解以英国为代表的渐进式商业新闻传播发展模式，特别是英国新闻出版自由的确立过程。

3. 了解法国新闻传播的历史与政治斗争的关系，比较英、法新闻传播发展模式的不同。

4. 了解德国新闻业的历史传统和统一后的发展。

5. 了解意大利古代新闻传播的辉煌和现代新闻传播相对落后的原因。

6. 了解西班牙长期专制统治对新闻传播业的制约作用及走向民主的经验。

7. 了解俄国不同历史阶段新闻体制的特点：沙皇时期、苏联时期、俄罗斯联邦时期。

第一节 概 述

欧洲，特别是西欧，是15世纪末以来世界现代化进程的起点，是最早发生工业革命的地方。世界现代新闻传播业是随着市场经济向全世界的拓展而发展起来的，因而欧洲也是世界现代新闻传播业拓展到世界各个角落的起点。但是，在考察“欧洲”这个总体概念的同时，我们也应注意到欧洲不同地区新闻传播业发展的差异性，并在这种历史差异性的基础上全面地把握欧洲当代新闻传播发展的特点。

一、四个地区新闻传播业的历史发展

欧洲新闻传播业的发展，由于历史的原因存在一些差异，可以划分为以

下四个地区：

（1）西欧和部分中欧工业发达国家，包括英国、法国、比利时、荷兰、爱尔兰、卢森堡等西欧国家，以及中欧的德国、奥地利、瑞士等国；

（2）北欧诸国，包括瑞典、丹麦、挪威、芬兰、冰岛等国；

（3）地中海沿岸的其他工业化国家，包括意大利、西班牙、葡萄牙、希腊等国；

（4）前苏联在欧洲的加盟共和国以及欧洲南部的原社会主义国家，包括俄罗斯、乌克兰、摩尔多瓦、白俄罗斯、波罗的海三国、波兰、捷克、斯洛伐克、匈牙利、保加利亚、罗马尼亚、斯洛文尼亚、克罗地亚、塞尔维亚、波斯尼亚和黑塞哥维那（简称波黑）、黑山、北马其顿、阿尔巴尼亚等国。

（一）第一个地区的新闻传播活动起步早、发展迅速、对世界影响巨大

德语区诸国和荷兰、比利时（两国当时是一个国家）是最早流通印刷新闻纸的地区，但是德语区长期处于专制统治和诸侯混战的状况，荷兰作为商业民族缺乏工业发展的基础，新闻传播业起步早却长期形不成规模。而英国，由于工业革命奠定了其稳定发展的基础，现代新闻传播业的出现虽然略晚于海峡对岸的荷兰、德国，但是发展迅速，很快就得以领导世界新闻传播新潮流达一个多世纪。虽然法国的工业革命也不晚，然而由于18—19世纪接连不断的革命、复辟、政变持续了近一个世纪，这种政治的不稳定造成新闻传播业经常出现“断代”现象，因此影响了其发展进程。但是，法国每次革命都对周边国家输出了不少启蒙思想，包括新闻出版自由的理念。

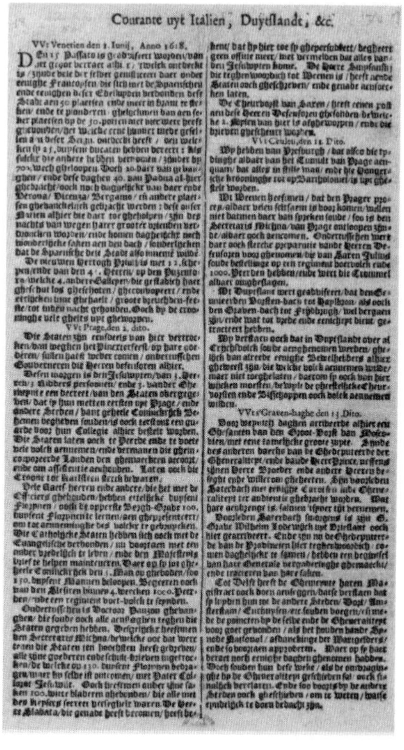
Courante uyt Italien, Duytslandt, &c.

1618年荷兰《来自意大利、德意志等地的新闻》

无论如何，这个区域，特别是英国、法国，作为欧洲工业革命和政治变革的中心地带，其确立的新闻出版自由体制对于欧洲其他地区，甚至全世界都产生了举足轻重的影响。德国在第二次世界大战后，其新闻传播业的恢复和发展很快。现在除了英、法、德三大国外，荷兰、比利时、奥地利、瑞士等都是新闻传播业十分发达的国家，只有爱尔兰的

新闻传播业相对弱些。卢森堡虽是弹丸之地，却通过发展广播电视业而成为欧洲的媒介大国。卢森堡通过输出资本，其拥有的广播电台、数字化卫星电视台覆盖欧洲，成为欧洲电子媒介业的一个中心。

“报纸首先是在那些中央权力薄弱或统治者比较宽容的地方兴盛起来的，前者如德意志地区……后者如那些低地国家。”① 低地国家主要包括荷兰、比利时和卢森堡。荷兰王国面积4.1万平方千米，人口1 740万（2020年）。16世纪，荷兰成为欧洲航运、经济、金融、贸易中心，这是荷兰历史上的“黄金时代”。也是在这一时期，“荷兰式宽容”得以集中显现。荷兰几乎不存在出版业审查，周边各国不能出版的印刷品在荷兰出版，再偷偷运回本国售卖。1618年6月14日，荷兰的第一份报纸为在阿姆斯特丹不定期出版的《来自意大利、德意志等地的新闻》（*Courante uyt Italien，Duytslandt，&c.*）。19世纪初，阿姆斯特丹、鹿特丹、乌德勒支等城市的日报和其他出版物增加到150种以上，荷兰报刊业的规模跃居世界首位，荷兰报刊的消息常被国外报刊引用，被译成外文销往海外。② 如今的荷兰新闻传播业仍然呈现出自由、包容、多元的面貌，媒体形式多样、数量众多，亦有许多报纸和电视台由外国公司控股。电讯传媒集团（Telegraaf Media Groep，TMG）是荷兰最大的媒体公司，业务已拓展到互联网领域。荷兰几乎所有的报纸、期刊、电视台和广播组织都有包含新闻背景信息、互动平台、音视频的网站。在2017年国际电信联盟的信息与通信技术发展指数（IDI）排名中，荷兰位列176个经济体中的第7位。

比利时王国面积3万平方千米，人口1 149万（2020年）。比利时是尼德兰的一部分，其重要城市安特卫普成为欧洲报纸的发源地之一。比利时境内最早定期发行的报刊是1621年1月8日起连续出版的弗拉芒语《安特卫普公报》（*Nieuwe Tijdinghen*）。现在比利时的官方语言为荷兰语、法语和德语，三种语言的新闻活动同时存在，共同发展。

（二）第二个地区的新闻传播活动，和平渐进、内向发展，水平很高但对世界影响不大

第二个地区受到西欧工业革命和政治变革的影响，且由于地理上偏于一隅，除了瑞典、丹麦之间以及瑞典和芬兰、挪威之间历史上存在一些不大的民族矛盾外，各国内部的矛盾较为缓和，因而基本上以和平渐进的方式接受了现代民主体制和现代人权观念，没有发生激烈的阶级斗争。这些国家的新

---

① 埃默里M，埃默里E. 美国新闻史：大众传播媒介解释史：第8版［M］. 展江，殷文，主译. 北京：新华出版社，2001：9.

② 展江. 荷兰何以成为英文、法文报纸摇篮［J］. 看历史，2011（1）：76-77.

闻传播业较早地制定新闻业职业道德守则，形成新闻评议制度也早于英、法等国。由于它们以内向发展为主，其新闻传播业对世界的影响较小。

第二次世界大战后，北欧各国的主要执政党是社会民主党，长期实行福利主义政策，因而人民生活水准较高，文化教育程度也高。北欧诸国严寒时间较长，公众养成了在室内阅读的习惯。为防止媒介的过度垄断，各国均以不同的形式对弱小报刊给予补贴。这些国家的报刊为节约费用大多采用送报合作制，偏远地区的读者也能及时看到报刊。不经意间，这些国家每千人平均拥有报纸的份数为 400 份，成为世界上报业最发达的一个独特地区。

丹麦面积 4.3 万平方千米，人口 582.5 万（2020 年）。丹麦历史上曾是北欧强国，其第一份定期报纸是 1666 年由王室创办的《丹麦信使报》（*Den Danske Mercurius*），刊登官方公报，赞美国王和政府。1849 年丹麦废除书报检查制度，逐步形成比较完善的新闻出版自由体制。在互联网冲击下，丹麦传统新闻传播业衰退很快，那里的新闻人尝试新的挑战，现已经是世界上信息化发展水平最高的国家之一。丹麦 2017 年 IDI 指数排名第 4 位，超过美、英等大国。

瑞典面积 45 万平方千米，人口 1 037 万（2020 年）。瑞典是世界上最早确立新闻出版自由和信息公开制度的国家，今天仍然发行的最古老报纸《国内邮报》（*Post-och Inrikes Tidningar*）于 1645 年在瑞典出版。早在 1766 年，瑞典就颁布了《新闻出版自由法》。这部法律被赋予基本法的地位，属于世界首创，并在此后的二百多年中不断完善。瑞典是按照人口平均报纸最多的国家之一，2009 年报纸千人拥有量达到 422 份。1995 年创刊于斯德哥尔摩的《地铁报》（*Metro*）开创了一种风靡全球的报纸种类——免费的地铁报。

瑞典人在地铁上看《地铁报》

挪威面积 38.5 万平方千米，人口 537.5 万（2020 年）。1814 年挪威在争取独立的过程中制定的《埃森沃尔宪法》保障了言论自由，工业革命促进了报刊的发展。1905 年挪威独立，此后政党报刊获得较快发展，广播业开始起步。1940 年 4 月挪威被德国占领，新闻出版业一度中断。二战之后，政府通过对报纸进行补贴，并且打破国家广播公司（NRK）的垄断地位，在 20 世纪中后期带来了大众传媒欣欣向荣的局面。主要报纸有《晚邮报》（*Aftenposten*）、《世界之路报》（*Verdens Gang*）等。主要通讯社为成立于 1867 年、非官方的挪威通讯社（NTB）。2017 年其 IDI 指数排名第 8 位。

芬兰面积 33.8 万平方千米，人口 552 万（2020 年）。芬兰 1917 年底独立，二战期间被迫割让给苏联 12%的国土，其新闻传播业长期在压迫中曲折发展。二战后，芬兰的新闻传播业进入平稳发展时期，2010 年被无国界记者组织（RSF）评为新闻出版最自由的国家。该国的新闻职业自律体系健全，也是国际同行的典范。芬兰创刊于 1904 年的《赫尔辛基报》（*Helsingin Sanomat*）目前是北欧地区发行量最大的报纸。

冰岛靠近北极圈，是欧洲第二大岛，面积 10.3 万平方千米，人口 36.67 万（2020 年）。冰岛有悠久的"以法建国"的共和制传统，新闻传播业发展极为平和，在各种涉及新闻出版自由度的世界排名中，均名列前茅。2017 年 IDI 指数高居全球第一。创办于 1913 年的《晨报》（*Morgunblaðið*）是该国发行量最大、历史悠久的报纸。冰岛的主要电视台是 RÚV 台，致力于推广冰岛语言。

（三）第三个地区新闻传播活动萌芽较早，但长期发展较缓，20 世纪七八十年代后步入发展的快车道

第三个地区曾经在中世纪末期活跃着地中海贸易，并且是欧洲文艺复兴的中心地带，因而中世纪的手抄新闻较为发达，但随着欧洲贸易从地中海向全球贸易的转移而衰落。这些国家由于长期处在本国或外族的专制统治下，虽然现代新闻传播萌芽较早，但自身的工业革命出现较晚，新闻传播业的发展相当缓慢。

西班牙、葡萄牙经历了无数国内的矛盾冲突，直到 20 世纪 70 年代才进入较完善的民主制阶段，随后出现经济腾飞。因而，西班牙、葡萄牙的新闻传播业在最近半个世纪才迅速发展起来的。

GRANDE CONCURSO 2021
HOJE
CHUVA DE PRÉMIOS COM O SEU CM
GANHE 10 250 EUROS
CORREIO da manhã
RECORDE DE CRÉDITO NA COMPRA DE CARROS USADOS
MILIONÁRIO DAS ORGIAS PASSEIA PELA EUROPA
RUBEN ADMITE QUE CRISTINA FERREIRA É O SEU AMOR
ESQUEMA SUSPEITO
FAMÍLIA DESVIA 10 MILHÕES DE SEGURADORAS
DINHEIRO DA TRANQUILIDADE E EUROP ASSISTANCE PARA TODOS OS PRIMOS
NOVO INQUÉRITO-CRIME
MINISTÉRIO PÚBLICO INVESTIGA CLÃ ESPÍRITO SANTO
PJ CAÇA 100 KG DE 'COCA' EM NAVIO NO ALTO MAR
ESPECIAL DE 7 PÁGINAS: TUDO SOBRE A PANDEMIA
RESTAURANTES PERDIDOS QUEIXAM-SE DA BUROCRACIA
MORIRENSE 1 | 1 BENFICA
ÁGUIA DE JESUS FERIDA NO MINHO
Juiz investigado volta a despachar processos na Relação de Lisboa
Ministério publica calendário com erros
idealista
O portal imobiliário líder em Portugal
FC PORTO ANTECIPA RECEITAS FUTURAS COM JURO DE 5,93%

2021 年 2 月 15 日葡萄牙《晨邮报》

葡萄牙面积 9.2 万平方千米，人口

1 030 万（2019 年）。它是欧洲最早从事航海业和殖民扩张的国家之一。17 世纪前，该国出现各种新闻传播的雏形。经历了 19 世纪后半叶的产业化后，新闻传播业逐步赶上其他欧洲国家，但当权者对新闻出版的抑制制约了其快速发展。1974 年政治体制走向民主后，新闻出版自由得以逐步实现，新闻传播业开始走向全方位的健康发展之路。目前《晨邮报》（*Correio da Manhã*）和《快报》（*Expresso*）是主要报纸；主要电视台为无线电视台 1 台、独立电视台。

希腊面积 13 万平方千米，人口1 112.8 万（2019 年）。希腊形成现代新闻传播业较晚，并且自始就与政党活动紧密联系，直到 1974 年。1821 年希腊本土出现第一份现代报纸《希腊号角》（*Ελληνική Σάλπιγξ*），但直到 20 世纪 80 年代新闻传播业才有了快速发展，转向自由主义的市场导向，客观报道原则得到了确立，媒体形态多样化。目前发行量最大的是《日报》（*Καθημερινή*）和《论坛报》（*Το Βήμα*）；两大民营电视台分别是美格（MEGA）台和天线（ANT1）台。

2015 年 7 月 5 日希腊人在阅读大选新闻

（四）第四个地区新闻传播活动历史上受专制主义影响较大，发展不快，经过 20 世纪 90 年代政治制度变革的混乱阶段，现已逐步走上稳定发展的道路

这个地区的西部诸国，虽然较早就出现了现代新闻传播的萌芽，但由于经济不发达，又长期受到宗主国的压迫，民族新闻传播业的发展也不够快。第一次世界大战后，这些国家纷纷独立，政治体制复杂多样，不论是形式上的民主制还是直接的君主制，专制成分相当大。这些国家的新闻传播业虽然大多是民营，但是受到的政治压迫依然较为直接。这个地区的东部即沙皇俄国，是以专制统治著称的欧洲最后一个封建堡垒，其新闻传播政策是典型专制性质的。

第二次世界大战后，该区苏联以西诸国转变为社会主义国家，很快实行苏联式的新闻传播体制。20 世纪 90 年代初，苏联解体。该区苏联以西诸社会主义国家的新闻传播业经历了一段转变体制的混乱期，从 20 世纪 90 年代末起，开始逐步趋向较为稳定的自由主义体制。其中转变相对顺利、新闻传播业发展重新获得稳定的典型国家是波兰。

波兰面积 32.2 万平方千米，人口 3 839 万（2019 年）。1989 年以后，波兰众议院通过关于允许开办私营电台和电视台的法令，废除书报检查法、引入商业运行机制。波兰的电视公司 TVP，成为中东欧地区最大的公共电视广播平台；民营电视台主要是 Polsat 台与 TVN 台。波兰发行量最大的报纸是 1989 年创刊的《选举报》（*Gazeta Wyborcza*）。

波兰 TVP 电视公司办公楼

波罗的海三国的拉脱维亚面积 6.4 万平方千米，人口 191.9 万（2020 年）。最早的报纸出现于 17 世纪。1991 年重新独立后新闻传播业按照市场经济运作，新闻传播业地理上集中于首都里加，所有权集中于跨国大媒体集团。爱沙尼亚面积 4.5 万平方千米，人口 132.9 万（2019 年）。1991 年独立后新闻传播业实行自由主义体制。该国的波罗的海新闻社（BNS）1990 年 4 月由一群学生创办，最初是为了向外国报道波罗的海国家摆脱苏联争取独立的斗争进程，现在是该国最大的通讯社，也是波罗的海地区最大的新闻通讯社，每天用五种语言向外界发布信息。立陶宛面积 6.5 万平方千米，人口 279.4 万（2020 年）。重新独立后新闻传播业走向稳定的自由主义体制。相对不多的人口，却在 2016 年实现期刊年发行量 5 000 多万份，报纸总发行量 9 000 多万份。

匈牙利面积 9.3 万平方千米，人口 976.4 万（2019 年）。匈牙利民族中世纪曾一度辉煌，17—19 世纪受控于奥地利哈布斯堡王朝，20 世纪被苏联控制了半个世纪，民族新闻传播业历经不同的艰难发展时期。20 世纪 90 年代以后，匈牙利的报纸种类丰富，大众化的报纸兴起。汽车、时尚等专门杂志涌现，吸引了大量的读者。1994 年，大众化报纸《扫视》（*Blikk*）先后兼并了多家报纸。公营匈牙利电视台（MTV）和民营 TV2 电视台影响较大。2016 年欧盟统计局公布的数据显示，匈牙利社交媒体利用率在欧盟国家高居榜首，在 16～47 岁的网民中，使用 Facebook 和 Twitter 等社交媒体的比率高达 83%。

2019 年 9 月 26 日罗马尼亚布加勒斯特市的街头广告

罗马尼亚面积 23.8 万平方千米，人口 1 952 万（2018 年）。在经历了政治体制改变后于 2001 年通过《自由获取公共利益信息法》，2003 年的宪法维护言论自由，并禁止审查制度。现在罗马尼亚是东南欧最具活力的媒体市场之一。公营罗马尼亚电视台（TVR）以及民营电视台 Pro TV 和 Antena 1 占据了最大的收视份额。该国代表性报纸是 1871 年创办的《真相报》（*Adevărul*，1951 年被关闭，1989 年 12 月恢复出版），1990 年创办的《今日报》（*Azi*），1943 年创办的《自由罗马尼亚报》（*România Liberă*）。

保加利亚面积 11.1 万平方千米，人口 700 万（2019 年），其新闻传播业在新的环境中经过转型的阵痛，已步入较为稳定的发展状态。现在形成了规模较大的“传媒控股”公司（Медия）、“168 小时”有限责任公司、“媒体合作伙伴”有限责任公司等。保加利亚的广播电视形成国营和民营两套体系，国营广播电台和电视台总体上居于主导地位。

苏联控制的捷克斯洛伐克，已经和平划分为捷克与斯洛伐克两个国家。捷克面积 7.8 万平方千米，人口 1 068 万（2019 年）。捷克议会选举媒体机构理事会，由媒体机构理事会推选任命高层人选，实行独立、公正、客观的新闻报道理念。捷克对互联网报道采取不干涉政策，其最大的三家门户网站为 Seznam、Atlas、Centrum，最大的三家新闻网站为 iDnes（今日）、Novinky（新闻）、Aktuálně（时事）。斯洛伐克面积 4.9 万平方千米，人口 545.7 万（2020 年）。首都布拉迪斯拉发（Bratislava），原名普勒斯堡（Preßburg），

1536—1783年曾是匈牙利王国的首都。匈牙利语和斯洛伐克语的第一份报纸都在此出版，分别是1780年的《匈牙利信使》（*Magyar HiRmondó*）和1783年的《普勒斯堡新闻》（*Prešpurské Noviny*）。现在斯洛伐克已经形成完整的公营与民营新闻传播业格局，有8种全国性日报、76个广播频道和55个电视频道。

1992年南斯拉夫社会主义联邦共和国解体，形成塞尔维亚、克罗地亚、斯洛文尼亚、黑山、北马其顿和波黑六国。各原联盟共和国的新闻传播业经历了巨大的社会转变，逐渐走向市场经济体制。2004年和2013年经济达到发达国家水平的斯洛文尼亚和克罗地亚先后成为欧盟成员国。六国的媒体变革也不尽相同。斯洛文尼亚新闻传播业市场化程度最高。塞尔维亚、克罗地亚、黑山等国还处在变革过程中。六国中塞尔维亚面积最大，8.8万平方千米，人口696万（不含科索沃地区，2019年）。“从2007年开始，塞尔维亚开始在传媒领域推行私有化，2014年，塞尔维亚在影视领域实施了新一轮商业化变革，私人电视媒体得到空前发展，国家电视台也转型为公共电视台。”① 但来自塞尔维亚反腐败委员会2008—2010年度的报告显示，在塞尔维亚30家最重要的传媒机构中，不少于18家媒体的实际拥有者情况不明。②

2019年9月23日科索沃首府普里什蒂纳市的电视台办公楼和发射塔

阿尔巴尼亚面积2.8万平方千米，人口285万（2019年）。原来封闭的阿尔巴尼亚的新闻传播业，1996年以来也走向平稳发展的道路。阿尔巴尼亚的广播电台用英、法、德、意、希、土、塞7种语言对外广播。电视台全天24小时播放节目。据阿尔巴尼亚国家广播电视委员会统计，目前阿尔巴尼亚全国民营广播电台约60家、民营电视台70余家。

二、欧洲的网络传播

2020年1月，欧洲网民用户达7.113亿，较2019年1月增长1 100万，

① 李宇．塞尔维亚电视业发展概况［J］．现代视听，2017（11）：82－85.

② 瓦西列维奇．中东欧国家广播业转型的范例：塞尔维亚广播现状与问题分析［J］．董明锐，译．中国广播，2013（8）：30－34.

互联网普及率达 84%，较 2019 年 1 月提升 1.6 个百分点。欧洲的网络普及率高于美洲、亚太与中东地区，整体网络市场发展领先。欧洲传统媒体力求适应互联网时代，但总体上仍然难以与新媒体相抗衡。各国十大最受欢迎的网站中，传统新闻媒体网站寥寥可数，并且多居于中部或尾部，排名最高的新闻网站为 BBC。

此外，欧洲社交媒体蓬勃发展，截至 2020 年 1 月，用户规模已达 4.7 亿，占欧洲总人口的 55%。① YouTube 与 Facebook 是欧洲用户最常使用的两个社交媒体。俄罗斯略有例外，其本土社交媒体网站 VKontakte 是俄罗斯最大的社交网站，月活跃用户量可达 9 700 万。② 相对于传统新闻传播业（例如德国与英国），数字新闻机构往往在传统新闻传播实力较为薄弱的国家发展良好（例如西班牙与法国）。③ 脱胎于传统新闻界的数字新闻机构，相比于提供数字创新（delivering digital innovation）或逐利的新媒体，其多数目标是生产高质量的新闻和产生社会影响。④

欧洲传统媒体数字化转型仍有发展空间，社交媒体已居于主导地位。在欧洲各国，相比于电脑与平板，手机成为人们获取新闻的主要方式。尽管近年来，各传统主流媒体走上数字化转型道路，以期重夺用户的注意力资源。但总体上，目前欧洲传统主流媒体尚未实现这一目标。

在内容方面，流媒体视频与网络新闻视频市场发展广阔。根据 We Are

2017 年 12 月 20 日冰岛销售手机的商店

---

① We Are Social. Digital 2020 Global Digital Overview [EB/OL]. (2020-01) [2020-09-28]. https://wearesocial.com/digital-2020.

② VK. 关于我们 [EB/OL]. (2020-09) [2020-09-29]. http://0s.ozvs4y3pnu.nblu.ru/about.

③ NICHOLLS T, SHABBIR N, NIELSEN R K. Digital-Born News Media in Europe [R]. Reuters Institute for the Study of Journalism, 2016: 6.

④ 同③.

Social 所发布的报告，YouTube 在英法德等国的媒体市场中占据重要地位，其月使用率一直稳居这三国的前三名。此外，据路透新闻研究所报告，在欧洲各国，超过 39%的受访用户表示在上周观看过网络新闻视频。其中希腊居最前，有 76%的用户称自己在上周浏览过网络新闻视频，居最末的为英国（39%）。[①] 由此可见，流媒体视频在欧洲较受欢迎，网络新闻视频亦搭上快车持续发展。

2020 年 Youtube 在英国、法国、德国与西班牙用户中的使用情况

	YouTube 网站月流量	YouTube 月使用率
英国	970 800 000	78%
法国	662 700 000	80%
德国	817 300 000	77%
西班牙	447 100 000	89%

欧洲网络用户特征在于年龄差异：18～29 岁年龄段人群的新闻来源多为互联网，50 岁以上年龄段群体则为电视。根据皮尤研究中心围绕英国、法国、德国、西班牙、意大利、荷兰、丹麦和瑞士等八国用户的研究，欧洲青年用户（18～29 岁）更可能从互联网而非电视中获取新闻。在该年龄段人群中，有 73%从网络中获取新闻，远超电视（38%）、广播（33%）与报纸（12%）。老年用户（50 岁以上）中主要新闻来源则多为电视，87%的人的新闻来源为电视，其次是广播（57%）、网络（48%）与报纸（39%）。而在中年用户（30～50 岁）中，68%的人从网络中获取新闻，61%的人从电视中获取新闻。[②]

从媒介素养方面看，相当多的欧洲用户对互联网中新闻的真实性表示忧虑。在葡萄牙，76%的用户都关注网络新闻的真实性。比例最低的为荷兰，但仍有 32%的用户对此持有关注。此外，英国、法国与德国各有 63%、62%与 37%的用户关心此问题。[③]

三、现在欧洲新闻传播业的几个特点

（一）世界日报发行量最为集中的地区

由于历史的原因，欧洲的报业依然是世界报业发展的重心，其日报发行量大约是世界日报发行量的 40%。尽管近年来受到数字媒体的冲击，收费日

---

① NEWMAN N, FLETCHER R, SCHULZ A, et al. Digital News Report 2020 [R]. Reuters Institute for the Study of Journalism, 2020: 28.

② MATSA K E, SILVER L, SHEARER E, et al. Western Europeans under 30 View News Media Less Positively, Rely More on Digital Platforms Than Older Adults [R]. Pew Research Center, 2018: 10.

③ 同①.

报的发行量有所下降，但免费日报的份额增长很快。多数国家每千人拥有报纸份数超过 250 份。根据一些传播学者的假设，每四人拥有一份报纸（即千人 250 份）的国家即可算达到报纸发行的“饱和”。[①] 欧洲属于这样的地区之一。

（二）广播电视业大多实行公营与民营并行的体制

自 1927 年英国对广播业（随后包括电视业）实行单一公营体制以后，除第四个地区外，欧洲主要国家大多追随其后，也采取了这种单一公营体制，但具体的管理形式各有特点。例如法国、意大利、荷兰、比利时和北欧国家的公营广播公司，曾经在较长的时期内，政府对其业务干预程度要比英国大些。只是在 20 世纪 80 年代之后，随着逐步开放民营广电业，政府的这种干预才基本消失。德国没有全国性公营广播公司，而是州或跨州的数家公营广播公司联合经营全国性的广播电视台。20 世纪五六十年代英国先后开放民营电视、广播业之后，欧洲大陆各国在 20 世纪七八十年代也陆续开放民营广播电视业，于是形成现在欧洲广播电视业公营和民营并行的局面。在欧洲的第四个地区，广播电视业也形成不同程度的公营（俄国是以国家在广电公司中投股的形式，带有相当的国营性质）与民营两个系列竞争的局面。

欧洲的广播电视业公营与民营并行的体制，对世界其他国家的影响较大。日本、韩国、印度（一定程度上）、南非、澳大利亚、新西兰、加拿大等国实行的也是这种体制。由 BBC 开始的公营体制，造就了一种介于国营和民营之间的媒介体制。广播电台和电视台既不属于国家所有，也不属于个人所有，而属于社会所有。其经费来源主要靠收听费、收视费和公司的其他经营收入；另外，议会或政府拨一点钱，社会上筹集一点钱。公营的广播电台和电视台一般不播广告，以防止受控于财团利益。各国政府或议会对它们有一定的监督权，或拥有任命董事会主要负责人的权力，但政府或议会不得干预其具体的工作。其工作由社会人士、部分政府或议会委派的人士、新闻工作者代表组成的董事会负责。各国这类公营广电公司的具体情况差异很大，但大体的方面如上所述。

（三）网络传播领域缺乏大型互联网公司

2014 年全球市值最高的 20 家互联网公司中，11 家来自美国，9 家来自亚洲国家。2018 年全球市值最高的 20 家互联网公司中，美国占 12 家，中国占 8 家。欧洲虽然在大众传播事业上整体高于其他洲，但是在网络传播领域

---

① 李明水．世界新闻传播发展史［M］.2 版．台北：大华晚报社，1985：438.

却缺乏大型的本土互联网公司。

欧洲各国由于受多语言和人口规模限制，发展互联网的成本很高，导致过于分化的文化市场。欧洲普遍推行高税收、高福利政策，一定程度也抑制了互联网的创新和创业。而且，欧洲对互联网行业缺少对应政策的保护，使得本来就很弱小的欧洲互联网公司时刻面临着美国互联网巨头的入侵。在互联网“赢者通吃”的逻辑下，欧洲本土的互联网公司难以形成较大的规模。①

鉴于欧洲是世界新闻传播最发达的地区，因而这里重点研究英国、法国、德国、意大利、西班牙、俄国这六个欧洲主要国家。它们各自的历史传统很不相同，因而新闻传播业的发展走过了差异很大的道路。但从20世纪末开始，全球经济的发展和欧洲共同体各国的相互作用，使各国的新闻传播业又呈现一种殊途同归的迹象，相同点开始大于不同点。如何评价这种西方国家新闻传播业趋同的现象，需要另行综合考察。

第二节　英国新闻传播史

英国的新闻传播史，特别是20世纪上半叶以前的历史，代表着当时世界新闻传播业发展的潮流。英国新闻传播业运作的模式和确立的传统，对于世界新闻传播业起到了示范作用，并至今留有印记。

英国全称大不列颠及北爱尔兰联合王国，面积24万平方千米，人口6 679万（2019年），分为英格兰、苏格兰、威尔士、北爱尔兰四个地区。17—20世纪初，现在的英国（主要是英格兰）是历史上“大英帝国”的本土地区。

英国有文字记载的历史开始于公元前55年。初期为古罗马帝国的一部分，西罗马帝国灭亡后形成七个小王国并立的局面。9世纪初，七国之一的西撒克斯王国统一了英国，至此为英国的上古史。1066年，法国诺曼底公爵率军渡海征服英国，带去了欧洲大陆的封建制度，并在那里建立了英国第一个封建王朝——诺曼底王朝，从此开始了英国的中古史，并逐渐形成现在英国的传统。

1215年，国王约翰在丧失了大部分法国领地、失去教皇支持的情况下，不得不与贵族、市民订立“自由大宪章”来保障自己的权力，从而形成英国三种政治势力——王权、贵族、市民长期鼎立的局面。在英国历史上，只有三种力量中的两种联合，才能战胜第三种力量，因而社会的发展通常是各种力量妥协的结果。在这种政治传统下，英国新闻传播业的发展过程中虽然存

① 曾航．欧洲为何没有互联网巨头［J］．商界评论，2015（2）：46-48.

在各种政治斗争和经济竞争，但通常不呈现“你死我活”的激烈场面，而是“你活我也活”，英国新闻传播业没有断代，是典型的渐进式商业发展模式，拥有连贯而悠久的自身传统。英国“以妥协求发展”的政治文化传统，是理解该国很多事情的钥匙。

一、英国新闻传播业对世界的影响

（一）英国报业明显地形成大众报纸和高级报纸的区分，直到现在仍然对世界报业格局产生影响

20 世纪初，各报刊逐渐确定了自己的读者对象和风格，形成了位于市场两端的“大众报纸”和“高级报纸”两大类型。前者由便士报发展而来，拥有巨大的发行量，格调相对低下，服务于普通公众的需求，因多数报纸版面规格较小也被称为“小报”；后者延续了由来已久的严肃传统，主要面向社会上层和知识界，追求独立性、权威性、高格调，通常被视为代表民族国家的报纸，这类报纸对开版面的较多，故另有“大报”之称。世界上不少国家都可以看到高级报纸与大众报纸的分野。

（二）英国是欧洲和英联邦国家广播电视体制形成、变化的领头羊。公营体制以及后来公营、民营竞争与合作的局面，均滥觞于英国

1927 年 BBC 的组建，造就了一种介于国营和民营之间的媒介体制。广播电台和电视台既不属于国家所有，也不属于个人所有，而属于社会所有。其经费来源主要靠收听费、收视费和公司的其他经营收入；另外，议会或政府拨一点钱，社会上筹集一点钱。公营的广播电台和电视台一般不播广告，以防止受控于财团利益。各国政府或议会对它们有一定的监督权，或有任命董事会主要负责人的权力，但政府或议会不得干预其具体的工作。其工作由社会人士、部分政府或议会委派的人士、新闻工作者代表组成的董事会负责。

自英国对广播（随后包括电视）实行公营体制后，欧洲较多的国家和多数英联邦国家（例如澳大利亚、加拿大、印度）追随其后，也采取了这种单一公营体制，但具体的管理形式各有特点。20 世纪 50—70 年代英国先后开放民营电视、广播业之后，欧洲大陆的较多国家和英联邦的一些国家在 20 世纪 70—90 年代也陆续开放民营广电业，于是形成现在欧洲多数国家广电业公营和民营并行的局面。

二、英国新闻出版政策的演变和特征

（一）封建王权的出版特许制与星室法庭

1476年，英国有了第一架欧式印刷机，所印内容主要是宗教、文学性质的。为引发印刷业的竞争，国王理查三世1484年发布了一项鼓励外国人在英国经营印刷业的诏令。随着欧洲政治、宗教斗争的复杂化，英国当权者意识到印刷品广泛而随意地传播对王权的威胁，开始控制出版业，其措施主要包括以下两个方面：

其一，建立皇家出版特许制。16世纪的印刷业，购买纸张、建印刷所、雇佣劳工都需要大笔的开支。如果没有特别的行业保护，投资者很可能血本无归。此时，王权与主要印刷商合谋，王权挑选驯服的出版商授予特许资格，将印刷商控制在一定数量内，对侵害其权利的其他印刷商予以惩处；而获得特许资格的印刷商投桃报李，将自己的印刷行为限制在王权认可的范围内。特许制最早出现于1530年，1557年皇家特许出版公司（Stationer's Company）建立，出版由此成为一种特权行业。

其二，建立皇家出版法庭。皇家出版法庭又名星室法庭，由于法庭屋顶有星形装饰的大厅而得名。星室法庭建于1570年。1586年，国王颁布“星室法庭法令”，将特许制中的规定上升为法律。在星室法庭法令的限制下，伦敦的53家印刷所实际掌握在23个富有的大印刷业主的手中；伦敦以外，除牛津大学和剑桥大学，几乎没有印刷所。

虽然存在以上管制措施，但英国的权力当局对出版的管制还是相当松弛的，只是在涉及对国内政治的批评时才会处罚，其他无关紧要内容的印刷出版

星室法庭素描图

物仍然相当自由地出版。因为诺曼底公爵在英国建立封建制度时，不得不承认一些半原始状态时期英国人民的公民权利，其中公民大会的言论自由权利以习惯法的形式被保留了下来。所以马克思写道："在英国，最重要的政治自由一般都是由习惯法确认的，而不是由成文法批准的；例如，出版自由就是如此。"①

（二）从大革命到"光荣革命"：出版管制政策的反复

1640 年，英国发生大革命。第二年，皇家特许出版公司和星室法庭被取消，出版得到完全的自由。于是当时出现多种专门报道国会消息的刊物，打破了不许报道国内政治新闻的禁令。发生革命后的 10 年内，英国出现各种新闻性出版物 300 多种。

各种限制出版的禁令被大革命冲垮后，出版的混乱无序和批评国会的言论急遽增多。1643 年 6 月 13 日，国会恢复了出版特许制度，并成立出版检查委员会。1644 年，英国政论家弥尔顿（J. Milton）出版了两本未经许可的关于离婚的小册子，因而于 11 月 24 日被国会出版检查委员会召去质询，他就此发表著名演说辞《论出版自由》，这篇演说辞 1644 年底以小册子的形式出版。弥尔顿是国会议员，虽被叫去质询，但不受处分。这篇文献有以下三个要点：

第一，人们只能在多元选择中认识真理。人在接受智慧方面应有全面的"知"的权利，才可能走向真理。

第二，言论出版自由是一切自由中最重要的自由权利。他呼吁，"让我有自由来认识、发抒己见并根据良心作自由的讨论，这才是一切自由中最重要的自由"。

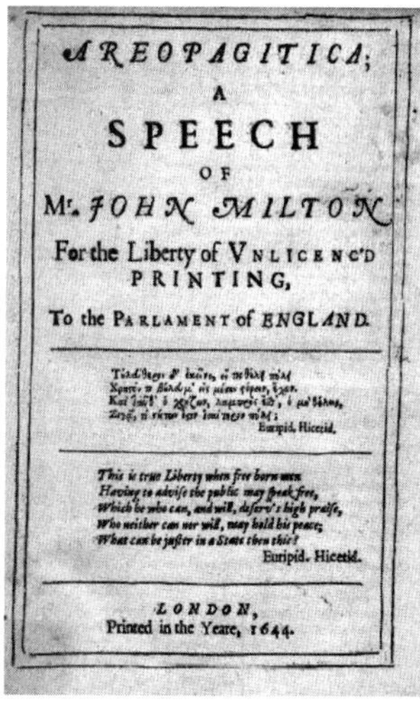
AREOPAGITICA;
A
SPEECH
OF
Mr. JOHN MILTON
For the Liberty of UNLICENC'D
PRINTING,
To the PARLAMENT of ENGLAND.

Euripid. Hicetid.

This is true Liberty when free born men
Having to advise the public may speak free,
Which he who can, and will, deserv's high praise,
Who neither can nor will, may hold his peace;
What can be juster in a State then this?
Euripid. Hicetid.

LONDON,
Printed in the Yeare, 1644.

《论出版自由》1644 年封面

第三，革命者不能自食诺言，重复封建王朝钳制出版的政策。国会议员大都由于参加了革命而当选，于是弥尔顿对他们说："你们自己英勇而又指挥如意的谋划给我们带来了这种自由……它解放了、扩大了并大大提高了我们的见识。现在除非培育我们的诸位议员对于纯正自由的爱已经不如往昔，否则就无法使我们在能力、知识和追求真理的热情上倒退。我们可能再变成诸位当初所发现的那种愚昧、粗暴、拘泥而奴化的情况，但那时诸位就首先必须变成旧统治者一样的暴虐、武断和专横"②。

① 马克思恩格斯全集：第 6 卷［M］. 北京：人民出版社，1961：295.
② 密尔顿 . 论出版自由［M］. 吴之椿，译 . 北京：商务印书馆，1958：44－45.

英国大革命中国王查理一世被杀，虽然革命者宣布英国为共和国，但实际上英国由军队领导人克伦威尔（O. Cromwell）以“护国主”的名义实行统治，新闻政策是专制的，只有两家政治性周刊——《政治信使报》和《公众情报者》——被特许出版。

1660年，国王查理二世（1661—1685年在位）复辟，在三年内陆续恢复了他父亲时代钳制出版的一系列政策，重新宣布不经许可不得报道国内政治新闻的禁令，任命了王室新闻检查官。1688年“光荣革命”后，查理二世恢复的各种限制出版的法案逐渐失效。18世纪，报道和评论国内政治的禁令被冲破。

（三）印花税的实施与废除

虽然政治上限制出版业的法律没有了，但到1712年，英国政府实行印花税法案，对报刊征收印花税、广告税、纸张税，三税合称“知识税”（Taxes on Knowledge）。政府通过不断完善这种税收政策，既增加了财政收入，又达到了控制报刊的目的。这种通过经济手段对报刊业的控制（简单地概括，便是“欲禁于征”），较之强行政的直接干预，应该说还是一种进步。但是它一开始就是报刊业发展的沉重负担，实行半年，就有一半报刊因无法承受税赋而被迫停刊。

1702年科利尔（Evert Collier）所作英国静物画（伦敦泰特国家美术馆所藏）

19世纪30年代，如何有效管制报业成为重要的政治话题，围绕知识税的存废形成针锋相对的两派。保守派认为，应当继续打击逃缴印花税的行为，否则“劣质的印刷品”将在整个国家泛滥；自由派则坚持“教育和引导，而不是法律的强制，是唯一可以使那些联盟瓦解的好办法”①。1836年，自由派

① 威廉姆斯．一天给我一桩谋杀案：英国大众传播史［M］．刘琛，译．上海：上海人民出版社，2008：65．

通过立法将印花税降低 75%。1851 年，代表工业资产阶级的曼彻斯特学派成立促进知识税废除委员会。1853 年、1855 年和 1861 年，广告税、印花税和纸张税分别被废除。至此，英国所有限制新闻出版的法律均被废除，这意味着英国的新闻出版自由在法律上最终确立。

三、英国新闻传播业的发展历程

英国的现代新闻传播晚于欧洲大陆，但工业发展的优势很快使其新闻传播业超过了所有其他欧洲国家。英国最早的新闻刊物是从海峡对岸的荷兰（荷兰地理上又与德国接壤）传过来的。

（一）第一家新闻周刊

1622 年 5 月 23 日，英国出现第一家新闻周刊《来自意大利、德国、匈牙利、波希米亚宫廷、法国和低地各国的新闻周刊》（*Weekly News From Italy, Germanine, Hungaria, Bohemia the Palatinate, France and Low Countries*），历史上一般简称为《新闻周刊》，英文 “news” 一词首次出现在刊名上。从刊名即可分辨，它的内容仅局限于国外新闻，这是当时英国政府规定不得报道国内政治新闻背景下的选择。

The 23. of May.
VVEEKELY
Nevves from Italy,
GERMANIE, HVNGARIA,
BOHEMIA, the PALATINATE,
France, and the Low Countries.

Translated out of the Low Dutch Copie.

LONDON,
Printed by I. D. for Nicholas Bourne and Thomas
Archer, and are to be sold at their shops at the
Exchange, and in Popes-head Pallace.
1622

《来自意大利、德国、匈牙利、波希米亚宫廷、法国和低地各国的新闻周刊》创刊号封面

（二）第一家报纸

《牛津公报》（*The Oxford Gazetee*）是英国第一家报纸，创刊于英王查理二世复辟后的 1665 年 11 月 16 日。当时伦敦发生瘟疫，宫廷暂时迁到牛津。国务副大臣威廉逊（J. Williamson）派穆迪曼（H. Muddman）在牛津创办了这份王室的官报。这是英国第一种单页纸式的、刊载新闻的定期出版的印刷品，“newspaper”（报纸）一词首次出现于该报。该报当时对开单张，两面印刷，每逢周一和周四出版。该报刊有较多的官方新闻，以及一些社会新闻，没有言论。从第 24 期起，迁回伦敦出版，改名《伦敦公报》（*London Gazetee*）。

The Oxford Gazette.
Numb. 1.
Publiſhed by Authority.

《牛津公报》创刊号

（三）第一家日报和舰队街的形成

英国第一家日报是伊丽莎白·马莱特（Elithebeth Mallet）于 1702 年 3 月 11 日在伦敦舰队街创办的《每日新闻》（*The Daily Courant*）。她在创刊告白中写道："本报创办之目的，在迅速、正确而公正地报道国外新闻，不加评论，而且相信读者的智慧，对刊载消息的确切含义，一定有正确的判断。"这家新创刊的报纸只维持了几天，后来一个名叫塞缪尔·巴克利的人复刊了这份报纸。该报后来成为辉格党的机关报，1735 年被合并到《每日公报》。

从此，舰队街与英国的新闻媒体结下了不解之缘，成为英国新闻界的代称。18、19 世纪开始，英国各大报馆纷纷搬进舰队街，最高峰时共有 100 多家报社在这条不过里许长的街道上设立报馆。20 世纪 80 年代大批报社搬出舰队街。2005 年 6 月，最后一家新闻机构——路透社迁出舰队街。

舰队街原貌

2018 年 8 月所摄留在舰队街建筑上的早年广告语：人民的朋友、人民的报刊

（四）英国的党报时期

西方各国资产阶级革命结束后，在结社自由和出版自由的条件下，各种利益集团都希望新的国体或政体能够体现自身的利益，加之报刊当时在经济上不能独立，因而各种党派都利用报刊表达自己对政治的看法以影响舆论。于是，社会进入了政党报刊时期。现代党报最早出现于英国，政党报刊时期在英国持续了一百多年，直到 19 世纪中叶，才转向商业报刊时期。

1679 年，英国国会形成辉格党（Whig）与托利党（Tory），名称均为对骂的结果，“辉格”为苏格兰语“强盗”；“托利”为爱尔兰语“歹徒”。辉格党一般代表工商业资产阶级和新贵族的利益，托利党代表地主贵族和高级僧侣的利益。两党都创办了自己的报刊，都有一些文化名人为其撰稿。同时，各党都以半公开的形式向非政党报刊的主办人或编辑提供津贴，以致形成一种惯例。1704 年，托利党领袖哈莱（R. Harley）首开津贴报人的先例。

英国政党津贴报刊的做法到托利党人皮特（W. Pitt）任首相（1783—1801 年）时期基本结束。因为随着工业革命的兴起，报刊的广告急遽增多，发行量增大，已经不需要津贴而自足了。因而从 1801 年起，英国明确隶属关系的政党机关报基本消失。但英国社会的发展总是进一步退半步，“党报”变相存在了几十年。19 世纪上半叶“准党报”的代表是 1821 年创刊的《曼彻斯特卫报》（*The Manchester Guardian*），该报被视为工业资产阶级曼彻斯特学派的机关报。1872 年该报被斯科特（G. Scott）买下后成为商业化日报。

（五）第一家通俗化杂志

1731 年，爱德华·凯夫（Edward Cave）在伦敦创办了《绅士杂志》（*The Gentleman's Magazine*），每份售价 6 便士，“magazine”一词第一次被用来指称期刊。凯夫的办刊意图在于提供受教育公众感兴趣的一切话题，因此该刊从货物价格到拉丁诗文，内容包罗万象。此前的英国杂志内容往往是专门化的。该刊最高发行量近万份，在当时是创纪录的。

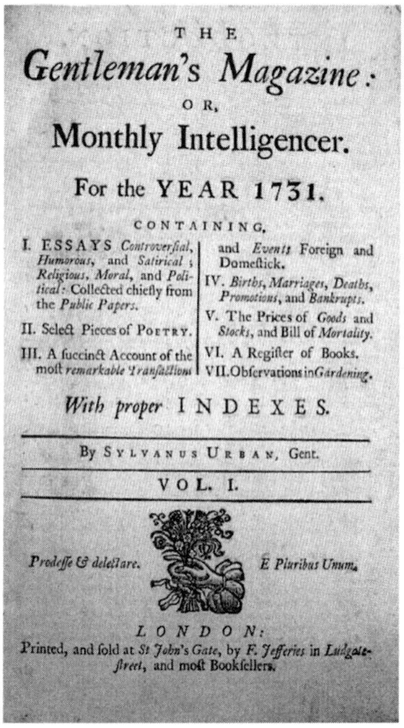
THE
Gentleman's Magazine:
OR,
Monthly Intelligencer.
For the YEAR 1731.
CONTAINING,
I. ESSAYS Controversial, Humorous, and Satirical; Religious, Moral, and Political: Collected chiefly from the Public Papers.
II. Select Pieces of POETRY.
III. A succinct Account of the most remarkable Transactions and Events Foreign and Domestick.
IV. Births, Marriages, Deaths, Promotions, and Bankrupts.
V. The Prices of Goods and Stocks, and Bill of Mortality.
VI. A Register of Books.
VII. Observations in Gardening.
With proper INDEXES.
By SYLVANUS URBAN, Gent.
VOL. I.
Prodesse & delectare.　E Pluribus Unum.
LONDON:
Printed, and sold at St John's Gate, by F. Jefferies in Ludgate-street, and most Booksellers.

1731 年的《绅士杂志》创刊号

（六）19世纪英国也是世界唯一的大报《泰晤士报》

18世纪英国众多的日报中，一家于1785年元旦创刊的《每日环球记事报》（*Daily Universal Register*）后来出了名，它的创办人叫约翰·沃尔特（J. Walter）。沃尔特原是伦敦的煤炭大王和一家保险公司的老板，因业务逆转而另辟财源，买下一项新式排字机专利。他为使用和推广这项专利而创办这家报纸做广告。同其他报纸出版人一样，沃尔特当时也接受政府的津贴，但不多，每年300镑。由于他在言论上批评过国王、约克公爵、司法大臣等，因此数次被罚款、监禁和戴枷示众。

1788年3月报纸改名《泰晤士报》（*The Times*），并逐渐在当时伦敦的9家日报中高人一筹。1789年法国爆发大革命，英国对这方面的新闻需求急遽上升，数年内《泰晤士报》派出的记者及时报道了革命时期发生的重大事件，从而在英国形成良好的声望。

1803年，与沃尔特同名的次子接掌报纸，不再接受政府津贴，《泰晤士报》从而成为独立报纸。沃尔特二世于1808年试行总编辑制，1817年确立这种制度，聘任巴恩斯（T. Barnes）为总编辑。过去由于报纸规模小，报纸所有者（或所有者聘请一个人）同时掌管经营和编务。《泰晤士报》首次实行所有者主管经营、另聘专业人员担任总编辑的制度，这是报业发展的一个新标志，对于报纸编务质量的提高和报业经营的扩大都具有重大意义。巴恩斯和后来沃尔特三世聘任的总编辑德莱恩（J. Delane，1847年出任），创造和维系了《泰晤士报》在英国报坛的“霸主”地位。

THE Universal DAILY Register

NUMB. 1.] SATURDAY, JANUARY 1, 1785. [Price Two-pence Halfpenny.

To the Public.

1785年《泰晤士报》创刊号

19世纪40年代，《泰晤士报》的销量达到了4万份，而与它同时期的报纸，多数销量不足5 000份。1855年克里木战争期间该报的发行量达到6万多份，让其他报纸望尘莫及。这次战争中，该报多次揭露英国政府和军队领导人由于官僚主义而造成数万伤病员死亡的事实，从而促成当时阿伯丁内阁的垮台、远征军总司令的撤职和红十字会的诞生。报道克里木战争的记者拉塞尔（W. Russell，1821—1907）由于报道出色，成为英国第一个被封为骑士的记者。

《泰晤士报》的两任总编辑在编务上经常有创新，但他们在政治、社会发展观上总体是保守的，因而又限制了报纸对许多重大事实公正而全面的报道，只是新闻工作追随事实发展而报道的职业本能，迫使该报及时改变立场从而跟上了形势。马克思和恩格斯著作中提到最多的报纸便是《泰晤士报》，约有1 000次，这一事实也说明了该报在社会中的影响力。他们经常批评它的政治立场，但也承认它在新闻界的地位。恩格斯批评该报时首先肯定：“《泰晤士报》在大陆上素负消息灵通报纸的盛誉”①。马克思也谈到，该报是“一家极有威望的英国报纸”②。

1877年3月23日，中国驻欧外交官郭嵩焘参观《泰晤士报》，在上交官方的日记中记载了该报的印刷、价格、印刷数量、员工人数、电讯的使用，其中写道：

> 初用机器制出铅字廿六字母，送校对处校之……合四铅板成新闻报一张，置印文机器中。卷纸逾数百丈，若洋布然。印车动，随转随印，至前截断其纸，而用扇板前后扇之。……印刷新闻报七万纸，不过一点钟可以竣事。
>
> 三佩宜（注：Penny，便士）得新闻报一纸，每纸两大张，表里两面各得四板，计十六板。凡一施令（注：Shilling，先令）得新闻报四纸，七万纸抵一万七千五百施令，合金洋八百七十五镑。所用工力三百余人，日间不过数十人，为英国报馆之最巨者。其俄、法、美、德新闻，用电报传递，旁设校字机器，随传随校成文句……③

《泰晤士报》的成功还有赖于英国对世界的扩张造成的强大的政治、经济影响。由于英国从17世纪起，200年内持续在全球扩张领土，因而英国最大的报纸《泰晤士报》的文化影响也就到达了世界各地。在这个意义上，世界新闻传播史上的19世纪，一定程度上是《泰晤士报》的世纪，其他报纸的影响力远没有该报大。“Times”成为许多报纸的名称，这表明这些报纸希望继承《泰晤士报》的办报风格或传统。但由于我国习惯上只把英国的“Times”音译为“泰晤士”，而把其他国家或地方的“Times”意译为“时报”，这种承继意味便看不到了。

1908年，北岩勋爵（Lord Northcliffe）从沃尔特四世手里买下《泰晤士报》，当时该报无法与新出现的大众化“便士报”在发行量上竞争。北岩原想

① 马克思恩格斯全集：第41卷［M］．北京：人民出版社，1982：398.

② 马克思恩格斯全集：第12卷［M］．北京：人民出版社，1962：419.

③ 郭嵩焘．伦敦与巴黎日记//王立诚．郭嵩焘等使西记六种［M］．上海：中西书局，2012：79.

把《泰晤士报》变成实现其政治野心的工具，但未能如愿。北岩死后，他的弟弟哈罗德（后受封为罗瑟米尔勋爵）将《泰晤士报》卖给了阿斯特（Jacob Astor）上校；1966年，阿斯特家族又转手给汤姆森勋爵（Roy Thomson）。《泰晤士报》和《星期天泰晤士报》让汤姆森集团亏损严重，在劳资矛盾的困扰下，报纸于1981年卖给了默多克（Rupert Murdoch）。

1993年联合国教科文组织评出世界十大报纸，《泰晤士报》以其悠久的历史和对世界的总体影响力排名第一。

（七）英国“便士报”的出现

在得知即将废除印花税之时，一家地方报纸《谢菲尔德每日电讯报》（*Sheffield Daily Telegraph*）于1855年6月8日创办，每份仅售1便士，是英国第一家便士报。该报并不成功，但它标志着英国大众化新闻传播业的开端。三个星期后创刊的第二份便士报《每日电讯报》成功了。该报由斯雷（A. Sleiph）于1855年6月29日创办，售价2便士。没过多少天该报就转手于斯雷的债权人利维（J. Levy），9月17日该报售价改为1便士。1888年，《每日电讯报》发行量30万份，成为当时世界上发行量最大的报纸。

（八）英国通讯社的出现

1851年，一个叫路透（Paul Julius Reuter）的德国人借着英吉利海峡成功铺设电缆之机，建立了一个商业新闻社，只提供金融信息。1858年，他开始向报界提供新闻，因为他建立了一个遍布欧洲的信息采集网。1859年路透社抢先报道法国皇帝拿破仑三世的演说，成为壮大其声誉的第一炮。1865—1873年间，该社使用连接欧亚、北美、澳大利亚的电缆，成为世界性通讯社。1872年，路透社在中国上海建立了远东分社，是为中国第一家通讯社。路透本人加入英籍，1899年逝世前受封男爵。

路透去世后，他的儿子赫伯特主持工作。1915年赫伯特自杀后，由琼斯（Roderick Jones）掌管作为股份公司的路透社。1941年琼斯引退，把自己拥有的股票让给英国报纸发行人联合会，使其和英国报联社各拥有50%的股票，路透社回归英国新闻界所有。1946年，澳大利亚报联社和新西兰报联社分别购买了部分股份。1963年，路透社做出战略调整——“让路透社回归原处”，定位首先是“商业和专业信息的信息源”，但同时仍然是世界主要的综合性新闻的提供者。

（九）英国第一个报团——北岩报团

英国第一个报团是哈姆斯沃思报团，因为哈姆斯沃思于1905年受封北岩勋爵，该报团通常被称为“北岩报团”。北岩 23 岁（1888 年）创办首家刊物获得成功，1896 年创办《每日邮报》、1903 年创办《每日镜报》、1905 年购买星期日报纸《观察家报》、1908 年控股《泰晤士报》，北岩报团成为英国第一家报团，也是当时世界上两大报团之一（另一家是美国的斯克利普斯报团）。第一次世界大战中，北岩担任对敌宣传总监，为英国取得胜利做出了贡献。1922 年北岩环游世界时来到上海，并对新闻界发表演讲。同年 8 月在巴黎逝世。

（十）英国大众化报纸的三个发展阶段

第一代大众化报纸，即早期的便士报（1855—1896 年），基本是将高级报纸的内容简化后搬到版面上，以低廉价格吸引人。第二代大众化报纸（1896—1969 年）以北岩创办的《每日邮报》为代表，内容琐碎但很接近小市民。第三代大众化报纸以《太阳报》为代表（1969 年至今），满足新一代年轻人视觉冲击、大刺激的需要。

（十一）英国广播电视的出现

英国第一家广播电台是 1922 年 11 月 14 日由六家电器制造商集资创办的英国广播公司（BBC），在伦敦牛津街塞尔福里奇百货公司的屋顶首次播出节目。该公司的管理董事为约翰·瑞思（John Reith）。

英国议会鉴于广播对社会的影响重大，决定采用公共企业的形式经营广播业，使之既不为私人占有，又不为政府直接控制。从 1927 年元旦起，由英王颁布“皇家特许状”，将民营的英国广播公司改组为公共机构英国广播公司，授予它在全国经营无线电广播的特权。BBC 不播广告和付费节目，经费来自收音机（后来加上电视机）的附加费、执照费和政府津贴。1977 年，广播收听费停止征收，而改为只征收电视收视费。这项收费占 BBC 经费的约 40%，构成 BBC 经费的还有该所属企业商业经营（诸如出售书籍、唱片、电视片）的收入，以及政府的拨款。

1936 年 11 月 2 日，设在伦敦亚历山大宫的 BBC 正式定时播放节目，这一天通常被认为是世界电视业的开端。

1954 年 8 月英国议会通过电视法案，允许开办民间商业电视台。1955 年 9 月，英国第一家商业电视台——伦敦电视台开播。由于开办电视的经费昂贵，直到 1957 年底，只有半数观众可以看到地方性的民营电视节目。又经过 18 年，即 1972 年，议会才同意开放民间办广播。这种先开放难以普及的电视，再开放容易创办的广播的做法，是英国妥协方式发展的（进一步退半步）又一事例。1973 年 10 月，英国第一家商业广播电台——伦敦广播公司开播。1991 年，建立独立电视委员会和广播管理局，负责颁发民营电视台（包括有线电视和卫星电视）和广播电台的许可证、制定相关的行政法规和监督其执行。

目前，英国已形成全国层面公营、民营广播和电视并存的局面。

（十二）1986年英国报刊告别铅与火

1979年，汤姆森治下的《泰晤士报》因准备改为电子排版，工人罢工长达11个月。为避免工人的阻挠，默多克的新闻集团秘密行动，于1986年1月25日夜间（26日是星期日），悄然将公司整体搬到了伦敦东郊的瓦坪新式电子印刷厂。虽然印刷工人抗议，工会介入，但默多克最终以强硬态度和6 000万英镑的补偿了结冲突。随后的两年内，17家主要报刊迁出舰队街，3万人的舰队街报业人员中，有1.54万人失业。

这一转变并非仅仅是排版技术的变化和为各报带来更多的利润，也引发编辑部结构、报刊内容和发行方式的改革，报纸将更多地受技术和市场变化的影响。

四、现在英国新闻传播业的格局

（一）媒介集团

经过一个多世纪的发展，英国老牌的报团除了一两个尚有些地位外，大都为新的家族（相当一部分是外国的家族）公司或企业联合集团所吞并。现在英国已经很少有单纯的报团，而是大型综合的企业集团同时控制多种媒介。英国的主要媒介集团有以下几家：

（1）英国天空广播公司（BSkyB），2012年纯收入9.7亿英镑，用户1 074万，是英国最大的收费电视运营商。默多克的新闻集团拥有其40%的股份，并一度想收购BSkyB，但这一并购案因《世界新闻报》的窃听丑闻而被撤销。

（2）维珍传媒（Virgin Media），英国第二大收费电视运营商和最大的互联网接入服务商。2006年由英国最大的有线电视运营商NTL和电信运营商Telewest合并而成。2013年，美国的付费电视运营商Liberty Global斥资157亿美元，买下了维珍传媒。

（3）英国独立电视股份有限公司（ITV plc），由格拉纳达集团和卡尔顿通信公司于2004年2月合并而成。这次合并曾使英国独立电视网（ITV）在经历11次不同的接管之后只属于一家公司。然而此后，ITV仍由多家公司所有及经营，包括苏格兰的STV和北爱尔兰的UTV。

（二）报纸

英国有十几家全国性报纸，各种地方和社区报纸多达1 300家，其中日报约 100 家。免费报纸在英国很流行。

《泰晤士报》以对世界的影响力来看，仍是英国的第一大报。2015 年该报的发行量为 39.6 万份。现在默多克名下，这份报纸出现了一些变化。2003 年 11 月 26 日《泰晤士报》兼出四开小报样式，随后只以四开小报样式出版。该报希望通过这样的改版，吸引年轻的读者群。报纸有更多的图片，更多元的信息，更轻松的话题。

《卫报》一向被视为英国第二大报，该报即原 19 世纪的地方报纸《曼彻斯特卫报》，1960 年迁到伦敦。斯科特（C. P. Scott）1872 年接手并主持该报编务以后，该报发展成为高级报纸。该报的风格较《泰晤士报》活跃，就内容而言，《泰晤士报》相对"保守"些，而《卫报》相对"激进"些。

《每日电讯报》现在通常被视为英国第三大报，也有"半高级报纸"之说。该报几经转手，2004 年转手到巴克莱兄弟的报业控股公司。该报 2020 年发行量 32 万份。

第二代大众化报纸的代表《每日邮报》在北岩死后，由他弟弟罗瑟米尔勋爵掌控，至今已传至罗瑟米尔四世。该报以中产阶级特别是女性读者为目标受众，是英国唯一一份女性读者过半的报纸。该报 2020 年发行量 99 万份。

第三代大众化报纸的代表《太阳报》，1976 年以来在英语世界的发行量一直居首位，发行量约 300 万份。该报娱乐与体育新闻占据较多版面，1970 年以来第三版上刊登半裸的女郎照片（俗称"三版女郎"），这种做法既带来《太阳报》在市场上的成功，也使其屡受批评。2015 年 1 月，"三版女郎"从《太阳报》上消失。该报 2020 年发行量 121 万份。

1969 年默多克展示改版后的《太阳报》第 1 号

2012 年默多克展示新创刊的《星期日太阳报》第 1 号

世界第二大金融类报纸《金融时报》（*Financial Times*），1888 年创刊时原名《伦敦金融指南》（*London Financial Guide*）。该报采用淡粉色纸张印刷。该报是与《华尔街日报》齐名的金融类报纸。2015年，日本日经新闻公司以8.44亿英镑的价格收购《金融时报》。该报2020年发行量9万份，在全球24个城市出版。英文网站有400万注册用户，中文网站注册用户超过170万。

《独立报》（*The Independent*）是英国现存历史最短的全国性报纸，1986年创办，1998年爱尔兰独立新闻集团拥有该报所有权。2003年，该报率先尝试对开大报小报化，随后才有《泰晤士报》2004年的跟进。2010年3月25日该报所有权以1英镑转手给俄罗斯富豪列别杰夫（该报负债4 000万英镑）。2016年3月26日，《独立报》出版最后一期纸质版，之后转变为一家网络媒体。

（三）通讯社

路透通讯社仍是英国独大的通讯社。20世纪80年代末以后，路透社上市。为防止私有化对路透社信息客观性的损害，英国规定该社个人拥有的股份不得超过15%。2007年，路透集团被加拿大汤姆森集团并购。并购后的汤姆森-路透集团占据全球金融信息市场份额的首位（34%），同时自称是世界上最大的多媒体新闻提供者，但来自媒体的收入仅占集团总收入的3%；位列集团收入前三位的领域是法律、贸易和投资咨询信息。

现在的路透社大楼

（四）广播电视

BBC在本国内拥有10个全国性电台、40个地方性电台、8个全国性的电视频道（包括BBC1—4频道、两个儿童频道、BBC新闻频道和BBC议会新闻频道）。

英国全国性电视公司有5家，即BBC、独立电视公司（ITV）、四频道电视公司（Channel 4）、五频道公司（Five）以及英国天空广播公司。BBC和

Channel 4 为公营，另外三家为民营。

天空广播公司是英国最大的数字电视付费运营公司，默多克的新闻集团占有该公司最大股份。该公司提供 500 多个频道的服务，拥有超过 1 000 万订户。

（五）网络媒体

截至 2020 年 1 月，英国网民规模达 6 500 万，较 2019 年 1 月增长 29 万，互联网普及率达 96%，较 2019 年 1 月提升 0.4 个百分点。在其 16～64 岁年龄段的网络用户中，人均每日上网时间为 5 小时 28 分。其互联网普及率已经超过世界与西欧的平均水平，发展态势良好。大部分网络新闻用户主要访问的仍然是主流全国性日报网站。截至 2020 年 1 月，英国社交媒体用户规模已达到 4 500 万，占英国总人口的百分比为 66%。[①]

根据路透新闻研究所的调查结果，2020 年在英国排名前十位的网络媒体分别是 BBC News online、Guardian online、MailOnline、Sky News online、Other local or regional newspaper website、Telegraph online、HuffPost（Huffington Post）、Independent/ i100 online、BuzzFeed News、Sun online。[②]

Google 是在英国最受欢迎的搜索引擎，每月独立用户达到了 3 100 万（2016 年），Ask. com、MSN/Live Search 以及 Yahoo！等搜索引擎用户相差无几。

所有主流媒体均在开拓网上业务。这一趋势是由电子版《每日电讯报》在 1994 年开创的。2016 年，《每日电讯报》推出了一款平板电脑应用，可帮助读者在移动中也能获得最新资讯。2017 年，《每日电讯报》成为英国第一大质量新闻品牌，拥有超过 2 500 万用户。

《卫报》紧跟时代潮流进行数字化转型，其数字化战略被称为"最开放、最彻底的数字化转型"[③]。根据《卫报》2020 年发布的年度报告，网站的页面浏览量达到 164 亿，比上一年度增加了 20%以上。截至 2020 年 3 月 29 日，已有 79 万名定期付费者[④]；2019—2020 年度卫报集团收入为 2.235 亿英镑，其中数字收入为 1.259 亿英镑，占总收入的 56%，比上年增长 0.5%。[⑤]

---

① Pew Research Center. Fact Sheet：News Media and Political Attitudes in the United Kingdom [R]. Pew Research Center，2018：9.

② NEWMAN N，FLETCHER R，SCHULZ A，et al. Reuters Institute Digital News Report 2020 [EB/OL]. [2020-10-09]. http：//www. digitalnewsreport. org/survey/2020/united-kingdom-2020/.

③ 刘笑盈，康秋洁. 转型迎战数字化大潮，没有完成时 [N]. 人民日报，2014-07-17（23）.

④ GMG. Annual Report and Consolidated Financial Statements for the year ended 29 March 2020 [EB/OL].（2020-07-15）[2020-10-09]. https：//uploads. guim. co. uk/2020/07/15/1. _ GMG _ Financial _ Statements _ 2020 _ FINAL _ _ pdf. pdf.

⑤ GNM Press Office. Guardian Media Group plc（GMG）Publishes 2019/20 Statutory Financial Results and Announces Proposals to Position the Business for Future Growth and Reduce Costs [EB/OL].（2020-07-15）[2020-10-09]. https：//www. theguardian. com/gnm-press-office/2020/jul/15/guardian-media-group-plc-gmg-publishes-201920-statutory-financial-results-and-announces-proposals-to-position-the-business-for-future-growth-and-reduce-costs.

在新闻网站建设方面略胜一筹的是 BBC。根据 We Are Social 与 Similar-Web 所发布的数据，BBC. co. uk 月均流量达 4 亿 7 150 万，成为 2020 年英国网民最常浏览网站前十名中唯一一家新闻网站（第四位）。目前 BBC 网站月均流量为 4. 7 亿。①

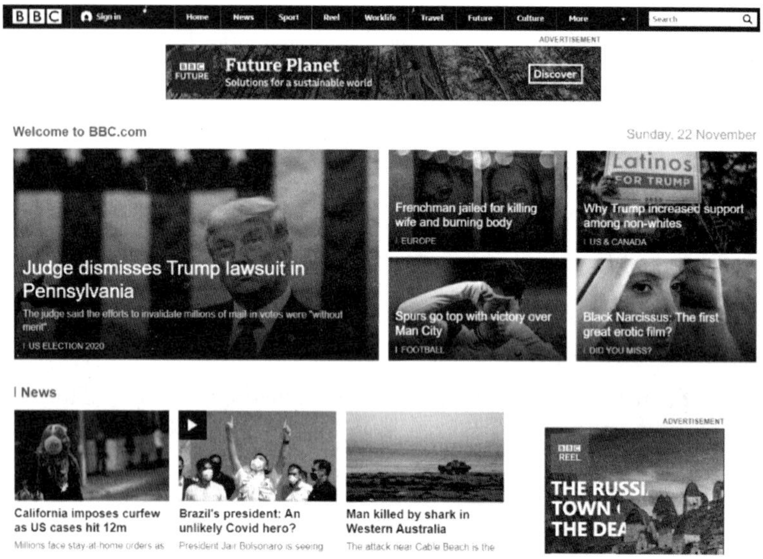

BBC 网站截图

The Bureau of Investigation Journalism 是英国较有代表性的网络媒体。该网络媒体由一位调查记者与其丈夫创建于 2010 年，是一家非营利性的新闻机构，通过美国网站 ProPublica 的资源来生产调查新闻与数据新闻。该机构主要依赖与其他机构或他人合作来产生旨在推动社会变革的“公共利益”新闻。其与部分主流媒体共同制作了 50 多个封面故事与电视节目。②

第三节　法国新闻传播史

法国是西欧最大的国家，面积 55 万平方千米，人口 6 706 万（2020 年）。

公元 843 年，欧洲的法兰克帝国皇帝路易一世（其父即查理大帝）的三个儿子在凡尔登签订了分割国土的《凡尔登条约》。长子罗退尔分得中法兰克王国，次子路易分得莱茵河以东的东法兰克王国，三子查理分得西法兰克王

① We Are Social. Digital 2020：UK [EB/OL]. (2020 - 01) [2020 - 09 - 27]. https：//we are social. com/uk/digital-2020-uk.

② NICHOLLS T，SHABBIR N，GRAVES D，et al. Coming of Age：Developments in Digital-Born News Media in Europe [R]. Reuters Institute for the Study of Journalism，2018：9.

国，他们的领地成为现在意大利、德国和法国的雏形。

“法国”从那时起到当代，历经加洛林、卡佩、华洛瓦和波旁四个封建王朝；1789 年法国大革命后，法国的各种政治势力在共和与帝制之间角逐近百年，历经法兰西第一共和国、拿破仑的法兰西第一帝国、波旁王朝复辟、第二共和国、拿破仑三世的第二帝国、第三共和国。1940 年德国占领法国，1944 年光复后是法兰西第四共和国。1958 年和平过渡到现在的法国是法兰西第五共和国。

一、法国新闻传播业发展的特点

（一）历史上绝对专制的政治格局造就典型的官报时期

法国历史上严格的封建等级制使得法国平民与贵族之间无法沟通，而王权则正是利用这种特殊的隔阂与平民结成同盟，削平了地方贵族的势力，15 世纪实现空前统一，成为封建集权的典型国家。定期印刷报刊出现之时，法国处于王权高度集权控制下，因此形成典型的官报时期，《公报》是这一时期的代表性报刊。

（二）群众的政治激情和以暴力解决问题的传统使法国新闻传播业的发展受到政治斗争的重大影响

法国政治势力两级对立的传统，使得妥协很难达成，许多问题的解决除了使用政治暴力外，没有其他的选择；而政治在很长的时期里又是人民热情得以迸发的导火索。受这一传统的影响，法国新闻传播业的发展与政治斗争密切相关。1789 年法国《人权宣言》提出新闻出版自由的原则，直到 1881 年才通过《新闻自由法》，在法律上确立新闻自由，其间国家经历了五次以政治暴力为转折点的体制变动，耗时近百年。

如果说英国的新闻传播业史是以产业革命的发展为主线的话，那么法国的新闻传播业史则是以政治斗争的发展为主线。

鉴于法国历史上政治干预新闻传播业发展的传统，甚至到现在还有一些遗迹，例如 1958 年戴高乐总统当政后一度实施新闻检查，还出现过没收、查封报纸的事情。1959 年制定的第五共和国宪法规定，国家元首认为必要时对报业可采取任何行动。这使得总统权力凌驾于法律之上。

（三）1944 年“9 · 30”法令造成新闻业“断代”构成当代法国报刊业的基础

德国战败后，光复的法国政府于 1944—1946 年颁布了一系列政策法令，决定了当代法国新闻传播业的基本体制，其中以1944年9月30日的法令最为重要。根据这项法令，法国战前的报刊中只有七家可以继续存在，法国的新闻传播业格局再次几乎完全推倒重置。反法西斯战争中诞生的一批新报刊替代了原来的报刊，它们中的相当一部分是战时秘密发行的，没有面向公众的经验，很难在短时间内赢得读者，巴黎的报刊逐渐失去了对全国的辐射能力。世界上第一家通讯社也是法国最大的通讯社——哈瓦斯通讯社战后瓦解，由几个反法西斯的通讯社组合而成的法国新闻社替代。这样，法兰西第四共和国的报业格局几乎完全变化了，法国新闻传播业在一个新的基础上开始发展。

（四）广播电视初期实行国营体制造成巨大亏空，20世纪80年代仿效英国模式形成公营、民营并行体制

1945年3月，法国政府取消民营广播电台，成立直属政府新闻部的法国广播电视局（RTF）统管全国的广播业。国营体制下广播电台、电视台的经费除依靠执照费外，还需国家财政的大笔资助。1964年6月27日，法国广播电视公司（ORTF）取代了广播电视局，该公司为公营企业，管理委员会的成员一半由政府任命，一半由公众代表、专业新闻工作者和公司工作人员代表组成，经理由总理任命。1982年7月，法国政府允许开办民营广播电台；1985年1月开放商业电视台。这样，法国就逐步形成了公营和民营并行的广播电视体制。

二、法国近百年自由主义新闻政策确立的过程

1789年法国大革命爆发之前，新闻出版自由已经成为一个焦点问题。1788年12月，法国国民议会宣告报纸应享有最大的自由权。著名政治活动家米拉波伯爵（H. Mirabeau）将约翰·弥尔顿的《论出版自由》译成法文广为传播。他在议会上说："法律应赋予报纸永久之自由权。报纸若无自由权，其他法律将无效可言。"马克思曾给予米拉波很高的评价，他写道："法国革命时最伟大的演说家米拉波的永远响亮的声音直到现在还在轰鸣；他是一头狮子，你想要和人们一起叫一声'吼得好，狮子！'，就必须亲自倾听一下这头狮子的吼声。"①

在革命形势的逼迫下，国王路易十六在1789年5月19日就自由出版报刊做出让步，但已然无法挽救波旁王朝灭亡的命运。

大革命爆发后的1789年8月26日，《人权宣言》公布。它规定："无拘

① 马克思恩格斯全集：第1卷［M］.2版．北京：人民出版社，1995：148.

束地交流思想和意见是人类最宝贵的权利之一，每个公民都有言论、著述和出版的自由，只要他对滥用法律规定情况下的这种自由负责。”①

米拉波伯爵

然而，写入宪法性文件并没有保障法国获得新闻出版自由。由于法国总是处于两种政治力量绝对对立的环境中，人们热衷于政治斗争，法国的新闻出版自由经历了一系列的革命、政变，在工业革命的催动下，才最后得以确立。

1819 年 3—6 月，复辟的波旁王朝中较为开明的司法大臣塞尔伯爵（Comte de Serre）在法国新闻传播史上第一次尝试制定新闻法。该法废除了预审制，报刊案件交陪审团审理。但是该法只存在了三个月便在内阁成员维莱尔伯爵（Comte de Villèle）等的反对下被废除。1820 年以后历任内阁对新闻出版的管制愈加严厉。1830 年 7 月，首相波林尼雅克公爵（A. Polignac）颁布法律，废除所有报纸的发行权，实行新闻检查制，由此引发七月革命，复辟的波旁王朝被推翻。

1848 年法兰西第二共和国诞生，新闻出版自由一时得到 1848 年 3 月法令的保障。该法令规定，废除印花税和保证金，报刊享有不受限制的自由，几天内巴黎一下子出现了 450 家新创办的报刊。三个月后，巴黎工人发动了六月起义。起义被残酷镇压。同年 11 月的新宪法，仅名义上规定了人民的新闻出版自由。对此，马克思分析道：“宪法一再重复着一个说法：对人民的权利和自由（例如，结社权、选举权、新闻出版自由、教学自由等等）的调整和限制将由以后的组织法加以规定，——而这些‘组织法’用取消自由的办法来‘规定’被允诺的自由。”②

1871 年 3 月，世界上第一个无产阶级政权——巴黎公社成立。第三天公社便宣布，除了波拿巴派的报刊外，保证各党派的新闻出版自由。公社的报纸每天公布公社的会议记录（军事内容除外）。马克思写道：“公社并不像一切旧政府那样，自以为永远不会犯错误。公社公布了自己的言论和行动，它把自己的一切缺点都告诉民众。”③

公社失败后，法国的报刊再次被置于历届保守派政府的控制下，共和派与保守派的斗争构成了新的斗争格局。1877 年 5 月，总统麦克马洪（M. MacMahon）企图建立军事独裁，他对共和派报刊进行了空前的压制，几个星期内的

① 王德禄，蒋世和．人权宣言［M］．北京：求实出版社，1989：15．
② 马克思恩格斯全集：第 10 卷［M］．2 版．北京：人民出版社，1998：692．
③ 马克思恩格斯全集：第 17 卷［M］．北京：人民出版社，1963：368．

报刊诉讼案达2 000多件。在法国新闻史上，这是最后一次政府直接控制报刊的尝试。在随后的大选中，共和派获胜，从1878年起制定新闻法。经过议会的多次辩论，《法国新闻自由法》终于在1881年7月29日通过。该法取代了过去的42项法令中的300多个关于报刊的条款，宣布了较为彻底的新闻出版自由，并且实际上取缔了政府当局对报业实行监督、施加压力的一切手段，赋予报刊企业较多的活动权利。至此，法国的新闻出版自由政策最终确立。

三、法国新闻传播业的发展

（一）官报时期（1631—1789年）

法国中世纪的新闻传播较为发达。1485年，法国出现了第一张印刷新闻纸。然而，由于法国封建王朝在路易十一（1461—1483年在位）时起实现大一统，因此定期出版物一问世就处于高度集权的王权控制下，发展较为缓慢。

1631年1月，让·马丁和书商路易·旺多姆出版了法国第一家新闻性周刊《普通新闻》（*Les Nouvelles Ordinaires de Divers Endroits*），该刊只存在了10个月。另一家周刊是同年5月30日创刊的《公报》（*Gazettes*），创办者泰·特诺多（T. Renaudot）在首相黎塞留的支持下获得出版特许状，因而该刊刊头下注云："地球上所有国王及强国的刊物。"该刊的主要内容为新闻，国内政治新闻主要来自宫廷的管理部门，有时国王路易十三会亲自提供军事消息。

1665年1月，在官方的支持下议员萨洛（D. Sallo）创办了《学者报》，该刊旨在发表科学和文学报告、对作品的评价，以及对发明的评审。初为周刊，1724年改为月刊。1672年，国王的宠臣维泽（D. Vize）创办《文雅信使》，这是一份开本较小却厚达200多页的文学月刊。《公报》《学者报》和《文雅信使》这三家官方特许的报刊分别在新闻、科学和文学方面垄断了法国的信息传播。

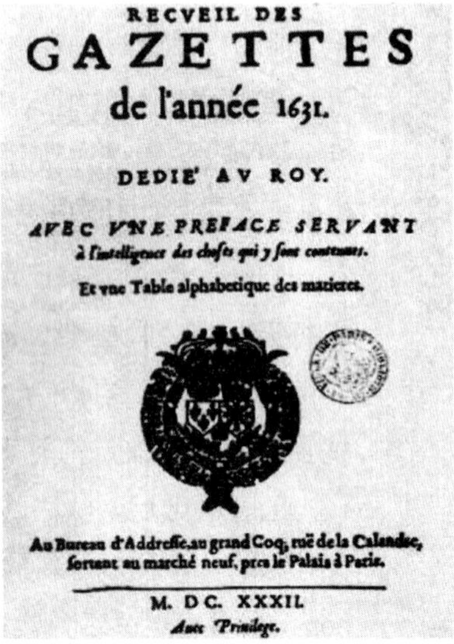
RECVEIL DES
GAZETTES
de l'année 1631.
DEDIE' AV ROY.
AVEC VNE PREFACE SERVANT
Et vne Table alphabetique des matieres.
Au Bureau d'Addresse, au grand Coq, ruë de la Calandre, sortant au marché neuf, pres le Palais à Paris.
M. DC. XXXII.

1631年法国《公报》

1777年元旦，法国才出现第一张日报，即由印刷商科朗塞和化学家卡德·沃创办的《巴黎日报》（*Le Journal de Paris*）。该报虽经批准出版，但无法与《公报》等特许的报刊在政治新闻方面竞争，它主要是为社会生活服务，刊登一些实用资料和琐屑传闻。

（二）开始于 1789 年的党报时期

1789 年大革命之后，出现了数百种政党报刊。但是，后来法国政局的每次变动（革命、复辟、政变、战争等等），前政权时期的主要报刊几乎全部消失，新一轮的报刊在下一次暴力政治变动中遭遇同样的命运。因而在近百年的法国新闻传播发展史中，很难举出影响全局的代表性报刊。早期的政党报纸中，《人民之友》（*L'Ami du Peupe*）颇有声望，创办者是法国大革命中雅各宾派领导人之一马拉（J. Maral），创刊于 1789 年 9 月。1793 年 7 月马拉被刺身亡后停刊。马克思谈到马拉时写道："'思想'一旦离开'利益'，就一定会使自己出丑。……这种利益是如此强大有力，以至顺利地征服了马拉的笔……"①

由于法国人关注政治的传统，法国的党报存在时间较长。直到法兰西第三共和国时期，政党报刊依旧发达，且在大众化报纸的影响下，售价降至 5 生丁，开本也以小型为主。

20 世纪 80 年代以后，法国的政党报刊基本消失。

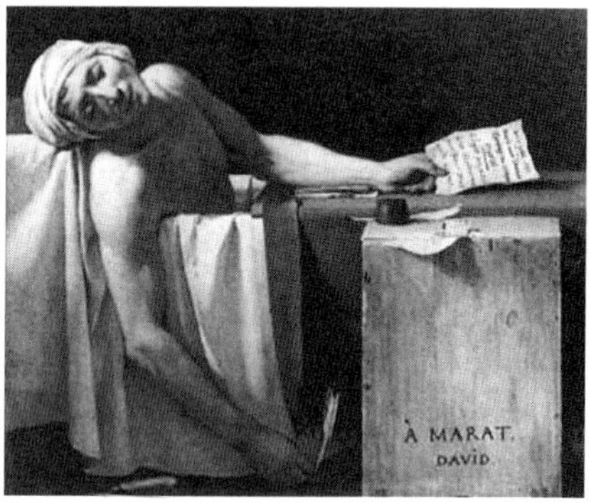

雅克·路易·大卫创作于 1793 年的《马拉之死》

（三）商报时期的开始与发展

法国的大众化报刊出现在七月王朝时期（1830—1848 年）。1831 年，日拉丹（Emile de Girardin）创办《益知》旬刊，销行 13 万份。1836 年他又创办了《新闻报》（*La Presse*）。这份报纸一年的订费是 40 法郎，只有其他报纸的一半。这样的订价甚至低于成本，但却换来发行量的扩大和广告收益的增加，并赢得了同行的追随，巴黎报纸的总发行量在几年内增加了一倍多。

1836 年，日拉丹的原合伙人迪塔克（Armand Dutacq）创办了《世纪报》（*Le Siècle*），与《新闻报》售价一致，办报风格相似，并引发了小说连载的风潮。巴尔扎克的《高老头》《老处女》，福楼拜的《包法利夫人》，大仲马的《三剑客》等名篇都曾在报上连载。这种文学与报纸的联姻一方面改变了小说家的叙事方式，另一方面也帮助法国报纸的销量在 19 世纪后半期一度跃居世界第一位。

法兰西第二帝国后期，出现两家"高级报纸"，即《费加罗报》（*Le Figaro*）和《时报》（*Le Temps*）。《费加罗报》的前身是一家小型周报，所有人维尔梅森

---

① 马克思恩格斯全集：第 2 卷［M］. 北京：人民出版社，1957：103.

(I. Villemessant) 1854 年将它改为现名，1866 年变成日报。该报立场保守，但新闻业务方面有较高水平。《时报》则由讷夫策（A. Nefftzer）创刊于 1861 年，这是一家帝国反对派的报纸，消息翔实，但文采不足，以外交新闻为主，马克思说它“大概是所有法国报纸中最枯燥的报纸”[①]。该报在国际上较有影响。

日拉丹（1806—1881）

1863 年 2 月 1 日，法国的“便士报”创刊，即米洛（P. Millaud）的《小报》（*Le Petit Journal*）。该报售价 1 苏（1 法郎＝100 生丁，1 苏＝5 生丁），以社会新闻和连载小说为主要内容，创刊几星期就拥有 8 万份的发行量。这份报纸后来被日拉丹买下。

FIGARO PARAIT TOUS LES JOURS

FIGARO

UN BAPTÊME ET UN ENTERREMENT

1866 年的《费加罗报》

法国大众报纸中较为稳定出版的晚报，是在 1923 年由欧仁·梅尔创办的《巴黎晚报》(*Paris Soir*)。1930 年该报被工业家让·普鲁沃斯特买下后改为新闻画报式晚报，发行量由接手时的 6 万份上升至 1940 年的 200 万份。

（四）法国历史上两家寿命最长的报纸

法国历史上没有什么可以值得提及的著名报纸。只有两家报纸自大革命持续出版到二战，寿命很长：一家是 1789 年创刊的《总汇通报》（*Le Moniteur Universel*）。自 1799 年成为拿破仑一世政府的机关报以后，该报始终是当朝政府公报性质的机关报，主要刊登政府的通告和公文。该报多次易名，1944 年停刊。另一家是民营的《辩论日报》（*Le Journal des Debats*），1789 年创刊于巴黎。该报老板的更换如走马灯一般，政治立场始终保守或温和，

① 马克思恩格斯全集：第 32 卷［M］. 北京：人民出版社，1974：670.

依附于当朝政权。这种立场让它得以在政治风云变幻中存续至1944年。

(五) 1944年"9·30"法令后的法国报刊格局

1944年法国光复政府颁布的"9·30"法令规定，1940年德国占领法国后，凡在德占区发行16天以上的报刊、1942年德国占领法国全境后在南方继续发行15天以上的报刊，一律永久停刊。这样一来，战前法国报刊中只有七家获得出版资格，知名者仅《人道报》(1904年创刊的政党报刊)和《费加罗报》两家。

老牌报纸的停刊对首都巴黎的报刊业发展是一个沉重打击。由于新出版的报纸(主要是反法西斯的游击队报纸)质量不高，难以吸引读者，加上全国性通信网恢复缓慢等原因，巴黎报业影响全国的主导性地位逐渐丧失，外省报纸独立发展起来。到了20世纪80年代，巴黎的日报销量只剩下200万份，与战前的700万份不可同日而语。

鉴于政治斗争对新闻业发展的干扰过大，法国1936年以后才出现报团。这些报团规模很小，没有国际影响，而且基本没有存续至二战后的。1944年法国媒介的新格局和当时的新闻政策限制媒介集中化的进程，抑制了较大的媒介集团出现。

四、目前法国新闻传播业的格局

(一) 媒介集团

1944年法国媒介的新格局和当时的新闻政策限制了媒介集中化的进程，制止了过分强大的媒介集团出现，而战前几个报团的雏形已经消失。现在法国的综合媒介集团不够发达，印刷媒介集团向电子媒介渗透不多，规模较小，在世界上排不上名次。法国比较大的报业集团和出版业集团分别是索克报业集团、世界报报业集团、阿歇特(Hachette)新闻出版集团、阿莫里报团(Amaury)和埃尔桑报团。

20世纪80年代以后，法国形成了几个较大的电子媒介集团。几经竞争，现在法国最重要的电子媒介集团是维旺迪环球公司(Vivendi Universal)。其前身为通用水务公司(Compagnie Générale des Eaux)，创建于1853年。1983年起，该公司涉足通信和传媒业。1996年，该公司在法国收费电视四台参股。2001年起，经过一系列收购之后，"维旺迪"成了世界媒体巨头的一个代名词，一度成为继时代华纳公司之后的世界第二大媒介集团。但由于过度依赖负债增长，该公司出现了高度的财务风险，直到近些年才逐渐摆脱困境。法国其他较重要的电子媒介集团还有哈瓦斯公司(Havas)、新频道公司(Canal+)和法国电视一台公司(TF1)。

维旺迪环球公司总部

（二）报纸

法国的日报不足80家，巴黎的日报不足10家，总发行量只有五六百万份。法国历史上有过大众报纸的发展时期，但是战后没有向英国那样形成明显的高级报纸群和大众报纸群。目前法国报纸中，《世界报》和《费加罗报》可以对外作为法国报纸的代表（高级报纸），《巴黎人报》和《解放报》可算是大众报纸的代表。

《世界报》（*Le Monde*）1944年创刊，是法国唯一独立自主编辑发行的主要报纸，至今不属于任何媒介集团，产权为报纸人员合作所有。报纸曾60年如一日，办得极为严肃，版面紧凑，没有照片，有少量图表和漫画，广告较少。直到2004年才改变，有了大量照片并彩色化。该报对时事的评论水平很高，文字考究，在国际上颇有声望。根据路透新闻研究所发布的《2018年数字新闻报告》，《世界报》取得多年以来的首次营业利润，数字订阅量增长了44%，首次超过了印刷订阅量。

Le Monde

Avis d'épuisement général dans les universités

L'ÉTAT AU CHEVET DE L'EMPLOI DES JEUNES

FIN DE RÈGNE CHAOTIQUE À WASHINGTON

COVID-19

Justice

Géopolitique

Climat
Les principales mesures du projet de loi

OFFRES

2021年1月11日的法国《世界报》

《费加罗报》是仅存的历史悠久的法国主要报纸，1854年改为现名。该报内容丰富，版面安排恰当，被认为是最能体现法兰西“贵族风格”的报纸。该报现属于达索集团（Dassault Group）旗下的费加罗集团（Groupe Figaro），该集团在法国和比利时拥有70多种法语媒体，总部位于巴黎。该报2019年发行量为32万份。

《巴黎人报》（*Le Parisien*），原名《解放了的巴黎人报》，1944年创办，

1986年更名。该报在巴黎以外地区发行的报纸叫《今日法国》，为小开张的大众报纸，20世纪50年代的发行量达到过90万份。该报注意反映公众关心的切身利益问题，淡化政治色彩，受到工薪阶层的欢迎。2015年该报被酩悦·轩尼诗-路易威登集团（LVMH）从阿莫里报团手中收购。

《解放报》（*Libération*）1973年5月由著名哲学家让-保罗·萨特创办，属于精英型大众化报纸，读者群主要为知识分子、高级行政人员和大学生。该报同时还向比利时、瑞士的法语区发行。该报在法国最早拥有报纸网站，现在的控股人为爱德华·罗斯柴尔德。

《法兰西晚报》（*France Soir*）曾经在法国很有名气，原是二战期间游击队的《法兰西防卫报》，1944年占据《时报》社址，以《法兰西晚报》的名称出版。20世纪50年代发行量一度为法国第一，报头旁曾写有"法国发行量达到100万份的独家报纸"字样。该报2009年被俄罗斯富豪亚力山大·普加乔夫收购，2011年12月停刊。

外省日报中，以《法兰西西部报》（*Ouest-France*）的发行量最大（80万份）。里昂的《进步报》、波尔多的《西南报》、马赛的《普罗旺斯报》、里尔的《北方之声》也都是地方大报。

进入21世纪后，法国免费报纸发展迅速。2002年巴黎和马塞分别发行首份免费报纸《地铁报》和《马塞更好日报》。法国现在有37份免费报纸，总发行量达320万份。

（三）通讯社

法国最早的也是世界上第一家通讯社是夏尔·哈瓦斯（Charles Havas）于1835年创办的哈瓦斯通讯社。1845年，哈瓦斯社开始在欧洲主要城市建立分社。1870年该社与路透社、沃尔夫社达成协议，划分了世界的报道范围，负责包括拉丁语族欧洲国家、中南美洲及埃及（与路透社共同）的新闻报道。

由于经济危机，哈瓦斯社在20世纪20年代后期财政趋于恶化。1938年7月起，法国外交部承担该社新闻业务的巨额亏损，实际上将哈瓦斯社国有化了。1940年德国占领法国后该社成为德国通讯社的支社。

1944年根据光复后的法国政府的法令，哈瓦斯社因投敌而不得存在，几家反法西斯通讯社在哈瓦斯社原址组建了法国新闻社（AFP）。1957年1月，法国议会通过法案，确定法国新闻社为独立的公共企业。不过，法国新闻社的董事会成员仍然有将近一半由政府部门指派，其财政赤字也由政府各部门分担，所以它仍然具有半官方的性质。

法国新闻社被视为西方四大通讯社之一，在全球165个国家和地区设有110个办事处，以6种语言向全世界发布消息。

（四）广播电视

1922年法国出现广播电台，国营和民营体制并存。1938年官方创办电视台，二战中电视台被摧毁。1945年法国广播电视业一切从头开始，初期取消民营广电，国营为广电的唯一体制，持续到1964年，此后转变为公营体制。1982年允许开办民营广播，1985年开放民营电视，形成公营和民营并行的广播电视体制。

法国现有公营和商业广播电台1 500多家（包括社区台）。在法国，公营台的总收听率占七成，民营广播电台的收听率占三成。法国最有影响力的广播电台是成立于1987年的法国新闻台，这也是欧洲第一家专门的新闻电台。卢森堡电台（Radio Luxembourg）是法国开办最早也最有影响的商业电台，曾经连续15年位居法国民营电台收听率榜首。

法国全国性电视台按数字序列编排的有6个台。法国电视一台（TF1）原是战后于1950年最早建立的国营电视台，1964年以后为公营电视台。1987年为减少公营电视台而出售给了布伊格建筑公司。该台成为民营企业后发展很快，现为法国影响最大的电视台，收视率约占全国电视收视率的三成。法国电视二台（France 2）和三台（France 3）是公营台。法国电视四台即新频道电视台（Canal＋），是法国第一家有线电视台，主要播出娱乐节目。法国电视五台（France 5）建于1994年12月，为公共教育电视台，由公共电视公司出面创办，经费来自国家预算和收视费。法国电视六台（M6）建于1986年，由多家民营公司联合创办，主要播出内容为电视连续剧和文化艺术专题节目。

法国电视一台大楼

（五）网络媒体

截至2020年1月，法国网民规模为5 803万，较2019年1月增长14万，互联网普及率为 89%；其中使用移动端上网的人数为 4 729 万。在众多网民中，80%的用户使用智能手机上网。法国社交媒体用户 3 900 万，占法国总人口的 60%，超西欧的平均水平（54%）。法国从社交媒体中获取新闻的用户占总人口的百分比与英国相同，均为 39%。Facebook、Twitter 是法国社交媒体用户使用率排前两位的新闻来源，分别为 76%与 11%。

根据路透新闻研究所的调查结果，2020 年法国排名前几位的网络媒体分别是 20 Minutes online、Le Monde online、Regional or local newspaper website、TF1 News online、Le Figaro online、France Info（public broadcaster）。[①] 根据 We Are Social 与 SimilarWeb 发布的报告，2020 年法国网民最常浏览的网站为 Google、Facebook 与 YouTube。其中 Google 网站达到月均 23 亿8 100 万的流量，远超其他网站。在浏览量最高的前十名网站中，没有新闻媒体，大部分为搜索引擎。

20 Minutes online 是法国免费日报《20 分钟报》（*20 Minutes*）的网站，除报纸的在线内容以外，该网站还推出播客节目，内容涉及艺术、新闻、经济等诸多领域。该网站在法国 2020 年网络新闻媒体的周使用率中排名第一，为 19%。Le Monde online 是《世界报》的网络版，于 1995 年 12 月开始上线。该网站在法国 2020 年网络新闻媒体的周使用率中排名第二，为 14%。TF1 News online 是法国电视一台的官网，主要为视频网站，有该电视台各频道的直播、电影以及各类新闻节目等，TF1 News 分栏中也多为视频新闻。[②]

第四节　德国新闻传播史

现在的德国，其历史可以追溯到公元 843 年《凡尔登条约》之后查理大帝的第二个孙子路易，他统治的日耳曼加洛林王朝是德国的雏形。公元 919 年萨克森王朝替代加洛林王朝。公元 962 年，鄂图一世被加冕为德意志神圣罗马帝国皇帝。这个帝国只在初期相对稳定，随后便陷入了长达 800 多年的诸侯混战。最多的时候，帝国分裂为 3 000 多个各自为政的大小邦国。萨克森王朝后，法兰克尼亚、霍亨斯陶芬、哈布斯堡、卢森堡等王朝先后当朝，不过"皇帝"只是个虚名，没有帝国层面的军队和预算。

1806 年，德意志神圣罗马帝国皇帝的名号被拿破仑废除。1815 年形成德

---

① NEWMAN N，FLETCHER R，SCHULZ A，et al. Reuters Institute Digital News Report 2020 [EB/OL]. [2020－10－09]. http：//www. digitalnewsreport. org/survey/2020/france-2020/.

② NICHOLLS T，SHABBIR N，NIELSEN R K. Digital-Born News Media in Europe [R]. Reuters Institute for the Study of Journalism，2016：12，15，27.

意志联邦，这是三十几个邦国和几个自由市的松散联合体。1871 年，一个后起的邦国——普鲁士王国通过俾斯麦的铁血政策统一德国，普鲁士国王变成了德意志帝国皇帝。

1918 年十一月革命后，德国成为民主共和国。1919 年，国民议会在魏玛召开并通过宪法。1933 年，魏玛共和国的体制随着希特勒夺取政权而结束。

1933—1945 年，希特勒和他所领导的国家社会主义工人党（缩写NSGW，即“纳粹”）控制德国政权，这一时期被称作法西斯德国，又称“第三帝国”。二战战败后，德国被一分为二，一个是苏联模式的德意志民主共和国（即民主德国，首都东柏林），一个是西方民主化模式的德意志联邦共和国（即联邦德国，临时首都波恩）。柏林也被一分为二，西柏林为联邦德国控制，东柏林为民主德国控制。

1990 年，由民主德国建的封锁东、西柏林的“柏林墙”被推倒。这年 10 月 3 日民主德国正式加入联邦德国，民主德国原 14 个专区为改为 5 个州，分裂 40 多年的德国重新统一。现在的德国，面积 35.7 万平方千米，人口 8 312 万（2020 年），是欧盟人口最多的国家。

一、德国新闻传播史的特点

（一）分散而发达的地方新闻传播

长期分裂的历史刺激了德国中世纪地方新闻的传播，但也正由于这个原因，200 多年内德国的印刷新闻纸难以发展为拥有一定数量读者、定期出版的报纸，单页、单条、不定期的新闻传播持续了太长的时间。德国新闻业的历史传统也由此形成：地方性媒介众多，长期缺乏较大的全国性媒介。即使在德国统一之后，仍然可以看到这一数百年传统的痕迹。

1848 年革命前夕德累斯顿市上层的阅报室（画）

（二）长期的书报检查制度和普鲁士特色的“新闻出版自由”

从 1524 年起，德国各邦国政府陆续建立起书报检查制度。1608 年，德意志神圣罗马帝国皇帝鲁道夫二世要求各邦国的教会或地方长官对印刷出版物进行预审。1628 年，皇帝斐迪南二世实行出版特许制度，获得出版特许的大多是各城市的邮政局局长和较大的印刷商。1795 年，为防止法国革命思想的输入，皇帝弗兰西斯二世下指令加强对进口出版物和翻译书刊的管理。

1701 年，一个新的邦国——霍亨索伦王朝的普鲁士王国形成于德国东北部。这个依靠军事征战兴起的王国后来成为德国发展的主脉。普鲁士第二位国王弗里德里希-威廉一世（1713—1740 年在位）当政期间，禁止一切民间报刊出版，并在经济上实行广告垄断制度。第三位国王弗里德里希二世（1740—1786 年在位）以“开明专制”自居，1740 年 6 月宣布给报纸以“无限制的自由”。但是很快就在 1743 年 7 月颁布书报检查令，以后又多次颁布命令予以强化。

19 世纪 40 年代以后，普鲁士官方被迫缓慢地放宽新闻出版政策。马克思批评这种政策的假自由主义性质，写道：“你们赞美大自然令人赏心悦目的千姿百态和无穷无尽的丰富宝藏，你们并不要求玫瑰花散发出和紫罗兰一样的芳香，但你们为什么却要求世界上最丰富的东西——精神只能有一种存在形式呢?”“强制给自由人削发，你们认为是专横，而书报检查制度每天都在有思想的人的肉体上开刀，只有没有心肝、毫无反应、卑躬屈膝的行尸走肉，它才认为是健康的人而准许通过!”① 1850 年的普鲁士宪法明确规定“每一个普鲁士人都有权利以口述、书写和印刷的方式自由表达自己的意见”。但马克思发现：“原来普鲁士宪章所恩准的这一切自由受到一个重大保留条件的限制。这些自由只是‘在法律范围内’被恩准。但现行的法律恰好是专制独裁的法律”②。

1871 年德国统一后出台的新闻法，规定禁止各种书报检查和其他预防性措施。而在实践中，当权者仅对非政治类新闻传播基本不加限制，对不同政见的报刊和报人则迫害不断，俾斯麦还曾设立专门收买报刊的基金（反对派戏称“爬虫基金”）。1878 年 10 月 19 日，德国国会通过“反社会党人非常法”，将德国社会主义工人党和社会主义工会组织置于非法地位。1 300 多种报刊被查禁，1 500 多人因此被判处总数 1 000 多年的监禁。德国社会主义工人党进行了顽强抵抗，在国外秘密出版的该党的机关报《社会民主党人报》（*Der Sozialdemokrat*）如恩格斯所说，它“无视帝国的和各邦的法律，每周都违法地潜入神圣德意志帝国国境；暗探、特务、奸细、海关官员、增加了

---

① 马克思恩格斯全集：第 1 卷［M］. 2 版. 北京：人民出版社，1995：111，178.

② 马克思恩格斯全集：第 12 卷［M］. 北京：人民出版社，1962：655.

一两倍的边防岗哨——一切都无济于事；‘社会民主党人报’按期到达订户的手里，差不多像期票一样准；任何一个斯蒂凡[①]也不能阻止德意志帝国邮局把它分送到收件人手里。而且当时在德国有一万多订户”[②]。1890 年 9 月 30 日，反社会党人非常法期满失效，社会主义工人党改名社会民主党，重新活跃在德国政治生活的舞台。

（三）魏玛共和国时期开启新闻出版自由条件下的政党报刊时期，政党报刊蓬勃发展之际，政权突然被法西斯极权替代

1919 年魏玛宪法第 118 条规定：“每个德国人在普通法律的范围内，都有权通过言论、印刷品、图画以及其他方式自由发表自己的意见。”该宪法在肯定言论自由的同时，明确规定“不再进行书报检查”。由此，德国的新闻传播业获得了一个短暂的全面发展的机会。报纸在 1932 年达到 4 703 种，总发行量 2 600 万份。1933 年 1 月，各种政党的报纸杂志多达 2 700 种，各党的报刊发展极为兴盛。

1932 年底，纳粹党取得政权。该党党纲规定：“所有报纸如与公众利益抵触，必须予以禁止。”党魁希特勒在《我的奋斗》中写道：“报纸的重要性在于能以一致而坚定的重复方法施教。报纸上的言论应该趋于一致的目的，不要被出版自由的谬误所惑。”[③] 1933 年 3 月，约瑟夫·戈培尔（J. Goebbels）主管的人民教育与宣传部对报刊、广播和电影进行集中控制，取消新闻出版自由，封闭所有社会民主党和共产党的报刊，没收犹太人的报纸。在法西斯主义绝对专制的新闻政策下，德国报刊的蓬勃发展突然中断。

（四）二战后联邦德国、民主德国按照不同的模式分别重建新闻传播业

纳粹德国 1945 年 5 月投降后，原有的新闻传播业基本被摧毁。通讯社瓦解，广播电台瘫痪，除反法西斯的《亚琛消息报》外，报纸全部停刊。1949 年美英法占领区合并为联邦德国，此前苏军占领区已组建德意志民主共和国，民主德国与联邦德国因此形成不同的新闻传播业体制。民主德国以执政党的党性原则为指导，建立起全部国营的媒介系统；联邦德国经历一段盟军的直接管控，按照自由主义原则向民间开放办报权利，广播电视实行的是公营，后来实行公营、私营并行的体制。1990 年德国统一后，民主德国的新闻传播业依联邦德国模式被整合。

---

① 亨利希·斯蒂凡（1831—1897），德国政治家，德意志帝国邮政部门的组织者和领导人。

② 马克思恩格斯全集：第 22 卷［M］. 北京：人民出版社，1965：89.

③ 李瞻. 世界新闻史［M］. 7 版. 台北：三民书局，1983：369.

二、德国新闻传播业的发展

（一）从神圣罗马帝国到魏玛共和国的新闻传播业

目前可考证的德国最早的印刷新闻纸（单张纸上印有一条新闻的“新闻传单”）出现于 1502 年。德国现代新闻传播业可以从 1615 年“真正的报纸”（一张纸上印有若干条新闻、定期出版）《法兰克福新闻》（*Frankfurter Journal*）算起。德国由于长期处于四分五裂和战争状态，政治制度落后，经济不发展，新闻业出现虽然很早，但发展极为缓慢，各邦国的报刊均为很小的地方性刊物，没有一家有广泛的社会影响。

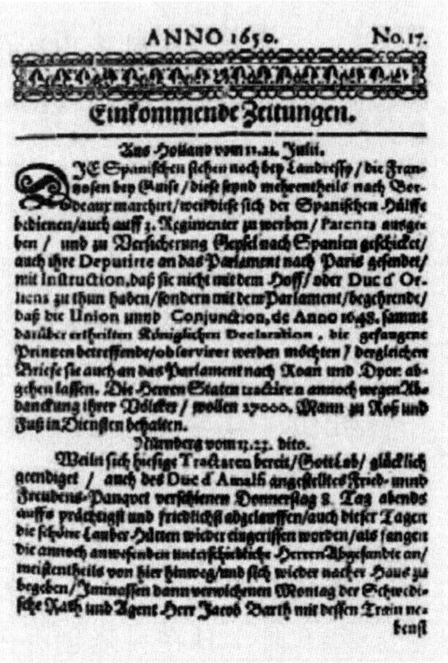
ANNO 1650. No. 17.

Einkommende Zeitungen.

Aus Holland vom 11.21. Julii.

DIE Spanischen stehen noch bey Landressy / die Frantzosen bey Guise / diese seynd meheremtheils nach Bordeaux marchirt / weil diese sich der Spanischen Hülffe bedienen / auch auff 3. Regimenter zu werben / Patenta außgeben / und zu Versicherung Geysel nach Spanien geschicket / auch ihre Deputirte an das Parlament nach Paris gesendet / mit Instruction, daß sie nicht mit dem Hoff / oder Duc d' Orleans zu thun haben / sondern mit dem Parlament / begehrende / daß die Union unnd Conjunction, de Anno 1648. sammt darüber ertheilten Königlichen Declaration, die gefangene Printzen betreffende / observiret werden möchten / dergleichen Briefe sie auch an das Parlament nach Roan und Dyon abgehen lassen. Die Herren Staten tractiren annoch wegen Abdanckung ihrer Völcker / wollen 27000. Mann zu Roß und Fuß in Diensten behalten.

Nürnberg vom 13.23. dito.

Weiln sich hiesige Tractaten bereit / Gottlob / glücklich geendiget / auch des Duc d' Amalfi angestelltes Fried- unnd Freudens-Panquet verschienen Donnerstag 8. Tag abends auffs prächtigst und friedlichst abgelauffen / auch dieser Tagen die schöne Lauber-Hütten wieder eingerissen worden / als fangen die annoch anwesenden unterschiedliche Herren Abgesandte an / meistentheils von hier hinweg / und sich wieder nacher Haus zu begeben / Inmassen dann verwichenen Montag der Schwedische Rath und Agent Herr Jacob Barth mit dessen Train nebenst

1650 年最早的日报《新到新闻》

1650 年书商里兹（T. Ritzsch）在莱比锡创办了世界上第一家日报《新到新闻》（*Einkommende Zeitung*）。这在世界新闻史上是一个里程碑，但对于德国来说不过是个偶然事件，该报对社会的影响微小。

在普鲁士王国，一家 1704 年创刊的报纸一直出版到 1934 年，即《福斯报》（*Vossische Zeitung*）。这个报名是 1751 年以后才逐渐叫起来的，因为福斯（Christian Friedrich Voß）那年从他岳父那里接手该报。另一家有些名气的报纸是 1740 年创刊的《施本纳报》（*Spenersche Zeitung*），施本纳（Johann Karl Spener）于 1748 年从去世的同事那里接手该报后，逐渐才有了这个报名。这份小报后来有一个很大的报名《柏林政治和学术问题新闻》，但人们仍习惯叫它《施本纳报》。该报出版至 1874 年。

民营报纸中，19 世纪上半叶的《总汇报》（*Allgemeine Zeitung*）勉强可算是当时德国的最大报纸。该报由科塔（Cotta）家族于 1798 年在图宾根创办，科塔二世接手后该报在奥格斯堡出版。他善于经营，聘请水准较高的编辑，报纸发行到德国各邦国。该报立场保守，马克思多次与其论战。1859 年，马克思写信给该报编辑说：“当《总汇报》履行在我看来是报刊的首要职责，即揭发招摇撞骗的职责时，这当然不会妨碍我尽力帮助它。”[①]

① 马克思恩格斯全集：第 19 卷［M］. 2 版．北京：人民出版社，2006：3.

Abend-Ausgabe Berlin Freitag, 10. September 1926

Vossische Zeitung

10 Pfennig

Berlinische Zeitung von Staats- und gelehrten Sachen

Deutschlands Einzug im Völkerbund

Die erste deutsche Rede / Minutenlanger stürmischer Beifall / Ausgezeichneter Eindruck des deutschen Auftretens / Briands Erwiderung / „Kein Krieg mehr"

Genfs großer Tag

《福斯报》

1842年在科隆出版的《莱茵政治、商业和工业日报》（*Rheiniche Zeitung fur Politik*，*Handel und Gewerbe*，简称《莱茵报》）是德国第一家民主主义报纸，被恩格斯称为“德国现代期刊的先声”①。马克思参与该报的创办并是该报后期的主编，由于报纸的革命倾向，仅出版一年零三个月，就被当局查封。1848年的柏林三月革命，为全德带来空前自由的新闻出版环境，数百家政治性报刊问世，其中包括马克思和恩格斯当年6月1日在科隆创办的《新莱茵报》（*Neue Rheinische Zeitung*）。这是一家无产阶级的日报，迅速成为德国第三大报纸，发行量6 000份。该报出版到1849年5月19日被迫停刊。最后一号报纸是用红色油墨印刷的，数版发行了3万份。

Allgemeine Zeitung

Mit allerhöchsten Privilegien.

Sonnabend Nro. 1. 1 Jan. 1814

1814年的《总汇报》

1849年，德国第一家通讯社沃尔夫社诞生，创办人是伯纳德·沃尔夫（B. Wolff）。1870年，该社与英国路透社、法国哈瓦斯社划分了世界报道范围，负责包括德国、奥地利、北欧、俄国、巴尔干等地的新闻报道。

1856年，出版商宗内曼（L. Sonnemann）创办《法兰克福报和商报》（*Frankfurter Zeitung und Handelsblatt*），该报在19世纪下半叶勉强算是影响全国的综合性报纸。

① 马克思恩格斯全集：第8卷［M］. 北京：人民出版社，1961：20.

19 世纪下半叶，大众化报刊在首都柏林悄然出现，至 1914 年一战之前，那里形成了三家大众化报团——莫泽、舍尔、乌尔施泰因报团，分别以《柏林日报》《柏林地方新闻》《柏林晨邮报》为核心报纸。其中，乌尔施泰因报团规模最大，《柏林晨邮报》在魏玛共和国时期发展为全国发行量最高的报纸（60 万份）。该报团在 1918 年还收购了历史悠久的《福斯报》。1916 年，舍尔报团由于出现财政问题，被雅利安人胡根堡（K. Hugenberg）收购。

Neue Rheinische Zeitung.
Organ der Demokratie.
№ 1. Köln, Donnerstag, 1. Juni 1848.

Redaktions-Comité:
Karl Marx, Redakteur en Chef.
Heinrich Bürgers,
Ernst Dronke,
Friedrich Engels,
Georg Weerth,
Ferdinand Wolff,
Wilhelm Wolff.
Redakteure.

马克思主编的《新莱茵报》创刊号

1923 年 10 月，德国第一家广播电台——德意志广播电台在柏林开播，创办人是以私营企业主身份进入政府部门主管广播事务的布莱多（H. Bredow），因而该台为公私合营性质。

魏玛共和国时期形成了两个最大的政党报刊集团——社会民主党报团和共产党报团，代表性报纸分别是社会民主党机关报《前进报》（*Vorwarts*）和共产党机关报《红旗报》（*Die Rote Fahne*）。

（二）法西斯德国的新闻传播业

1933 年 2 月 27 日，国家社会主义工人党制造国会大厦纵火案。2 月 28 日，纳粹党通过总统兴登堡宣布“宪法规定的新闻出版自由暂时中止”，任命希特勒为总理。3 月，成立由约瑟夫·戈培尔主管的人民教育与宣传部，负责对报刊、广播和电影进行集中控制。

1933 年 5 月 10 日，戈培尔煽动大学生和冲锋队的暴徒们在各大学门口设置柴火堆，焚烧各种被法西斯视为“不利于人民教育”的书籍，长长的书单几乎涵盖所有人类文化的重要遗产。与此同时，纳粹政府实施一系列媒体管制政策：封闭了所有社会民主党和共产党的报刊（共约 180 多种）；沃尔夫通讯社被政府接管，改组为国家的“德国通讯社”（DNB），政府直接控制了主要新闻源；民营广播电台全部收归国有。随后又用暴力夺取了犹太人莫泽家族、乌尔施泰因家族的报团，将乌尔施泰因报团的出版社变成了国立德意志出版社。只有雅利安血统的胡根堡报团合法存在，得到发展，成为最大的忠于纳粹党的报团，最多时拥有报纸 1 600 家。

纳粹德国重视通过电波宣传法西斯主义，因而广播业十分发达。对内的广播强迫人民按时集体收听，并设计了廉价的只能收听到国内广播的“大众收音机”。1935年3月，德国实验播出电视节目，1936年曾数小时转播柏林奥运会。1938年德国电视台正式开播。

约瑟夫·戈培尔（1897—1945）

法西斯主义的一体化新闻政策使得全国报纸从1932年的4 703家减少到1944年时的977家。其中纳粹党的报刊352家，发行量占当年报纸总发行量的82.5%。其他625家报刊的发行量只占17.5%，而且必须宣传法西斯主义。

（三）战后民主德国与联邦德国的新闻传播业

1945年，苏军占领德国东部。从6月起，苏军只允许认可的德国党派、团体创办报刊。6月13日，得到许可证的报纸是德国共产党的《德意志人民报》。1946年共产党和社会民主党合并为德国统一社会党后，《德意志人民报》与社会民主党机关报《人民报》合并为《新德意志报》（*Neues Deutschland*），该报为民主德国的主要报纸。

1946年10月，苏军占领区的各报刊和广播电台联合成立股份公司，建立了报联社体制的德意志通讯社（ADN）。1953年4月，该社被收归国有，改为国家通讯社。

民主德国的广播电台和电视台全部国营，共有电台16家，电视台2家。1968年民主德国成立国家广播委员会和国家电视委员会，分别领导广播电台和电视台的工作。

美英法军占领德国西部后，最初实行出版许可制。1949年9月，盟军废除许可制，准许除法西斯分子以外的德国人自由办报。1949年5月通过《德意志联邦共和国基本法》（即宪法），其中第五款规定：“每个人都享有以语言、文字或形象发表和传播其意见，以及不受阻挠地从可利用的一般信源获得信息的自由权利。保护新闻自由以及广播和电影的报道自由。不得进行新闻检查。”根据该法，禁止公民订阅外国报刊、禁止收听电台和其他广播、制定违禁文学作品的官方名单以及政府根据政治观点分配新闻纸限额、通过停止提供新闻对媒体加以控制等，都是宪法所不允许的。联邦德国从此形成的报刊结构具有以下特点：民营、主要依赖广告、报纸和杂志种数很多、日报设有较多的地方版、多为区域性报纸、政党报刊迅速衰落、报业呈集中化趋向。显然，德国地方性、分散化的传统数百年没有发生根本的变化。

1949年9月1日，美英法在占领初期建立的三家军方通讯社合并为德意志新闻社（DPA），该社为民营性质的股份公司，但带有报联社的性质，是联邦德国的主要新闻源。

在联邦德国，广播业形成以州广播公司为基础的相对分散的公营广播体制。1950 年 10 月，各州公营广播公司联合组建了德国公共广播电视联盟（ARD，简称德广联）。德广联负责组建和领导全国性的电台和电视台，联合组织和协调节目。

1985 年元旦，德国第一家民营的电视台卫星一台（Sat1）开播。1986 年 7 月 1 日，德国第一家民营广播电台开播。11 月，联邦宪法法院确认了公营与民营并存的广播电视体制。

三、目前德国新闻传播业的格局

1990 年德国统一，民主德国的媒体开始私有化的历程。民主德国由于没有人掌握大笔资金，同时也缺乏市场经济条件下经营媒介的经验，新闻媒体纷纷被原联邦德国的媒介集团收购。因此 1990 年德国统一后的媒介格局，只是在原联邦德国的基础上略有变化。下面分几个方面展开叙述：

（一）媒介集团

联邦德国在 20 世纪 50 年代形成报团和杂志出版集团。20 世纪 80 年代以后出现了电子媒介集团。德国统一后，原来的报团、杂志出版集团和电子媒介集团已经互相渗透。根据综合实力，德国主要的媒介集团有以下两家：

（1）施普林格出版集团（Axel Springer）。该集团的创始人阿克塞尔·施普林格 20 世纪 30 年代起从事新闻工作，第二次世界大战中曾印刷反法西斯的书刊。经过一系列的收购和创办报刊的活动，逐步形成欧洲大陆最大的出版集团。该集团拥有《图片报》和《世界报》等 60 多家报纸、100 多家杂志、许多出版公司和广告社。

（2）贝塔斯曼集团（Bertelsmann）。该集团最早创始人卡·贝塔斯曼从 1924 年起就从事印刷装订业务，历经六代，成为德国最大的杂志出版集团。该集团主要的股权所有者为贝塔斯曼基金会，这是一个非营利性组织。该集团公司直接或间接控制着七个传媒集团，其中包括欧洲最大的广播电视公司 RTL 集团（RTL Group）、世界最大的图书出版集团兰登书屋（Random House Inc）、欧洲著名报纸杂志出版集团古纳雅尔（Gruner＋Jahr）等。

（二）报刊

鉴于德国媒介文化的传统和二战后的一些具体情况，德国的报纸以地方报

施普林格新媒体中心

纸为主，只有几家报纸在自然的发展中逐渐向全国发行，它们的具体情况如下：

《世界报》（*Die Welt*），全国发行的报纸。1946年6月由英国占领军当局在汉堡创办，1953年被施普林格出版社收购，现在是施普林格出版集团的核心报纸。该报发行量并不大，但在世界上较有影响，被视为德国的代表性报纸。2016年的发行量约为18万份。

《法兰克福总汇报》（*Frankfurter Allgemeine*），全国发行的报纸，1949年11月创刊。该报重视经济新闻和国际新闻，以政府和企业领导者主要读者。2019年发行量为23万份。

DIE WELT

DONNERSTAG, 21. JUNI 2018

Reform der Euro-Zone:
Bayern stellt sich gegen Merkel

Donald Trumps Abschreckungspolitik schreckt die USA auf

2018年7月21日的德国《世界报》

《南德意志报》（*Sueddeutsche Zeitung*），创刊于1945年10月，是德国发行量最大的以订阅方式发行的全国性报纸。报社总部位于慕尼黑，主要读者为自由派知识分子。2018年发行量为34万份。

《图片报》（*Bild*），是德国也是欧洲发行量最大的日报，是以零售为主的大众报纸。1952年7月24日在汉堡由阿克塞尔·施普林格创办。除了一般的政治经济新闻外，该报内容以图画和社会新闻为主，注重让图片说话，使新闻故事形象化。简化语法和内容，使阅读更加方便。《图片报》历史上最高发行量超过500万份，80%为零售。2020年发行量约为165万份。

《明镜》（*Der Spiegel*），是一份新闻周刊，也是德国在世界上影响最大的杂志，发行量93万份。这份杂志于1946年1月由英国占领军在汉诺威创办，当时叫《这周》。1947 年 1 月，奥斯特恩（Rudolf Augstein）接手这份杂志，改名为《明镜》，总部设在汉堡。该刊仿照美国的新闻周刊《时代》样式，但厚度超过《时代》，每期 350 页。

另外，地方报纸中以《西德意志总汇报》（*Westdeutsche Allgemeine Zeitung*）最为知名。该报发行量曾超过 100 万份，是全德发行量最高的地方报纸。

德国具有代表性的时政娱乐周刊是《明星》（*Stern*），1948 年创刊，属于贝塔斯曼集团，主要面向德国及欧洲其他地区发行。世界上发行量最大的行业刊物《马达世界》（*ADAC-Motorwelt*）也在德国。该刊于 1948 年创刊，属于全德汽车俱乐部，最高发行量达到过 1 600 万份。

（三）通讯社

德国主要的通讯社是德新社（Deutsche Presse-Agentur，DPA），几乎所有德国的媒介都订购它的新闻稿，有五分之一的德国日报完全从该社获取意义重大的新闻。为防止新闻垄断，该社不允许任何团体占有 1.5%的原始股；持股者中必须包括不同政治倾向和世界观的代表；禁止国家购买公司的股票。德新社设有 62 个办事处，其中 50 个在国内，但服务覆盖全球 80 个国家。

（四）广播电视

德国没有全国性的公营广播公司，有 10 个州或州际的公营广播公司。除了政府的对外广播电台外，没有全国性公营广播电台，州的公营广播电台中，较大的是汉堡的北德意志台。德国民营广播电台有约 180 家，其中全国性的较大台是萨克森 FNN 台、RSH 台、巴伐利亚天线台（1988 年建）、柏林 Hundert-6 台、汉堡台。

德国电视台中，公营的全国性电视台是电视一台和电视二台，由德广联直接或协议经营。州级公营电视台共 9 家，其中规模最大的是西德意志电视台（科隆）。德国有民营电视台 50 多家，全国性的 10 家，最大的两个民营电视台是设在美因茨的卫星电视一台（Sat1）和设在科隆的卢森堡电视台新频道（RTL Plus）。

（五）网络媒体

截至 2020 年 1 月，德国网民人数为 7 779 万，较 2019 年 1 月增长 30.7 万人，互联网普及率为 93%，网民规模居西欧前列；德国使用移动端上网的人数为6 535 万，占比 84%。德国社交媒体用户 3 800 万，占德国人口的百分比为 45%。根据路透新闻研究所的调查，2020 年德国排名前三位的网络媒体

德国公营电视1台新闻节目

分别是Spiegel online、ARD News online（tagesschau. de etc）和T-online。[①]

Spiegel online是《明镜》周刊于1994年上线的在线版。这是世界上第一本网络新闻刊物，比《时代》周刊网络版上线早一天。该网站的主要板块包括政治、国外新闻等，并提供付费订阅服务。"Spiegel +"板块内容更为优质，但需要付费方可阅读。2020年德国网络媒体周使用率中，Spiegel online排名第一。

ARD News online是德广联（ARD）的官方网站，提供ARD媒体库、每日新闻、体育节目等诸多视频内容，还有便于儿童观看的KIKA频道，以及顺应播客新兴之势的ARD音频库。ARD还在创建一种新的联合数字文化平台，在这个平台上可以找到几乎所有国家广播公司的音乐会、展览和其他文化活动。

T-online新闻网站为Ströer Content Group的全资子公司Ströer Digital Publishing GmbH（SDP）的业务核心，该网站提供的新闻、电子邮件和电子商务服务等皆处于德国领先地位，每天该网站免费向用户推送最新且有趣的文章和视频。根据该公司的数据，2019年该网站拥有2 900万用户。[②]

德国《图片报》的数字化、新媒体转型经验值得注意。根据We Are Social发布的《数字德国2020》，《图片报》网站在德国人最常浏览的网站中排名第八，每月流量约为1.97亿，每次浏览的时间约为4分9秒。[③] 2013年6月11日该报网络版启动付费墙收费系统，但每天80%的新闻是免费的，只

---

① NEWMAN N，FLETCHER R，SCHULZ A，et al. Reuters Institute Digital News Report 2020 [EB/OL]. [2020-10-09]. http：//www. digitalnewsreport. org/survey/2020/germany-2020/.

② Ströer Digital Publishing. Kompetenz，Vielfalt，Relevanz [EB/OL]. [2020-10-09]. https：//www. stroeerdigitalpublishing. de/index. html%3Fp=379. html.

③ HootSuite，We Are Social. Digital in Germany [EB/OL].（2020-02-12）[2020-10-09]. https：//datareportal. com/reports/digital-2020-germany.

T-online 网站

有15～20篇文章需要付费阅读，这种模式被称为“柔性付费墙”。“图片报+”的订阅用户可以享受到一些特别服务，比如帮助购买欧洲各大顶级体育比赛的球票、大型演唱会的入场券等。

德国网民规模超过英法两国的网民规模，但其社交媒体用户规模却低于两国。在德国，WhatsApp是德国民众最常使用的社交媒体平台，YouTube紧随其后，Facebook位列第三。TikTok等新平台亦愈来愈吸引年轻用户，而Facebook等平台则开始吸引老年用户。① Facebook是多数社交媒体新闻用户的主要新闻源，经常使用Facebook获取新闻的人数占总社交媒体新闻用户的64%。②

第五节　意大利新闻传播史

意大利面积30万平方千米，人口6 024万（2019年）。意大利曾有过辉煌的古代新闻传播史。公元476年西罗马帝国灭亡后，意大利长期分裂，直到19世纪下半叶国家统一，才真正形成现代新闻传播业，比西欧其他国家晚得多。20世纪上半叶，意大利新闻传播业被墨索里尼（Benito Mussolini）法西斯化。第二次世界大战结束后，新闻传播业的发展回到正常轨道。鉴于这种特殊的历史背景，在西方工业化国家中，它的新闻传播业相对落后。

① Christing Himmelberg. The Digital 2020—Deutschland Zu 90% Online [EB/OL]. (2020-02-12) [2020-09-27]. https://wearesocial.com/de/blog/2020/02/digital-2020-deutschland-zu-90-online.

② Pew Research Center. Fact Sheet: News Media and Political Attitudes in the Germany [R]. Pew Research Center, 2018: 10.

一、古意大利新闻传播活动的辉煌历史

古意大利拥有世界上最早的文字记载的新闻传播历史。公元前 59 年，恺撒被选为罗马共和国的执政官，为限制元老院对他的约束，他发布的第一道命令是："嗣后元老院工作的报告，务须每日写出公布之。"于是便产生了置于公共场所的"每日纪闻"（Acta Diurna），这是一块涂了石膏的白木板，上面除了元老院的会议记录外，还有政府政令、远征军战绩、司法消息、税收情况，以及一些社会新闻。由专职人员抄录编辑，被转送到罗马各重要城市，不少上层人士是这种手抄新闻的订户。恺撒被刺杀后，罗马共和国转变为罗马帝国，帝国的第一位皇帝屋大维，在公元前 27 年也发布过类似的出版"每日纪闻"的命令。这种官方的每日手抄新闻，持续到公元 330 年罗马首都东迁时为止。

古罗马帝国四通八达的陆路交通大道和繁忙的海上交通网，既便利了商业贸易和军队的调动，也大大便利了新闻的传播。"条条大道通罗马"，反映了古罗马人流、物流和信息流的繁荣。信息传递之迅速，是维系庞大的横跨欧、亚、非帝国存在的基础之一。公元 79 年，那不勒斯南部的罗马小城庞贝被火山吞没。根据考古挖掘，这座仅 2 万人口的城市，街头的公共事务布告和竞选标语、商业广告等就有 3 000 多条。

1566 年手抄新闻《威尼斯公报》

随着西罗马帝国的灭亡，作为古罗马中心地带的意大利本土，在以后 1 400 多年的历史中，基本处于分裂状态，曾前后出现过许多封建王国、公国和具有代议制雏形的城市共和国，还有以罗马城为中心的教皇国。较为原始的新闻传播形式——新闻信始终存在。1566 年在威尼斯出现定期的手抄新闻《威尼斯公报》，是中世纪意大利新闻传播发展的顶点。

二、国家统一前新闻传播业的缓慢发展

在文艺复兴的带动下，意大利的新闻传播曾一度呈现繁荣活跃的局面。但由于世界地理大发现和新航路的开通，欧洲的商业，随后是欧洲的工业，逐渐从地中海转向世界大市场，地中海贸易开始衰退。于是意大利出现马克

思所说的情形："在 15 世纪末开始的世界市场的革命破坏了意大利北部的商业优势之后，产生了一个方向相反的运动。城市工人大批地被赶往农村，给那里按照园艺形式经营的小规模耕作带来了空前的繁荣。"① 一旦意大利从初期的资本主义经济倒退回小农经济，在文艺复兴带动下新闻传播的初步繁荣便消失了。此后约 200 年，意大利在欧洲事务中再次被人们遗忘。

国家统一前，意大利的地方性封建政权对报刊的控制，与欧洲其他封建王国没有什么两样。15 世纪，威尼斯共和国出现最早的世俗政权对印刷出版物的检查制度。16 世纪，教皇发布谕旨，禁止手抄新闻的传播。

18 世纪的意大利已经相当落后于欧洲主要国家。教皇国于 1714 年创办的《罗马公报》(*Gazzetta di Roma*)，是 18 世纪意大利唯一有些影响的报纸。

国家统一之前，北部奥地利控制的《米兰公报》（*Gazzetta di Milano*，1816—1875）和中部的《罗马公报》是意大利的主要报纸，均属于官报性质。由于意大利北部经济较为发达，加之报纸分布百年来形成的传统，以致现在意大利的新闻中心首先是米兰，其次才是罗马；新闻媒介主要集中于北部，其次是中部，南部所占比例较小。

Gazzetta di Milano

《米兰公报》

从 19 世纪 20 年代起，意大利开始统一复兴运动。烧炭党于 1820 年创办《意大利周报》。1829 年和 1831 年，革命家马志尼（G. Mazzini）分别创办《热那亚消息报》（*L'Indicatore Genovese*）、《意大利青年报》（*Giovine Italia*）。这些报刊对意大利民族意识的崛起影响颇大。1847 年意大利政治家加富尔伯爵（Conte di Cavour）创办的《复兴报》（*Il Risorgimento*）和 1860

① 马克思恩格斯全集：第 44 卷［M］. 2 版．北京：人民出版社，2001：823.

年创办的《人民公报》（*Gazzetta de Popolo*），是统一复兴运动后期主要的政治性报刊。

加富尔1852—1861年任皮埃蒙特-萨丁尼亚王国（又称“撒丁王国”）首相。1853年，在加富尔的赞助下，来自的里亚斯特的新闻记者斯蒂芬（G. Stefano）在罗马创办了一家服务于撒丁王国的通讯社，这是意大利第一家通讯社。意大利统一后该通讯社定名为斯蒂芬电讯社。

三、意大利国家统一后新闻传播业的曲折发展

1861年，意大利统一，原撒丁王国国王成为意大利王国国王。1868年，在原撒丁王国首都都灵，出现了一家现代报纸《新闻报》（*La Stampa*）。

国家统一后，意大利的现代报业迅速发展，其特点是政党报刊与商业报刊同时发展，而且一定程度上政党意识对报刊发展的影响更强些。因为意大利没有经过真正的社会革命，政治制度不稳定，各派政治力量的斗争长期以来成为舆论的主要话题，这影响到报业的商业性发展，但无论如何，统一本身亦是意大利报业商业化的开端，尽管它所走的道路较为漫长。

1876年，《晚邮报》（*Corriere Della Sera*）在米兰创办，托雷利-维奥利尔（E. Torelli-Violier）出任总编辑。报纸持温和自由主义倾向，虽然不久该报就改为早报，但是这个报名一直保留了下来。1885年，该报由纺织工业家克雷斯皮（Crespi）买下，投资更新设备，实行企业化管理。这位企业家后来被评价为“意大利第一个不把一家日报的所有权看做是政治讲坛，而看做利润的来源和公众的一种责任的出版商”①。到1898年，该报发行量增加到5万份。1899年托雷利-维奥利尔逝世，他的秘书路易吉·阿伯蒂尼（L. Albertini）接任总编辑。阿伯蒂尼进一步采用美国的办报经验，逐渐使该报成为意大利最有影响的商业报纸。

政党报刊中，国家统一后发展最快的是不同派别的众多社会主义报刊，但大多规模很小。1896年创刊于罗马的意大利社会党机关报《前进报》（*Avanti*），渐渐在其中成为当时影响最大的政党报纸。1912—1914年，墨索里尼即后来意大利法西斯主义的创始人任该报主编。

这一时期意大利的杂志也有所发展。学术性的杂志以1870年创刊的《哲学评论》为代表（至今仍在出版），大众杂志以《晚邮周刊》为代表，1899年创刊。

国家统一后，斯蒂芬电讯社也得到较大发展，有欧洲第四大通讯社之称。

---

① 沃克．报纸的力量：世界十二家大报［M］．苏潼均，诠申，译．北京：新华出版社，1987：151.

20世纪初，意大利经济凋敝，民怨沸腾，许多不满现状的下层民众投到了墨索里尼的麾下。墨索里尼1914年离开社会党，在米兰创办《意大利人民报》（*Il Popolo d'Italia*），进行法西斯主义的鼓动。1919年成立法西斯党，同年在热那亚创办《法西斯工人报》（*Lavoro Fascists*）。1922年10月，墨索里尼率领4万名法西斯党徒"向罗马进军"，迫使国王任命他为总理。

墨索里尼（1883—1945）

Il Popolo d'Italia
QUOTIDIANO SOCIALISTA
Fondatore: BENITO MUSSOLINI
IL TEDESCO SENATORE FRASSATI CI QUERELA
Il critico militare della "Stampa„ al Tribunale di Portogruaro
Il sermone di Natale
FRASSATI

1915年12月15日的《意大利人民报》

1925年起，墨索里尼公开而全面地实行新闻传播业的法西斯化。此前，法西斯党连续暗杀了多位反法西斯的著名记者。1925年6月，意大利政府颁布的《新闻记者登记法》规定，凡不对法西斯效忠者，均不得从事新闻事业。[①] 接着从地方到中央成立法西斯记者公会，从组织上有系统地控制新闻工作者。1926年封闭所有反法西斯的报刊。《晚邮报》《新闻报》等报纸被迫宣传法西斯主义。斯蒂芬电讯社于1922年被改组为国家通讯社。1935年，该社全部经费由政府负担，从而完全置于法西斯党的控制之下。

墨索里尼曾经抨击过书报检查制度，然而他当权后则大肆宣传：为达成法西斯党所赋予之使命，意大利报纸须经常接受内政部新闻管理处之工作指示。为保证言论一致，一个地区只许有一种报纸。[②] 各报接受的指示包括每天的版面安排、标题字号和言论基调等。墨索里尼认为，争论只能使人们思想混乱，艺术家和知识分子必须满足于自己在国家中的从属地位，不允许"保持中立的思想"。艺术家理应做政府的工具，在他们的创作中表现生活在"法西斯和墨索里尼世纪"的无比幸福无比荣幸。[③]

法西斯统治时期，意大利政治上的指导性报纸是《意大利人民报》，该报1922年后由墨索里尼的胞弟安纳尔杜和侄子先后主持工作。其他法西斯报纸

① 李瞻. 世界新闻史［M].7版. 台北：三民书局，1983：431-432.

② 同①432.

③ 史密斯. 战争元凶：墨索里尼传［M]. 王三水，译. 北京：时代文艺出版社，2002：165.

中，较重要的是《意大利日报》（*Il Giornale D'Italia*）。社会性报纸中，《晚邮报》《新闻报》等仍然较有影响，但必须宣传法西斯主义。

1943年7月，盟军在意大利登陆。意大利进行武装抵抗的各党游击队解放了许多地方乡镇，并接管了各地法西斯党的报刊。除了原法西斯党的各级机关报被禁止出版外，其他意大利报纸大多经过内部改组、转变立场继续出版。1946年，经过全民投票，决定废除君主制，建立意大利共和国。1947年12月通过的宪法第21条规定："任何人均有以言论、著作及其他任何传布思想之方法，自由表达其思想之权利。出版无须得到准许或经过检查。"[①] 从此，意大利以宪法形式确立了新闻出版自由的体制。

意大利政府为发展报业，从1946年起规定，不问报刊政治倾向，一律以纸张原价三分之二的价格供应新闻纸，并根据情况减税或免税。这样的政策持续到20世纪70年代。得益于对报刊出版的优惠政策，意大利报业的发展较快。除了19世纪统一后十几年内创刊的老报刊外，又有一批新报刊诞生。其中较著名的有20世纪70年代在罗马创刊的《共和国报》（*La Repubblica*）。经过长期压抑的各党派在获得解放后也迅速地发展自己的报刊业，使得意大利党派报刊迅速发展。其中共产党以《团结报》（*L'Unita*）为核心，一度形成意大利最大的政党报刊集团。

杂志在第二次世界大战后发展也很快。第二次世界大战后发行量曾超过100万份的杂志是综合性大众杂志《晚邮周刊》和《今日周报》（*Oggi*）。新创刊的新闻性杂志中，以1955年创办的《快报》（*L'Espresso*）、1950年创办的《时代》（*Epoca*）和1962年创办的《全景》（*Panorama*）较为有名。

第二次世界大战后的第一个10年，是意大利报刊的快速发展时期，随后的近20年发展缓慢。报刊缺乏经营的活力，广告意识薄弱，一定程度上依赖于各政党。总之，市场经济的因素不强，是报刊业长期以来发展缓慢的根本原因。由于法律对报业集中的限制，到20世纪70年代初，意大利尚没有出现明显的报业集团。

斯蒂芬电讯社随着法西斯的垮台而瓦解。1945年1月13日，12家日报以合作的形式在罗马成立全国新闻联合通讯社（Agenzia Nazionale Stampa Associata，ANSA），缩写发音即安莎社。该社创办后不久，又有50多家报纸加入，从而使它成为意大利的第一大通讯社。

第二次世界大战后，原有的广播收听公司被反法西斯的新政府接收，于1944年改名为意大利广播公司（Radio Audizioni Italia）。1952年，改名为意大利广播电视公司（Radiotelevisione Audizioni Italiana），但仍简称为RAI。

---

① 李瞻．世界新闻史［M］.7版．台北：三民书局，1983：455. 根据提供的英文做了重译。

RAI 由国有的复兴工业公司掌握大部分股份，而该公司又为执政的天主教民主党控制。1954 年 1 月，公司开始播出电视节目。

20 世纪 70 年代中期，政府放弃对报业的长期优惠政策（但纸张价格和报纸零售价格直到 1988 年才放开），意大利新闻传播业开始发生重大的变化。

意大利议会于 1981 年通过出版法（1984 年和 1987 年又对之修订），实际上承认了商业性报团的存在。于是，几个实力较强的财团迅速占有主要商业报刊。与此同时，老的报纸开始摆脱政党的影响而注重于社会的警示作用；新创办的报纸注重吸引新一代的读者，努力适应他们的接受习惯。从 20 世纪 80 年代起，形成罗马的新报纸《共和国报》与米兰的老报纸《晚邮报》之间的竞争态势。

随着 20 世纪 90 年代初原来几个主要政党的分裂和瓦解，它们原来的机关报已经成为独立报纸。2000 年 5 月 22 日，曾经是意大利最大党报的《团结报》宣布停刊，这标志着意大利乃至西方世界完全进入商业报刊时期。

1975 年新的广电法通过，将 RAI 改造为真正的公营广播公司。1976 年议会通过法律，允许地方性民营广播电视业存在。三年内意大利一下子涌现出 3 000 家广播电台、900 家电视台。1980 年 11 月，米兰的富商西尔维奥·贝卢斯科尼（S. Berlusconi）将其所属的 20 多家地方电视台联合为“电视五频道”（Canale 5），为意大利第一家全国性民营电视台。1982 年，贝卢斯科尼的菲宁维斯特公司（Fininvest）又买下了另外两个全国性电视台，到 1986 年贝氏已占据了全国商业电视 80%的市场，2000 年其营业收入高达 36 305 亿意大利里拉。

1990 年，议会通过《公共和私人广播电视体制之规定》，首次明确了私人拥有经营全国性广播电视业务的权利，于是形成公营的意大利广播电视公司与民营的菲宁维斯特公司这两大广电集团的竞争。

贝卢斯科尼

20 世纪 80 年代中期，贝卢斯科尼已拥有三个全国性电视网，占据了全国商业电视 80%的市场。意大利的广播电视市场，其实就是公营的意大利广播电视公司与贝卢斯科尼的菲宁维斯特公司这两大广电集团的竞争。1994年起，贝氏三次出任国家总理。他从政后，只是形式上与公司脱离关系。菲宁维斯特公司是意大利最具影响力的媒介集团。现在的总裁是贝卢斯科尼的长女玛瑞娜·贝卢斯科尼（Marina Berlusconi）。

四、意大利新闻传播业目前的格局

（一）媒介集团

意大利的新闻传播业在发达国家中落后一步，现在该国的媒介集团尚可区分为报团、电子集团，但两者之间已有相互渗透，正向综合性媒介集团的方向发展。

（1）菲宁维斯特集团。除拥有意大利最大电视网络公司梅迪亚赛特传播集团（Mediaset）近一半的股权外，菲宁维斯特集团旗下还包括美杜莎影业集团（Medusa）和蒙达多利出版集团（Mondadori），以及西班牙电视五台、意大利影视租赁连锁店。

（2）RCS媒介集团。RCS是在国际市场上颇有影响力的媒介集团，在西班牙和法国的一些重要媒介集团中持有股份。随着数字技术的推广，以印刷媒介为主的RCS也开始在广播、网络、在线新闻等方面尝试采用新的技术。

（3）GEDI出版集团（Gruppo Editoriale）。GEDI出版集团涉及出版、广播、广告、网络、电视等各个领域。出版《共和国报》和意大利两份主要新闻周刊之一的《快报》，同时通过一系列附属机构出版许多地方报纸，并经营着三家全国性的商业电台以及一个全国性的电视网。

（二）报纸杂志

由于政党长期直接或间接地控制着各种报纸，大众化的商业报纸没有得到充分发展，因而意大利几乎不存在其他发达国家大都有的那种廉价大众报纸，报业只能分为全国性和地方性两类。意大利的报纸近百家，七成是日报。北部和中部是主要的发行区域，南部仅有16种地方日报，而人口却占全国的34%。

意大利有代表性的报纸主要是《晚邮报》《共和国报》以及《新闻报》。

（1）《晚邮报》是意大利历史悠久、最有代表性的报纸，较为严肃。现在隶属于RCS媒介集团，日出48～56版。以思维敏捷、提问尖锐著称的女记者法拉奇就是该报的记者。

（2）《共和国报》是新一代的主要代表性报纸，开张略小，彩色印刷，风格相对活泼，政治立场左倾。该报还有 10 种地方版。2007 年该报改版，拆分成两种报纸，一份专做新闻，另一份（被称作 R2）专注时事分析。该报现隶属于 GEDI 出版集团。

（3）《新闻报》是意大利现存历史最为悠久的报纸，发行量历史上一度在意大利报纸中居第二位。它风格较为严肃，发行范围遍及欧洲其他国家。

CORRIERE DELLA SERA

Veltroni si dimette, il Pd è nel caos

Intercettazioni, Mancino attacca

«Maltrattati gli animali delle fiction Rai»

-20 di vero risparmio

《晚邮报》

R2

la Repubblica

Ruby, processo a Berlusconi

Il Gip: concussione e prostituzione minorile, le prove sono evidenti. Il Pd: subito al voto

《共和国报》

LA STAMPA

Rimpatri dei rom Al vertice scontro Sarkozy-Barroso

Il Papa: "Sui pedofili non abbiamo vigilato"

Fiat, via libera alla scissione

《新闻报》

杂志中影响最大的是综合性周刊《全景》《时代》和《快报》。

（三）通讯社

意大利最大的通讯社依然是安莎社。安莎社是一个非营利性机构，现为意大利境内 34 个新闻机构所有，为它们提供会员服务。20 世纪 70 年代以后在传播技术方面进展较快。国内有分社 22 个，在 74 个国家设有 79 个办事处。每天使用意、法、英、西班牙、葡萄牙 5 种文字提供新闻和图片，拥有单位订户 1 400 余家。重视拉美和发展中国家新闻。

（四）广播电视台

意大利的广播电台中，公营 RAI 的三个全国性调幅广播电台和两个立体声台占有最高的收听率（52.4%）。该公司还拥有 21 座地区性的广播电台。民营广播电台在 20 世纪 90 年代纷纷联合起来，已有 20 家全国性的，但影响力远没有 RAI 的大。

电视台主要有六个台，形成两大体系，即公营的 RAI 一台、二台和三台；民营菲宁维斯特公司的五频道（Canale 5）、四网（RETER4）和意大利一台。

RAI 的信号发射塔

（五）网络媒体

意大利的互联网普及率上升速度较快，发展态势良好。2020 年 1 月，网民规模 4 948 万，较 2019 年 1 月增长 120 万；互联网普及率 82%，较 2019 年 1 月提升 2.4%。[①] 与其他欧洲诸国不同，近年来意大利民众从互联网中获取新闻的比例呈下降趋势，从 2013 年的 80%跌至 2020 年的 74%。[②] 2020 年 1 月，意大利社交媒体用户规模达到 3 500 万，占意大利人口的 58%。每人日均使用社交媒体的时间为 1 小时 57 分。YouTube、WhatsApp 与 Facebook 是最受意大利民众欢迎的社交媒体平台，被选择率分别为 88%、83%与 80%。[③] 根据路透新闻研究所的调查，2020 年意大利排名前三位的网络媒体分别是 TgCom24 online（Mediaset）、SkyTg24 online 和 Fanpage。[④]

TgCom24 online 是梅迪亚赛特传播集团旗下的意大利新闻网站，于 2001 年 3 月 8 日创办。该网站主要提供国际新闻、意大利本地新闻、政治新闻与娱乐新闻。其姊妹网站为 TGFIN。

SkyTg 24 online 是隶属于 Sky 集团（英国 Comcast 旗下的 Sky 在意大利所经营的英国卫星电视台）的意大利第二新闻频道的网站。该网站创办于 2003 年 7 月 31 日，提供不间断的滚动新闻、天气预报与体育赛事服务，半小时更新一次。

Fanpage 为意大利语新闻网站，归 Ciaopeople 传媒公司所有。该网站主

① We Are Social. Digital 2020：Italy [EB/OL].（2020 - 01）[2020 - 09 - 28]. https：//wearesocial. com/it/digital-2020-italia.

② NEWMAN N，FLETCHER R，SCHULZ A，et al. Digital News Report 2020 [R]. Reuters Institute for the Study of Journalism，2020：75.

③ 同①.

④ NEWMAN N，FLETCHER R，SCHULZ A，et al. Reuters Institute Digital News Report 2020 [EB/OL]. [2020 - 10 - 09]. http：//www. digitalnewsreport. org/survey/2020/italy-2020/.

要报道罗马、米兰、那不勒斯的热点新闻，此外还开设了专供移动端的应用程序。

意大利的数字鸿沟明显，青年社交媒体用户的占比与老年社交媒体用户的占比差距悬殊。一项 2018 年的调查显示，通过社交媒体渠道获取新闻的意大利青年人、中年人与老年人分别占相应年龄群体的 61%、47%与 19%。[①]

第六节 西班牙新闻传播史

西班牙位于欧洲西南部的伊比利亚半岛，面积 50 万平方千米，人口 4 710 万（2020 年）。早期先后是罗马帝国、西哥特王国的一部分，拥有浓重的拉丁文化传统。711 年北非摩尔人侵入西班牙，建立伊斯兰国家。1492 年摩尔人最终被赶出西班牙，形成天主教的西班牙王国。就在这一年，哥伦布出海寻找新大陆。

整个 16 世纪是西班牙帝国统治世界的时期，西班牙王国一度控制尼德兰和部分法国、意大利、德国的领土，在世界各地拥有最多的殖民地。西班牙将欧洲的新闻文化传播到世界各地，属于无心插柳，因为当权者和商人们对新闻传播业缺乏深刻认识，国内新闻传播业的发展颇为落后。因而，西班牙各殖民地的新闻传播业，起步晚于被占领时一二百年。17 世纪以后西班牙逐步衰落，作为商业民族的西班牙人，最终没有斗过作为工业民族的英国人。

10 世纪，西班牙本土出现定期手抄书。15 世纪，西班牙民间传诵的格拉纳达战事歌谣颇为著名。当时西班牙颇为有效的社会传播方式有以下两种：一种是口头传唱，教士、学生、贵族、商人等以即兴的方式向广大社会阶层传播信息；另一种是手抄传播。研究者认为，修道院院长之间的来往信函是报纸的最初形式。[②]

16—17 世纪，西班牙的文艺复兴影响欧洲，但西班牙像样的现代报纸，只能以 1661 年的《马德里公报》作为起点。西班牙的报刊长期处于王权专制下，20 世纪 30—70 年代又处于佛朗哥独裁下。该国的党报时期时断时续，直到 20 世纪 70 年代走向民主化后，商业报刊才得到全面而迅速的发展。西班牙的广播和电视业，起步也不早。

---

① MATSA K E，SILVER L，SHEARER E，et al. Western Europeans under 30 View News Media Less Positively，Rely More on Digital Platforms Than Older Adults [R]. Pew Research Center，2018：13.

② SÁNCHEZ ARANDA J J，BARRERA C. Historia Del Periodismo Español：Desde Sus Orígenes Hasta 1975 [M]. Pamplona：Universidad de Navarra，1992：44.

一、西班牙报刊发展的四个时期

（一）报刊的萌芽时期（18世纪之前）

1472年，西班牙人从德国引进了第一台印刷机。但在很长一段时间里，手抄和印刷新闻同时存在，手抄新闻因其私密性和制作精良受到贵族阶级的拥护。16世纪西班牙成为“日不落”帝国，塞维利亚和巴塞罗那逐渐成为出版重镇，催生了各种形式的新闻传播载体，主要有四种。第一种为“新闻纪事”（Crónicas），主要记述美洲发现和西班牙的征服殖民过程。佩德罗·马尔蒂（Pedro Mártir de Anglería）被认为是第一位撰写新闻纪事的人，他1488—1526年间写的812篇信函式的新闻纪事，总称为“信札”（Opus Epistolorum）。第二种叫作“偶然”（Ocasionales），是一种临时性的突发事件的报告。一般以书的版式印刷，封面配有图片。哥伦布发现美洲，向西班牙王室汇报情况，这个消息随后很快就以这种方式公布出来。第三种是“报告”（Relaciones），即一类关于社会重大活动的专项报告，例如关于西班牙殖民活动和征服北非的各种专项报告。第四种叫“通告”（Avisos），这是定期向宫廷外的贵族通报宫廷内重大事件的文书。

17世纪西班牙开始走向衰落，社会矛盾加深。由于信息传递迟缓，难以跟踪瞬息万变的外部形势，于是产生了面向社会定期出版的“公报”（Gaceta）和“信使”（Mercurio）。1661年，受卡洛斯二世（1665—1700年在位）的宠臣胡安·何塞（Juan José de Austria）的委托，布雷穆旦（Francisco Fabro Bremundán）编辑的第一份西班牙公报面世，名为《1660年底之前发生在世界上大部分地区的一些特殊政治和军事事件公报》。该报初期每月出版一期，1676年改为周刊，1679年更名为《马德里日常公报》（*Gaceta Ordinaria de Madrid*），1697年更名为《马德里公报》（*Gaceta de Madrid*）。该报就是今日西班牙《政府官方公报》（*Boletín Oficial del Estado*）的前身。

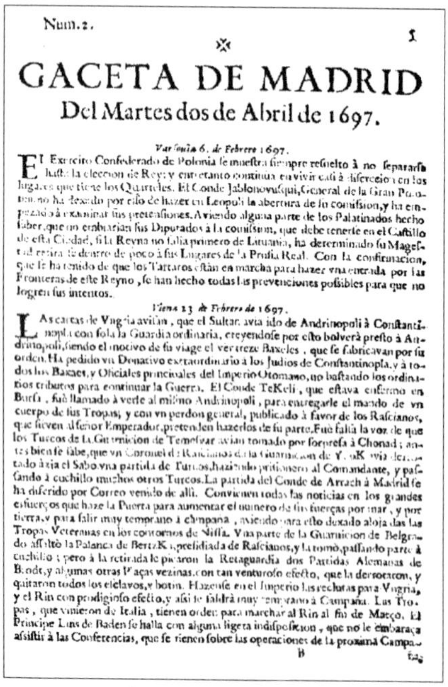
Num. 2.　　1

GACETA DE MADRID

Del Martes dos de Abril de 1697.

Varsovia 6. de Febrero 1697.

El Exercito Confederado de Polonia se muestra siempre resuelto à no separarse hasta la eleccion de Rey; y entretanto continua en vivir casi à discrecion en los lugares que tiene los Quarteles. El Conde Jablonovusqui, General de la Gran Polonia, no ha dexado por esso de hazer en Leopoli la abertura de su comission, y ha empezado à examinar sus pretensiones. Aviendo alguna parte de los Palatinados hecho saber, que no embiarian sus Diputados à la comission, que debe tenerse en el Castillo de esta Ciudad, si la Reyna no salia primero de Lituania, ha determinado su Magestad retirarse dentro de poco à sus Lugares de la Prusia Real. Con la confirmacion, que se ha tenido de que los Tartaros estàn en marcha para hazer vna entrada por las Fronteras de este Reyno, se han hecho todas las prevenciones possibles para que no logren sus intentos.

Viena 23 de Febrero de 1697.

Las cartas de Vngria avisan, que el Sultan avia ido de Andrinopoli à Constantinopla con sola la Guardia ordinaria, creyendose por esto bolverà presto à Andrinopoli, siendo el motivo de su viage el ver treze Baxeles, que se fabricavan por su orden. Ha pedido vn Donativo extraordinario à los Judios de Constantinopla, y à todos los Baxaes, y Oficiales principales del Imperio Otomano, no bastando los ordinarios tributos para continuar la Guerra. El Conde TeKeli, que estava enfermo en Bursa, fuè llamado à verse al mismo Andrinopoli, para entregarle el mando de vn cuerpo de sus Tropas; y con vn perdon general, publicado à favor de los Rascianos, que sirven al señor Emperador, pretenden hazerlos de su parte. Fuè falsa la voz de que los Turcos de la Guarnicion de Temesvar avian tomado por sorpresa à Chonad; antes bien se sabe, que vn Coronel de Rascianos de la Guarnicion de [illegible] avia derrotado àzia el Sabo vna partida de Turcos, haziendo prisionero al Comandante, y passando à cuchillo muchos otros Turcos. La partida del Conde de Arrach à Madrid se ha diferido por Correo venido de allì. Convienen todas las noticias en los grandes esfuerços que haze la Puerta para aumentar el numero de sus fuerças por mar, y por tierra, y para salir muy temprano à campaña, aviendo para esso dexado alojadas las Tropas Veteranas en los contornos de Nissa. Vna parte de la Guarnicion de Belgrado assaltò la Palanca de BertzKa, presidiada de Rascianos, y la tomò, passando parte à cuchillo; pero à la retirada le picaron la Retaguardia dos Partidas Alemanas de Brodt, y algunas otras Plaças vezinas, con tan venturoso efecto, que la derrotaron, y quitaron todos los esclavos, y botin. Hazense en el Imperio las reclutas para Vngria, y el Rin con prodigioso efecto, y assi se saldrà muy temprano à Campaña. Las Tropas, que vinieron de Italia, tienen orden para marchar al Rin al fin de Março. El Principe Luis de Baden se halla con alguna ligera indisposicion, que no le embaraça assistir à las Conferencias, que se tienen sobre las operaciones de la proxima Campa-

B　　ña.

1697年的《马德里公报》

（二）王权主控的 18 世纪西班牙报刊

西班牙王权在 18 世纪全面控制印刷出版业，报刊的发行必须获得国家中央权力的印刷许可，并接受教会审查。当时的报刊分为官方报刊和民间通俗出版物两类。政治、军事类的新闻完全由官方掌控，18 世纪西班牙的三大官报为《马德里公报》、《西班牙信使》（*Mercurio de España*）和《马德里日报》（*Diario de Madrid*）。

西班牙的通俗传媒发源于 17 世纪，在 18 世纪得到长足发展，例如历书和年鉴，这是一种民间文化的结集。这些小册子分散到乡镇居民手中，借着预告时令天气来传递各种各样的信息，如月亮运行轨迹变化、一些新思想、行为准则、职业指导等等。1767 年，卡洛斯三世（1759—1788 年在位）曾颁布禁止发行历书和年鉴的法令。

由于控制严厉，西班牙报刊很少体现成熟的政治思想。其中值得一提的是 1781—1787 年的周报《审查报》（*El Censor*），该报被誉为西班牙 18 世纪最重要的、最具影响力的报纸。一些启蒙运动思想家为它撰稿，以政治批评为特色。

（三）政治动荡下的 19 世纪至 20 世纪 70 年代的西班牙报刊

整个 19 世纪，西班牙的自由派与保守派多次上演权力争夺的交替战，新闻出版自由也随着权力的更迭而时禁时行。

1848 年 6 月 2 日，马克思主编的《新莱茵报》首次报道西班牙新闻，就采用了《先驱报》（*El Heraldo*）的新闻。这是 1842—1854 年在马德里出版的晚报。创办人路易斯·何塞·赛多利斯（Luis José Sartorius）1853—1854 年为西班牙首相。该报前期属于政府反对派，但被称为“最具代表性的温和报纸”。

1865 年西班牙成立了第一家通讯社，名为“通讯中心”（Centro de Corresponsales）。1867 年出现另一家法布拉通讯社（Agencia Telegrafica Fabra），该社 1938 年停办。

1868 年西班牙发生“光荣革命”，建立该国历史上第一个共和国，翌年颁布宪法，承认新闻出版自由。这一事件促使报刊得到较快发展，共和时期（1868—1875 年）登记出版的报刊有 600 多种，并出现了工人报纸和女性报纸。1871 年，印刷工人巴勃罗·伊格列西亚斯（Pablo Iglesias）创办了《解放报》（*La Emancipación*）。恩格斯说：“《解放报》上的那些文章，第一次把真正的科学奉献给西班牙人”，“现在《解放报》是我们最好的报纸”[①]。该

---

① 马克思恩格斯全集：第 33 卷［M］. 北京：人民出版社，1973：427，456.

报发表了西班牙文版的《共产党宣言》、马克思《哲学的贫困》和《资本论》第一卷的部分章节，以及恩格斯的许多文章。

1881 年法国议会通过了新闻自由法，西班牙也于 1883 年颁布了出版法。一定程度的法治环境，以及新的配送渠道、印刷术的改善、印刷成本的降低、公立教育的发展等，使得西班牙的商业化大众报刊逐渐获得了发展空间，但远没有达到英美大众报纸那样高的发行量。西班牙仍然是一个城市化进程缓慢、国民识字率低下的国家。

20 世纪 40 年代起，佛朗哥独裁政权严格执行 1938 年颁布的控制传媒的新闻法，该法规定媒体必须为政府服务，出版之前应接受审查，信息旅游部部长可以“训示”出版物上刊发具有特定倾向的文章。二战后的佛朗哥政权为摆脱孤立的国际地位，从 60 年代起逐步实行经济开放的缓和政策。1966 年新颁布的新闻法承认传媒的独立性，废除了事先审查和“训示”规定，但仍禁止公开评论政体的言论，对不遵守规定的编辑追究民事和刑事责任。该法实际上将政府事前审查转为新闻机构的自我审查。由于有的报纸隐晦地批评当局，1969 年《堡垒报》（*El Alcázar*）和《新日报》（*Nuevo Diario*）的主编被撤换；1971 年，《马德里报》（*Madrid*）因此停刊。

LA VANGUARDIA

El Barça da un toque a Piqué por el caso Griezmann

Paris y Londres exhiben lo mejor del impresionismo

ESTE JUEVES 49,5 MILLONES €

El PP se divide entre Cospedal y Santamaría

“Siempre he dado la cara, me la han partido, pero me he vuelto a levantar”, dice la secretaria general del PP

“Sé lo que es estar en el gobierno y también lo que es estar en la oposición”, afirma la exvicepresidenta

Trump traslada a los Reyes que le gustaría visitar España

Torra duda si plantar al Monarca

Sánchez admite que no habrá una nueva financiación

El presidente aduce la falta de tiempo, aunque quiere acabar el mandato en el 2020

Martín Códax

EE.UU. se retira del Consejo de Derechos Humanos

Washington insiste en separar a niños de sus padres inmigrantes

《先锋报》

佛朗哥统治的最后几年，《先锋报》（*La Vanguardia*）、《ABC 报》（1903 年创办）等发行量大、影响面广的报纸，开始利用有限的新闻出版自由开展政治讨论，以温和的语气批评政府。1975 年佛朗哥死后，这些报刊迅速成为政治大讨论的平台，有人评价道：尽管当时的国家议会仍由佛朗哥拥护派控制，但报刊已经成为人民的“纸质的议会”。①

（四）民主化进程后迅速发展的西班牙报刊

1978 年西班牙颁布了现行的民主的宪法，其中第 20 条明确承认和保护言论自由，并规定不得进行任何的事先审查。《先锋报》《ABC 报》和《Ya

① FUENTES J F，SEBASTIÁN J F. Historia del Periodismo Español：Prensa，Política y Opinión Pública en la España Contemporánea [M]. Madrid：Síntesis，1997：318.

日报》(1993 年停刊)三家传统大报成功适应新形势，得以发展壮大，支持佛朗哥的报纸(如《堡垒报》)则逐渐消失。

1976 年创刊的《国家报》(*El País*)很快获得民众的支持，1980 年成为《先锋报》之后的第二大报纸。1981 年 2 月 23 日，西班牙军人发动政变，企图推翻民主政体，当晚 10 点，《国家报》发行捍卫宪法的专刊，支持执政的社会工人党。

1989 年 10 月 23 日《世界报》(*El Mundo*)创刊，全称《21 世纪世界报》(*El Mundo del Siglo Veintiuno*)。该报从初期就致力于记者调查，揭露各种社会腐败，目前是西班牙第二大日报。1998 年创刊的《理智报》(*La Razón*)和 2007 年的《公众报》(*El Público*)是两家后起之秀，日发行量均有十几万份。

随着信息化的快速发展，纸制报纸市场受到了免费报纸和互联网的冲击。目前西班牙的免费报纸主要有以下三家：《20 分钟》(*20 Minutos*，2000 年创刊)、《AND 报》(2006 年创刊)和《什么！》(*Qué!*，2005 年创刊)。《国家报》《世界报》《ABC 报》《先锋报》目前为西班牙四大报纸，《公众报》《理智报》《20 分钟》也是较大的报纸，均设立了网站，向读者提供新闻信息。

EL PAÍS
PRIMERA EDICIÓN
EL PERIÓDICO GLOBAL
Torra mantiene el desafío con los exconsejeros presos
Crecen las críticas en Podemos por el chalé de sus líderes
Un desconocido profesor se perfila como nuevo primer ministro italiano
Las elecciones debilitan al régimen de Maduro
La Universidad reivindica el estudio de las humanidades

《国家报》

EL MUNDO
www.elmundo.es
Cuando Federico era comunista
El que nace antes es el más listo
Los amigos en los que se refugia la Infanta
MARIANO RAJOY A 100 DÍAS DE LAS ELECCIONES GENERALES
«Estos años tan duros prueban que yo puedo ser presidente»
200 militares reclaman por primera vez en la calle su derecho de asociación
Una gran multitud vuelve a exigir a Zapatero la derrota de ETA

《世界报》

(五)西班牙报刊目前面临的困境

西班牙报刊目前也面临着一些困境。首先，报刊发行量连年下降。西班牙的纸质报刊发行量与其他发达国家相比，相差较远。近年受到网络和广电传媒的冲击，呈现停滞甚至萎缩现象。1970 年西班牙千人平均拥有日报数量是 103 份，2009 年降到 79 份。①

① AEDE. *Libro Blanco de la Prensa Diaria 2011*. Madrid：AEDE，2010.

其次，报刊发行地区分布不均。西班牙的报刊发行中心是马德里和巴塞罗那，北部、沿海地区的报刊发行量尚可，如巴斯克地区（2003年每千人报纸拥有量为143份）、纳瓦拉（175份）、巴利亚群岛（162份），但是中部和西部的乡村则发行量很小，如堂吉诃德的故乡卡斯蒂亚·拉曼却地区千人报纸拥有量只有44份，以农业生产为主的埃斯特德马杜拉地区拥有量也仅为59份。[①]

二、西班牙广播电视业的发展

与其他欧美国家相比，西班牙的广播电视业发展滞后。西班牙的第一座广播电台创建于1924年底，名为伊比利亚广播电台（Radio Ibérica）。20世纪30年代西班牙内战时期，交战双方电波战颇为激烈。1937年，佛朗哥在萨拉曼卡城创建国家广播电台。在他独裁统治的30多年内，国家广播电台一直由政府控制。2007年，国家广播电台改组为西班牙广播电视公司（RTVE）。

目前西班牙的广播电台分为全国电台和自治区电台两大类，设有32个综合频道，内容包括新闻评论、整点新闻播报、访谈、体育、文化等；另有30多个音乐、新闻和体育类专业频道。

1948年，荷兰的菲利普公司和美国的RCA公司分别在巴塞罗那和马德里援助建立了西班牙最早的两家电视台，1956年开始提供正常的电视信号传递服务。20世纪60年代中期，电视完全进入西班牙社会，为民众接受，从而西班牙国家电视台（TVE）迎来了一台独霸的时代。在国家的民主化进程中，西班牙电视台通过一些系列片传播民主思想。1982年社会工人党上台执政后，放宽对电视频道的限制，允许创办地方电视台，打破了国家电视台的垄断局面。80年代末，政府再次放宽政策，允许创建私人电视频道，1989年第一家私人电视频道"天线3台"（Antena 3）创建。90年代后期，西班牙出现收费的电视频道以及高清频道。

2009年，西班牙政府颁布法令，禁止TVE播放广告。鉴于巨额广告费流向私立电视台，政府规定民营电视台必须提供3%的年收入以资助国家电视台。

西班牙的电视台以满足观众需求和收视率作为制作节目的标准，各台之间竞争激烈。随着电视节目的增多，电视频道也分为综合台和专业台，共计100多个频道。

西班牙广播电视公司旗下的电台和电视台在20世纪80年代之前基本垄

① 详见UNdata（http：//data.un.org）。

西班牙国王费利佩六世的王后莱蒂齐娅曾经是 TVE 的新闻主播

断了整个市场。但 80 年代之后，西班牙政府逐渐放松广播电视的控制，允许成立地方和私人电视台。目前，西班牙的数字电视、高清电视频道越来越多，娱乐节目的质量得到提高，实现了繁荣局面。但是，西班牙的经济危机和国家预算的缩减，严重影响到本国广播电视公司的生存与发展，使其处于历史发展中最脆弱时期。

三、西班牙当代传媒集团和通讯社的格局

20 世纪末，西班牙的传媒集团加快重组步伐，涉足报刊、电视、广播、出版、电影制作等各大领域，实现跨行业的多元化发展。目前西班牙有大小 14 家传媒集团，除了西班牙广播电视公司享有国家资助外，其他均为股份有限公司或家族公司。较为重要的有以下几个：

（1）西班牙广播电视公司，拥有 7 个电视频道和 6 个广播电台，包括面向全球的西班牙国际频道和对外广播电台。

（2）PRISA 集团，总部在马德里，是西班牙首屈一指的集传媒、教育、文化和娱乐于一身的多元化集团，前身是 1960 年由波兰科（Jesús de Polanco）创办的桑迪亚纳出版社。目前旗下拥有西班牙发行量最大的报纸《国家报》，参与出版多家杂志，如《电影狂》（*Cinemanía*）、《滚石》等；在西班牙和拉美地区拥有 400 多家广播电台和多家电视台。

（3）Zeta 集团。1976 年该集团的第一份杂志《访谈》面世，两年后推出《加泰罗尼亚报》（*El Periódico de Catalunya*），1986 年开始创办系列地方日报。最近几年涉足地方广播和电视制作。

（4）戈多集团，巴塞罗那第一家控股传媒集团，成立于 1998 年，主要由

戈多家族控股。其前身是1881年戈多兄弟创办的《先锋报》和1906年创办的《体育世界》（*Mundo Deportivo*），这两份报纸是西班牙新闻史上发行时间最长的报纸。目前该集团控制多家传媒的股份，拥有广播联盟20%的股份，掌控天线3电台（Antena 3 Radio）50%的股份。

（5）Vocento集团，成立于2001年，由邮报集团（Grupo Correo）和西班牙新闻公司（Prensa Española）合并而成。邮报集团在西班牙南部传媒中拥有领导地位；西班牙新闻公司旗下的《ABC报》，合并后仍享有很大的自主权。

PRISA、Zeta和Vocento是西班牙三家影响力最大的传媒集团，戈多集团则因为历史悠久而享有盛名。

西班牙的传媒集团都是跨行业多元化的股份公司，它们通过发行报刊、出版图书或制作电影起家，业务拓展很快，通过占领拉美市场实现初步国际化，之后又把资金投向欧洲市场。例如PRISA集团购入法国最大报刊《世界报》15%的股份；同时，国际控股公司也把触角伸到西班牙的传媒集团，目前英国Amber Capital公司已成为PRISA集团的最大股东。

西班牙现有7家较大的通讯社，分别是埃菲社（EFE）、欧洲新闻社（Europa Press）、阿尔塔斯新闻社（Altas-News）、科尔匹萨新闻社（Colpisa）、阿旺特新闻社（Avant Press）、媒体服务社（Servimedia）和伊比利亚美洲对话社（Diálogo Iberoamericano）。

埃菲社是世界上最大的西班牙语通讯社，成立于1939年。该社从120多个国家的180多个城市全天候地发送新闻。欧洲新闻社是1957年成立的私人通讯社。科尔匹萨新闻社成立于1996年，是西班牙纸质传媒领域最大的私人通讯社。

四、西班牙的网络传播现状

截至2020年2月，西班牙网民规模4 240万，互联网普及率91%，超过南欧平均水平（83%）。16～24岁年龄段的网络用户中，人均每日上网时间为5小时41分。西班牙移动互联网市场规模较大，2020年1月使用移动端上网的人数为3 850万，占网民的91%。①

2016—2020年，西班牙互联网在新闻获取渠道方面的被选择率虽略有波动，但稳居各个媒体的首位。据路透新闻研究所报告，2020年互联网的被选择率为79%；电视为63%，成为西班牙用户获取新闻的第二渠道。② 设备方

① We Are Social. Digital 2020：Spain［EB/OL］.（2020－01）［2020－09－28］. https：//wearesocial. com/es/digital-2020-espana.

② NEWMAN N，FLETCHER R，SCHULZ A，et al. Digital News Report 2020［R］. Reuters Institute for the Study of Journalism，2020：82.

2016 年 7 月 28 日马德里丽池公园（Retiro park）数百人玩手机游戏

面，手机的被选择率稳步上升，从 2016 年的 35%升至 2020 年的 73%。电脑的被选择率在 2018 年后断崖式下跌，2020 年仅为 40%。

西班牙的主要网络新闻媒体分别是 El Mundo online、El País online 和 20 Minutos online。[①]

El Mundo online 是《世界报》的线上新闻网站，设有评论、经济、体育等板块，其部分内容需要购买会员方可观看。2020 年 1 月，该网站的浏览量居西班牙新闻网站之最，为 1.138 亿。

El País online 是《国家报》的门户网站，创建于 1990 年，设有国际版、西班牙区、经济、教育等板块。在网站的付费模式中，会员具有新闻评论、独家内容浏览等权限。该网站是西班牙全国浏览量第二大的新闻网站，月均流量为 9 854 万。

20 Minutos online 是西班牙发行量最大的免费报纸《20 分钟》的网站。该网站于 2005 年开始运营，后续还开设了墨西哥版与美国西语版，并提供免费新闻邮件服务。

在西班牙，运用社交媒体渠道获取新闻的人数在青年群体、中年群体与老年群体中占比分别为 65%、47%与 32%。青年社交媒体用户与老年社交媒体用户的百分比差距明显，但与英法德三国不同的是，在西班牙亦有相当份额的老年用户开始使用社交媒体获取新闻。[②]

与德国相反，在西班牙，几乎各年龄段女性社交媒体用户占总体女性的

① NEWMAN N，FLETCHER R，SCHULZ A，et al. Reuters Institute Digital News Report 2020 [EB/OL]. [2020-10-09]. http：//www.digitalnewsreport.org/survey/2020/spain-2020/.

② MATSA K E，SILVER L，SHEARER E，et al. Western Europeans under 30 View News Media Less positively，Rely More on Digital Platforms Than Older Adults [R]. Pew Research Center，2018：13.

百分比均高于男性。仅在25岁至34岁年龄段人群，男性社交媒体用户略多于女性，前者占总体男性的13.2%，后者占总体女性的12.5%。网民中，68%的网络用户对互联网中的真实性问题持有忧虑。73%的网络用户对企业如何使用其个人数据保持关注。① 总体上而言，西班牙网民的媒介素养较高。

第七节 俄国新闻传播史

俄罗斯是世界上面积最大的国家，达1 700万平方千米，人口为1.46亿（2020年），其中俄罗斯族占79.8%。俄罗斯形成民族国家较晚，公元882年出现最早的国家形式——罗斯（Русь）。因早期中心在基辅，19世纪的史学家在“罗斯”前面加了地名基辅。公元912年，基辅罗斯的王权开始世袭。俄国的王（皇）权只有两朝，第一个王朝是罗立克王朝（912—1598年），第二个王朝是罗曼诺夫王朝（1613—1917年）。基辅罗斯的后期，实际上是15个小公国的松散体，臣服于蒙古。1283年莫斯科大公国建立，开始了民族统一。1547年莫斯科大公始称“沙皇”。罗立克王朝1598年无嗣，经历了长达15年的王位战争后，1613年全俄僧绅会议推举罗曼诺夫当沙皇。在莫斯科大公国时期的1480年，俄罗斯形成中央集权，直到1917年二月革命前，俄国400多年来一直处于王（皇）权的高度集权统治之下，其新闻传播业史也是典型的专制制度控制下的发展历史。

俄罗斯的现代新闻传播史分为沙皇俄国、苏联、俄罗斯联邦三个历史时期。沙皇俄国时期是典型的新闻专制史。苏联时期，社会主义新闻传播业对世界产生过一定影响。苏联解体后，俄罗斯实行形式上的自由主义新闻政策，新闻传播业开始商业化转型，但由于历史传统和现实政治的原因，媒体受国家的控制仍然较多。

一、沙皇俄国早期的现代新闻传播业和新闻政策

1702年12月，彼得一世下令在莫斯科创办印刷新闻纸，这是其文化改革措施中的一项内容。1703年1月2日，官报《新闻报》（*Ведомости*）正式出版，成为俄国现代新闻史的开端。最初出版无定期，1815年起改为日报，也是俄国最早的日报。该报一直发行至1917年底，是该国创办最早、存在时

---

① We Are Social. Digital 2020：Spain［EB/OL］.（2020－01）［2020－09－27］. https：//wearesocial. com/es/digital-2020-espana.

间最长的官报。俄国最早的杂志也是官办的，即1728年俄国科学院接办《新闻报》后出版的《新闻报每月注释》(*Примечания*)。

2008年10月22日所摄《新闻报》的最早出版地点：圣彼得堡要塞内的印刷所

1756年，俄国的第一张非官方报纸《莫斯科新闻报》(*Московские Ведомости*)由莫斯科大学创办，全国发行，每周发行两次，初期偏重于传播科学知识和介绍西方思想观念。1917年，该报被苏维埃政权查封。

18世纪中期，俄国出现了有进步倾向的民营报刊，接着出现了一系列讽刺杂志。18世纪末，沙皇叶卡捷琳娜二世(1762—1796年在位)为维护统治，开始对民办报刊实行压制，传播民主主义思想的报刊全部被查封。1796年，正式建立书报检查制度。此后，历代沙皇对报刊出版的控制程度常常依个性时而松时而紧，成为沙皇统治时期俄国新闻政策的特点。

亚历山大一世在位(1801—1825年)初期，放松了对新闻出版的管制，民营报刊数量有所增加。俄国出现了主张改革专制政体、实行立宪、废除农奴制的贵族青年自由派，史称“十二月党人”，他们出版了俄国最早的一批反对派政治刊物。在他们的宣传鼓动下，俄国产生了一批带有自由主义色彩的报刊。尼古拉一世(1825—1855年在位)镇压了十二月党人起义，用一切手段强化专制制度。1826年，成立了“皇帝陛下内廷第三厅”，严密监视人民的思想动向。同年，制定了新的被称为“铁的法典”的书刊检查制度，并成立最高书刊检查委员会。1848年，鉴于对欧洲民主革命的恐惧，又特别成立了出版监督委员会。1848—1855年被称为俄国新闻史上“阴暗的七年”。

鉴于严酷的书报检查制度，俄国的反对派报刊或者秘密出版，或者以谈论文学、哲学、科学等的形式出现。十二月党人起义失败后，俄国解放运动由贵族时期过渡到平民知识分子时期。革命民主主义者通过创办文学刊物巧妙地宣传政治主张，最有影响的杂志是《同时代人》(*Современник*，1836—1866)和《祖国纪事》(*Отечественные записи*，1839—1884)。1855—1868年，赫尔岑在国外同奥加辽夫合办文艺和政治丛刊《北极星》(*Полярная звезда*)；1857年赫尔岑创办《钟声报》(*Колокол*)，连续出版10年，猛烈抨击沙皇专制制度和农奴制。马克思1870年谈到俄国著名作家车尔尼雪夫斯基遭到审判时写道："车尔尼雪夫斯基1864年被判处在西伯利亚矿井服苦役八年，因此还有两年才满期。初级法院曾相当公正地宣布，根本没有任何不利于他的东西，所谓图谋不轨的秘密信件显系伪造（事实就是如此）。但是，参政院遵照谕旨，利用自己的最高权力撤销了法院的宣判，并把这个狡猾人物放逐西伯利亚，如判决书所云，此人'如此狡诈'，他能'使自己的著作保持一种法律上无懈可击的形式同时又公然在其中喷射毒液'。这就是俄国的司法！"①

19世纪60年代沙皇自上而下地解放农奴，放宽了报刊不得讨论政治的限制，1865年4月又颁布了较为宽松的出版法，民营报刊得以纷纷出版。1866年亚历山大二世遇刺（未遂），他立即收回了对政治性报刊的放宽政策，《同时代人》等较为激进的刊物被查封。1872年，当局修改出版法，恢复了书报检查制度，大臣会议有权对报刊限制出售、没收、禁登广告和勒令停刊。1882年，颁布了暂时出版条例，规定报纸受三次警告即令其停刊。在严厉的控制下，民主主义报刊大多被取缔，一批标榜不问政治的大众化报刊和黄色报刊应运而生。

二、农奴制废除后沙俄的新闻传播业

1866年，彼得堡出现俄罗斯通讯社，该社曾在国内一些城市建立分社或办事处，出版《电讯通报》，但只断续存在到1878年。这是俄罗斯最早的通讯社。1894年，俄国在彼得堡建立官方"俄国通讯社"，1914年改名"彼得格勒通讯社"。

农奴制废除之后，资本主义经济在俄国迅速发展起来，19世纪80年代基本完成工业革命，经济的发展给俄国新闻传播业带来了活力。19世纪末到1917年，是俄国报刊发展速度最快、报刊种类最多的时期。彼得堡的《新时报》(*Новое время*)和莫斯科的《俄国言论报》(*Русское слово*，1895—1917)是当时最有影响的两家大报。《新时报》1876年转手给阿·谢·苏沃林(Алексей Сергеевич Суворин)后，成为俄国最大的商业日报。苏沃林还出资创办了几家报纸，成为俄国报业大王。《俄国言论报》的创办人是伊·德·瑟京(*Иван Дмитриевич Сытин*)，该报1917年的发行量超过100万份，是那时俄国报刊史上发行量最大的报纸。

① 马克思恩格斯全集：第32卷[M]. 北京：人民出版社，1975：507.

НОВОЕ ВРЕМЯ

Синематографъ

Движущаяся фотографія.

ОТКРЫТІЕ.

1896 年的《新时报》头版

阿·谢·苏沃林（1834—1912）

1898 年，俄国社会民主工党（后来苏联共产党的前身）成立，但是党的中央领导机构和中央机关报很快被沙皇警察破获。1900 年 12 月，列宁与国外的马克思主义小组“劳动解放社”共同出版秘密报纸《火星报》（*Искра*）。在该报的组织下，俄国社会民主工党于 1903 年召开二大，党的组织机构得以恢复。在这个意义上，列宁把《火星报》视为“集体的组织者”①。

1905 年革命中，沙皇被迫承诺建立国家杜马（议会）、开放言论等，于同年发布《十月十七日宣言》，宣布公民享有言论自由，各种政党合法化。1905 年 11 月，布尔什维克和孟什维克分别出版了公开的日报《新生活报》（*Новая жизнь*）和《开端报》（*Начало*），由于较为激进，很快被查封。1907 年，革命浪潮落下帷幕，大约 130 家社会民主主义倾向的报刊停止出版。1912 年，出现了新的革命高潮，社会民主工党布尔什维克派创办群众性工人日报《真理报》（*Правда*，1912. 5. 5—1914. 7. 21），孟什维克派创办群众性工人日报《光线报》（*Луч*，1912. 9. 29—1914. 2. 5）。列宁说，《真理报》是“是第一只报春的燕子，预示着工人组织及各种工人报纸将要遍布全俄国”②。

到 1913 年，全国公开出版的报纸有 859 种，总发行量 270 万份。1914 年第一次世界大战爆发，沙皇统治的最后几年已经不能完全控制局势。各党派不断出版报刊，同时又不断被政府查封，这种拉锯战对各个政党来说已经习以为常。仅以列宁个人而言，他在 1900—1917 年间，参与创办秘密或公开出版的报刊就有 40 多种，多数只出版几期、十几期便被查封或更换名称再出版。正是在“放宽-收紧”政策的反复中，在各个政党势力的争夺中，俄国的

① 列宁全集：第 5 卷［M］. 2 版. 北京：人民出版社，1986：8.

② 列宁全集：第 22 卷［M］. 2 版. 北京：人民出版社，1990：73.

ПРАВДА
ЕЖЕДНЕВНАЯ РАБОЧАЯ ГАЗЕТА
Годъ изданія первый.
№ 1.
ЦѢНА 2 коп.
Открыта подписка на ежедневную рабочую газету
„ПРАВДА"
„ЗВѢЗДА"

1912 年《真理报》创刊号

ЛУЧЪ
РАБОЧАЯ ГАЗЕТА
№ 23.
Пятница 12 Октября 1912 г.
№ 23.
„ЛУЧЪ"
Требуйте „ЛУЧЪ" у всѣхъ газетчиковъ
Распространяйте нашу газету!
„НАША ЗАРЯ"
Кто сѣетъ вѣтеръ
Пушки да реформы
Забастовочное движеніе въ Россіи
ГОЛОСА ПЕЧАТИ

1912 年《光线报》第 23 号

新闻传播顽强地为自己的发展开辟着道路。

三、苏联新闻体制的形成和发展

二月革命结束了沙皇的专制统治。资产阶级临时政府于 4 月通过了出版法，规定各种政治派别都可以出版报刊。1917 年 2 月 28 日，《消息报》（*Известия*）创刊，初期为布尔什维克、孟什维克和社会革命党联合编辑。同年 3 月 5 日，《真理报》重新出版，并被确定为布尔什维克党的中央机关报。

十月革命后，建立了苏维埃政权，封闭了大资产阶级的商业报纸和直接对抗革命的报纸，多数小型商业报纸和众多党派报纸仍然自由出版，当时有商业报纸 226 家、政党报纸 235 家。《消息报》编辑部在十月革命后改组，由布尔什维克主持。国内战争中，原来与布尔什维克党共同执政的两个社会主义政党，即孟什维克党和社会革命党被宣布为非法，报刊也被查封。到 1918 年底，除了布尔什维克报刊外，其他报刊全部停刊。

列宁读《真理报》

列宁于 1918 年 3 月写作《苏维埃政权的当前任务》，设想实行取消商品交换的劳动公社的试验。他把当时社会的激励力量寄托于党和苏维埃的报刊，把报纸传播新闻的作用减少到十分之一，甚至百分之一，其他都用来树立模范公社的榜样和在报纸上建立“黑榜”，揭露坏人坏事，促进生产建设的发展。随后两年内连续发生白卫军的叛乱，全国总动员，这一设想很快以军事共产主义的形式得到实现。

为了指导当时复杂的经济工作，苏俄人民委员会创办了《经济生活报》（*Экономическая жизнь*，1918—1937）和《贫苦农民报》（*Беднота*，1918—1931），它们的基本任务分别是以指导城市经济工作、农村经济工作为主。列宁为指导这两家报纸，特别是前者，花费了相当的精力。

十月革命后，彼得格勒通讯社与苏维埃新闻局于1918年6月合并为国家中央通讯社俄罗斯电讯社，缩写简称“罗斯塔社”。

从1921年起，苏俄实行新经济政策，新出现400家民营出版社和民营报纸。列宁主张党报要刊登广告，尽可能自行解决经营问题。1922年4月2日，他打破党代会通过的决议不可改变的惯例，发言说：“按程序规定，决定通过以后，对该问题的任何干预都是不对的。我请大会给我四五分钟时间，以便对一项已通过的错误决定提出反对意见。……如果在我们面前真的是一个昨天才听说世界上有共产主义的12岁左右的天真的年轻小姐，她穿着洁白的连衣裙，系着红色绦带，说共产党员们是些十足的生意人——这固然可笑，但对此可以宽容地一笑了之。然而我们现在在郑重其事地干些什么呢？你们不准《真理报》刊登广告，它到哪里去拿钱呢？请问，为了使《真理报》不落后于《消息报》，它需要多少钱？你们不知道吗？那我也不知道！”① 大会按照列宁的意见，取消了这个决议。

1922年9月17日，苏俄第一家广播电台“莫斯科中央无线电话台”正式播音，同年11月7日，该台被命名为“共产国际广播电台”，后来转变为全苏广播电台。此后几年内，苏联（1922年12月，苏维埃社会主义共和国联盟成立）各大城市纷纷建立了广播电台。

1921年起，苏俄开始建设党领导下的报刊体系。除了党中央机关报《真理报》、苏维埃的《消息报》、经济工作的指导性报纸《经济生活报》和农村工作的指导性报纸《贫苦农民报》外，其他方面中央级的报刊陆续创办，例如工会报纸《劳动报》（*Труд*）于1921年创办，军队报纸《红星报》（*Красная звезда*）于1923年创办，妇女刊物《女工》（*Работница*）于1923年创办，党的理论刊物《布尔什维克》（*Большевик*，后改名《共产党人》）于1924年创办，《共青团真理报》（*Комсомольская правда*）于1925年创办。

---

① 列宁全集：第43卷［M］．2版．北京：人民出版社，1987：131.

1924年1月列宁逝世后，斯大林逐渐掌握了党和国家的领导权力。在斯大林领导下，苏联建立起从中央到基层的报刊体系，所有报刊和广播电台均由各级党委直接领导。

斯大林式新闻体制有如下特点：（1）取消市场经济的报刊管理方式，代之以计划经济的管理模式。列宁逝世后，新经济政策实际上无疾而终，党的机关报基本取消了广告。（2）以保密的名义实行新闻检查。承担这一任务的是1922年建立的“国家新闻保密局”，采用预检和事后检查两种方式。（3）新闻媒介的主要作用均是宣传鼓动和组织群众，以事实的政治意义作为选择报道与否的首要标准。（4）禁止外国报刊在苏联境内发行，建立干扰台，禁止公众收听外国电台的广播。

苏联报刊在1925年前后确立中央集权的管理体制后，发展迅速。至1928年，全国有报纸1 197种，总发行量940万份，形成了从中央到地方的金字塔结构的各级各类报纸的基本格局。到1940年，报纸增加到8 806种，这是苏联历史上报纸种数最高的年份，总发行量3 840万份。1925年7月10日，根据苏联部长会议的决定，在原罗斯塔社基础上，成立了塔斯社（TACC）。至1941年苏德战争爆发前，塔斯社已经成为世界性的通讯社之一。

原塔斯社现俄通社-塔斯社的社址

苏联的广播事业发展很快，到1928年，全国已有广播电台20座，收音机7万架；到1940年，广播电台超过100座，收音机110万架。苏联是世界上最早创办对外广播的国家之一，1929年10月首次播出德语节目。苏联从1927年起研制电视广播，1939年在莫斯科和列宁格勒开始经常性的电视节目播出。

苏联的大众媒介，一方面为社会主义建设做了大量的宣传鼓动工作，另一方面也成为斯大林排除异己、制造党内一系列政治运动陷害党的干部的舆论工具。

1941 年 6 月，德国法西斯对苏联的突然进攻中断了苏联各新闻媒介的正常发展，它们立即调整，转入应战状态。战争期间，电视台被破坏，苏联的中央级电台和部分地方电台迁往东部。全苏电台及时播出各种战报、信件和战地通讯。

尤里·列维坦

列维坦（1914—1983）

尤里·列维坦（Юрий Борисович Левитан）是苏联功勋播音员，他 17 岁进入全苏中央广播电台，直到 1983 年逝世，在话筒前面工作了 50 余年，形成了自己独特的播音风格。他的嗓音浑厚、语调庄重，人们称他的播音是“国家”的声音。在几十年间，有关苏联国家生活重大事件的新闻几乎都是由他广播的。第二次世界大战期间，列维坦的播音鼓舞了苏联人民，也使德国法西斯闻声胆寒。德国法西斯曾轰炸莫斯科电台，并悬赏 10 万马克擒拿列维坦。1945 年 5 月 9 日，列维坦在话筒前宣布了法西斯的灭亡。

苏联的新闻工作者们为战胜法西斯做出了巨大的牺牲，仅《消息报》就有 44 位记者牺牲，占全报社人数的五分之一。同时，战争也锻炼了记者，一批著名的记者在战地报道中成名，如波列伏依、西蒙诺夫；许多作家在当时也成为出色的战地记者，如肖洛霍夫。

战后苏联新闻业的恢复较快，1947 年报纸恢复到 7 163 种，发行量猛增到 8 800 万份。1983 年，报纸 8 273 种，一次总发行量达 1.7 亿份。20 世纪 80 年代初发行量最大的杂志是《女工》和《健康》，发行量均超过 1 000 万份。

1945 年 5 月 7 日苏联在欧洲最早恢复正常广播。到 1946 年，苏联的广播功率超过战前。苏联加大对外广播的投入，到 80 年代中期，已有 13 座对外广播电台，无论语种、时间、人员和功率，均居世界第一位。

1945 年 12 月，莫斯科电视中心在欧洲第一个恢复电视广播，1951 年正式建立中央电视台。战后，塔斯社的工作转入正常，50 年代每天用五种文字发稿，向 36 个国家派驻记者。1961 年 2 月，苏联开办第二个通讯社——新闻通讯社，主要负责对外宣传。

以1986年3月苏共二十七大为标志，苏联开始改革，新闻领域较早受到冲击。新闻媒介在自主权方面发生很大变化，信息量大增，报道面拓宽，批评性报道增多。揭露问题较多的报刊，发行量几十、上百倍地上升。

苏联的广播电视向来是没有批评报道的。1986年以后，广播电台和电视台开始全面参与批评性、问题性报道，试图解决人民普遍关心的迫切问题。例如对亚美尼亚大地震、多次民族冲突等都作了广泛、客观的报道。1989年夏天，中央电视台首次数天现场直播苏联人民代表大会，直播时间达95小时25分，两亿多人民收看了大会的主要过程。

1990年6月，苏联颁布新闻法。该法宣布取消新闻审查制度，社会团体和公民有权办报，但不允许垄断任何一种舆论工具，给予了新闻工作者更多的权利。但是，从原来的强控制到全面开放，步伐太快，法治管理无法跟上，传播中夹杂着许多不负责任的煽动、虚假和低俗的内容，社会观念转变过急，与过去形成强烈的对比，而经济基础并没有发生根本变化，于是造成社会的不稳定。

四、俄罗斯联邦的新闻传播业

1991年“八一九”事件后苏联在数月内解体，苏联最大的加盟共和国俄罗斯联邦共和国继承苏联在国际上的义务和债务。俄罗斯在总统叶利钦领导下向民主共和体制过渡，其传媒所有制结构呈现多元化。

2004年以后，通过国家控股、重组私营媒体、禁止外资控股电视业等措施，俄罗斯政府实际上恢复了对于媒体的主导。俄罗斯印刷媒介市场上近20％的全国出版物和约80％的地区出版物属于国家所有；国有电视台占有约50％的电视收视率和70％的广告市场。

俄罗斯的传媒主要存在三种所有制形式——国家媒介企业、私人媒介企业和私人与国家资本共同控制的混合所有制媒介企业。国家拥有的传媒可以得到直接的津贴，享受国家提供的一些优惠，例如转播广播电视信号的优惠价格、税务优惠、海关优惠等。这种不合理的竞争机制使得一些民营媒体想方设法与政府建立联系，已经享受优惠的媒体为了保持优势，也自觉地表现对当权者的顺从。

（一）报纸杂志

(1)《共青团真理报》创刊于1925年，苏联解体后保留原报名，由“共青团真理报”出版公司出版，2007年起隶属于“媒介-伙伴”集团，与共青团组织没有任何关系。《共青团真理报》原为社会政治大报，20世纪90年代转型为大众化小报，突出娱乐性，政治题材的内容只占很小篇幅，较为活泼的风格吸引了不少年轻人。《共青团真理报》从 1993 年起另出一份周报，周报发行量远远超过日报，达到 300 多万份，日报发行量 70 多万份。

ТЕЛЕ ПРОГРАММА
Босс и кадровый вопрос
Способы сохранить работу после 50
Любимая газета страны
КОМСОМОЛЬСКАЯ ПРАВДА!
Основана в мае 1925 года
ЕЖЕНЕДЕЛЬНИК
У отца была куча комплексов и проблем из-за внешности
Кто ты из гениев по знаку зодиака
Ученые установили: Перед смертью людям снятся одинаковые сны
Семью Маргариты Тереховой шантажирует сиделка
Держи пять! Нужно ли платить детям за оценки в школе
Пророчества автора «Человека-амфибии»
Александр Беляев предсказал мобильные телефоны, беспилотники и интернет
Пассия Петросяна страдает от вечерних «жоров»
Эксперт анализирует диеты знаменитостей

《共青团真理报》

МОСКВИЧИ СКОРО ЗАБУДУТ О КРАСЕ НОГТЕЙ И МОДНЫХ ПРИЧЕСКАХ
WWW.MK.RU
МК
6 апреля 2020
НЕ БАНКИ ДЛЯ ЛЮДЕЙ, А ЛЮДИ ДЛЯ БАНКОВ
ОПАСНО ЖИТЬ НЕ ЗАПРЕТИШЬ
ЧТО ОПАСНЕЕ КОРОНАВИРУСА?
МАССАЖ – ДА, МАНИКЮР – НЕТ
ПЕРЕБОЛЕЛ САМ? ПОМОГИ ДРУГОМУ

《莫斯科共青团员报》

（2）《莫斯科共青团员报》（*Московский комсомолец*，*МК*）创刊于 1919 年，现在是莫斯科地区发行量最大的报纸，大型社会政治日报，与共青团没有关系，读者也不限于青年。该报由“莫斯科共青团员”出版公司出版，20 世纪 90 年代中期在日报的基础上组建了“莫斯科共青团员”媒介集团。该报是对开大报，一周六刊，周日不出报，2009 年 10 月起彩色印刷。该报注重迎合读者，重点报道是大众文化、犯罪和体育新闻。

（3）《消息报》原是苏联最高苏维埃机关报，1992 年 11 月在私有化过程中编辑部组建“消息报”股份公司。该报一度属于天然气工业-媒介集团（Газпром-медиа），2008 年 5 月“民族媒介集团”从其手中购买了 50.19%的股份。该报是全国性日报，一周五刊，内容丰富，题材广泛。2005 年 2 月起，该报与美国《纽约时报》联合出版《消息报中的纽约时报》，随主报发送。2011 年 6 月，采用比对开小比四开大的 310mm×578mm 版面。

（4）《俄罗斯报》（*Российская газета*）创刊于 1990 年，日报，隶属俄罗斯联邦政府。由于拥有行政上的资源，该报得以全国发行，发行量不高。《俄罗斯报》一周出版五期，对开大报，黑白印刷。

苏联解体后的俄罗斯杂志虽然种数变化不大，但发行量大大减少。原苏共中央的理论刊物《共产党人》改为独立杂志，更名为《自由思想》，发行量从 90 万份减少到 2 万份。

（二）广播电视

俄罗斯的广播电台有很多。隶属于全俄国家广播电视公司（ВГТРК）的两套国营广播节目（俄罗斯广播台和灯塔台）覆盖全国。民营广播电台规模不一，有大台也有众多小台，在莫斯科较有影响的电台是“莫斯科回声台”。

俄罗斯的对外广播电台大大缩减，现在有“俄罗斯之声”台（Голос России），属于单独的“俄罗斯之声国家广播公司”，为国家所有。“俄罗斯之声”使用俄语和38种外语进行广播，每天广播时间为151小时，报道俄罗斯的经济、文化和科技消息，并有一些广告。

俄罗斯的电视台，主要有公营的俄罗斯国家电视台（Россия）、文化台、体育台（原来的TV-6），公私兼营的第一频道电视台（Первый канал）。民营电视台中，有影响的是“独立电视台”、“莲”电视台、第五频道电视台，以及首都地区的中心电视台（ТВЦ）。

俄罗斯国家电视台24小时滚动播出新闻节目

俄罗斯中心电视台新闻节目

（三）通讯社

1992年1月22日，塔斯社和苏联新闻社合并，成立“俄通社”。1月30日起，该社使用“俄通社-塔斯社”（ИТАР-ТАСС）的电头发稿，仍使用

“塔斯”的缩写和发音，为的是保住世界性通讯社的地位。1993年，俄罗斯政府宣布俄通社-塔斯社为国家通讯社。1994年，苏联新闻社又从俄通社中分离出来，改称俄罗斯新闻社（РИА-новости），也是国家通讯社，其地位与俄通社-俄塔社相同，是俄罗斯政府对外宣传的主要通讯社，侧重提供特稿和图片。

除了两个国营通讯社外，俄罗斯还有16家非国营的全国性通讯社和约30家地区性通讯社，以及一些媒介的信息部门（对外也称通讯社，有近300家）。民营通讯社中最著名的是国际文传电讯社（Интерфакс）。

（四）媒介集团

俄罗斯存在以下三种类型的媒介集团：

第一种是以行政方式组建的国家所有的媒介集团，其代表是全俄国家广播电视公司。这是国家单一制企业，享有国家津贴和政府提供的各种优惠，其任务是巩固统一的俄罗斯信息空间。该公司创建于1991年，目前旗下拥有多家全国性电视频道和80多家地方性广播电视公司。2004年，国家对ВГТРК的资金投入总量达到3亿美元，占拨付给传媒行业总资金的82.5%。[①] 国家对ВГТРК的投入不超过它总收入的30%。[②]

第二种是由工业集团或金融集团组建的媒介集团。由于有强大的资金支持，这类媒介集团通常涉及多个媒介门类，规模较大。天然气工业-媒介集团是欧洲最大的媒介集团之一，业务涉及所有传媒领域，还拥有电影制作公司、电影院、广告公司等企业。[③]

第三种是传媒自身通过商业化途径发展而来的，其中一些发展成了跨媒介集团，如“莫斯科共青团员”“论据与事实”“独立传媒”等媒介集团。它们先是通过市场化途径在报刊市场上积累了足够的资金，之后再向其他媒介领域扩张。

（五）网络媒体

2020年1月，俄罗斯网民规模为1.18亿，互联网普及率为81%。俄罗斯使用移动端上网的人数约1亿，占网民的87%。网民中84%的用户使用智能手机上网。[④] 虽然百分比较之于欧洲其他诸国略低，但俄罗斯人口基数庞

---

① Энциклопедия мировой индустрии СМИ. -М. 2006 г. с. 238.

② Средства массовой информации России. -М. 2011 г. с. 157.

③ 同①.

④ We Are Social. Digital 2020：The Russian Federation [EB/OL].（2020-01）[2020-09-28]. https：//datareportal. com/reports/digital-2020-russian-federation.

大，因而移动网络市场广阔。俄罗斯55%的民众每天或几乎每天都在互联网中阅读新闻。①

2020年1月，俄罗斯社交媒体用户规模为7 000万，占全国人口的48%。俄罗斯人日均使用社交媒体的时间为2小时26分。俄罗斯社交媒体的渗透率低于西欧诸国，未达到东欧社交媒体渗透率的平均水平（49%）。YouTube、VKontakte与WhatsApp居于俄罗斯用户最常使用的社交媒体平台前三名，其比例分别为87%、83%与69%。18～44岁年龄段人群构成了俄罗斯社交媒体用户群的绝大部分。

俄罗斯各年龄段人群中，女性社交媒体用户占女性总体的百分比均高于男性。最为明显的是35～44岁年龄段人群，女性社交媒体用户占女性总体的15.8%，而男性社交媒体用户则为11.6%。②

根据We Are Social发布的《俄罗斯联邦数字2020》，俄罗斯人最常浏览的10个网站包括Google.com、VK.com（В Контакте）、Youtube.com、Yandex.ru、Mail.ru、OK.ru、Avito.ru、Google.ru、Wikipedia.org和Sberbank.ru。③

作为俄罗斯本土媒体品牌，VK的被选择率值得关注。VK全名为VKontakte，来自俄语В Контакте，意思是“保持联系”。它由俄罗斯人帕维尔·杜洛夫于2006年创建，总部设在彼得堡，莫斯科和索契设有分部。目前是俄罗斯最大的社交网站，月活跃用户9 700万，使用89种语言。它提供信息处理、商业助手、商品支付、音乐等多种功能。

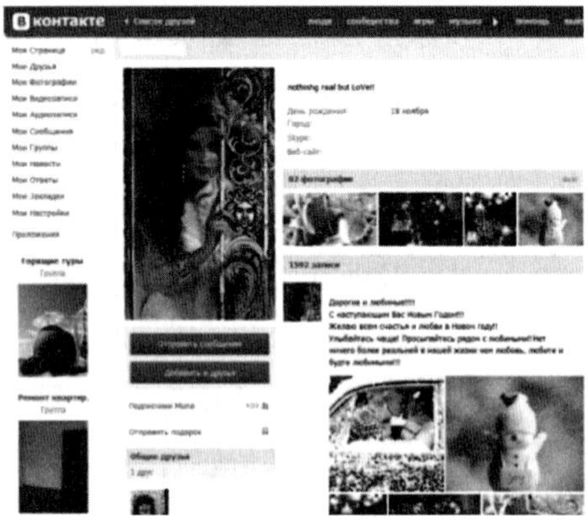

В Контакте 页面

该网站用户中，25～34岁年龄段人群居多，占31.7%，其次为18～24岁年龄段用户，占22%。据Statista报告称，2019年12月，该社交媒体的每日移动端用户为4 400万。④

① Statista. Please Tell, How Often Do You Read News on the Internet? [EB/OL]. (2020-04) [2020-09-28]. https://www.statista.com/statistics/1115981/online-news-consumption-frequency-in-russia/.

② We Are Social. Digital 2020: The Russian Federation [EB/OL]. (2020-01) [2020-09-28]. https://datareportal.com/reports/digital-2020-russian-federation.

③ 同②.

④ Statista. Age Distribution of Vkontakte (VK.com) Users in Russia as of November 2019 [EB/OL]. (2019-12) [2020-09-28]. https://www.statista.com/statistics/990462/vk-users-age-distribution-russia/.

小　结

本章是全书所花笔墨最多的一章，这不仅是因为欧洲地区的新闻传播业是全球新闻传播业的摇篮，发展水平总体最高，有较多重要的代表性国家，更是因为这一地区诞生了不同的新闻传播发展模式，并对世界其他地区产生了重大的影响。本章介绍了英国、法国、德国、意大利、西班牙、俄罗斯六国新闻传播业的发展情况，各有特色。读者可结合自己对国内国际新闻传播业的了解，思考欧洲一些重要国家的新闻传播发展路径对世界新闻传播的影响。

本章思考题

1. 简述欧洲国家新闻传播业发展的四个地区，以及它们各自的特征。
2. 简述现在欧洲新闻传播业的总体特点。
3. 简述英国广播电视公营以及后来公营、民营并行的体制对欧洲国家和世界的影响。
4. 简述英国新闻出版自由得以确立的历史进程。
5. 简述英国第二代、第三代大众化报纸的形成，以及它们各自的风格特征。
6. 简述《泰晤士报》的历史发展过程及其对世界报业发展的影响。
7. 简述英法两国新闻传播的历史发展模式，以及形成这两种发展模式的历史原因。
8. 简述决定法国现在新闻传播业格局的 1944 年“9・30”法令的主要内容。
9. 简述德国和意大利法西斯政权对新闻传播业实行法西斯化的过程。
10. 简述德国新闻传播业分散化的历史原因。
11. 简述意大利现代新闻传播业发展在发达国家中相对落后的原因。
12. 简述第二次世界大战后意大利从政党传媒时期转入完全商业化传媒时期的过程。
13. 简述西班牙新闻传播业历史发展的四个时期。
14. 简述俄国新闻传播业中央集权管理的文化传统。
15. 简述苏维埃俄国的新闻体制的确立。
16. 简述俄罗斯联邦新闻传播业的格局。

第三章

美洲新闻传播史

学习要点

1. 了解美洲西班牙语区、葡萄牙语区和英语区新闻传播发展的不同特点。

2. 了解美国新闻出版自由确立的过程、了解一些重要的新闻人和媒体的相关知识、了解21世纪以来美国新闻传播业在传播技术革命冲击下的变化。

3. 了解加拿大新闻传播业发展的历史，能通过传媒大鳄布莱克及其媒介帝国的兴衰沉浮理解加拿大的媒介垄断情况。

4. 以墨西哥为例，了解拉丁美洲西班牙语国家新闻传播业发展的历史，了解墨西哥电视公司的情况。

5. 以巴西为例，了解拉丁美洲葡萄牙语国家新闻传播业发展的历史，了解巴西环球集团的情况。

第一节 概 述

美洲（地理上以巴拿马运河为界，分为北美洲和南美洲）在欧洲殖民者到来之前，是处于原始社会和半原始社会的印第安人生活的地区，其中位于墨西哥中南部和尤卡坦半岛的阿兹特克文化、玛雅文化和位于秘鲁东北部的印加文化，是印第安人文明发展的顶点。前者出现了有系统的简单文字记载，甚至简单的口头新闻传播；后者尚没有发现文字，但是建筑符号的运用已经相当高超。15世纪末，随着哥伦布发现美洲，欧洲人陆续来到这块新大陆，直接将欧洲的文化（包括新闻传播文化）移植过来，从而使美洲（开始时主要是中、南美洲）成为世界上第二个现代新闻传播业的早期发展地区。美洲以语言的分布来划分，可以大体分为西班牙语区、葡萄牙语区和英语区，这也造成了美洲国家新闻传播的传统差异。

一、西班牙语和葡萄牙语区（即语言学上的拉丁美洲）

西班牙人 15 世纪末、葡萄牙人 16 世纪初来到美洲。现在拉丁美洲除了巴西，其他绝大多数国家（共 18 个）的通行语言是西班牙语，它们均为当年西班牙的殖民地。而南美洲最大的国家巴西（851 万平方千米），当年则是葡萄牙的殖民地，通行葡萄牙语。这两种语言均属于印欧语系拉丁语族，故墨西哥以南（含墨西哥）的美洲在语言划分的意义上被称为“拉丁美洲”。拉美的主要国家均是在 19 世纪初获得独立的。拉美新闻传播业的特点如下：

（一）报刊业发展缓慢

西班牙人和葡萄牙人作为商业民族，他们的本土并没有坚实的现代工业基础，除了通过全球贸易赚钱外，对于文化传播不大看重，也不鼓励（甚至限制）本国人移民到美洲。16 世纪和 17 世纪，仅在利马、墨西哥城分别出现过殖民当局“公报”性质的早期报刊。18 世纪初，西班牙统治下的各殖民地才较为普遍地出现现代报刊。而葡萄牙更是忽视创办报刊，只是由于偶然的原因，才使巴西在 19 世纪初出现现代报刊。尽管如此，拉美多数国家在 18 世纪初出现现代报刊，这在世界上也是相当早的。

然而，这些国家现代报刊的发展却极其缓慢。其原因，首先在于宗主国对新闻文化的忽视，各殖民地实行的专制制度也严重地阻碍了新闻业的发展；其次，由于宗主国不鼓励欧洲人移民，在这种历史背景下形成的拉美民族，新闻传播带有相当的原始传播特点，没有形成厚重的阅读传统；最后，各国独立后，由于缺少民主政治的训练，经常发生内战、军事政变，国家长期处于专制统治下，经济发展滞后。在这种情况下，政党繁多而杂乱，党报时期相当长久，报刊不是服务于民众对信息的需求，而是满足各政党宣传的需要；商业性新闻业真正得到大发展，尚是 20 世纪下半叶的事情。因而，在拉美国家，发行量 20 万份以上的综合性报纸就算是大报了。整个拉美日报的日发行量只占全世界的 3%，千人拥有报纸约 70 份。不过，拉美各国报刊的发展较为均衡，已经明显地呈现出商业性报刊高速发展的趋势。

（二）广播电视业发展相对迅速

适应拉美民族传统声像传播的广播和电视得到了快速发展。原始色彩的音乐和舞蹈，以及传统的狂欢节和对于现代足球的热衷，刺激了广播电视业的发展。拉美的收音机社会拥有量为平均每两人一台；电视机的家庭平均拥有率占三分之二以上。这在发展中国家属于水平较高的。这里还是世界第二大单种语言广播电视的视听市场（即西班牙语市场，共有 3.3 亿人）和最大的葡萄牙语视听市场（1.5 亿人）。墨西哥电视公司（Grupo Televisa，S. A. B，音译特莱维萨公司）、巴西环球集团分别垄断着西班牙语和葡萄牙语的跨国卫星电视市场，成为世界级的卫星电视媒介集团和这两种语言广播电视娱乐节目的最大输出集团。

（三）基本民营的新闻传播体制

拉美历史上被看作美国的后院，在新闻传播体制方面大多数国家效仿美国，报刊业完全民营，广播电视业基本民营。公营或国营的公共电视台仅限于教育台和文化台。公共服务性质的电视台也以民营的为主。“公共服务电视频道是基于与欧洲完全不同的概念之上，虽然拉美的这些频道不是由国家控制，但私有电视台被认为是完全服务于公众的。”①

鉴于历史和与美国地理上接近的原因，多数拉美国家媒介的新闻源主要是美国的两大通讯社（美联社和合众国际社）以及西班牙的埃菲社。巴西 19 世纪末与葡萄牙的关系疏远，加上葡萄牙的通讯社自身很小，对拉美影响微乎其微。

（四）代表性国家新闻传播业概述

秘鲁共和国位于南美洲西部，是原印第安人的印加帝国所在地，现在面积 128 万平方千米，人口 3 249 万（2019 年）。1532 年，西班牙殖民者征服了这里，秘鲁总督区成为南美殖民统治的中心和物资输出地。西班牙从 17 世纪开始在这里不定期发布官方公报。秘鲁第一份报纸为西班牙殖民政府 1715 年发布的《利马公报》（*Gazeta de Lima*）。② 1790 年 10 月 1 日，秘鲁出现第一家日报《利马日报》（*Diario de Lima*），它是拉丁美洲第一家定期出版的日报。③ 这一天也成为秘鲁的记者节。1821 年独立后，经常发生的军事政变和军人独裁，

DIARIO DE LIMA

DEL VIERNES 1. DE OCTUBRE DE 1790.

SANTO DEL DIA.

SAN REMIGIO OBISPO

AFECCIONES ASTONOMICAS DE' HOY.

Es el 12 de la Luna, menguante, que pasa por el Meridiano à las 6 h. y 14 min. de la mañana. El Sol sale à las 5 y 57 min. se oculta de estos Orizontes à las 6 y 3 min. de la tarde.

Tiene el dia 12 h. y 6 min. La noche 11 h. y 54 min.

EL EDITOR.

A sus muy amados Compatriotas.

Llegò en fin el dia tan deseado por Vmds. como de mi temido. Quando la dificultad de la empresa, y la cuidadosa atencion que exige su desempeño, no fueran poderosos motivos de desaliento, bastarian para apartarme del proyecto las obstinadas oposiciones, y fatales anuncios que se formaron del exito del Diario; yo aunque cierto de mi flaqueza, y de los pocos auxilios, que hasta ahora se presentan, debo seguir las maximas del Comerciante adeudado, que oprimido de Acreedores no se aparta de su giro esperando ser restituido à su antigua [illegible] esplendor.

《利马日报》1790 年创刊号

① 马赫兹．世界传播概览：媒体与新技术的挑战［M］．师淑云，程小林，郭春林，等译．北京：中国对外翻译出版公司，1999：282.

② Cornejo Quesada，Carlos. Las Gacetas y el Semanario Crítico en el Perú Colonial del Siglo XVIII［J］. Cultura，2012（26）：57－98.

③ El Diario de Lima：así fue el primer periódico del Perú y Latinoamérica［EB/OL］．［2020－09－28］．http：//rpp. pe/peru/historia/el-diario-de-lima-asi-fue-el-primer-periodico-del-peru-y-latinoamerica-noticia-999057? ns _ source = self&ns _ mchannel=portada. home&ns _ campaign=content. destacadas&ns _ linkname=.

使得新闻传播业的发展经常被打断，新闻出版自由和言论自由遭到严重破坏。直到 1980 年，特别是 2000 年以后，随着民主制度的回归和社会的稳定，新闻出版自由和言论自由逐步恢复，互联网传播技术迅速普及。2013 年，秘鲁出版报纸 125 种，官方公告性质的报纸是《秘鲁人报》（*EL Peruano*），其他均为民营报纸，代表性报纸为《商报》（*EL Comercio*）。秘鲁主要的广播电台是秘鲁节目电台、泛美广播、秘鲁国家电台。秘鲁的主流电视台为美洲台、泛美台、拉丁台。2015 年，官方的安第斯通讯社有 90 家分社。Peru21 是秘鲁政治和经济新闻的主要门户网站。

玻利维亚面积 109.8 万平方千米，人口 1 121 万（2018 年）。1538 年沦为西班牙殖民地，1825 年独立。1879—1883 年智利、玻利维亚和秘鲁之间发生“太平洋战争”，玻利维亚沿海省归属智利，因而该国成为南美最大的内陆国。该国一度内乱较多，1983 年 10 月恢复民主政体。该国的新闻政策属于自由主义，主要报纸如下：《每日新闻》（*El Diario*），创刊于 1904 年，玻利维亚至今出版的历史最悠久的报纸；《理性报》（*La Razon*），创刊于 1929 年的老报纸；《变革报》（*El Cambio*），创刊于 2009 年的唯一官方日报。2019 年 11 月 17 日，一家新报纸《玻利维亚报》（*Bolivia*）在拉巴斯出版，全国发行。该报发刊词表示：“本报旨在谋求本国的最大利益和民主原则、多元化和对国家政治宪法所规定的权利的尊重。”玻利维亚有广播电台 639 家；电视台 185 家，8 个频道覆盖全国范围；各类网站 1 778 个。

EL DIARIO

Expresidente perturba la paz de bolivianos

Lluvia inundó zonas en La Paz

玻利维亚《每日新闻》

阿根廷共和国位于南美洲东南部，面积 278 万平方千米，人口 4 537 万（2020 年）。1580 年西班牙人在这里建立永久殖民地，1776 年西班牙在布宜诺斯艾利斯设置拉普拉塔总督区。阿根廷第一家报纸是 1801 年 4 月 1 日在布宜诺斯艾利斯出版的《商业电讯报》（*Telégrafo Mercantil*）。阿根廷人民几经斗争，1853 年通过宪法，建立阿根廷联邦共和国，新闻出版自由成为宪法原则。此后 100 多年，经济危机经常导致军事政变和独裁统治，新闻出版自由受到践踏。20 世纪 80 年代民选政府上台，阿根廷社会从此走向开放，媒体重获自由。在拉美，阿根廷媒体的规模仅次于巴西、墨西哥。全国性报纸有 2 062 种，代表性日报为《号角报》（*Clarin*）、《民族报》（*La Nación*）和

《纪事报》（*El Cronista*）。《奥莱报》（*Olé*）是阿根廷最大的体育报纸。阿根廷民营米特雷广播电台（Radio Mitre，1925 创办）收听率全国第一。阿根廷的五大全国电视台为 11 台、13 台、2 台、9 台和国营 7 台。阿根廷有线电视用户和卫星电视用户数量均居拉美之首。美洲通讯社是阿根廷最大的通讯社。1999 年形成的号角集团（Grupo Clarín）是阿根廷最大的跨媒体集团。1996 年 3 月创办"号角在线"（Clarin. com）是西班牙语世界最大的新闻网站。

阿根廷《奥莱报》

古巴共和国地处加勒比海中部，面积约 11 万平方千米，人口 1 147 万（2020 年）。1959 年卡斯特罗、切·格瓦拉等率领游击队推翻巴蒂斯塔政权，建立社会主义制度。古巴共产党是古巴唯一合法的政党，马蒂思想与马列主义并列作为党的指导思想。古巴的代表性报纸是党的机关报《格拉玛报》（*Granma*）。古巴 1996 年 10 月宣布建立了互联网的连接。近年来，古巴的互联网政策有所放宽，互联网基础设施的发展也开始加速。至 2011 年底，古巴互联网普及率为每百人 23.2 个用户，以古巴国家域名 . cu 注册的网站为2 285 个。2013 年古巴开始使用连接古巴和委内瑞拉的海底光缆进行互联网通信。Cubaweb 是古巴信息的入口，Cubadebate 是古巴官方媒体的讨论网站。

巴拿马的巴拿马运河横穿该国，这是北、南美洲的分界线。它的面积只有 7.5 万平方千米，人口 424 万（2019 年）。1510 年，西班牙人在这里建立了第一个永久定居点。在西班牙统治的 300 多年里，巴拿马没有现代报纸。1820 年，巴拿马的第一份报纸是巴拿马人自己创办的《杂记》（*La Miscelánea*），这份报纸对 1821 年巴拿马脱离西班牙殖民统治产生了很大的影响。巴拿马的新闻政策与中南美洲其他国家基本一样，宪法很早就规定了新闻出版自由，但独立后国家在几个独裁者手里如同玩偶，新闻出版自由极其有限。直到 1989 年结束诺加列的独裁统治后，巴拿马进入民主政治阶段，走向较为完善的自由主义新闻政策。巴拿马有 6 家日报，代表性报纸是《星报》（*La Estrella de Panamá*，创刊于 1853 年）。还有 3 家商业电视台，大约 100 座广播电台。代表性网站有 Google Panamá，这是 Google 搜索引擎的巴拿马站点；encuentra24，这是巴拿马最大的分类广告网站；Linio Panamá，巴拿马最大的网上商店。Panama Guide 是巴拿马最大的英文网站。

与巴拿马曾经同属于大哥伦比亚共和国的哥伦比亚和委内瑞拉是南美洲

巴拿马《星报》的网站

较大的国家。哥伦比亚面积 114 万平方千米，人口 4 826 万（2020 年），1791 年出现首家报纸《波哥大市周报》（*Papel Periódico de la Ciudad de Santa Fé de Bogotá*）。[①] 取得独立后，国内长期深陷两党内战和游击战争的泥沼中，新闻传播业成为党派进行政治斗争的工具。现在《时代报》（*El Tiempo*）为哥伦比亚第一大报。其他比较重要的报纸还有《哥伦比亚人报》（*El Colombiano*）和《旁观者报》（*El Espectador*）。主要电视台是哥伦比亚 RCN 电视台。主要网站是 Terra Colombia，这是哥伦比亚的综合门户网站。

委内瑞拉面积 91 万平方千米，人口 3 222 万（2019 年）。1808 年 10 月 24 日出版的《加拉加斯公报》（*Gazeta de Caracas*）是委内瑞拉第一份定期出版物。委内瑞拉现在的新闻传播业已形成较为完备的规模，新闻传播业的相对发达与经济发展水平的相对落后，在其他国家不多见。委内瑞拉的新闻传播业 70%为民营，政府只拥有 5%的媒体，还有 25%的社区媒体。[②] 代表性报纸为《国家报》（*El Nacional*）、《环球报》（*El Universal*）和《世界报》（*El Mundo*）。2013 年马杜罗执政以来，新闻纸的供应不足甚至导致《国家报》等大报面临停刊。反对派将新闻纸的短缺归结为政府对新闻纸进口的外汇限制，认为这是政府变相阻碍民营媒体的发展。主要网站 Noticias24、ultimasnoticias，均属于《国家报》，分别是委内瑞拉最大的新闻网站和最新新闻网站；La Patilla 是委内瑞拉国际新闻网站。

---

① 李明水．世界新闻传播发展史：比较、分析与评判［M］. 2 版．台北：大华晚报社，1985：452.

② In Depth：Media in Venezuela［EB/OL］.［2020－07－28］．http：//www. bbc. com/news/world-latin-america-19368807.

中美洲小国哥斯达黎加是新闻传播业较为发达的国家。该国面积5.11万平方千米，人口494万（2019年）。1563年沦为西班牙殖民地，1821年独立。1948年内战后该国走上了比较稳定的民主政治之路。根据无国界记者组织2016年的报告，全球180个国家中哥斯达黎加新闻出版自由度居美洲第1位（高于美国），全球第6位。1833年1月4日，哥斯达黎加第一家报纸《世界新闻》（*Noticioso Universal*）创刊。1928年5月4日，哥斯达黎加创办TI-NRH电台，这是世界上第五个短波电台。1960年5月9日，哥斯达黎加电视7台创建，这是该国第一家电视台。1993年1月，哥斯达黎加在巴西、智利、墨西哥和阿根廷之后成为拉美地区第五个拥有互联网服务的国家。目前主要报纸是《民族报》（*La Nación*）和《共和国报》（*La República*）；各类广播电台129家；电视台9家，其中1家公营电视台。最大的电视台为民营电视6台（Repretel 6）。社交网络在哥斯达黎加的使用非常普及。

哥斯达黎加电视6台节目画面

（五）西班牙语区与葡萄牙语区的差异

西班牙语和葡萄牙语这两种语言虽然都属于印欧语系的拉丁语族，但由于西班牙和葡萄牙的政治历史传统多少有些差异，这对后来拉美各国新闻政策的确立和稳定无形中也产生了一定的影响。

西班牙历史上是个较为强大的帝国，对拉美殖民地的统治也较为专横，在各殖民地实行种族歧视政策的历史悠久，因而拉美各西班牙语国家的独立，大多是以革命暴力反抗殖民统治而实现的。原有的土著文化传统与自由主义政体的矛盾、殖民者造成的种族矛盾，以及本土当权者缺乏掌握政权的经验等原因，造成国内政治冲突和内战不断，国家长期处于动荡之中，其新闻政策不停地在专制主义与自由主义之间变动，严重阻碍了新闻业的正常发展。

1910—1917年的墨西哥民主革命，为拉美西班牙语国家树立了民主化的榜样，此后各国又经过几十年的内部斗争，才逐渐形成相对稳定的新闻出版自由政策。

巴西的原宗主国葡萄牙本身较为弱小，对它的控制相对松弛。由于葡萄牙内部的矛盾，巴西的独立是以和平过渡形式实现的，从帝国转变为共和国，实质上是皇帝让权。巴西先后宣布印第安人和黑人为自由人，是官方自上而下运动的结果，因而巴西历史上不存在明显的种族歧视。巴西的新闻出版自由政策是巴西帝国第一任皇帝恩准的，因而，虽然巴西现代新闻业的出现比西班牙语国家晚了一个世纪，但总体的发展水平却与它们差不多，甚至比墨西哥以外的拉美国家还要快些。

当然，这些差异总体上是不大的。在 20 世纪，拉美各主要国家在适应自由主义政体的过程中大多再次经历了军人政变（包括巴西），新闻传播业饱受军事独裁者的迫害。20 世纪七八十年代以后，又一次民主化潮流将拉美各国的军事独裁者纷纷拉下马，恢复了文官政府和新闻出版自由政策。拉美各国的新闻传播业主与当权者之间，存在着传统的利益联系；新闻工作者的职业技能和职业道德意识也有待提高。在这个意义上，拉美各国新闻出版自由实现的程度是有限的。进入 21 世纪后，拉美的多数国家，随着市场经济的深化，其自由主义新闻政策得到进一步完善，变化较为显著。

二、英语区

在墨西哥以北的美洲，1776 年美国建国；1867 年，英国将现在加拿大东、西部合并，建立加拿大自治领。于是，在北美大陆形成美国、加拿大这两个主要的英语国家（加拿大尚有 30%的人口操法语）。

Stabroek News
Firemen accused of looting Fly Jamaica plane on $100,000 bail
Irfaan Ali on 19 fraud charges over Pradoville Two
-SOCU cites alleged undervaluing of lands
NEXEN TIRE

2018 年 11 月 29 日的《斯塔布罗克新闻》

随着美国工业革命的迅速完成、自由主义新闻政策的确立，美国的新闻传播业快速发展，并影响到北部邻国加拿大的新闻传播业，以致恩格斯 1888 年考察美国时认为，加拿大必将被美国同化，“尽管会有抵抗，会有阻挡，但是灌注美国佬精神的经济必要性将会表现出来，并将消除这条可笑的边界线”①。后来加拿大形成了与美国多少有些不同的发

① 马克思恩格斯全集：第 37 卷［M］. 北京：人民出版社，1971：87.

展模式。不过，共同之处远大于不同之处，形成美洲英语区新闻传播的一些特点。

除了这两个国家，美洲大陆还有一个官方语言为英语的国家——圭亚那。该国21.5万平方千米，人口77.9万（2020年），印度裔人（占人口51%）和黑人（31%）比例较高。该国先后由荷兰和英国统治，1966年独立。该国第一份报纸是1796年由荷兰殖民者创办的英文/荷兰文《埃塞奎博和德梅拉拉皇家公报》（*Essequibo and Demerary Royal Gazette*）。1881年，英国殖民者创办官方《圭亚那纪事报》（*Guyana Chronicle*）。该国独立后经过一段伯纳姆总统的“合作社会主义”的曲折，1992年回到自由主义的新闻政策。现今，《圭亚那纪事报》作为政府的日报，仍然是主要报纸，其他报纸还有民营《凯厄图尔新闻》（*Kaieteur News*）和《斯塔布罗克新闻》（*Stabroek News*）。广播电视台除了公营NCN公司以外，还有4家民营广播电台和2家电视台。根据2020年12月的统计，该国社交媒体使用中居前四位的依次是Facebook（62.14%）、Pinterest（17.45%）、Twitter（12.74%）、YouTube（5.44%）。

（一）世界上第二个新闻传播业的发达区域

这个地区的报刊业后来居上，发展速度远远超过欧洲，美国的日报种数2011年为1 382份，仅次于印度（印度因为种族多、语言多，形成了日报种数世界第一的独特现象），加拿大的日报种数约有122份，这两个国家的日报发行量曾占世界日报发行量的近五分之一，但近年来由于网络媒体的影响，北美和西欧纸媒受到的冲击最大，发行量连年下降。再加上亚洲、拉丁美洲等新兴报业市场的兴起，发行量此消彼长，已经没有那么高了。但是考虑到这个地区互联网的普及率全球第一，很多人已经习惯于从网络上阅读报纸，不少报纸也顺应这个潮流，弃纸从网或者大力发展网络版，因此，单纯地看日报发行量已经不能说明什么问题了。美、加两国平均每个人就有两台收音机，平均一个人就拥有一台电视机。在美国，电子媒介的社会拥有量密度居世界第一位。在加拿大，其广电体制仿照英国，先是加拿大广播公司（CBC）一家垄断，后来很快与民营广电联营，20世纪形成公营与民营并行的广电体制。而在美国，广播电视出现后即为民营，并很快形成三大广播公司鼎立的垄断局面，21世纪后又形成四大广播公司竞争的局面。有线电视、卫星电视一出现，也均采用民营体制。一些非营利广播电视台联合建立的公共广播公司本身也是民营的。只有国营的对外广播电台是个例外。

（二）美、加新闻传播的文化差异

美国的新闻传播20世纪后领导世界新潮流，尽管其与加拿大同为资本主义国家，但美国新闻传播业的急速发展与加拿大新闻传播业的相对稳重发展还是有所不同。这两个国家获得发展的动力基础，在于大量欧洲移民在那里以新教伦理支撑的创业，他们来到这里的目的就是通过创业找寻新生活；另外，他们的自由精神也是保障新闻自由政策很快在新大陆确立的思想基础。但是，其中较激进的一派建立自己的新国家——美国，而另一部分较为保守的一派则败退到加拿大，这就奠定了两个国家最初发展的人的因素的差异。这种差异也影响到新闻传播业的发展。

20 世纪六七十年代，加拿大对于美国新闻传播文化的倾销开始采取措施适当抵制，于是出现文化冲突，加拿大从此注意到在世界上输出自己的形象。这种冲突至今尚存，但矛盾并非很大，两国的共同利益毕竟大于这种文化冲突。

三、美洲网络传播概况

在网络渗透率方面，2020 年北美地区网络渗透率为 88%，中美陆路地区为 66%，加勒比海地区为 60%，南美地区为 72%，相较 2019 年分别增长了 0.9%、1.5%、8.5%和 3.7%。目前北美还有 4 400 万民众尚未使用网络，中美陆路地区、加勒比海地区、南美地区的未使用人口数量分别为 6 000 万、1 700 万和 1.21 亿。在全球移动互联网连接速度最快的国家排名前十位里，美洲只有加拿大上榜，排在第四位；而在宽带连接速度最快的前十个国家中，美洲只有美国榜上有名，排在第九位。

在社交媒体使用方面，2020 年北美地区社交媒体使用人数占该地区人数的 69%，中美陆路地区、加勒比海地区、南美地区这一比例分别为 64%、51%和 67%，同去年相比分别增长 3.1%、6.8%、11%和 8.0%。此外，北美地区使用最多的通信软件为 Facebook Messenger，而除北美外的其他地区为 WhatsApp。①

在新闻来源方面，路透新闻研究所 2020 年的调查显示，在美洲所调查的巴西、阿根廷、智利、加拿大、美国、墨西哥，使用在线新闻来源的人占平均人口的 82.5%左右，使用社交媒体作为新闻来源的人占平均人口的 63.7%。而在对新闻的信任度方面，这几个国家相信新闻的人占平均人口的 37.7%，整体信任度较低，而对来源于社交媒体的新闻信任度则相对更低（占平均人口的 28%）。②

美洲的网络传播，呈现以下三个特点：网络渗透率整体增长、南北美洲

① HootSuite，We Are Social. Digital 2020 Global Digital Overview [EB/OL].（2020－07）[2020－09－26]. https：//wearesocial. com/digital-2020.

② Reuters Institute，University of Oxford. Interactive [EB/OL]. [2020－09－30]. http：//www. digitalnews-report. org/interactive/＃.

差异较大、北方的数字化程度相对较高。从对几个典型国家的分析当中可以看出，大部分民众倾向于将社交媒体作为主要新闻来源，但对于网络新闻尤其是来源于社交媒体的新闻，民众信任度普遍较低。此外，美洲民众在社交媒体的使用和对其信任方面，还存在着年龄与性别上的差异。

第二节　美国新闻传播史

美利坚合众国面积937万平方千米，人口约3.32亿（2020年）。美国的历史很短。1607年5月，104名英国人乘船跨越大西洋来到现在的美国弗吉尼亚州的詹姆斯敦，建立了英国在北美的第一个殖民定居点。给美国历史留下最早文字记录的是《五月花号公约》。1620年11月，五月花号（Mayflower）载着102名乘客，从英国普利茅斯港到达马萨诸塞州。上岸之前，41名成年男子在船上签订《五月花号公约》，该公约内容如下：

> 自愿结为一民众自治团体。为了使上述目的能得到更好地实施、维护和发展，将来不时依此而制定颁布的被认为是对这个殖民地全体人民都最适合、最方便的法律、法规、条令、宪章和公职，我们都保证遵守和服从。

这是美国精神的最早体现，即自治和法治。

1776年7月4日，大陆会议通过《独立宣言》，宣告对英国独立，这一天即美国独立日。宣言的主要起草人是托马斯·杰斐逊。宣言写道：

> 我们认为下述真理是不言而喻的：人人生而平等，造物主赋予他们若干不可让与的权利，其中包括生存权、自由权和追求幸福的权利。为了保障这些权利，人们才在他们中间建立政府，而政府的正当权利，则是经被统治者同意授予的。任何形式的政府一旦对这些目标的实现起破坏作用时，人民便有权予以更换或废除，以建立一个新的政府。

1787年各州代表参加的制宪会议通过美国宪法，建立联邦的权力机构，确立三权分立的原则。1791年12月宪法第1～10条修正案（统称“人权法案”）获得足够数量州的批准正式生效。

美国建国后发展迅速，不断向南、向西扩张。19世纪中叶，美国领土贯通大西洋与太平洋，基本形成了现在的版图。也是在这个时期，美国的南北战争最终确立了民主体制。

19世纪末美国开始了对外扩张。1898年，美西战争爆发，美国夺取了西班牙在海外的几乎所有领地。一战与二战，刺激了美国经济的发展。战后美国在政治、经济和军事方面的实力跃居全球第一位。

基督教新教的价值观，深刻影响着美国的政治、经济和道德，对于民主、自由和物质财富的追求都可以在新教中找到根基。美国人有着强烈的国家认同和民族自豪感。美国是由千千万万不爱自己祖国的人组成的国家，但他们都很爱美国。

美国历史上有三位总统相当程度上仰仗新型媒体而当选，媒体也因此获得声誉。1933 年，富兰克林·罗斯福通过广播电台的“炉边谈话”营造出总统与人民休戚与共的氛围。1960 年，肯尼迪在电视辩论中赢得公众的支持。2008 年，奥巴马利用 Twitter、Facebook、YouTube 等社会化媒体拉来选票。后来总统利用媒体的情形变得普遍了，例如特朗普使用 Twitter。

一、美国新闻传播业的发展特点

（一）美国新闻自由政策一气呵成

得益于没有传统的束缚，美国争取新闻出版自由的斗争经历了三次典型的事件之后，新闻出版自由便在法律上得到确立。

第一件：1735 年曾格事件。1733 年 11 月，《纽约周报》由于讽刺纽约州总督，出版商约翰·曾格被捕。在 1735 年 8 月的庭审中，律师汉密尔顿（A. Hamilton）论证了“谎言才构成诽谤”的原则，陪审团宣布曾格无罪。而按照英国的传统法律，凡是批评官员的，越是事实，越构成诽谤。理由是越是真实的批评，越会引起社会不安、破坏社会和平。“曾格事件”被认为是美国新闻出版自由观念的滥觞，并且推动了英国本土争取新闻出版自由的斗争。

第二件：1765—1766 年同仇敌忾抵制印花税和纸张税。1765 年 11 月，英国向北美殖民地报纸征收印花税。各报共同的座右铭是：“美洲所有英王陛下自由而忠诚国民的共同声音是：自由、财产和没有印花税。”[①] 印花税法案收不上税，维持不足半年，1766 年 3 月被废除。1767 年，北美人民又坚持抵制了英国征收纸张税，1770 年 3 月这项征税被废除。

第三件：1791 年批准美国宪法第一修正案。1791 年 12 月，包括第一修正案在内的 10 条宪法修正案正式生效。第一修正案全文是：“国会不得通过建立尊奉某一宗教，或禁止宗教自由之法律；不得废止言论与出版自由；或限制人民集会、请愿、诉愿之自由。”自此，美国的新闻出版自由从法律上得到了确立。

---

① 李明水．世界新闻传播发展史：比较、分析与评判［M］．2 版．台北：大华晚报社，1985：299．根据提供的英文原文重新译出。

镌刻于美国印第安纳州不来梅公共图书馆门前的美国宪法第一修正案

美国新闻出版自由的当代发展，主要表现在公众获知政府信息的“知晓权”方面。1967年和1977年，“情报自由法”“政府公开法案”先后在议会通过。前者规定各级政府部门的记录，如无特殊情况，应向任何公民开放；公民可就不理会或拒绝查阅政府资料的事实向法院起诉。1996年通过该法的修正案，要求适用于政府纸质文件的标准适用于电子档案。众议院402∶0通过，参议院以呼声通过。后者规定政府各部门属于讨论性质的会议向社会公开，各部门首长确定不能公开的秘密议会要征得该部门首席法律官员的同意才具有法律效力；公民认为某秘密会议应当公开者，可向法院投诉。

到2000年，发达国家均通过了信息公开的国家法律；进入21世纪，很多发展中国家也通过了全国性的信息公开法律，如印度、巴拿马等。

（二）美国是从党报时期转变到商报时期的典型国家

1775年独立战争爆发，围绕着对于宗主国的态度和建国后的治国方略，美国的报纸形成不同的政治立场，因而报业进入政党报刊时期。

1872年，《纽约论坛报》的创办者霍拉斯·格里利（H. Greeley）发表《独立报业宣言》，他说：“自今以后，我将努力使本报成为一份完全独立的报纸。”这被认为是美国党报时期结束的标志。因为国家的政治体制问题已经基本确立，人们的热情开始由政治转向了经济。与欧洲一些国家党报与商业报纸长期并存的局面不同，1833年第一份成功的美分报《太阳报》诞生之后，美国廉价大众报刊大发展，各党派的机关报认识到这种发展趋势，均主动停刊。

（三）美国新闻传播业20世纪初统领世界新潮流

19世纪末，美国的报业发展已与英国比肩，位于世界前列。美国出现了可与《泰晤士报》匹敌的权威报纸《纽约时报》和与英国北岩报团匹敌的斯克利普斯报团。

19 世纪末，美国发生的黄色新闻潮对于世界新闻业形成了至今深远的影响，然而这股“潮”在美国不久就被遏制。

广播最早是在美国诞生的。由于当时技术上频道有限，于是美国 1934 年的《通信法案》规定：美国领空的所有频道永远属于全体国民；频道的使用首先考虑公共利益；频道使用权的授予，通行便利与需要的原则。由政府、社会名流、传媒代表组成的联邦通信委员会（FCC），依法协调频道的有限与和新闻自由的矛盾。这一措施对于世界广播电视业的发展影响很大。20 世纪末，由于传播技术解决了频道有限的问题，1996 年美国通过了新法案《电信法案》以体现“放松管制”原则，又一次影响世界，一时间非传媒业的大型企业集团规模化地兼并著名的传媒，成为全球的看点。

（四）美国与欧洲国家的不同点

美国的黄色新闻潮退去后，庸俗报纸的风格基本被摒弃，以《纽约时报》为代表的高级报纸风格主导传媒市场，拥有声誉并获得利润。因此，黄色新闻的出产地很少能看到它的痕迹，《纽约邮报》是个例外。这是近年默多克接手后的改观，而非历史的延续。美国报纸的风格不像一些欧洲国家，呈现清晰的两级（高级报纸与大众化报纸）格局。

美国民营广播电视占据主导地位；而欧洲广电则是公营、民营并行体制。

（五）美国媒体的历史特征

美国新闻传播业始终是新闻出版自由最积极的争取者与捍卫者，“新闻的通路与这个国家一道成长”。

19 世纪中叶以后，美国的新闻传播业始终坚持政治独立、经济自立、报道中立等原则，传媒不属于政党与政府，依靠商业经营的模式实现财政独立，由此逐渐提出客观、平衡、中立等报道理念，成为社会中一种较为独立的舆论力量。当然，这不排除媒体本身带有自己的观点。

美国主流媒体坚持形式上扮演“第四权力”的角色。理论上，一个自治的民主社会，重要的公共问题由公民自己决定，而理性的选择依赖于公民获得确凿真实的信息，依赖于公民就相关的问题进行自由而公开的讨论，信息与讨论的平台的提供者应该是传媒。①

---

① 张金玺，赵刚．译序：法律维度下的自由［M］//彭伯．大众传播法：第 13 版．张金玺，赵刚，译．北京：中国人民大学出版社，2005.

二、美国新闻传播业的发展历程

（一）美国早期的现代报刊业

1690年9月，印刷商本杰明·哈里斯在波士顿创办《国内外公共事件》月报，这是北美殖民地第一份有期号的报纸，只出版一期就被州总督以“未经许可不得发行”为由禁止。所以1704年4月24日创刊的周报《波士顿新闻信札》（*The Boston News-Letter*），被视为美国第一张报纸，创办人是该地邮政局局长坎贝尔（J. Compbell）。该报内容和形式仿照《伦敦公报》。

PUBLICK OCCURRENCES
The Boston News-Letter

1690年《国内外公共事件》和1704年《波士顿新闻信札》

报纸出现30多年后，即1741年1月，美国才出现第一家杂志《美洲杂志》（*American Magazine*），副标题是“英国殖民地政治状况每月观察”。当时美国人没有阅读杂志的习惯。

1783年5月30日，原来三日刊的《宾夕法尼亚晚邮报》（*Pennsylvania Evening Post*）改为日报，是为美国第一家日报。

（二）美国的政党报刊时期

1775年美国独立战争爆发后，几乎所有报纸立即划分为“爱国”与“效忠”两派。美国建国后面临着决定国家未来政治体制的诸多问题，争论中形成联邦派和民主共和派，激昂的政治热情使得美国报刊包括商业报刊大多卷入了各种政治、社会问题的论战，形成新的报刊两大派别。两派的报纸编辑从政治论战发展到人身攻击，甚至街头对骂和殴斗，报道亦无真实可言。19世纪30年代形成民主党和共和党，两党各有机关报。但时间不长，这些报纸均自动停刊，因为商业化的美分报兴起，党报没有读者了。

（三）商业报刊时期的传媒发展

19世纪中叶起，美国各大港口和商业中心城市都有了日报。随着印刷技术的多次改进，印刷成本从19世纪30年代起也大大下降。19世纪30—50年代纽约四家成功的美分报的创办和竞争，是美国大众报刊初期的主要事件。

1833年9月3日，本杰明·戴（B. Day）创办的《太阳报》（*The Sun*）是首家成功的美分报。该报出版四个月就成为美国发行量最大的报纸。1868年原《纽约每日论坛报》的副主编查尔斯·德纳（Charles Dana）买下该报。1871年巴黎公社失败后，该报发表了马克思写给德纳的信件，该信揭露了马克思的三个女儿和女婿拉法格在法国波尔多遭到法国当局刁难的事实。马克思的署名是“您的老朋友”①。1879年8月德纳曾到伦敦拜访马克思，但马克思恰在外地疗养，他留下一张名片。

1835年5月6日，贝奈特（J. Bennet）创办《纽约先驱报》（*The New York Herald*）。1846年，《先驱报》最先向欧洲发行海外版。马克思在1862年谈到该报的“操纵意识”时说：“‘先驱报’的业主和主编、臭名远扬的贝奈特，以前曾经通过他的驻华盛顿的‘特别代表’，alias〔或者叫做〕通讯员，操纵皮尔斯政府和布坎南政府。在林肯政府下，他又企图用一种迂回的方法来取得这种地位。”②

THE SUN.

PUBLISHED DAILY.

《太阳报》创刊号

1841年4月10日，格里利创办《纽约每日论坛报》（*New York Daily Tribune*）。该报不详尽报道犯罪新闻，拒绝不道德的广告，对社会下层表现出同情。马克思1851—1862年持续12年为该报撰稿，他和恩格斯（以马克思

① 马克思恩格斯全集：第17卷［M］. 北京：人民出版社，1963：433.

② 马克思恩格斯全集：第15卷［M］. 北京：人民出版社，1963：508.

的名义）写了500多篇通讯（实际发表465篇）。1860年马克思说："这是美国第一流的英文报纸，拥有20万订户。"①

1851年9月18日，亨利·雷蒙德（H. Raymond）创办《纽约每日时报》（*The New York Daily Times*），1857年报名去掉"每日"（Daily）一词。1864年雷蒙德成为共和党领袖，但该报不是党报。

（四）南北战争时期新闻"倒金字塔结构"的出现

1846年5月13日，《巴尔的摩太阳报》（*The Baltimore Sun*）首次使用电报传递新闻，发出了美国总统向墨西哥宣战的消息。19世纪60年代美国南北战争期间，记者使用简易发报机已经较为普遍。许多报纸派出了自己的随军记者，《纽约先驱报》最多，有三四十人，《纽约论坛报》和《纽约时报》也各有20多人。当时的记者随军，没有非战斗人员的特殊身份。由于电报通信设备很不完善，经常发生故障，报纸的主编要求记者们发回的消息，第一句把最重要的事实讲出来，后面的叙述顺序也要按照重要的程度安排，这样即使发生紧急情况，只要发回第一句话，新闻也是完整的。于是，无形中诞生了"倒金字塔"式的消息写作结构。这一写作结构对世界其他国家新闻写作的影响颇大。

（五）19世纪末美国的黄色新闻潮和高级报纸传统的形成

19世纪80年代是美国日报数量增长最快的10年，日报约有1 500种，这是一个几乎与当今美国日报总数持平的数字，但那时的人口总数仅有现在的1/3。此时，一种带有创新性质的更加大众化的报纸出现。

1883年5月10日，约瑟夫·普利策（J. Pulitzer）将接手的《世界报》（*The World*）改换面貌出版。由于他善于制造热点新闻，采用耸动的标题和较多的新闻图片，报纸发行量从1.5万份飙升至6万份。第二年他创办《星期日世界报》，发行量10万份；1887年再办《世界晚报》，发行量25万份。《星期日世界报》彩色漫画专栏"木泥屋巷"的主人公——一个光头、无齿、穿着黄色睡衣的小男孩，一时家喻户晓。

普利策的竞争者威廉姆·赫斯特（W. Hearst）1895年购买《纽约新闻报》（*New York Journal*），借鉴《世界报》的经验，将该报的一些新闻手法进一步发挥（例如滥用图片，甚至伪造图片；捏造新闻，侈谈科学以迷惑读者；对于被压迫者和弱者表示虚伪同情），用重金挖走了《星期日世界报》的整个编辑部，"黄孩子"也被照搬到了《纽约新闻报》。普利策重新组织编辑

---

① 马克思恩格斯全集：第19卷［M］. 2版. 北京：人民出版社，2006：354.

部出版星期日版，并请另一位画家继续创造黄孩子漫画。

当时的《太阳报》老板德纳引证旁人的话，称这两家报纸为“黄色报纸”。以后，它们所特有的那种类型的煽情新闻，被称为“黄色新闻”。1896—1898年，美国与西班牙之间发生一系列冲突，最后爆发美西战争。一些新闻史学家认为，这场战争相当程度上是由《纽约新闻报》《世界报》和其他黄色报纸一再鼓吹战争、制造一系列挑动美国人反西情绪的事件而引发的。

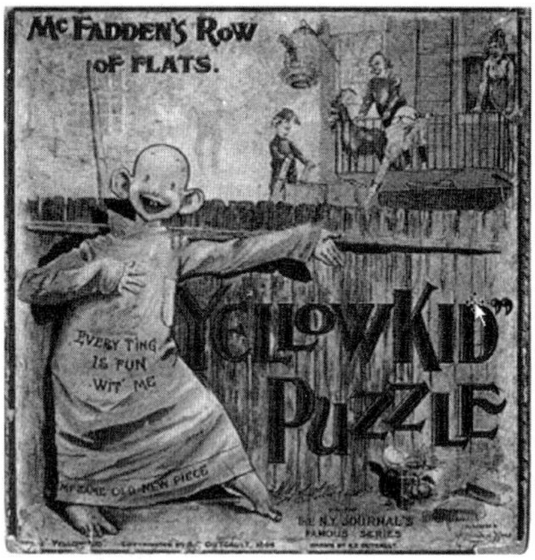

黄色“新闻潮”的标识黄孩子

在对抗黄色新闻潮中，美国高级报纸的传统逐渐形成。1896年，阿道夫·奥克斯（Adolph Ochs）获得《纽约时报》的经营权。他针对黄色新闻潮，从1896年10月5日起，每天报纸的左上角均刊登一句话：“本报所有新闻都是值得刊载的。”（All the news that's fit to print）报纸刊出广告词：“本报不会玷污早饭的餐巾。”该报独家国际新闻较多，内容充实可靠，受到各方面的信任。同时报纸多次拒绝接受政府和政党的赞助，树立了独立、公正的形象。1912年《纽约时报》在总编辑范安达（Van Anda）的组织下，成功地连续报道了泰坦尼克号冰海沉船的新闻，为该报赢得良好声誉。至今该报的走廊里还刻着当年奥克斯的报训：“公正地报道新闻，不畏惧或不偏私，不卷入任何政党、派别和利益之中。”

《纽约时报》高级报纸传统的缔造者阿道夫·奥克斯（1858—1935）

1908年11月25日，87岁的玛丽·贝克·艾迪夫人（Mary Baker Eddy）在波士顿创办《基督教科学箴言报》（*The Christian Science Monitor*）。该报追随《纽约时报》开创的严肃报纸传统，每天报纸左上角刊登有一句话：“不伤害人，而祝福全人类。”（To injure no man，but to bless all mankind）

（六）美国报团的形成和发展

1890年前后，爱德华·斯克利普斯（E. W. Scripps）通过收购报纸而形成美国第一个报团斯克利普斯公司（E. W. Scripps Company）。20世纪30年代，该报团进军广播业，逐渐发展成为综合性的传媒集团。2007年该公司拆分出另一个公司，名为斯克利普斯网络互动公司（Scripps Networks Interactive），主营五个有线电视网络和两个购物网站。拆分后的斯克利普斯公司拥有14家报纸和19家电视台，报纸收入占集团收入的一半。

到20世纪中后期，美国中等规模以上的报团大约有160家。现在美国和世界上较有名气或曾经有过名气的媒介集团，还可以举出以下几家：

（1）甘尼特公司（Gannett Co.，Inc.）。成立于1906年，曾是美国发行量最大的报业集团，也是报业收入占比重最大的报业集团，曾拥有82份日报，另有600种期刊。此外，还有23家电视台，用户数超过2 000万。1982年该集团创办美国第一家全国性日报《今日美国》。

（2）论坛报公司（Tribune Company）。该公司旗下拥有《洛杉矶时报》《芝加哥论坛报》《巴尔的摩太阳报》等10家日报以及23家电视台。该集团旗下报纸的总发行量达200多万份，在发行上是美国第三大报业集团。2008年12月8日，该公司向特拉华州威尔明顿的美国破产法庭申请破产保护，成为首个申请破产保护的大规模报业集团。

（3）赫斯特公司（Hearst Corporation）。形成于19世纪末黄色新闻潮时期，现任董事会主席已经是赫斯特的孙子威廉·兰道夫·赫斯特三世（William Randolph Hearst Ⅲ）。公司业务涉及杂志、报纸、广播、娱乐和互动媒体、商业媒体、房地产等六大领域。

（4）奈特-里德报团（Knight-Ridder）。该公司由奈特报业公司和里德出版公司于1974年合并而成，曾拥有包括《费城问讯报》《圣荷塞信使报》在内的32家日报和11家电台电视台。该报团曾84次获得美国报业的最高荣誉——普利策奖，但长期股票表现低迷，让股东们失去了耐心。2006年3月13日，麦克拉奇公司宣布以65亿美元的价格整体收购奈特-里德报团。

（5）前进出版公司（Advance Publications）。该公司由萨缪尔·纽豪斯（S. Newhouse）创建于1922年，2009年它在福布斯全美私人企业排名中排第46位。公司下最引人注目的是康泰纳仕出版集团，它是杂志行业的领跑者，曾在全球25个市场拥有125本杂志。

（七）美国通讯社的诞生

19世纪中叶世界的主要新闻源在欧洲，而美国得到欧洲新闻只能依赖横渡大西洋的邮船。美分报出现以后，对新闻的需求量激增，于是开始出现向报纸提供新闻的通讯社性质的工作。1836年，克雷格（D. Craig）在波士顿首先开展这项业务，他乘船出海迎邮船，取得新闻后用信鸽传送到陆地上。1848年5月，纽约6家报纸（《纽约时报》1851年创刊时即加入）合作，在邮船进入大陆河口之地哈利法克斯，租了一条快艇迎邮船，以尽快取得欧洲的新闻。1858年形成纽约联合新闻社，仅有一名专职工作人员。这类通讯社的雏形，美国各地有不少，大都叫联合新闻社（Associated Press）。在各地的联合新闻社中，芝加哥的西部联合新闻社较有影响。1893年，建立伊利诺斯联合新闻社，向全国700多家报纸发稿。1900年经联邦最高法院判决，伊利诺斯联合新闻社总部迁往纽约与那里的联合新闻社共同改组为现在的美联社（The Associated Press）。

另外还有一些通讯社，较大的如合众新闻社（The United Press Association）和国际新闻社（The International News Service）。前者1907年由爱德华·斯克利普斯将三家通讯社合并而成；后者由赫斯特1909年创办。

（八）美国广播电视业的诞生与发展

在美国报刊业突飞猛进地发展之际，美国的广播业也迅速发展起来。1920年11月2日播音的匹兹堡KDKA广播电台，被视为美国第一家电台，该台为美国西屋电器公司（Westinghouse Electric Corp.）所设，至今仍在播音。

KDKA 广播电台

1926年11月，戴维·萨诺夫（D. Sarnoff）在纽约创建美国全国广播公司（National Broadcasting Company，NBC），第二年建成以WEAF电台为旗舰的红色网和以WJZ电台为旗舰的蓝色网。1927年9月，纽约16家电台建立联播网，第二年9月在该网财政危机之时被威廉·佩利（W. Paley）接管，改名哥伦比亚广播公司（Columbia Broadcasting System，CBS）。根据反托拉斯法案，最高法院裁决NBC出售其两个广播网之一——蓝色广播网，诺布尔（E. Noble）以800万美元购得该网，于1945年4月建立美国广播公司（American Broadcasting Company，ABC）。

至此，美国广播电视业形成了NBC、CBS和ABC这三大广播公司鼎立的局面，直至20世纪80年代默多克新闻集团的福克斯广播公司（FOX）出现。

1934年，美国议会通过了《通信法案》，依法成立联邦通信委员会

(FCC)。该委员会以各方协商的方式颁发许可证，保证频道使用符合公共利益。

美国1930年进行了成功的电视试验播出。1939年4月30日，NBC电视转播了世界博览会的场面，并由此开始每日定时的电视节目播出。1941年5月2日，FCC向10家电视台颁发执照，美国电视业正式起步。

二战期间，美国开办了迄今唯一直接由政府控制的广播电台——美国之音（VOA），负责对外广播。在反法西斯的背景下，1942年2月24日，美国之音以德语首次对外播音，后来陆续增加到44种语言（1996年）。二战后的“冷战”期间，它曾是反共的主要宣传机构之一。VOA现在由联邦政府国际广播局（Broadcasting Board of Governors）负责运营。

1967年11月，美国《公共广播法》生效。第二年3月，根据这一法律建立公共广播公司（CPB），这是全国性非营利的民营公共广播电视管理机构。

1972年11月，美国首家有线电视网家庭影院网（HBO）开播。1980年6月1日泰德·特纳（Ted Turner）创办美国有线新闻网（Cable News Network，CNN），首创24小时滚动播出的电视新闻频道。1990年柏林墙倒塌事件和1991年第一次伊拉克战争，CNN的连续直播使得它在国际事件中名声大振。

1996年，微软与NBC合作开播新闻频道MSNBC，FOX电视网随后也推出FOX新闻频道，CNN在新闻频道领域独家垄断的局面被打破。

随着传播新技术的发展，1934年《通信法案》的一些限制已经不利于传播业整体的发展。1996年美国议会通过了《电信法案》，取消一个公司对全国范围内广播电视所有权的限制，允许电话公司和有线电视台之间相互进入，但一家电视公司的全国电视受众覆盖率不得超过35％（2003年这个限额提升到不得超过45％）。参众两院均以少有的绝对多数票通过该法案。新法案随即引发了对美国广播电视业前所未有的兼并浪潮。

2007年，美国所有电视机完成了数字化转型。

三、美国新闻传播业目前的格局

（一）综合性传媒集团

美国的媒介集团最初是报团，现存的老牌报团大多已变为以报刊为主业的包括其他新型媒介形态的综合性集团。以下是较新的代表性综合传媒集团：

1. 华纳媒体公司（Warner Media）

华纳媒体公司前身是时代华纳公司，时代公司、华纳兄弟公司1989年3月合并为时代华纳公司，1995年再与特纳广播公司（CNN在其麾下）合并，2000年再与美国在线合并，成为当时美国和世界第一大媒介集团。此后，公司经历了一系列的动荡与拆分重组。2014 年将时代公司拆分了出去，但仍保留时代华纳的名称。2018 年，AT&T 完成对时代华纳的收购，更名为“华纳媒体”。

2016 年 8 月 15 日所摄的 CNN 总部内部

2. 迪士尼公司（The Walt Disney Company）

该公司起家于 1923 年的“迪士尼兄弟动画工作室”，1928 年凭借“米老鼠”打开市场，1995 年收购 ABC。该公司除了几家著名的动画制作公司外，还因为 ABC 而拥有 11 家电视台和 228 家附属电视台。

3. 新闻集团（News Group）

默多克的美国新闻集团拥有 FOX 公司、哈珀-柯林斯公司、三角出版公司、直播电视公司、《纽约邮报》和《华尔街日报》等重要传媒和传播公司，以及其他一些电影公司、电视台、报刊、出版公司和音乐公司。

4. 维亚康姆公司（Viacom）

萨默·雷石东（Sumner Redstone）拥有的这个公司主要经营 MTV 和一个儿童频道。1994 年，该公司收购派拉蒙电影制作公司，1999 年收购 CBS。2005 年，该公司拆分为两家上市公司即维亚康姆公司和 CBS 公司，后者主营广播电视业。

（二）报纸

截至 2011 年，美国有日报 1 382 种，周报和其他专业性报纸近万种。美国是世界上报业最发达的国家之一。下面叙述的是不仅在美国而且在世界上也较为闻名的美国报纸。

1.《纽约时报》

该报自 1896 年奥克斯主持工作以后成为美国第一大报。1935 年奥克斯逝世后报纸由奥克斯的女婿苏兹贝格（A. H. Suzberger）经营。目前时报公司的董事会主席是奥克斯的曾外孙小阿瑟·奥克斯·苏兹贝格。公司旗下有《纽约时报》《国际先驱论坛报》《波士顿环球报》等知名报纸。小阿瑟重视报纸的数字化发展，在报网互动、网络信息付费、开发数字产品和利用社交网络为品牌服务。2007年公司离开位于时报广场（时代广场应是误译）的旧楼，搬入位于第八大道650号的52层摩天大楼。

2011年3月，《纽约时报》的网站开始向用户收费，建立收费墙（paywall）制度。《纽约时报》的主要收入来源历史上第一次从广告主变成了订户。2020年9月，该报数字订阅量达到606.3万，居世界第一位。

如今的纽约时报大楼

2.《华盛顿邮报》(*Washington Post*)

该报是在美国首都发行的报纸，被视为美国第二大报，1877年由哈钦斯（Stilson Hutchins）创办。1933年该报第四任老板迈耶（E. Meyer）接手时只有5万份发行量。1946年，报纸由迈耶的女婿格雷厄姆（P. Graham）任发行人。1963年格雷厄姆因精神分裂症自杀，其妻凯瑟琳（Katharine Graham）接手主持报纸工作。1972年该报的两名记者伍德沃德和伯恩斯坦追踪报道“水门事件”，最终导致总统尼克松的辞职。此事使该报名声大振。1979年，唐纳德·格雷厄姆（Donald E. Graham）从母亲那里接手掌管报纸。2013年3月《华盛顿邮报》效仿《纽约时报》，建立网上阅读的“收费墙”。2013年8月，网络购物公司亚马逊创始人杰夫·贝索斯以2.5亿美元现金收购《华盛顿邮报》。2020年11月，该报数字订阅量达到300万，居世界第二位。

3.《洛杉矶时报》(*Los Angeles Times*)

该报是美国西部的主要报纸，1881年12月4日由托马斯·加德和内森·科尔创办，1882年8月转手奥蒂斯（H. Otis）。1917年奥蒂斯逝世后由他的女婿哈利·钱德勒（H. Chandler）接手该报。1922年，该报首创报纸经营广播电台。1960年钱德勒三世使该报成为世界上最胖（指报纸的开本）最重（指报纸的版数）的报纸。2000年3月，芝加哥的论坛报公司以81亿美元并购该报的母公司时报镜报集团，新的老板又使得该报“瘦身”，但保持了美国西海岸的文化特色。2018年6月18日，美籍华人黄馨祥以5亿美元的价格收购了《洛杉矶时报》。

4.《今日美国》(*USA Today*)

1982 年 9 月 15 日，甘尼特报团第三任董事长艾尔·纽哈斯（Al. Neuharth）创办了这一唯一全国发行的报纸。该报以天蓝为主色彩色印刷，以大图片加短文章向电视新闻靠拢，长期居美国报纸发行量首位，近七成零售。

5.《华尔街日报》(*The Wall Street Journal*)

该报是道琼斯公司创办的一份财经专业报刊，创刊于 1889 年。从 1940 年起，该报发展为以金融新闻为主的综合性报纸。2007 年，默多克以 56 亿美元收购道琼斯公司，从而将《华尔街日报》收入囊中。该报拥有全球最大、最为成功的付费新闻网站。《华尔街日报》的发行量与《今日美国》相当，是美国发行量最大的报纸之一。2020 年 9 月，该报数字订阅量达到 235.4 万，居世界第三位。

Johnson leaves mentor in his dust
USA TODAY
Disney's modern fairy tale
Newsline
Musharraf to leave army
Pakistani president plans to continue rule as civilian, 8A
Taliban fighters escalate attacks
Shift in Afghan tactics concerns U.S. officials
College-bound GIs get extra help
Big philanthropists kick in to fill gaps in financial aid
In hours before last execution, a frenzied legal fight

《今日美国》

THE WALL STREET JOURNAL.
What's News
Senate Opens Historic Trial Of President
Facebook Drops Plans for WhatsApp Ads
Bloomberg's Huge Spending Transforms 2020 Campaign
The candidate has spent more on advertising than every other presidential campaign, jacking up prices for ads and staff

《华尔街日报》

（三）杂志

美国的杂志约有 1 万种，各种类型中有代表性的杂志均对世界有较大的影响。

1. 三大新闻周刊

在新闻周刊中，1923 年创刊的《时代》(*Time*，应翻译为“时间”，这里使用的是约定俗成的翻译）一直保持着声望和发行量美国和世界第一的地位。

1964年卢斯退休（1967年逝世）后，该刊多次易手。1989年，时代公司与洛杉矶的华纳兄弟公司合并为时代华纳公司。2018年，《时代》周刊被互联网企业家马克·罗素·贝尼奥夫收购。《新闻周刊》（*News Week*）1933年由托马斯·马丁（T. Martyn）创办，1961年被华盛顿邮报公司收购后，发展成为美国第二大新闻周刊。2010年8月2日，该刊以1美元（负债4 700万美元）出售给音响业巨头西德尼·哈曼（Sidney Harman）。其家族从2013年起将该刊改为网络版。《美国新闻与世界报道》（*U. S. News & World Report*）1948年由戴维·劳伦斯（D. Lawrence）将《美国新闻》与《世界报道》合并而成。1984年该刊转手给M. 朱克曼。2010年10月，该刊改为网络版。

2.《读者文摘》(*Reader's Digest*)

1922年华莱士（Wallace）夫妇创办了一份文摘类的杂志，专门转载其他刊物上的文章，内容通俗而严肃。该刊长期占据美国付费杂志发行量首位，最高发行量超过3 000万册。该刊用21种文字、50个不同版本出版，覆盖70多个国家。2008年和2013年，该刊两度申请破产保护。

3.《国家地理杂志》(*National Geographic Magazine*)

该刊是美国和世界发行量最大的科学杂志，由美国国家地理学会主办，创刊于1888年。该刊宗旨是“提升与传播地理知识，促进世界文化、历史与自然资源的保存”。该刊最高发行量达到1 000万册，目前发行量为445万册。该杂志的图文水平均为上乘，在全球有30种语言版本。

4.《纽约客》(*The New Yorker*)

该刊为美国知识、文艺类综合杂志，1925年2月由哈罗德·罗斯（Harold Ross）和他的妻子简·格兰特（Jane Grant）创办。该刊现在每年出版42期周刊另加5个双周刊，为有高等教育背景的人喜爱的通俗杂志。

5. 女性杂志

美国的女性杂志繁多，且发行量惊人。2011年美国发行量排名前十位的杂志中，女性杂志占四席，分别是《美好家园》（*Better Homes and Gardens*，发行量765万册）、《好管家》（*Good Housekeeping*，434万册）、《妇女日》（*Woman's Day*，386万册）、《家庭圈》（*Family Circle*，381万册）。

6. *AARP*

该刊是美国和世界发行量最高的期刊，2002年由《现代成熟》（*Modern Maturity*）与《我这一代人》（*My Generation*）杂志合并而来，美国退休人协会（American Association of Retired Persons，AARP）主办，最高发行量达到3 800万册。庞大的发行量很大程度上是基于AARP的会员制，凡美国退休人协会的会员都可以免费获寄一本该刊。

7.《花花公子》(*Playboy*)

1953年由休奇·赫夫纳（Hugh Hefner）创办的成人娱乐性新闻杂志，常以裸体女郎的彩色画页作为招徕，亦有一些严肃的政治经济新闻和评论文章。该刊的发行量最高达到720万册。以兔子形象为商标的各种“花花公子”品牌的产业随之在美国和世界各地发展起来。2020年3月19日，该刊纸质版停止出版。

（四）通讯社

1. 美联社

美联社（AP）正式建立以来，其影响力逐渐超过欧洲的老牌通讯社。该社是报联社体制，有1 700家报刊和5 000家广播电视台入股，国内外订户1.5万户，全球有分社300多个。该社总社使用英国、德国、法国、荷兰、西班牙语（主要对拉丁美洲）发稿，分社则译成当地文字，使用语言100多种。

2. 合众国际社

1958年，斯克利普斯报团的合众社和赫斯特报团的国际新闻社合并，形成美国第二大通讯社——合众国际社（United Press International，UPI）。两社合并后，受斯克利普斯-霍华德报业集团控制。1982年，斯克利普斯报团将其出售后，该社所有权几度易主，2000年起产权为新世界通信公司（New World Communication）所有。该社国内外分社共有200多个，使用语言48种。

3. 彭博社

彭博社（Bloomberg L. P.）是一家新型的信息公司，1981年由纽约前市长迈克尔·彭博（Michael Bloomberg）创办，主要提供金融信息，为全球各地的公司、新闻机构、金融和法律专业人士提供实时行情、金融市场历史数据、价格信息、交易信息、新闻和通讯。该社在世界各地有192个办事处、超过1.5万名员工；拥有130个新闻分社和2 000名新闻人员，还拥有彭博电视台（10个财经频道）、广播电台和《彭博市场》杂志。

（五）广播电视

美国约有广播电台9 000家，电视台1 500家。有影响的广播电视台一般属于更大的广播电视系统或公司，尽管传播技术发展迅速，但目前影响力最大的是四大无线广播网，以及CNN和卫星电视网。这些广播电视网的所有者在不断的兼并中常有变更，但节目的运行基本不受影响。

1. NBC

美国全国广播公司，是四大无线广播网中资格最老的，1986年起为通用电气公司所有。NBC拥有10家直属电视台和近200家附属电视台（附属台是指签订合同入网的台）。1996年NBC与微软合资建立有线电视新闻网MSNBC。

NBC电视台早晨的新闻节目《今天》

2. CBS

哥伦比亚广播公司，1955年超过NBC成为美国第一大广播公司。1999年起为维亚康姆公司所有。它拥有14家直属电视台，近200家附属电视台。2006年，与华纳兄弟公司合作创办了美国第五大电视网——CW。

3. ABC

美国广播公司，拥有8家直属电视台，近200家附属电视台。1995年被迪士尼收购后，其优势主要体现在娱乐领域。

4. FOX

福克斯广播公司，建立于1987年，为默多克的新闻集团所有。在2003年第二次伊拉克战争的报道中独占鳌头，声名从国内扩展到国际，因而被视为美国第四大广播公司，拥有25家直属台和175家附属台。

5. CNN

美国有线电视新闻网，1980年6月由特德·特纳创办，世界上第一个24小时滚动播出电视新闻的有线电视新闻台，总部在美国佐治亚州的亚特兰大。该台已经发展成为拥有15个有线和卫星电视频道网络、12个网站、2个当地电视网络和2个广播网络的大型新闻机构。210多个国家和地区均转播CNN的新闻。现在CNN属于华纳媒体公司。

（六）网络媒体

网络传播已经成为美国最普遍的传播方式之一。新兴传播技术带来许多新的传播形态和路径，声控智媒、流媒体服务平台等为人们提供了更多接收信息的选择，也拓展了传统媒体的业务空间。美国有影响的网络媒体主要有以下几个：

1.《赫芬顿邮报》

阿丽亚娜·赫芬顿

《赫芬顿邮报》（*The Huffington Post*）名为"邮报"，实际上是美国主要的新闻网站、聚合博客。由政治评论人阿丽亚娜·赫芬顿（Arianna Huffington）、新闻评论员安德鲁·布雷巴特（Andrew Breitbart）、肯尼斯·莱尔（Kenneth Lerer，科技网站 Betaworks 和 BuzzFeed 的董事长）等人创办于 2005 年 5 月。该网站自称是"第一份互联网报纸"，主要内容来自知名博客和公民记者的免费提供。该网站的创立被认为引发了一场新的媒体革命，赫芬顿因此入选 2006 年《时代》杂志全球最有影响力百人名单。该网站 2011 年被美国在线以 3.5 亿美元收购。该网站重视原创新闻，聘请主流媒体的编辑记者加盟。2018 年 1 月 18 日，该网站宣布终止其开放的博客自媒体撰稿平台的运行，推出两个由编辑主导的封闭内容产品取代。2020 年 11 月，BuzzFeed 宣布将收购《赫芬顿邮报》。

2. Facebook

Facebook，中国网民称其为"脸书"，2004 年 2 月 4 日由马克·扎克伯格（Mark Zuckerberg）在哈佛大学创立，总部位于美国加利福尼亚州圣马特奥县门洛帕克（Menlo Park）。初期仅限哈佛大学学生加入，后因大受欢迎而进行规模化扩充。2004 年，企业家西恩·帕克（扎克伯格的非正式顾问）成为公司的总裁。用户除了发送文字消息外，还可以发送图片、视频、文档和语音消息等给其他用户，并且可以分享自己的定位。脸书在全球 70 个城市设有办事处，共有 17 个数据中心，5 万多名全职员工。① 2020 年，成为全球使用者最多的社交媒体平台，全球用户约 24.5 亿。

3. Twitter

Twitter 官方中文译名"推特"，2006 年由杰克·多西（Jack Dorsey）创办，总部在旧金山，部分办公室及服务器在纽约。这是美国的一个微博客

① Facebook. About FB [EB/OL]. [2020-09-30]. https://about.fb.com/company-info/.

位于美国加利福尼亚州门洛帕克的 Facebook 总部大楼

（microblogging）和社交网络服务平台。用户可以通过该平台发布不超过 280 个字符的消息（中文、日文和韩文为 140 个），这些消息被称作“推文”（Tweet），因此 Twitter 也被称为“互联网的 SMS”①。2020 年，Twitter 在全球使用最多的社交媒体中排名第 13 位，有 3.4 亿用户。

4. Now This

Now This 成立于 2012 年，原名 Now This News，总部位于纽约，是一家专门制作短视频新闻的公司。创始人为《赫芬顿邮报》联合创始人之一肯尼斯·莱尔和前任 CEO 埃里克·海皮奥（Eric Hippeau）。该网站的视频内容涵盖政治、科技、经济等多个主题，主打 15～30 秒的短视频新闻。它在许多主流社交平台包括 Facebook、Snapchat、Twitter、Instagram 等开设账号，在中国新浪微博、微信公众号、梨视频等也开设了官方账号，发布中国本土化的资讯短视频。

5. Snapchat

Snapchat 中文称“色拉布”，本来是 2011 年斯坦福大学两位学生伊万·斯皮格（Evan Spiegel）和鲍比·墨菲因（Bobby Murphy）在产品设计课程中的一个作业。该应用程序可以拍照、录像、撰写文字和图画，并将它们发送给自己的好友。这些照片和影片被称为“快照”（Snaps），发送它们时，用户可以设定限制好友访问的时间，时间一过，这些“快照”就会从好友的设备和 Snapchat 服务器上彻底删除。它成为最受全球用户欢迎的社交媒体之一，据 HootSuite 和 We Are Social 发布的报告，Snapchat 在全球使用最多的社交媒体中居第 12 位，有 3.8 亿用户。②

---

① D'MONTE L. Swine Flu's Tweet Tweet Causes Online Flutter [EB/OL]. (2013-01-19) [2020-09-30]. https://www.business-standard.com/article/technology/swine-flu-s-tweet-tweet-causes-online-flutter-109042900097_1.html.

② HootSuite, We Are Social. Digital 2020: US [EB/OL]. (2020-07) [2020-09-30]. https://wearesocial.com/us/digital-2020-us.

6. Instagram

Instagram 在英语国家简称 IG 或 Insta，中国大陆简称 Ins，俗称“照片墙”。2010 年 10 月上线，创始人为凯文·斯特罗姆（Kevin Systrom）和麦克·克瑞格（Mike Krieger）。这是一款可以免费提供在线图片及视频分享的网络社交软件，2012 年以 10 亿美元的价格被 Facebook 公司收购。用户可以利用 Instagram 拍下照片后添加不同滤镜效果，然后分享到 Facebook、Twitter、Tumblr 和 Flickr 等社交平台，或 Instagram 自己的服务器上。现在的平台增加了直播功能。2020 年，Instagram 在全球共有 10 亿用户，排在使用最多的社交媒体平台第 6 位。

7. YouTube

YouTube 中文俗称“油管”，是目前全球最大的视频搜索和分享平台。该公司注册于 2005 年 2 月 14 日，创始人为陈士骏（Steve Chen）、查得·贺利、贾德·卡林姆等，2006 年 11 月被 Google 公司以 16.5 亿美元收购，公司总部在美国加利福尼亚州的圣布里诺。它的主要功能是视频分享，非注册用户仅可以观看视频，注册用户可以观看、上传视频并留言，视频内容包罗万象。它还开设了视频直播平台。2020 年，YouTube 成为全球第二大社交媒体平台，拥有 20 亿用户。

2007 年美国民主党总统参选人辩论首次通过 YouTube 转播

8. BuzzFeed

BuzzFeed 中文俗称“嗡嗡喂”，成立于 2006 年，由乔纳·派瑞提（Jonah Peretti）创立，总部位于纽约。最初是一间研究网络热门话题的实验室，现在为全球性的独立数字媒体公司，在洛杉矶设有一家娱乐工作室，并在全球多个国家设有 14 个办事处，拥有 1 100 名员工。[①] 它主要提供新闻聚合服

① BuzzFeed. About BuzzFeed [EB/OL]. [2020-09-30]. https://www.buzzfeed.com/about.

务，平台每天都会从公司内记者、特约作者、特约卡通艺术家和社群等获得内容并进行推送。该公司建立了许多跨平台网络。

四、美国网络传播的现状

美国的传统媒体和新兴媒体都在迎合数字化的浪潮，网络传播迈向智媒和浸媒相结合的新时期，各大媒体的跨界融合也正在改变着媒体行业格局。

（一）网民规模与新闻获取

HootSuite和We Are Social发布的报告显示，全美3.3亿人口中网民占87%。[①] 根据皮尤研究中心2018年7—8月的一项调查，喜欢阅读新闻的美国成年人中，44%从电视获取新闻，34%从网站获得，14%从广播获得，还有7%从报刊获得。18～49岁喜欢阅读新闻的人中，76%从网络获得，而50岁及以上的人当中，这一比例为43%。[②]

2019年皮尤研究中心发现，低收入地区的居民依赖电视获取新闻，他们如果以数字的方式获取新闻，则更可能使用移动设备。生活在黑人或西班牙裔比例较高的地区的人，会更多地关注工作和失业方面的信息。他们在设备的使用上，通过移动设备在线获取当地新闻的人占总人数的51%，主要在台式机/笔记本电脑上获取新闻的人数是这个数字的一半，此外还有19%的人两者皆会使用。[③]

越来越多的美国人倾向于利用社交媒体获取新闻。皮尤研究中心在2019年10月—2020年6月进行的一次调查表明，那些最依赖社交媒体获取政治新闻的人，与其他新闻消费者存在一定的区别。例如，这些美国成年人可能不太关注像新冠肺炎疫情和2020年美国总统大选这样的重大新闻报道。依赖社交媒体获取新闻的美国成年人年龄相对较小，白人较少，受教育程度也较低。[④]

（二）传统媒体的数字化转型

皮尤研究中心2018年的一次调查显示，这年美国报纸发行量是1940年

---

① HootSuite，We Are Social. Digital 2020：US [EB/OL].（2020-07）[2020-09-26]. https：//wearesocial. com/us/digital-2020-us.

② MITCHELL A. Americans Still Prefer Watching to Reading the News-and Mostly Still Through Television [EB/OL].（2018-12-03）[2020-09-29]. https：//www. journalism. org/2018/12/03/americans-still-prefer-watching-to-reading-the-news-and-mostly-still-through-television/.

③ Pew Research Center. For Local News，Americans Embrace Digital but Still Want Strong Community Connection [EB/OL].（2019-03-26）[2020-09-29]. https：//www. journalism. org/2019/03/26/for-local-news-americans-embrace-digital-but-still-want-strong-community-connection/.

④ MITCHELL A，JURKOWITZ M，OLIPHANT B，et al. Americans Who Mainly Get Their News on Social Media Are Less Engaged，Less Knowledgeable [EB/OL].（2020-07-30）[2020-09-30]. https：//www. journalism. org/2020/07/30/americans-who-mainly-get-their-news-on-social-media-are-less-engaged-less-knowledgeable/.

以来的最低水平。据该中心的分析，2018 年美国每日报纸总发行量（印刷版和数字版相加）估计为 2 860 万份，周日为 3 080 万份。与上一年相比，这些数字分别下降了 8%和 9%。在广播电视方面，虽然近几年有线电视新闻的收入有所增长，但对于美国广播业来说，生存空间仍被进一步压缩。2019 年，NBC、CBS 和 ABC 收视人数同 2018 年相比分别减少了 19%、4%和 4%，收视总人数都下降到五年来的最低谷，CBS 和 NBC 的收视人数更是连续五年持续下跌。①

在美国，数字化转型已经成为传统媒体寻求生存空间的主要途径。传统报业推出数字付费业务、广播业发展“数字播客”、有线电视份额被流媒体平台瓜分、出版业中 Amazon 推出了 KDP（数字自出版）模式。而且，广告业中数字媒体的支出开始超过传统媒体。2020 年路透新闻研究所的一项研究表明，最受美国民众欢迎的线上新闻品牌包括 CNN. com、雅虎新闻、《纽约时报》在线、Fox 新闻在线等等。②

在数字化进程中，传统媒体开始在网络上占有一席之地。《纽约时报》和《华盛顿邮报》等老牌报纸开始进军播客市场。不同媒体之间开始捆绑和聚合。例如《伦敦时报》提供免费访问《华尔街日报》的权限，《纽约时报》与 Scribd 联合订阅，一些媒体试图利用捆绑售卖的方式占有受众更多的注意力资源。

2020 年的新冠肺炎疫情让人们意识到传统新闻来源的价值。虽然有很多人通过在线新闻平台获取新闻，但也有越来越多的人将电视作为主要新闻来源，甚至将在线平台与电视结合起来获取新闻。由于封锁措施破坏了物流，印刷报纸的消费量逐步下降，加速了数字化的转变。2020 年美国在线新闻付款比例相较往年增加了 4%，使用播客的比例也有所增加，在线平台使用率高达 79%。

（三）社交媒体的主导地位与流媒体平台的兴起

皮尤研究中心在 2005 年首次询问美国成年人是否曾经使用社交媒体网站时，得出的结论是使用者只有 5%。但 2019 年初的一项调查显示，这个数字已经上升到 72%。③ 2020 年，美国活跃的社交媒体用户为 2.3 亿。2017 年#

---

① SCHNEIDER M. Most-Watched Television Networks: Ranking 2019's Winners and Losers [EB/OL]. (2019 - 12 - 26) [2020 - 09 - 26]. https: //variety. com/2019/tv/news/network-ratings-top-channels-fox-news-espn-cnn-cbs-nbc-abc-1203440870/.

② HootSuite, We Are Social. Digital News Report 2020 [EB/OL]. [2020 - 09 - 27]. http: //www. digital-newsreport. org/interactive/.

③ AUXIER B, ANDERSON M, KUMAR M. 10 Tech-Related Trends That Shaped the Decade [EB/OL]. (2019 - 12 - 20) [2020 - 09 - 29]. https: //www. pewresearch. org/fact-tank/2019/12/20/10-tech-related-trends-that-shaped-the-decade/.

MeToo主题标签在Twitter上的使用超过1 900万次，社交媒体成为人们对性侵害表示抗议的重要路径。社交媒体还在一定程度上影响着包括美国总统大选等在内的一系列公共事件，成为人们重要的新闻来源之一。

路透新闻研究所2020年的调查以及HootSuite和We Are Social发布的报告，都确认美国人使用最多的三个社交媒体平台分别为Facebook、YouTube和Facebook Messenger（FB Messenger）。女性中使用YouTube的比例低于男性，而使用Facebook的比例则相反，年轻人更喜欢浏览YouTube获取信息。①

扎堆玩手机的美国青少年

2019年74%的美国家庭订阅了流媒体服务，相比四年前增长了20%②，在视频、音频领域，流媒体平台占有了大量的市场份额。数字电视方面，2019年为流媒体平台的“混战元年”，这一年行业格局产生了一些波动，奈飞（Nexflix）的领先地位受到了Hulu和Amazon的冲击，多家行业巨头加入流媒体市场的争夺。2019年初，奈飞加盟美国电影协会（MPAA），代表着流媒体平台开始改变传统电影业生态格局。流媒体对电影发行方式的影响开始显露出来，包括华纳兄弟和环球影业在内的许多电影制片厂希望它们的电影更快地在流媒体平台播放，包括迪士尼在内的许多公司也开始制作不在影院上映的电影。流媒体平台在音乐行业也开始发力，国际唱片业协会（IFPI）2019年发布的年报显示，全球约有89%的用户选择通过点播流媒体听音乐。

---

① Reuters Institute，University of Oxford. Interactive [EB/OL]. [2020－09－30]. http：//www.digitalnewsreport.org/interactive/#.

② WATSON A. Share of Consumers Who Have a Subscription on-Demand（SVOD）Service in the United States from 2015 to 2019 [EB/OL]. [2020－09－29]. https：//www.statista.com/statistics/318778/subscription-based-video-streaming-services-usage-usa/.

第三节　加拿大新闻传播史

加拿大面积998万平方千米，居世界第二位，人口3 789万（2020年）。与美国相邻的加拿大，社会发展呈典型的渐进模式，没有发生过革命和国内战争。历史上多次大规模的移民，构成了加拿大传媒业多民族和多种文化的特征；报业内向型发展，垄断程度仅次于澳大利亚；面对美国强大的文化渗透，加拿大既希望保持本民族的特征，又无法违背民主开放的传播方针，因而与美国形成了一种同中求异、接受中有抗拒的微妙的传播关系。

一、英国北美殖民时期加拿大的报刊业

加拿大的现代历史可以追溯到1608年，当时法国人建立了第一个永久性的定居点魁北克，百年内没有出现报纸。英国人在其占领的现在加拿大领土内最早出版了报纸，即1752年3月23日出版的《哈利法克斯公报》（*Halifax Gazette*），创办人约翰·布谢尔（John Bushell）。这是由英国殖民当局出版的官报，存在了100多年，内容类似英国在其他殖民地的皇家公报，只有当地的商业和官方信息，不承担报道外部世界的职责。第一家杂志也是在这个地方出版的，即约翰·豪（John Howe）1789年创办的《新科斯舍杂志与文学、政治、新闻综合评论》（*Nova Scotia Magazine and Comprehensive Review of Literature Political and News*），只存在了三年。

英国最初统治加拿大的30年里，逐渐在加拿大东南部形成了六个殖民省，每个省都有了一两家规模很小的报纸。例如1807年，恩·瑞安（Ohn Ryan）在纽芬兰出版当地第一家报纸《皇家圣约翰公报》（*Royal St. John's Gazette*）。其中较重要的是当时最大城市蒙特利尔出现的英、法文《公报》（*Gazette*），1778年由弗·梅普莱（Fleury Mesplet）创办，其英文版出版至今。1806—1810年，法语区出现了法文报纸《加拿大人》（*Le Canadien*），推出“我们的机构，我们的语言，我们的权利”口号，对抗英国当局。该报编辑皮埃尔·贝达（Pierre Bédard）因发表批评文章未经审判而被监禁。

THE Halifax GAZETTE.

《哈利法克斯公报》创刊号

这是加拿大法裔与英裔最早的报刊冲突。

1817年起，加拿大的报纸得以报道议会新闻。1835年记者约瑟夫·豪（Joseph Howe，后来是加拿大首相）在新科斯舍省的报纸上发表了一封批评某官员的信而以诽谤罪受到审判，但最终打赢了官司。此案例开创了加拿大报业自由发展、监督政府的传统。

1813年时，加拿大有报纸20家；1857年，发展到291家（大多数是周报）。19世纪上半叶加拿大出现的较重要的报纸，有1843年创办的英文《渥太华公民报》（*The Ottawa Citizen*），在多伦多1844年由乔治·布朗（George Brown，后来成为自由党领袖）创办的英文《环球报》（*The Globe*）等。在尚未与东部贯通的西部太平洋沿岸，英属不列颠哥伦比亚地区也于1858年在维多利亚城由汤恩（James W. Towne）等三人创办了最早的报纸《维多利亚公报与英属美洲》（*The Victoria Gazette and Anglo-American*，周二刊，1858—1859）。

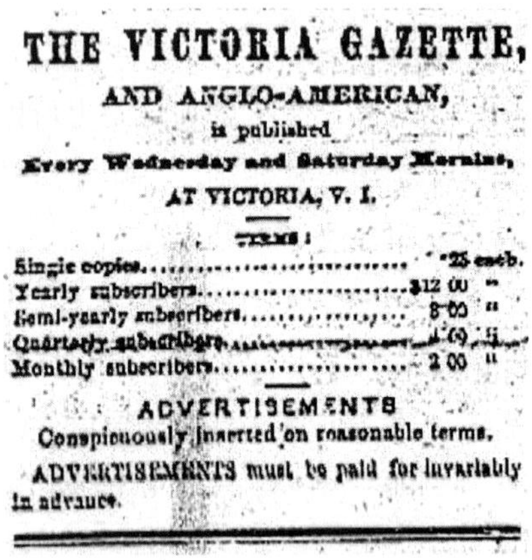
THE VICTORIA GAZETTE,
AND ANGLO-AMERICAN,
is published
Every Wednesday and Saturday Morning,
AT VICTORIA, V. I.
TERMS:
Single copies.......... 25 each.
Yearly subscribers.......... $12 00 "
Semi-yearly subscribers.......... 8 00 "
Quarterly subscribers.......... 4 00 "
Monthly subscribers.......... 2 00 "
ADVERTISEMENTS
Conspicuously inserted on reasonable terms.
ADVERTISEMENTS must be paid for invariably in advance.

《维多利亚公报与英属美洲》

通常情况下，加拿大报纸的党派色彩与商业利益是混在一起的。虽然有些报纸有政党背景，但党派色彩没有美国那样强烈。在美国南北战争威胁加拿大的情况下，英国决定加拿大各省联合起来建立自治领，于是出现了加拿大报纸史上少有的一次共同的政治热情：所有报纸都在讨论是否联合和如何联合的问题，报纸为全民讨论提供了论坛。

二、1867—1945年：历经繁荣与萧条的加拿大新闻传播业

加拿大新闻传播业的发展，主要驱动力是国家经济发展的刺激，利益驱动使报刊自然而然地随着交通线的推进、人口的流动与集中而较为均匀地分布于全国，并出现新的媒介形式。

1867年，加拿大自治领成立。为了贯通东西部，19世纪七八十年代修建了近3 000千米的太平洋铁路。正是这条铁路，使得加拿大中部、西部随着铁路的延伸而出现了新的重要报纸。例如在位于铁路沿线的新兴城市温尼伯，勒克斯顿于1872年创办《马尼托巴自由新闻报》（*Manitoba Free Press*，后改名《温尼伯自由新闻报》）；在另一铁路沿线的新兴城市埃德蒙顿，弗兰克·奥利弗（Frank Oliver）创办了《埃德蒙顿公报》（*The Edmonton Bulle-*

tin，1880—1951）；在铁路的西部终点城市温哥华，1886年《新闻-广告报》（*The Daily News Advertising*，《温哥华太阳报》的前身）创刊。靠近北极圈人烟稀少的育空地区，也在这一时期出现了第一家报纸《育空河午夜太阳报》（*Yukon Midnight Sun*）。城市的形成和交通的便利，为报业的发展提供了条件。

也是在这个时期，新闻传播的技术有所发展。1844年，创办仅两个月的《环球报》购进加拿大第一台轮转印刷机；1853年开始使用新式轮转印刷机。1871年，《加拿大图片新闻》（*Canadian Illustrated News*）第一次刊登新闻照片，照片内容为蒙特利尔新海关。1888年，温哥华《新闻-广告报》第一个在西部使用轮转印刷机。

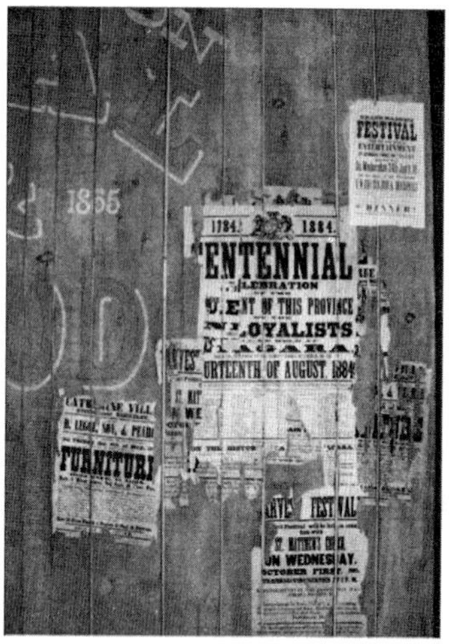

贴在板墙上的19世纪加拿大旧报纸

第一家成功的大众日报是1869年在蒙特利尔创刊的《明星报》（*Star*）。接着，加拿大其他较大的城市陆续出现大众报纸，例如多伦多于1876年出现《电讯报》（*Telegram*）、1880年出现《世界报》（*World*）、1887年出现《新闻报》（*News*），蒙特利尔于1884年出现法文《新闻报》（*La Presse*，威廉·埃·布卢姆哈特创办），渥太华于1885年出现《日报》（*Journal*），汉密尔顿于1889年出现《先驱报》（*Herald*），等等。再晚些时候，大众化杂志出现，例如1889年创刊的法文杂志《星期六》（*Le Samedi*）、1928年创刊的《主妇》（*Chatelaine*）杂志等。

虽然加拿大的第一家日报是1833年5月创办于蒙特利尔的《广告者日报》（*Daily Advertiser*），但日报的普及则在60年后。进入20世纪后，大部分周报变成了日报；一些报纸实行合并，从小报变成较大的报纸；报纸种数减少，发行量增大；多数报纸摆脱了对政党一定程度的依附，开始采用完全的商业经营方式。

1887年《星期六之夜》（*Saturday Night*）在多伦多创刊。这是加拿大历史最悠久的文学与政治期刊，也是加拿大获文学奖最多的杂志。创刊之时发行量1万册，1925年达到3万多册。几经转换所有权，该刊在出版了3 916期后，于2005年10月20日停刊。

1895年，多伦多《邮报》（*Mail*，1872年创办）与《帝国报》（*Empire*，1887年创办）合并成新报纸《帝国邮报》（*The Mail and Empire*，1936年该报又与《环球报》合并为《环球邮报》，即 *The Globe and Mail*）；1898年休伊

特·博斯托克在温哥华创办《省报》（*The Province*）；1899年约瑟夫·阿特金森在一家破产报纸的基础上创办《多伦多明星报》（*Toronto Star*）。1900年，加拿大日报的总发行量增长到65万份，超过了人口的增长。蒙特利尔的法文大众报纸《新闻报》在这一年成为加拿大发行量最大的报纸（6.7万份）。

接着，约翰·贝恩·麦克莱恩于1907年在多伦多创办《金融邮报》（*The Financial Post*，周报）；1910年亨利·鲍拉萨在魁北克创办法文《义务报》（*Le Devoir*）等。1911年，加拿大的日报种数达到历史最高纪录为143家。

伴随着加拿大报业的发展，通讯社应运而生。1917年9月1日，多家报纸出资建立了报联社体制的加拿大联合通讯社，1923年改称加拿大通讯社（CP）。该社最初得到政府的一定资助，1925年后经济上完全独立。

《环球邮报》多伦多总部

1919年9月，马可尼无线电报公司在蒙特利尔的XWA实验电台获得第一张营业执照。1920年5月20日，该台首次向外播音，即向渥太华的皇家学会播出讲演和音乐会节目。这一年年底，该台开始每天定时播出节目。到1927年，加拿大全国已有广播电台75座，遍布各省。

20世纪30年代，伴随着世界性经济危机的到来，加拿大经济受到沉重打击，报刊的发行量急遽下降，一些报刊因经济原因停办。但是广播却发展很快，1931年加拿大三分之一的家庭拥有收音机；40年代，四分之三的家庭拥有收音机；到50年代初，几乎所有家庭都拥有了收音机。

也是在20世纪30年代，加拿大形成了自己的广播体制。1932年，加拿大成立了无线电广播委员会（CRBC），它既是全国广播电台的管理机构，同时也负责播出公营的全国性节目。由于力量有限，于是国家借助民营广播转播台作为覆盖方式，从而将民营电台纳入公营体制。这是一种世界上很独特的公私合璧、公营统治的“单一”广播模式（single system）。1936年11月，向全国进行广播服务的公营机构加拿大广播公司（CBC，法文缩写MRC）成立，它以提供公共广播节目为主，继续原CRBC的做法，通过民营广播转播台来覆盖全国；该公司的广播电台一定程度上实行商营（关于“程度”的辩论旷日持久），接纳广告和部分美国娱乐性节目。但是公司的运作是独立于政府的，只接受议会的监督。

1949 年，加拿大还没有电视台，加拿大人却已拥有了 3 600 台电视机。美国的电视节目越过边界被加拿大人免费接收，因为加拿大与美国有 8 892 千米的边界线。

CBC 多伦多总部

三、第二次世界大战后至 21 世纪初加拿大新闻传播业发展的特点

第二次世界大战后，加拿大赢得了持久和平发展的环境，迅速成为世界主要的工业发达国家之一。与拥有强大影响力的美国报刊群体为邻，加拿大的报刊业显得微不足道，只能走内向型发展的道路。福利型的经济发展环境、自由主义的新闻政策，使得加拿大某一地方一旦出现了某几家报刊，只要经营有方，占领了市场，就会长期存在和发展下去，新的报刊难以与其竞争。

（一）报刊竞争主要表现在报刊所有权的转移和集中

自 20 世纪 30 年代起，加拿大的日报种数大体保持在 100 家出头，半个多世纪内，只有少量的报刊消失和少量的报刊诞生。但是，报业主却不知不觉地在减少。1930 年时，99 位报业主拥有 116 家日报；到 20 世纪 90 年代，两大报业集团则控制着加拿大七成以上的日报和大量期刊。

1904 年，在安大略省伦敦市起家、经营了二十几年报业的威廉·索瑟姆（W. Southam），成为加拿大第一个报团的业主，他拥有两家日报，以及一些小报刊。1944 年，这个报团（索瑟姆报业公司）的股票上市，从而转变为一个较大的报团，当时拥有 7 家日报和许多小报刊。

另一位加拿大人罗伊·赫伯特·汤姆森（R. H. Thomson），20 世纪 30

年代初在安大略省偏僻的乡镇默默无闻地经营一家小电台和一家乡镇报纸。但到1953年，他已拥有约30家地方报刊。20世纪70年代，汤姆森报业公司发展到英国，成为跨国的世界级大报团。

20世纪30年代崭露头角的还有一家以期刊为主的集团，即麦克莱恩-亨特公司（Maclean-Hunter Ltd.）。该公司拥有加拿大最大的新闻周刊和许多高发行量的畅销休闲杂志，后来在加拿大的有线电视业方面也拥有很大比例的股份。

第二次世界大战后，加拿大像这样的报团陆续出现了十几个。例如由几个家族组成的托尔斯塔公司（Torstar Co.）、1959年形成的F. P. 出版有限公司（F. P. Publication Ltd.）、1965年形成的强力公司（Power Co. of Canada）、20世纪70年代形成的魁北克尔公司（Québecor Inc.）、1978年形成的多伦多太阳出版公司（Toronto Sun Publishing Co.）等。最后者在加拿大已经基本定格了的报业中，硬是成功地在几个大城市各出版了一家“太阳报”字头的小型新报纸，并于1988年将买到手的《金融邮报》改成了日报。

20世纪80年代末，加拿大的主要报纸基本上被以上的报团瓜分完毕。然而，媒介集团之间的竞争还在继续。一个叫康拉德·布莱克（Conrad Black）的加拿大人和他的两个伙伴，1968年凑钱收购了一家小镇的报纸，成功后一发不可收拾。他们先是以斯特林公司（Stering Co.）的名义收购了一系列地方小报刊；到80年代中期，布莱克以霍林格公司（Hollinger Inc.）的名义开始收购加拿大的主要报刊，同时在英国、以色列、澳大利亚和美国以不同的公司名义买下了许多著名报刊。1993年1月，霍林格公司几经周折，成为索瑟姆报团的最大股东，从而使经历五代的索瑟姆报团最后改换了控制者。此前，霍林格公司已经收购了加拿大法语区的第三大报团联合报业公司，还于1995年7月从汤姆森报团手中买下加拿大的19家地方日报。这样，布莱克报团就成为加拿大最大的报团。

2019年2月3日布莱克（右）以《全国邮报》
国际评论员身份采访美国总统特朗普

但是，布莱克在加拿大第一大城市多伦多却没有一份大报纸。于是，几经谈判和筹划，霍林格公司于 1998 年通过交换，用自己旗下的四家小日报换得了太阳出版公司的《金融邮报》，并于同年 10 月 28 日在多伦多创办了一家新报纸《全国邮报》（*National Post*）。这样，多伦多这个城市就有了五家日报（《环球邮报》《明星报》《太阳报》《金融邮报》《全国邮报》），这在加拿大是很少见到的竞争现象。

霍林格公司在全世界拥有或合股经营的日报总数一度超过 500 家。2000 年霍林格公司将其在加拿大的大多数报纸出售，包括《全国邮报》在内的大部分报纸卖给了加拿大最大的媒介集团加西环球传播公司（CanWest Global Communications Co.）。2001 年霍林格公司又出售了旗下 28 家加拿大日报，该公司称此举的目的是腾出资金发展多媒体媒介。与霍林格公司的交易使加西环球传播公司登上了加拿大最大报团的宝座，控制了加拿大大约三分之二的日报市场。

2007 年布莱克因财务欺诈和妨碍司法的罪名被美国芝加哥联邦地区法院判刑入狱，霍林格公司宣布破产。2010 年加西环球传播公司也申请破产保护，并将其电视业务和报纸业务卖给了不同的传媒公司。2012 年，布莱克获特赦回到加拿大。

加拿大报业之间的竞争开始于第一次世界大战时期。首先在小镇出现一镇一报，接着在小城市出现一城一报，最后在较大的城市出现一城一报。1980—1981 年度的皇家报纸委员会的产业报告（Kent 报告）得出的结论是，“报纸竞争……在加拿大事实上死亡了”①。集团之间的竞争替代了具体媒介之间的竞争。加拿大报业的垄断程度达到 80%，仅次于澳大利亚，在发达国家中居第二位。

（二）电视业不平衡的竞争

与广播相同，CBC 的电视台也依赖民营电视台转播台发展电视网。第二次世界大战后大约 10 年内，CBC 在加拿大广播电视业中占据绝对的主导地位，对于民营广电它既是竞争者，又是管理者，这显然不够公正。1974 年以后，CBC 的广播电台改为完全非商营。

1958 年，专门管理民营广电的广播理事会（BBG）成立，CBC 不再承担管理广电业的职责，成为纯粹的公营广电公司，这意味着加拿大实现了公营、民营并行的广电体制。1961 年 10 月，民营的加拿大电视网有限公司（CTV）获得批准，两年后在全国实现直播联网，打破了 CBC 的垄断地位。1962 年，加拿大成为世界上第三个拥有太空卫星的国家。1968 年，新成立的加拿大广播电视委员会（CRTC）替代了 BBG，同时管理各民营台和 CBC，使公营、

---

① VIPOND M. The Mass Media in Canada [M]. James Lorimer & Company Ltd.，1992：68.

民营两大系统实际上完全对等。

从1986年起，加拿大政府开始削减CBC的经费。2002年，加拿大国会给CBC的拨款已经减少到每年8.5亿加元（不包括用于国际广播方面的1 500万加元）。

（三）美加传播业的文化冲突

面对美国文化对加拿大的强大影响，早在20世纪20年代，就有人在杂志上发表文章，谈到美国文化对加拿大的"入侵"。1960年，加拿大首次规定广电节目中加拿大内容的比例为55%。1976年，著名的《C-58法》，加重了从美国向加拿大播放广告的税收，从而使流向美国的广告转向国内，由此引发了美国制定对策性法律。这场斗争持续了10年，最后似乎加拿大方面略胜。

较为系统地保护加拿大文化的措施，主要发生在皮埃尔·特鲁多总理的任期（1968—1984年）内，他宣布实行"多元文化政策"。20世纪70年代，政府规定广电60%（公营）或55%（民营）的节目必须是加拿大编制的，任何一个外国的节目在时间比例上不得超过30%。在加拿大发行量很大的美国新闻周刊《时代》，由于不能按规定突出加拿大的内容而被迫停刊，另一家美国的著名杂志《读者文摘》，则在修改内容的比例后才得以在加拿大使用英、法两种语言继续发行。

（四）国内英裔和法裔的文化冲突

加拿大英语居民与法语居民从建国时起就存在文化冲突，因而政府规定英语和法语同为国语。在英语区，几乎所有路名标牌均为英、法双语；但在法语区，当地人似乎不在意政府的规定，路名标牌只有法语，却没有英语。加拿大的广电媒介均同等使用英、法两种语言；在报刊方面，法语报刊也有相当重要的地位。加拿大有100多个民族（外来民族70多个，土著民族20多个），几个人口比例超过1%的少数民族，例如讲意大利语、德语、汉语的加拿大人，也出版了自己语言的报刊。

四、加拿大的网络传播

2020年，加拿大互联网普及率为93%，有互联网用户3 532万，其中83%使用智能手机上网。加拿大有2 500万社交媒体用户，占总人口的67%。[①] 网络媒体是现在加拿大最主要的新闻来源，超过一半的加拿大受访

① HootSuite，We Are Social. Digital 2020：Canada [EB/OL].（2020-03-10）[2020-09-30]. https：//wearesocial. com/ca/digital-2020-canada/.

者（53%）表示自己从社交媒体获取新闻。智能手机也已超越计算机，成为最主要的获取新闻的设备。[①] 根据 2020 的年度调查，37%的成年人每月收听播客。

加拿大用户最常使用的社交媒体有 Facebook、YouTube、Facebook Messenger、Twitter、Instagram 和 WhatsApp，Facebook 是最受欢迎的社交媒体平台。根据 Statista 的数据，加拿大社交媒体用户的性别分布中，除 18～34 岁年龄段的用户在性别方面并无差异外，其他年龄段女性使用社交媒体的比例普遍高于男性。[②]

从使用语言的角度看，说法语的加拿大人喜欢将 Facebook 和 Facebook Messenger 用作消费新闻的媒介，而说英语的加拿大人则热衷于 Twitter。

加拿大用户对于社交媒体上的新闻信任度很低，仅为 19%。[③] 87%的加拿大受访网民关心他们的隐私，但有 70%的互联网用户表示可以为了便利而承担一些关于数字隐私方面的风险。[④]

2019 年加拿大不同年龄段成年人对社交媒体的使用情况

Social Media Platforms Used Weekly by Internet Users in Canada, by Age, May 2019
% of respondents in each group

	18-34	35-54	55+	Total
Facebook	86%	85%	76%	82%
YouTube	75%	69%	50%	63%
Instagram	65%	37%	21%	39%
Twitter	29%	33%	24%	29%
Pinterest	18%	22%	19%	20%
LinkedIn	19%	20%	10%	16%
Snapchat	37%	8%	3%	14%
Reddit	32%	8%	3%	13%
Tumblr	5%	3%	<1%	3%

Note: n=1,024; English-speaking
Source: Insights West, "2019 Canadian Social Media Insights," June 26, 2019

248697 www.eMarketer.com

根据 eMarketer 的调查，加拿大 18～34 岁年龄段的用户在互联网、智能手机、社交媒体和数字视频的使用率上超过 90%。其中，99%的用户使用互联网，98.4%的用户使用智能手机，92%的用户使用社交媒体，90.6%的用

① NEWMAN N, FLETCHER R, SCHULZ A, et al. Reuters Institute Digital News Report 2020 [EB/OL]. [2020－09－30]. http://www.digitalnewsreport.org/survey/2020/canada-2020/.

② CLEMENT J. Distribution of Social Media Users in Canada as of January 2020, by Age Group and Gender [EB/OL]. (2020－03－02) [2020－09－30]. https://www.statista.com/statistics/1047732/age-distribution-of-social-media-users-canada/.

③ NEWMAN N, FLETCHER R, KALOGEROPOULOS A, et al. Reuters Institute Digital News Report 2019 [EB/OL]. [2020－09－30]. http://www.digitalnewsreport.org/survey/2019/canada-2019/.

④ eMarketer Editors. Where Are We at with the Privacy Debate? [EB/OL]. (2020－01－28) [2020－09－30]. https://www.emarketer.com/content/podcast-where-are-we-at-with-the-privacy-debate.

户观看数字视频。18～34岁的用户在很大程度上依赖社交媒体进行互动和娱乐。[①]

五、加拿大新闻传播业目前的格局

加拿大的新闻传播业以内向型为主，目前的基本格局如下：

（一）传媒集团

在美国1996年新电信法的冲击下，加拿大的传媒集团开始了新一轮的兼并。2000年，集加拿大最大的民营电视公司（CTV）、最大的全国性报纸（《环球邮报》）和主要的网络传播网站 Sympatico-Lycos 为一体的贝尔企业（Bell Canada Enterprises）形成。1997年9月开播的多伦多的数字卫星台 Express Vu，亦属于贝尔企业。较老的汤姆森集团（Thomson）在贝尔企业中拥有三成股份。

2000年，一度是加拿大最大的报刊集团的霍林格集团把大部分报刊卖给了加西环球传播公司以后，加西环球传播公司成为加拿大最大的以报刊为主的传媒集团，同时它在海外和国内还拥有相当多的电子传媒。仅过了10年，加西环球传播公司申请破产保护。

加拿大最大的电信传媒公司是肖传公司（Shaw Communications），肖传公司从有线电视业务起家，业务范围包括电话、互联网、大众传媒等。2010年，肖传公司收购了加西环球传播公司的电视媒体部分。

罗杰斯传播公司（RCI）是加拿大最大的有线电视公司，它在收购了加拿大最大的新闻周刊《麦克莱恩斯》（*Maclean's*）后，亦算是加拿大的一个较大的综合性传媒集团了。但是，2019年3月，罗杰斯宣布将出售其剩余的印刷出版物，并于2020年2月将公司名称改为罗杰斯体育与传媒（Rogers Sports & Media）。

另外，魁北克尔公司2001年将魁北克电视网（TVA）并入后，成为加拿大法语区最大的综合性传媒集团。

（二）报纸

加拿大的报纸绝大多数是地方性的，全国性报纸只有《环球邮报》和《全国邮报》两家。全国有110家日报，分散在90多个城市。下面是几家主

① BRIGGS P. Canada Digital Habits by Generation [EB/OL]. (2020-02-05) [2020-09-30]. https://www.emarketer.com/content/canada-digital-habits-by-generation.

要日报的情况：

（1）《环球邮报》，加拿大原来唯一的全国性综合日报，用英文出版。该报的产权几经转手，现在属于汤姆森家族控股的伍德布里奇公司。该报的读者主要是社会上层人士如政府官员、商界人士、知识分子和驻加外交人员。2010 年《环球邮报》实行改革，在内容、版式和网站上多有创新。

（2）《全国邮报》，全国性综合日报，1998 年 10 月由布莱克创办于多伦多。创刊号发行量达到创纪录的 50 万份，但由于投入资金过多，在头 21 个月就损失了 9 900 万美元。2001 年，加西环球传播公司终于买下了《全国邮报》。2010 年，加西环球传播公司的报纸业务被邮报媒体网络公司买下。

（3）《多伦多明星报》，加拿大发行量最大的英文日报。该报比较适合市民的口味，消息丰富多样，较为活泼。该报属于历史较为悠久的托尔斯塔公司。

《环球邮报》

《全国邮报》

《多伦多明星报》

（4）《蒙特利尔日报》，加拿大最大的法文报纸，小型报。该报属于魁北克尔公司。

（5）历史悠久的蒙特利尔《新闻报》，曾经很长时间内是加拿大最大的法文日报，属于强力公司。

作为一个小政府、大社会的国家，加拿大拥有世界上较为发达的社区报体系。加拿大社区报纸协会（CCNA）的社区报纸，88.9%为免费发行。邮发费用由加拿大政府承担。

（三）杂志

加拿大有各种杂志约 1 300 种，有代表性的杂志有如下两种：

（1）《麦克莱恩斯》，加拿大最大的新闻周刊，用英文出版，总部设在多伦多。该刊定位于报道“关乎加拿大人的一切”，内容和版面很像美国的《新闻周刊》。该刊一直属于麦克莱恩-亨特公司。1994年，罗杰斯传播公司收购了麦克莱恩-亨特公司。罗杰斯传播公司在2019年将其出售给圣约瑟夫传播公司（St. Joseph Communications）。

（2）《女主人》（*Chatelaine*），加拿大著名的女性月刊，有英文和法文两种版本，总部在多伦多。该刊于2019年被罗杰斯传播公司出售给圣约瑟夫传播公司。

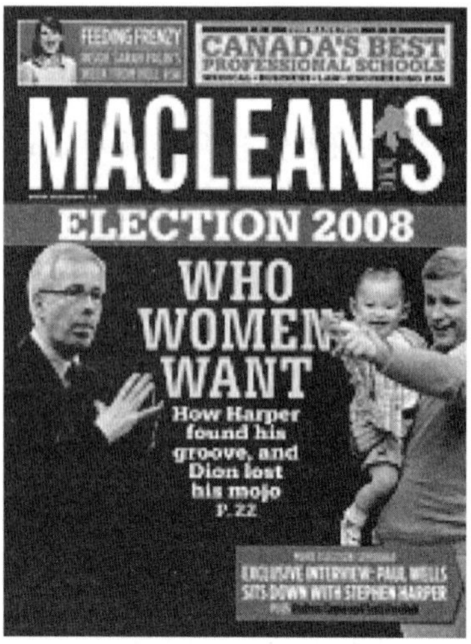

《麦克莱恩斯》周刊

（四）广播电视

加拿大有130家电视台。国营的加拿大广播公司（CBC）在传统和形式上依然居主导地位，虽然民营广电的总实力超出CBC，但由于较为分散，未达到CBC那样的垄断程度，因而整体控制局面的能力较弱。主要的民营电视台有4家，分别是英语的加拿大电视网有限公司（CTV）和环球广播公司（Global Broadcast）、法语的魁北克电视网和V广播公司。

加拿大全国有广播电台676座，其中公营台78座、商业台487座，其余是大学台、社区台和多元文化台。该国主要的广播电视公司情况如下：

（1）加拿大广播公司（CBC），加拿大最大的广播电视公司。该公司拥有4个全国性无线电广播网（英语的和法语的各两个）、2个电视网（英语的和法语的各一个），以及4个地方教育电视网和面向土著居民的加拿大北方网。公司领导机构设在渥太华，英语广播（广义）总部设在多伦多，法语广播总部设在蒙特利尔。该公司联合公营和民营的975座广播转播台和1 296座电视转播台，使自己的广播、电视对全国的覆盖率达到几乎100%。

（2）加拿大电视网有限公司（CTV），加拿大第一家也是全国最大的民营电视公司，由25家民营电视台联合投资组建，总部设在多伦多，现在属于贝尔全球传媒公司（Bell Globemedia），受众覆盖加拿大99%的人口。

（3）魁北克电视网（TVA），北美地区最大的法语电视网。1971年9月成立，由10家民营地方电视台联合组建，主要为讲法语的加拿大人提供节目。公司总部在蒙特利尔。2001年9月，TVA并入魁北克尔公司。

CTV 电视新闻页面

（五）通讯社

加拿大的通讯社多数很小，唯一的大通讯社即加拿大通讯社（CP），成立于1917年，由110家日报共同拥有，在国内有300余名记者，13个分社。该社用英、法两种文字为国内98家日报、500多家广播电台和电视台提供新闻稿。

（六）网络媒体

2020年，加拿大英文媒体中，排名前三位的网络媒体依次是CBC News online、CTV News online和CNN. com。法文媒体中，前三位的网络媒体分别是TVA Nouvelles online、Radio-Canada/ICI RDI和La Presse online。[①] 以下简略介绍加拿大的主要网络媒体：

（1）CBC News online，隶属于加拿大广播公司。该公司1995年推出CBC. ca和Radio-Canada. ca，CBC. ca成为加拿大第一个新闻网站。

（2）CTV News online，隶属于加拿大电视网有限公司，是该公司的一个新闻部门。它是加拿大最受关注的新闻机构，拥有当地、国家和国际新闻业务网络。CTV News. ca提供国内外新闻、娱乐和名人新闻、生活方式、商业、体育和科技新闻等广泛的视频产品。

（3）Global News online，隶属于加拿大环球电视网。Globalnews. ca拥有21个当地新闻编辑室以提供基于社区的最新新闻，提供加拿大国内外新闻以及分析，采用视频、文字、照片和互动等不同方式报道新闻。通过网络、移动设备、电子邮件提醒和社交媒体等方式将新闻随时传递给用户。

---

① NEWMAN N，FLETCHER R，SCHULZ A，et al. Reuters Institute Digital News Report 2020 [EB/OL]. [2020-09-30]. http：//www. digitalnewsreport. org/survey/2020/canada-2020/.

（4）法语区居前三位的网络媒体如下：TVA Nouvelles online 属于加拿大魁北克尔传媒集团（Québecor Média）的子公司 TVA，拥有新闻编辑室，并负责制作各种新闻通讯和时事节目；Radio-Canada/ICI RDI 是 CBC 的法语免费电视网络；La Presse online 是加拿大魁北克的法语新闻媒体，独立的非营利机构。

法语 TVA 网站的页面

第四节　墨西哥新闻传播史

墨西哥面积 196 万平方千米，人口 1.29 亿（2017 年）。拉丁美洲西班牙语国家中，无论是古代还是现代，墨西哥新闻传播的历史最为悠久，同时该国也是拉美新闻传播业最发达的国家。在不断的战争、革命、政变以及和平时期民主与专制的斗争中，墨西哥的现代新闻传播业历经磨难，这也是多数拉丁美洲西班牙语国家新闻传播业发展的大体历程。在这个意义上，墨西哥的新闻传播史是拉美西班牙语国家新闻传播史的缩影。

一、西班牙殖民时期的新闻业

印第安人在美洲已经存在了大约 1.5 万年，存在过墨西哥城一带（包括尤卡坦半岛）的托尔蒂克-阿兹特克文明和玛雅文明、秘鲁一带的印加文明。1521 年，阿兹特克人的都城铁诺支第特兰被西班牙人攻陷，改名墨西哥城，标志着西班牙人统治的开始。西班牙人建立了第一个总督区新西班牙，首府即墨西哥城。墨西哥早期的新闻传播，几乎仅限于墨西哥城和附近地区，而且对新闻的需求很小，传播手段也很原始。

墨西哥被征服的同时，一批传教士来到这里。1539 年，传教士胡安·帕布罗斯（Juan Pablos）将首台印刷机运到墨西哥，主要用于印一些传教的小册子。1541年9月10日，在墨西哥城诞生了美洲第一张印刷新闻纸，内容是报道危地马拉地震情况，共4页。此后这类印刷新闻纸在墨西哥流行了大约200年，被称为“社交动态”“新闻纸”等，内容大都是社会新闻、商情、船期、灾害等的报道，也有西班牙王室的动态，墨西哥总督的公告、训令等。

当时多少带有新闻性的书籍，就算是相对高级的新闻传播了。墨西哥最早的此类书籍是首次登陆的探险队最高指挥官科尔特斯于1520年写的《上查理五世书》，它“保留了对其正在倾覆的那种文明的理解和透彻的记载”[①]。该探险队的士兵贝尔纳尔·迪亚斯（Bernal Diaz），被称为“西班牙最有魅力的纪事者”[②]。他一边参战一边写下了《新西班牙征服信史》（写于16世纪末，最早的版本为1632年版），这本新闻书流传了数百年，影响颇大。

1679年，有些西班牙殖民当局的公告、训令等印刷新闻纸开始使用“墨西哥公报”的标题。1722年1月10日，在玛雅文明所在地尤卡坦半岛的城市梅里达，主教胡安·伊格纳西奥（Juan Ignacio）创办了第一家定期报纸《墨西哥和新西班牙消息报》（*Gaceta de México y Noticias de Nueva España*），报纸两易其名，只存在了半年，影响不大。同年在墨西哥城由神父卡斯多莱纳创办的《墨西哥公报》（*Gaceta de Mexico*），经由总督批准，作为官报得以持续出版。该报每五天出版一期，月六刊。《墨西哥公报》一般被视为墨西哥最早的报纸。

由于西班牙把美洲的领地只看作资源基地，而不以“殖民”为主，它在墨西哥统治的300年，阻挠西班牙本土的农民、手工业者、小商贩等迁到“新西班牙”。因此，在新西班牙总督区，西班牙人数量最多的1646年，也不过1.38万人，他们或是定期来当官吏的人，或是有权势的奴隶主的家族成员。与到英属北美殖民地的欧洲移民不同，他们缺乏创业精神，对于新闻的需求量始终不大，加上西班牙对美洲殖民地实行书报检查制度，所有这些使得墨西哥在西班牙统治下的前200年，没有成形的定期新闻刊物。西班牙统治的后100年，虽

GACETA DE MEXICO,
Y noticias de Nueva-España, que se imprimiràn cada mes, y comiençan desde primero de Henero de 1722.

《墨西哥公报》1722年创刊号

① 托马斯．拉丁美洲史：第1册［M］．寿进文，译．北京：商务印书馆，1973：111.

② 同①254.

然出现了定期报刊，但其基本上是欧洲王权官报的翻版。

进入19世纪，尽管西班牙当局竭力查禁有关法国大革命的文献，但还是有许多报刊书籍通过走私进入墨西哥，影响着少数迁移到墨西哥定居的西班牙人和土生墨西哥知识分子；同时，墨西哥经济也开始有所发展，出现了对于经济信息的需求。于是，带有新思想的报刊出现了。这里首推历史学家卡洛斯·马利亚·布斯塔曼特（Carlos Maria Bustamante）于1805年10月1日创办的墨西哥第一家日报《墨西哥日报》（*Diario de Mexico*）。它打破了官方公报的一统天下，该报创刊号宣称，其目的是取代迄今为止五天一期的可怜的《墨西哥公报》，使公众对日常生活中发生的一切，从欧洲政治到市场价格，有更及时的了解。从新闻传播技术方面讲，日报的出现也是墨西哥新闻业发展的一个转折点，使它更具有现代报业的特征。

Síntesis de
DIARIO DE MEXICO
Del jueves 10 de mayo de 1810

San Antonio confesor y obispo de Florencia.= En Roma, en tiempo de Alejandro, Palmacio cónsul, con su mujer, hijos y familia, en número de 42, muertos por la fe.= El mismo día padeció Simplicio senador, con su mujer, y 68 de su familia.= Nace Claudio César.

Con motivo de la invasión de los franceses en los reinos de la Andalucía

SONETO

El francés, me parece que primero
quisiera haberse visto derrotado
en los campos de Marte que burlado
como se ve a la faz del mundo entero.
Creyó entrar por los campos de FERNANDO,
como si ya no hubiese honor en España,
robar, y asegurar su infame mando.
Mas se engañó, porque encontró Gobierno,
resistencia, valor, guerra, arte y maña,
andaluces, la muerte y el infierno.

Nicodemo Blincedo

Conclusión de bando comenzado ayer

Posteriormente, habiendo venido el Sr. D. Francisco de Saavedra, prestó el mismo juramento el día 3 del corriente en manos de S. A. S. y demás Señores, y quedó reconocido e incorporado él.

Reconocido el consejo de regencia por la junta superior de la plaza de Cádiz, por los pueblos inmediatos que están libres de enemigos, y por el ejército de mando del Duque de Alburquerque, que se halla en este punto, quiere S. M. que sin la menor dilatación llegue a noticia de V. E. esta medida reclamada por las circunstancias y por la opinión pública, para que V. E. circule por el ministerio de la Guerra de su cargo, a quien corresponde.

Publicados estos reales decretos en el consejo pleno de Guerra y Marina, acordó su cumplimiento y así lo hizo presente a S. M. en consulta que dirigió a sus reales manos, manifestando su complacencia, en ver ya establecido un Gobierno constitucional, conforme a nuestras leyes, y depositada en él interinamente la soberanía de nuestro augusto monarca, el Sr. D. Fernando VII, que durante su ausencia de ejercer la Regencia hasta la convocación de las Cortes, con todo el lleno de poder y la Autoridad, confiando la Nación, que por notorio celo, actividad, patriotismo e instrucción que se reúnen las dignas personas que forman este consejo de Regencia, tomará nuestra defensa la energía y vigor que necesita, para arrojar de nuestro suelo a los satélites del tirano, restablecer la paz y quietud y ver en su trono a nuestro augusto Soberano.

《墨西哥日报》
1810年5月10日版面

二、1810—1928年：动荡的墨西哥党报时期

（一）活跃的政党报刊初期

1810年9月，墨西哥爆发了独立战争。战争前期的领导人、一个南部印第安村庄的神父米格尔·伊达尔戈（Miguel Hidalgo），于当年12月20日创办《美洲觉醒者报》（*El Despertador Americano*，1810年12月20日—1811年1月17日），这是墨西哥第一张具有明确革命思想的政党报纸，尽管党的形态尚处于雏形。伊达尔戈在报纸上提出了一系列具有社会革命性质的政治要求。该报只出版了7期，但发挥了很大的宣传鼓动作用，当时发行2 000份，这个数字已相当可观。这张报纸至今仍然是墨西哥以至美洲国家新闻界的骄傲。

1813年，墨西哥宣布独立。1820年国内形成自由派和保守派两大派别，前者拥护共和民主制，后者赞成恢复西班牙君主统治。直到1824年，墨西哥才确立为联邦共和国。1821年9月21日创刊的《墨西哥政治、军事日报》作为自由派的主要报纸，在揭露和推翻一度自封为皇帝的伊图尔维德（Iturbide）

的斗争中，发挥了重要的舆论作用。

1824 年制定的墨西哥宪法，是拉美历史上第一部共和国宪法，宪法赋予了公民言论、出版等项自由，废除了异教裁判所。因此，从这部宪法颁布起，墨西哥人民形式上获得了新闻出版自由。建国初期，墨西哥从首都到各省出现了约 40 家报刊，它们大多属于各个党派，因为人们的热情在于政治。由于 300 年来西班牙封闭式的殖民统治，墨西哥缺乏实行民主制度的政治经验和市场化的经济基础，以及必要的实行民主制的公众的文化素养，国家在此后的近百年陷入了长期的混乱之中。鉴于这个背景，墨西哥的报刊很不稳定。其中存在时间较长而且较为著名的自由派报纸是《19 世纪报》（*El Siglo Diez y Nueve*，1841—1896）和《共和国箴言报》（*El Monitor Republicano*，1844—1896）。保守派的报纸以《墨西哥政府报》（*El Telégrafo. Periódico Oficial del Gobierno de los Estados Unidos Mexicanos*）为代表，另外还有《秩序报》《国民思想报》等。政治论战是报纸的主要内容之一。

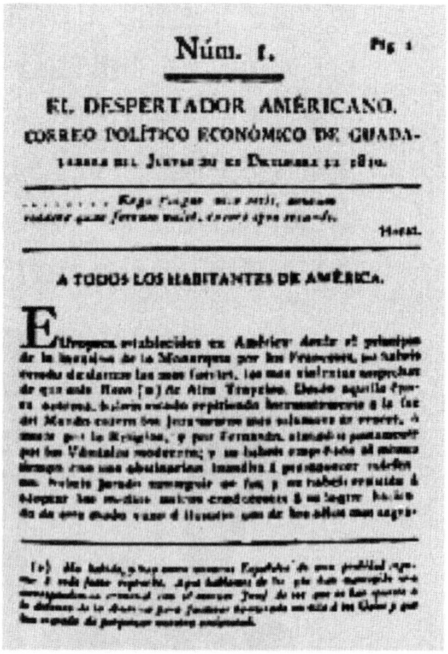

Núm. 1.

EL DESPERTADOR AMÉRICANO.

CORREO POLÍTICO ECONÓMICO DE GUADA-

A TODOS LOS HABITANTES DE AMÉRICA.

1810 年《美洲觉醒者报》创刊号头版

1855 年，印第安人贝托尼·胡亚雷斯担任总统。在他的主持下，1857 年，墨西哥制定了一部更为民主的宪法，这部宪法专门设立了一项“权利法案”，以保障公民的言论和新闻出版自由以及其他各项自由的权利。该宪法还有一个特别的第 128 条，申言如果这一文献遭到废弃，那么当其恢复之时，凡是犯有废弃宪法罪行的人，都将依照宪法条款予以审讯。在这部宪法的氛围下，言论性的期刊得到了发展，其中有代表性是伊·曼·阿尔塔米拉诺（I. M. Altamirano）主办的《文艺复兴》（*El Renacimiento*）和古·纳黑拉（G. Najera）主办的《蔚蓝评论》（*Revista Azul*），这两个期刊将篇幅开放给持各种思想的人士，包括自由派、保守派，甚至包括支持法国帝政的人，力求将各种对抗派别融合为单一的墨西哥民族的主流思想。

（二）迪亚斯独裁引发的对新闻出版自由的思考

1872 年胡亚雷斯逝世。经过几番较量，曾经是胡亚雷斯战友的印第安人波菲里奥·迪亚斯（Porfirio Díaz）靠武力于 1876 年当上了总统。他继续了胡亚雷斯发展经济的进程，但是中断了国家的政治民主进程。为了维持社会的“稳定”，他组织旧日的匪徒建立了“乡警”，用残酷的手段维持秩序、对付反对他的人；当报刊批评他的政策时，便禁止宪法规定的出版自由。他强行修改宪法，使自己得以连选连任六届总统。1896年，他创办官方的综合性报纸《公正日报》（*El Imparcial*），而自由派的主要报纸《19世纪报》和《共和国箴言报》同一年被迫停刊，就连生活类的《家庭日报》，也因批评迪亚斯的独裁，其负责人被抓进监狱。

迪亚斯（1830—1915）

EL IMPARCIAL

DIARIO ILUSTRADO DE LA MAÑANA

¡CIEN MIL LECTORES!

Importancia del ahorro

A LA COLONIA OAXAQUEÑA

EN LA UNIVERSIDAD DE MEXICO

GOBERNADOR INTERINO

Numero extraordinario.

EL PULQUE EN INGLES

《公正日报》1897年9月12日创办一周年时的头版

国家经济在迪亚斯的领导下确实取得了很大的发展，偿清了大部分债务，为墨西哥后来的经济发展奠定了基础，但付出的社会及政治代价却实在太高了。迪亚斯统治时期整个国家变成了一部服从于他的政治机器，从上到下造就了一小撮形同僵尸的官僚、一群依附于官方的学者、一个被收买而保持沉默的新闻界。[①] 经济改革与政治僵化二者的绝对失衡，终于导致1910年爆发了旨在政治改革的全国性民主革命。第二年迪亚斯被迫流亡巴黎，四年后去世。至死他也不理解自己为国家经济发展做出了贡献，为什么人民会背弃他。革命中，“有效选举，不得连任”替代了当时所有官方信函结尾“您忠实的”字样，可见人们对于这种政治独裁的痛恨。

（三）从政党报刊时期向商业报刊时期的转变

经过一段政治动荡，1917年新宪法的颁布标志着墨西哥进入了一个新的历史时期。这部宪法吸取迪亚斯独裁的教训，照顾到墨西哥各阶层，包括广大工人和印第安人的利益，重申不得侵犯人民的言论、出版等各项基本的自由权利。

民主革命中，涌现出一批新的报纸，其中至今仍在出版的报纸有

---

① 克莱因．墨西哥现代史［M］．天津外国语学院、天津师范学院《墨西哥现代史》翻译组，译．天津：天津人民出版社，1978：41.

1916 年 10 月由革命参加者菲里克斯・巴拉维西（Felix Palavicini）创办的《宇宙报》（*El Universal*）、1917 年 3 月由拉法埃尔・阿尔杜辛（Rafael Alducin）创办的《至上报》（*Excelsior*）。现在墨西哥的报纸，一般最远只能追溯到 1910—1917 年民主革命时期。此前出版的报刊，自由派的被迪亚斯扼杀，迪亚斯的官方报刊因发生革命而停刊。

Hoy A las 11 Horas Llegarán a México los Restos de Pedro Infante
EXCELSIOR
Pedro Infante Pereció Ayer al Caer el Avión que Copiloteaba

早期的《至上报》

随着民主政体的最后确立，墨西哥的报业开始逐渐进入商业报刊时期，报刊的党派色彩渐渐淡化，商业色彩显现。这个转折点可以 1928 年由巴勃罗・朗卡利卡创办的小型报纸《新闻报》（*La Prensa*）为标志。该报仿照美国美分报的传统，文字通俗易懂，以社会新闻为主，当时达到每期 52 版，很快吸引了大量市民读者。

三、1928 年以后走向市场的墨西哥新闻传播业

（一）新闻传播业走向市场的前期发展

19 世纪 20—40 年代，当时的几任总统都比较关注扫除文盲的工作，使得半数墨西哥成人得以识字。这不仅对于国家的经济发展具有重大意义，也给报业带来了发展机遇。在这种新的环境下，又有一些较重要的报纸诞生，其中有代表性的是 1936 年创刊的《消息报》（*Novedades*）和 1947 年创刊的《欢呼报》（*Ovaciones*）。前者适应经济建设的新形势，以报道商业新闻为主，并首先打破了传统的八栏排版法，让新闻照片上了头版；后者是小型体育日报，在和平时期拥有了众多的读者。大众化的杂志也在这一时期出现，发行较广的如《一切》（*Todo*，1933 年创刊）、《冲击》（*Impaco*，1949 年创刊）等。

与此同时，墨西哥的广播业开始崭露头角。1921 年 10 月 9 日，在墨西哥北部城市蒙特雷，民营的试验电台取得成功。1923 年，政府批准开办民营商业台。由于在政治大选中广播发挥了宣传作用，这一媒介迅速得到发展。墨西哥广播电台大都为民营，公营台最早建于 1924 年，主要是教育台。初期的广播电台中，最著名的是埃米尔・阿斯卡拉卡（Emilio Azcarraga）1930 年创办的拉丁美洲之声电台（XEW）。到 1956 年，全国所有城镇均有了广播电台。

墨西哥电视首次较大规模的试验播出，是 1946 年转播米格尔・阿莱曼

(M. Aleman）总统的就职实况，当时颇为轰动。1950年，阿斯卡拉卡首先在墨西哥城创办了电视四台。接着，《消息报》的所有人罗慕洛·奥法利尔(Romulo O'Farril）于1951年创办了电视二台；发明家冈萨雷斯·卡马利纳(Gonzalez Camarenal）于1952年创办电视五台。到1959年，全国的电视台已有20座。

这一时期，墨西哥第一家通讯社诞生，即1935年建立的美洲通讯社。

(二)媒介集团及报纸合作制的形成

随着墨西哥新闻媒介的市场化，媒介的垄断集团开始出现。较早的报团是20世纪40年代由预备役上校加西亚·巴尔塞卡（Garcia Valsaca）组建的报团墨西哥出版组织，该报团拥有36家地方日报，以及体育报《此地》(*Esto*)。

电视台的集中开始于1955年，这年墨西哥电视二台、四台和五台联合组建为墨西哥电视网（Telesystema）。这个公司的实际控制者是1946—1952年在位的总统米格尔·阿莱曼所控制的财团。阿莱曼是促进墨西哥民营电视业发展的主要人物，他的财团也成为控制墨西哥电视业的最大财团。

1968年，墨西哥的蒙特雷财团创办独立电视台，与阿莱曼财团的墨西哥电视网发生利益冲突。1973年1月，在政府的调解下，双方合并为墨西哥电视公司。

20世纪60年代墨西哥又出现一次创办新日报的高潮，在这批新日报中，崭露头角的主要是1965年的《墨西哥太阳报》(*EI Sol de Mexico*)、《墨西哥先驱报》(*El Heraldo de Mexico*)。前者由墨西哥出版组织创办，该报团的报纸均以“地名＋太阳”为报名，形成一个体系；后者是由阿拉尔贡（Alarcon）家族创办的。

1974年，由于加西亚·巴尔塞卡拖欠政府纸张贷款，在政府的干预下，墨西哥出版组织进行改组，从而为后来阿拉尔贡家族控制墨西哥出版组织铺平了道路。在以后的竞争中，阿拉尔贡家族通过购买许多报纸的部分股份，实际上控制着墨西哥三分之一的报纸，从而形成墨西哥最大的报团。它曾在20世纪80年代一度拥有美国的合众国际社。

阿莱曼集团和阿拉尔贡集团在媒介方面又是相互渗透的。阿拉尔贡集团拥有墨西哥广播电视业总股份的四分之一；阿莱曼集团也拥有墨西哥的主要报纸《消息报》和50多种期刊。

墨西哥公营的电视7台和13台由于经营不善，1993年拍卖给了墨西哥主要经营廉价零售连锁店的阿兹特卡公司（Azteca)。于是，该公司成为墨西哥电视公司的主要竞争对手。1997年，它的媒介产业占有墨西哥电视广告收入的33%。阿兹特卡公司加盟媒介产业，打破了墨西哥电视公司的绝对垄断。1995

年，墨西哥电视公司占有全国观众市场的81%，到1998年已经下降到70%。

墨西哥主要报纸中有的采用了较为独特的"合作所有制"经营形式。20世纪30年代，因报社内部劳资冲突，《至上报》和《新闻报》根据墨西哥合作企业法，先后改为合作所有制，即报社全体职工参与投资和分红，享有平等的权利，不以追求利润为目的。当然，这种合作制的报纸，主要领导人是握有实权的。此后，采取这种体制的报纸还有《日报》《一加一报》。

（三）20世纪下半叶新闻传播业的发展

1981年，墨西哥《金融报》（*El Financiero*）创刊，该报为独立报纸。这说明墨西哥经济发展对于信息的需要已经达到一个新层次。

墨西哥曾经长期无较大的通讯社。直到20世纪80年代，墨西哥通讯社（简称NOTIMEX，1968年建立）逐渐在众多小通讯社中脱颖而出，成为墨西哥最大的通讯社。

20世纪80年代起，有线电视进入墨西哥。其中最大的是墨西哥电视公司的有线电视网（Cablevision），居第二位的是多视像电视网（Multivision）。

1993年，以报业为主的墨西哥改革集团（Grupo Reforma）兴起，在总裁兼首席执行官亚·琼·德拉维加（Alejandro Junco de la Vega）的带领下，发展非常迅猛，从北方的省城蒙特雷排名第二的报纸《北方报》（*El Norte*）做起，进而进军墨西哥城，于1993年创办《改革报》（*Reforma*），使该报一跃成为全国名列前茅的大报之一。该公司在全国四个大城市各拥有一家日报，还拥有新闻周刊《进程》（*Proceso*）、《塞塔》（*Zeta*）。《改革报》政治上不倾向于特定观点，为发展墨西哥现代的、客观的和有操守的新闻业开辟了一条新路。改革集团建立和推行读者评议会制度。

四、墨西哥新闻传播业目前的格局

墨西哥新闻传播业从业人员的素质、职业规范、受众的文化和接受层次以十分缓慢的速度获得进展。直到20世纪八九十年代，新闻传播业才不知不觉地一定程度上实现了现代化，成为拉丁美洲18个西班牙语国家中发展最成熟的国家。

墨西哥两个最大的媒介集团：一个是以电视业为主，兼顾其他新闻媒介和体育、娱乐产业的阿莱曼集团；一个是以报业为主，兼顾其他新闻媒介的阿拉尔贡集团。

阿莱曼集团控制的主要媒介公司，便是近年来开始闻名于世界的墨西哥电视公司（Grupo Televisa，S. A. B.，音译特莱维萨公司）。墨西哥电视公司是西班牙语世界最大的传媒公司，也是世界上制作西班牙语节目最多的公司。

该公司拥有四个无线电视台（二、四、五、九台）和298座地方电视台、一个有线电视网和一个卫星数字电视网、17家广播电台、几十家报刊（主要是杂志）、三家唱片公司，以及大型体育场、斗牛场、广告公司、广播艺校、足球队等产业，触角伸向社会生活的各个领域。该公司从1988年起，滚动播出有线电视新闻频道ECO，被称为西班牙语世界的CNN。该公司一年制作5万小时的节目，使用40种语言，销售到世界上百个国家。近几年来，墨西哥电视公司的节目出口量大于美国CBS、ABC和NBC出口节目量的总和。

墨西哥电视公司的标识

墨西哥肥皂剧

墨西哥电视公司的肥皂剧在世界上较为著名，演员都是公司雇员，所以制作成本较低，仅为美国电视剧的四分之一。由于制作成本较低，所以在国际和国内的市场上都占有很大的价格优势。该公司竭力拓展海外市场，每年仅发行肥皂剧的总收入就为4亿美元，其中50%的销售收入来自欧洲，20%来自澳大利亚和非洲，剩余的销售收入来自南美和亚洲等地区。该公司的肥皂剧出口到了世界80多个国家（包括中国，但不多）。该公司的节目销售方式灵活多样，除了大量的广告宣传外，其可以根据买方的需要对电视节目进行改编、缩编等。

被称为“墨西哥玫瑰”的肥皂剧明星萨尔玛·海耶克

墨西哥的电视台超过 750 家，有广播电台1 378 家。广播电台中，最大的是拉丁美洲之声，属于阿莱曼集团，拥有 30 多个附属台，形成覆盖全国的广播网，收听率居全国首位。而有代表性的教育文化台是墨西哥自治大学的大学广播电台。

墨西哥有日报约 340 家。像其他拉丁美洲国家的情形一样，由于长期的文化接受传统，即使当代公众的文化水准已经大大提高，养成阅读印刷媒介习惯的人仍然不够多。所以在墨西哥，发行量 20 万份以上的报纸和 10 万份以上的杂志，就算是大型的了。比较有名的报刊，都集中在首都墨西哥城。墨西哥的电视观众数量，远远超过印刷媒介的读者。从影响力和发行量两方面来衡量，以下报纸属于墨西哥的主要报纸：

(1)《至上报》。墨西哥影响最大的报纸，墨西哥历史悠久的报纸之一。原为民营，后改为合作经营，每日出版三次（晨报、午报和晚报）。

(2)《改革报》。该报隶属于改革集团，1993 年创办。报纸内容突出读者的兴趣爱好，广告和编辑并重。同时，禁止墨西哥新闻界由来已久的贿赂及送礼的传媒恶习。报纸注重读者的参与，让读者监督报纸内部的编辑过程。

(3)《宇宙报》。现存墨西哥历史最悠久的在首都出版的日报，由墨西哥全国报业公司经营。该报网站每月平均访问者超过 1 600 万，页面浏览量为 1.4 亿。

(4)《墨西哥先驱报》。该报属于阿拉尔贡集团，由于资本雄厚，与大财团联系密切，因而是一份很有影响力的报纸，每天几十个版。

(5)《新闻报》。最早的大众化报纸，以市民为主要读者对象，现为合作经营性质。2020 年 2 月，该报因发表一个血腥案件中尸体被肢解的照片而受到广泛批评。

(6)《墨西哥太阳报》。新一轮大众化报纸的代表，每天出版晨报和午报，属于阿拉尔贡集团。

(7)《消息报》。侧重经济新闻的综合性报纸，属于阿莱曼集团。它本身亦是个报刊集团，另出版一份晚报、一份英文版《消息报》(*The News*，也是墨西哥唯一的英文报纸)，还拥有 6 家地方报纸和 18 家杂志。

(8)《欢呼报》。侧重体育新闻的综合性报纸，畅销全国，由墨西哥出版印刷股份公司经营。

2020 年，墨西哥前三位的网络媒体分别是 El Universal online、TV Azteca News online 和 UnoTV online。[①] 下面对墨西哥的主要网络媒体略作介绍。

---

① NEWMAN N，FLETCHER R，SCHULZ A，et al. Reuters Institute Digital News Report 2020 [EB/OL]. [2020-09-30]. http：//www. digitalnewsreport. org/survey/2020/mexico-2020/.

El Universal online，隶属于《宇宙报》。这是墨西哥的老牌媒体公司，目前不仅在传统媒体中颇受欢迎，也引领着在线新闻市场。

Aristegui Noticias，这是以前CNN记者卡门·亚里斯特吉（Carmen Aristegui）的姓命名的网站，在提供调查报道方面具有优势，采用内容营销与品牌合作、分发的业务模式。

UnoTV online 隶属于电信公司America Móvil，提供有关墨西哥和世界各地关于体育、娱乐、金融等方面的新闻信息，由其母公司保障数字发行。UnoTV拥有很高的市场占有率。

El Universal online 的页面

五、墨西哥网络传播现状

2020年，墨西哥互联网的普及率已达到66%。92%的墨西哥受访者拥有智能手机。墨西哥用户的上网时间为每天8小时21分，使用社交媒体的时间为3小时25分。① 网络媒体和社交媒体是墨西哥最受欢迎的新闻来源，大多数互联网的新闻访问都是通过智能手机（81%）进行的。

在社交媒体方面，2019年墨西哥约有7 700万社交媒体用户。使用的社交媒体有Facebook、YouTube、WhatsApp、Facebook Messenger、Twitter和Instagram。② 2020年的一项调查显示，84%的墨西哥人每月至少在Facebook上发帖一次。③ 但墨西哥用户对于社交媒体上的新闻和信息信任度较低。墨西哥年龄在35岁以下的成年人中有88%使用社交媒体，而年龄在50岁及以上的成年人中大约只有34%。④ 在Facebook、Instagram和Twitter等社交媒体中，18～34岁的年轻群体占大多数。

墨西哥的Facebook用户中约有4 670万是女性，超过了半数。2020年5

① HootSuite，We Are Social. Digital 2000：Mexico［EB/OL］.（2020-02-11）［2020-09-30］. https：//datareportal.com/reports/digital-2020-mexico.

② NEWMAN N，FLETCHER R，SCHULZ A，et al. Reuters Institute Digital News Report 2020［EB/OL］.［2020-09-30］. http：//www.digitalnewsreport.org/survey/2020/mexico-2020/.

③ YEUNG C. Social Media Usage Statistics by Country：Most Active Users［EB/OL］.（2019-09-12）［2020-09-30］. https：//www.synthesio.com/blog/social-media-usage-statistics-by-country/?utm_medium=blog&utm_source=ipsos&utm_campaign=socialmediausage.

④ SILVER L. Smartphone Ownership Is Growing Rapidly Around the World，but Not Always Equally［EB/OL］.（2019-02-05）［2020-09-30］. https：//www.pewresearch.org/global/2019/02/05/global-technology-use-2018-appendix-e-detailed-tables/.

月，女性占墨西哥 Instagram 用户的 54%。① 这种情况在 Twitter 上稍有不同，截至 2020 年 2 月，墨西哥超过 60%的 Twitter 用户是男性，而女性则接近 40%。②

第五节　巴西新闻传播史

巴西面积 851 万平方千米，人口 2.1 亿（2019 年）。巴西不同于拉丁美洲的墨西哥或秘鲁，那里在欧洲人到来之前就已经存在较高形态的印第安文明。巴西辽阔的土地上散居着的印第安人部落当时处于原始状态。葡萄牙统治时期，对巴西的新闻传播并不重视，管制较为松弛。巴西帝国建立后，新闻出版自由是由皇帝恩赐的，历经几次国内政局的变化，新闻界总体上保持了相对的独立性。20 世纪末期以来，巴西经济快速增长，新闻传播业尤其是电视媒介显现出强劲的发展势头。

一、葡萄牙统治时期的新闻传播

1500 年 3 月 9 日，葡萄牙探险家佩德斯·阿尔瓦雷斯·卡布拉尔（P. A. Cabral）率领一只船队本来是要东去印度，却无意中在 40 天后，到达了现在巴西东端的塞古鲁港一带，发现了这块大陆（当时以为是一个大岛）。随船的“史官”（又译“记事者”）卡米尼亚（Pêro Vaz de Caminha）于这年 12 月 15 日发出第一封关于这次发现的信，这是关于巴西最早的新闻传播。他详尽地描述了船队与印第安人的接触，报道了这里印第安人的生活，并且及时地传播了这条新闻。

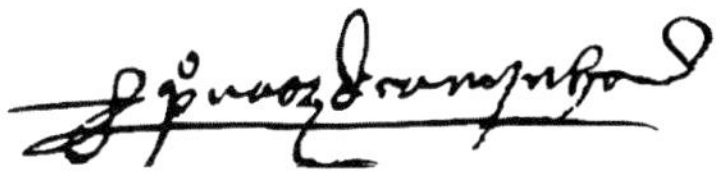
卡米尼亚 1500 年 12 月 15 日发现巴西的信件上的签名

然而，此后整整 300 年，巴西竟一直没有出现报刊这种现代传媒。葡萄牙当权者既没有力量，也不愿认真开发巴西。1615 年，即葡萄牙发现巴西 100 多年后，在巴西数千千米的沿海居民点，总共只有约 3 000 葡萄

① CHEVALIER S. Distribution of Instagram Users in Mexico as of May 2020, by Gender [EB/OL]. (2020-06-22) [2020-09-30]. https://www.statista.com/statistics/866184/instagram-user-share-mexico-gender/.

② NAVARRO J G. Distribution of Twitter Users in Mexico as of February 2020, by Gender [EB/OL]. (2020-09-16) [2020-09-30]. https://www.statista.com/statistics/977130/twitter-mexico-gender-distribution/.

牙人。葡萄牙政府不鼓励农民移民巴西，到这里来的主要是官吏、商人、军人和其家属；而从非洲贩运来的黑人奴隶和土著印第安人是不识字的。在这种情况下，社会交往显然不需要报刊。

1750年后的若干年内，葡萄牙国王派庞巴尔侯爵（Pombal）在巴西实行新政，初步建立了现代商业体系，给予印第安人平等权利。由于在巴西的白人很少，葡萄牙对其统治较为松弛，这次印第安人的解放以及后来黑人奴隶的解放，造就了巴西民族同化的意识。

美国历史学家艾·巴·托马斯（Alfred Barnaby Thomas）评价庞巴尔时写道：他的社会措施开创了“伟大的巴西思想：把一切等级和肤色结合在以绝对平等为立足点的一个政治团体中”[①]。因此，巴西后来的新闻传播业，很少存在长期困扰其他国家的种族歧视问题。巴西文化是少有的印第安文化、撒哈拉以南非洲文化和欧洲文化和平融合的典型。

1808年，拿破仑军队占领葡萄牙。在英国舰队的护卫下，葡萄牙王室转移到巴西南部的沿海城市里约热内卢。在这里，很快围绕王室的需要建设起一套文化设施，包括学校、博物馆、商业街。1808年9月10日，葡萄牙王室用随船带到巴西的第一部印刷机，出版了巴西第一家报纸《里约热内卢公报》（*Gazeta do Rio de Janeiro*）。当然，这是一份官报。巴西的新闻业没有经过漫长的发展过程，从零开始，一下子拥有了相当现代化的报纸。

GAZETA DO RIO DE JANEIRO.

SABADO 10 DE SETEMBRO DE 1808.

Londres 12 de Junho de 1808.

Noticias vindas por via de França.

Amsterdão 30 de Abril.

1808年的《里约热内卢公报》

同年，居住在伦敦的巴西商人、共和主义者何塞·马丁在那里创办了政治性的《巴西邮报》（*Correio Brasiliense*）和文学性的《文学艺术报》，秘密运回国内散发。1822年，《巴西邮报》转到国内出版。作为对英国的答谢，葡萄牙开放了巴西的口岸。这对于巴西迅速被纳入世界交往体系以及巴西新闻业的发展，具有重要意义。

二、1822—1922年：巴西的党报时期

1821年葡萄牙国王诺奥六世返回里斯本，其子于第二年宣布脱离葡萄

① 托马斯．拉丁美洲史：第2册［M］．寿进文，译．北京：商务印书馆，1973：404.

牙，建立巴西帝国，是为佩德罗一世，都城在里约热内卢。由于佩德罗一世是在巴西资产阶级和知识界的拥戴下登基的，因而1824年制定的帝国宪法，在较广的幅度上允诺了言论和新闻出版自由。鉴于300年殖民统治时期巴西没有出版过一件印刷品，没有书报检查的经验，葡萄牙王室迁到巴西后的官报时期十分短暂，对新闻的管制也不严厉，巴西帝国从一开始就给予新闻界相对多的言论和新闻出版自由，这就无形中形成了巴西人自由阅读的思想，以及报刊自由批评政府的传统。

新闻出版自由在较长的时期内并没有给巴西的发展带来多少明显的推动，甚至有时新闻界因短视而站在反动立场上。

（一）巴西帝国时期的党报

巴西帝国的皇帝作为"家长"，平衡着国内政治方面的保守、自由两派。这两派都有自己的报纸，在维护君主制的前提下经常发生着琐碎的争论，这便是巴西党报时期的特征。

1827年，佩德罗一世下令废除新闻检查制度。1828年，巴西共有报纸和期刊25种，其中多数是党派报刊，15种集中在里约热内卢。在佩德罗二世（1831—1889年在位）前期，党派报刊之间的论战一度颇为热闹，其中有代表性的是自由派安德拉达（Andrada）兄弟（1823年曾被佩德罗一世放逐）创办的《塔莫约报》（*O Tamuyo*），这原是16世纪聚集在圣保罗一带的印第安人部落的名称，因反抗葡萄牙而闻名，取这个刊名意在排除葡萄牙的势力。中间性质的如埃瓦里斯托·达维加创办的《曙光》（*Aurora*），主张有限皇权。《巴西帝国》（*Imperio do Brazil*）则为皇帝辩护。圣保罗的自由派报刊主要有1854年创刊的《圣保罗邮报》《公理报》等。当时报纸公开批评皇家政府、地方当局和敌对党派的情形并不少见。19世纪五六十年代，一批重要报纸先后问世，包括《里约热内卢日报》（*Diario do Rio de Janeiro*）和《商业日报》（*Jornal do Comercio*）。

由于当时巴西文化方面非常落后，"甚至是最有名气和最为生动活泼的报纸，按照今天的标准来衡量，也要显得枯燥无味，版式拙劣"①。反映那个时期的巴西电视剧《女奴》中有一段情节：通缉伊佐拉的布告刊登在报纸上后，她的朋友将当地小城市订阅的三份报纸扣下来，就封锁了消息。这段故事真实地反映了当时新闻传播的落后状况。

1870年，在巴西保守派和自由派之外，出现了第三个党派，即共和派。第一张共和派机关报《祖国报》这年在圣保罗创刊，主编金蒂诺·博卡尤瓦

---

① 贝洛．巴西近代史：上册［M］．辽宁大学外语系翻译组，译．沈阳：辽宁人民出版社，1976：9－10.

(Quintino Bocaiuva)。随后，共和派报刊渐多，影响增大。其中较有名气的是里约热内卢的《共和国》(*A República*) 和《新闻日报》、圣保罗的《原野报》(*Gazeta de Campinas*，1878年创刊) 以及南部阿雷格里港的《联邦报》(1884年创刊)。1875年1月4日，17位主张共和的人士共同创办了《圣保罗州报》(*O Estado de S. Paulo*)。到1889年，全国共和派的报纸达到72家，相当可观。而保守派有一部分则进一步变成了保皇派，其代表报纸是《论坛报》。以中立自居的是里约热内卢的《商业日报》，在它的专栏“特约稿件”里，经常发表有报酬的文章，开展当代重大问题讨论。

创刊初期的《圣保罗州报》社址之一（绘画）

巴西帝国后期的报刊得以较快发展，除了政治思想传播的刺激外，当时已经相对发展了的交通和通信也为其提供了物质基础。这一时期巴西的铁路总长9 700千米，电报线路1.2万千米，修通了若干条运河，创立瓦斯照明体系，邮政系统从1880年处理5 000万件信件增加到1889年处理2亿件信件，1872年开辟了通往欧洲的海底电报线路。另外，1860年巴西有公立学校3 000所，1888年增加到6 000所，这也为形成起码的报刊读者群奠定了基础。

帝国和平地废除了黑人奴隶制度，也就挖掉了自身存在的基础，加上共和派报刊的长期影响，1889年11月，一场不流血的军事政变悄然结束了帝国的历史。人民对如此重大的政治体制的变动竟无动于衷，于是巴西进入了共和国时期（当时叫巴西合众国，1969年改称巴西联邦共和国）。共和初期的许多重要的当权人物，例如临时政府的外交部部长金蒂诺·博卡尤瓦、财政部部长鲁伊·巴尔博扎、内政部部长阿里斯蒂德·洛博，以及后来当上总统的萨莱斯，都是共和派报刊记者出身；另一位总统阿尔维斯则曾是一位保守派报纸的编辑。在确立共和国新闻自由体制方面，被称为理论家的首任陆军部部长和教育邮电部部长本杰明·康斯坦特（Bejamin Constant）发挥了很大作用，被赞誉为“完美无瑕的共和主义者”和“共和国未来统治者光辉的道德典范”，他于1891年大选前夕不幸逝世。

（二）巴西共和国初期的党报

由于对建国方略的意见分歧，巴西政党报刊间的论战依然相当激烈，以致发生过君主派报纸编辑部遭到暴力袭击的事件。报刊与当权者之间逐渐形成传统的监督态势。例如共和派的政治家鲁伊·巴尔博扎从财政部部长的位置上退下来后进入议会，在1891年创刊的《巴西日报》（*Jornal do Brasil*）主管经营，该报便成为他批评政府、宣传文官主义的重要媒介。即使在发生叛乱、施行戒严的时候，报刊依然对当权者不依不饶。贝洛就1892年时的情形写道："反对派报纸的自由，不曾因戒严而被剥夺，这时公开地鼓吹赶走政府首脑本人。有两份报纸，以语言刻毒而闻名：一份是帕达尔·马莱特发行的《战斗报》，一份是属于废奴主义演说家若泽·多·帕特罗西尼奥的《都市报》。"①

在地方上，这一时期则开始兴起代表利益集团的报纸。1895年在阿雷格里港创刊的《人民邮报》（*Correio do Povo*）代表南部牲畜加工业的利益；而同一时期东北部萨尔瓦多的《巴伊亚新闻》，反映渔业的利益；1825年创刊的报纸《伯南布哥日报》（*Diario de Pernambuco*），则代表北部农业区的利益。

共和派总统萨莱斯当政时（1898—1902年），开始实行一条原则，即政府的首脑绝不可以是政党的首脑，他的职能和审判长的职能一样，必须与党派政治分开。"他自己也摆脱了受党派控制的任何可能性，他促使联邦共和党的残部……迅速地解体。"② 这样，大约持续到独立100周年，巴西原来因政体意见的分歧而形成的政党消亡。

三、在政治混乱和经济建设中顽强发展的巴西新闻传播业

19世纪与20世纪之交，巴西报业的管理和所有制模式发生变化，报纸从私人所有的小型企业转为家族所有的大型公司。许多小型报纸停刊或被大报兼并。

20世纪初，商业报刊在巴西兴起，例如《圣保罗报》（晨报）和《晚报》（1921年创刊）、《环球报》（*O Globo*，1925年创办）、《米纳斯州报》（*Estado de Minas*，1928年创办）、《莱维商报》（1929年创办）、《首都人报》（1928年创办）等。20世纪的一些老报纸，特别是《商业日报》，仍然保持着威望。

1922年，由政府出面建立第一家试验性广播电台，第二年该台命名为"索谢达广播电台"，经费来自文化娱乐团体的捐款和少量广告收入。至1930年，巴西已有广播电台18家，多数为民营台，政府台即1936年由索谢达台改组而成的"梅克-PRA-2台"，属教育文化部。巴西由于形成了基于黑人

① 贝洛．巴西近代史：上册［M］．辽宁大学外语系翻译组，译．沈阳：辽宁人民出版社，1976：210.
② 同①339，349.

文化的传统的狂欢节，从1930年起，广播开始服务于狂欢节，获得很大收益，这一点大大刺激了广播业的发展。以后出现的电视，其发展速度较为迅速，也与转播狂欢节和转播足球赛有关。

巴西环球电视网直播2020年巴西狂欢节

1931年，巴西首次出现通讯社。这是由29家报纸和18家广播电台联合建立的南方通讯社。后来在这个通讯社的基础上又形成一个新闻业的联合社团——联合日报集团。1942—1951年，巴西的南美洲通讯社（阿萨社）因为在第二次世界大战中发挥了重要的通信作用，一度在国际上颇有影响。

（一）巴西新闻界与政治的关系

虽然新闻传播业逐渐商业化，但是巴西历史上形成的媒介监督政府的传统，不论政治如何动荡，都难以被完全压抑住，而且一定程度上变成了吸引受众的一种方法。不少新闻工作者都有过与政府斗争的光荣历史。在共和国的多数历史时期，总有或多或少的新闻记者遭到流放或监禁，但也总有一些媒介敢于继续批评政府。不过，这类批评常常只以站在政府对立面而自居，水平并不高，有时存在商业背景。例如阿尔维斯总统（1902—1906年在任）改造首都的工程建设，“每逢进行大规模工程时，公众舆论差不多总要普遍地起来反对他……主要的反对意见来自商人，他们几乎都是粗俗和顽固的葡萄牙人。他们得到了报界的支持，因为报界渴望他们登广告……新闻工作者和作家们，天天都在嘲笑他”。然而当街区焕然一新的事实摆在面前时，报纸又转变态度，称赞“里约变文明了”①。

巴西历史上发生过多次军事政变，这与政治家、民众、军队缺乏民主政治的基本素养有关，其中也不乏媒介盲目煽动鼓噪这个因素。一旦形成专制

① 贝洛．巴西近代史：下册［M］．辽宁大学外语系翻译组，译．沈阳：辽宁人民出版社，1976：373-382.

独裁的局面，新闻界又首当其冲地受到各种压迫。历史上有过两次较大的对新闻出版自由的限制，一次是 1930—1945 年和 1951—1954 年的所谓“瓦加斯独裁”时期，另一次是 1964—1984 年的军人政权时期。

总统热图利奥·瓦加斯（Getúlio Dornelles Vargas）在其统治时期大力发展经济，一定程度上满足了下层民众的利益要求。但这是在对社会实行强力控制、牺牲新闻出版自由的条件下取得的。1945 年，他在一次军事政变中被驱逐，民主制度恢复；1951 年通过民选，瓦加斯再次担任总统，1954 年因手下人刺杀一名记者，他被议会要求辞职而自杀。

1964 年巴西再次发生军事政变，此后开始了一个长达 20 年的军人政治专制统治时期。这个时期，执行新闻专制政策的代表性人物是军人总统埃米里奥·梅迪契（Emílio Garrastazu Médici，1969—1974 年在任）。尽管国家经济一度发展速度相当快，但是当权的军人在政治上对于批评政府实行相当严格的限制，法律规定了较为宽泛的事前书报检查，认定侵犯总统、副总统、参议院议长、最高法院院长荣誉和尊严的，构成犯罪。在一些媒体，官方还派驻检查官（这类人共有 90 多人）。法律禁止外国人在巴西开办大众传播业（科技艺术类除外）。1975 年 11 月，被监禁的圣保罗教育电视台新闻部主任赫佐格（V. Herzog）非正常死亡，引发了全国知识界的抗议运动和随后新闻界的“开放运动”。从 20 世纪 70 年代末起，巴西开始民主化进程，逐步开放新闻出版自由。1978 年取消对一些媒介的事前检查，1979 年废除书报检查。1984 年 1 月，全国民选文职总统，结束了军人统治。

军政府专制统治时期，巴西新闻传播业的发展受到了很大阻碍。但由于那个时期政党被取缔，报纸得以不受政党的直接控制。20 世纪 70 年代末，大多数报纸摆脱政治集团得以独立存在。

（二）巴西新闻传播业的进一步发展

巴西的新闻传播业经历了较多的磨难，但由于历史上形成的新闻出版自由的传统，即使是最集权的政府，也没有做到绝对限制新闻出版自由，限制最多的是对政府及其高官的批评，一定程度地谈论政治还是允许的。另外，媒介作为经营的企业，在经济上的限制相对少些。因而，巴西新闻传播业还是在稳步发展的。

在报刊方面，20 世纪 30 年代以后的版面编排大有改进，更加适应市民的口味，又一批新报刊诞生。其中有代表性的是 1951 年、1952 年在里约热内卢分别创刊的《今日报》（*O Dia*）和新闻周刊《标题》（*Manchete*）。

20 世纪 70 年代后，各大报纸开始新闻业务改革，出版次数增加、出版页数成倍地增长，恢复了报纸批评的传统，批评水平也有所提高。1968 年创刊的《阅读》（*Jeva*）是新一代的新闻周刊，以专题报道为主，图文并茂，评点入理，很快压倒了老一代杂志。

1950年9月，巴西首家电视台——图皮电视台（Tupi）在圣保罗开播。该台是由报人阿希思·沙托布里安创办的。巴西的电视台多数为民营。到20世纪60年代形成环球电视台、图皮电视台、标题电视台（Manchete）、骑士电视台（Bandeirantes）四大民营电视网。竞争中，图皮电视台于1980年倒闭。20世纪80年代，形成国营教育电视网，即巴西电视台（SBT）。

TRI

EDIÇÃO DA VITORIA

O GLOBO

CARNAVAL EM JUNHO

O primeiro: o salto de Pelé

Facultativo hoje e amanhã

MÉDICI ACERTOU O PLACAR

O "goal" do alívio

TIRARAM AS MEIAS DE TOSTÃO

1970年《环球报》报道巴西足球队在墨西哥世界杯夺冠

在诸多传播媒介的竞争中，环球集团公司20世纪70年代以后逐渐成为巴西最大的媒介集团。它最早起家于伊里内乌·马里尼奥1925年创办的《环球报》，以及由马里尼奥家族（Mariniho）1945年创办的环球广播电台。1965年马里尼奥家族再建环球电视台后，逐渐形成一个强大的综合性媒介集团。20世纪80年代该集团公司的总经理为中国荣氏家族成员。目前环球集团公司的总裁是罗贝托·马里尼奥，为巴西三大富翁之一。

四、巴西新闻传播业目前的格局

由于巴西在20世纪末21世纪初的经济发展速度在全球居于前列，它的新闻传播业也获得较快的发展。巴西人传统的信息接收习惯以音像为主，尽管现代人的文化水准已经大大提高，但是阅读印刷媒介依然有限，而电子媒介特别是电视却拥有最广泛的受众。因此，巴西媒介中得到最大发展的是电视。巴西最大的也是唯一的大型综合媒介集团，是以电视为龙头的环球集团公司。

（一）广播电台和电视台（网）

巴西与墨西哥、阿根廷为拉美三大电视强国。电视媒体是巴西主要的传播工具，带给人们充分的新闻和娱乐资讯。巴西有全国性电视台网5个，商业电视台227座，教育电视台20座。巴西广播电视少数由国家管理，多数民营。巴西广播公司为官方电台，国家电视台和教育电视台由政府管理。国营电视台主要通过各州的教育台和商业台组成覆盖全国的网络。播出的节目主要是新闻和教育节目，也有一些电视剧和电影，该网络的影响力不大。

巴西环球电视台晚间新闻

巴西现有的五大民营全国性电视网，按美国模式运作，它们的具体情况如下：（1）环球电视网（Rede Globo），隶属于环球电视公司，从 20 世纪 90 年代初起成为世界第四大电视网；（2）巴西电视公司（SBT）；（3）记录电视网（Rede Record）；（4）班德兰特斯电视网（Rede Bandeirantes）；（5）标题电视网（TV Manchete）。

巴西最大的电视台（也是电视网）是环球电视台。该台在全国拥有 50 多个发射台和数百个转播台，每天 24 个小时向全国广播，覆盖率接近 100%。该台历史上政治观点随风倒。20 世纪六七十年代，该台长期迎合政变军人政府，在军人独裁统治的最后阶段，又一反“政府附庸”的形象，号召直选总统，结束军人专制，充当了 20 世纪 80 年代的“政治公开化”的开路先锋，影响到巴西的政治进程。

在卫星和有线电视领域，巴西最大的有线电视系统是环球集团公司所属的巴西电视网（Net Brazil）。居第二位的是阿布里尔出版集团所属的四月电视网（TVA）。它们都通过卫星并经由电缆将节目传送到用户家中。这两大系统分别参与了泛拉美地区两家数字卫星直播电视台的角逐。

（二）通讯社

巴西有几十家通讯社，但规模都较小。目前勉强能够作为巴西通讯社代表的，只有官方的巴西通讯社（ABR）。该社每天多次播发供电台和电视台使用的简明新闻，大报纸有自己的通讯社，采用巴西通讯社的新闻稿较少。

（三）报纸

巴西的日报共 465 份（另外还有 2 020 家非日报），9 种报纸的发行量超过 10 万份，大都集中在圣保罗-里约地区。巴西报纸绝大部分为民营，官方只有极少数公报性刊物。圣保罗、里约热内卢以及新首都巴西利亚为三大报业中心。主要报纸有如下几家：

（1）《圣保罗州报》。该报已有140多年的历史，是公认的位居巴西首位的综合性日报，也是拉美地区资格最老的报纸。该报曾是南美洲发行量最大的报纸，立场较为保守、传统。该报还办有一家《圣保罗晚报》、一家电台和每天都要对外播发新闻的通讯社。

（2）《圣保罗页报》（*Folha de Sào Paulo*）。该报是由1921年创刊的晨报《圣保罗报》和《晚报》合并而来的一家综合性大报，接近市民心理，标题醒目，有较多的连续报道，发行量一度达到100万份。

（3）《环球报》。环球集团公司中最知名的印刷媒体，立场保守，但报道翔实。该报每天刊登漫画家契克的漫画，专栏“斯旺”所登载的新闻经常引起轰动。

（4）《商报》（*Gateza Mercantil*）。巴西最大的经济信息报纸，在圣保罗出版。该报可以追溯到莱维（Levy）兄弟1920年在圣保罗创刊的商品行情小报《工商报》，1929年他们在此基础上将其改组为《莱维商报》。1931年他们将所属其他几家经济类杂志与该报再合并，即为现在的《商报》。

O ESTADO DE S. PAULO

Tropas tomam posição de ataque

BC mantém juro básico em 26,5%, com viés de alta

《圣保罗州报》版面

（四）网络媒体

2020年，巴西排名前三位的网络媒体分别是 Globo News online（incl. G1）、UOL online 和 Record News online（incl. R7. com）。[①]

五、巴西网络传播现状

（一）网民的新闻获取

网络媒体和社交媒体是巴西主要的新闻来源。2020年，巴西社交媒体的新闻消费首次超过电视。在设备方面，受访者较多地使用智能手机获取新闻，

① NEWMAN N，FLETCHER R，SCHULZ A，et al. Reuters Institute Digital News Report 2020［EB/OL］.［2020-09-30］. http：//www. digitalnewsreport. org/survey/2020/brazil-2020/.

巴西街头玩手机的年轻人

对计算机的使用在减少。自 2013 年以来，印刷产品的读者人数减少了一半。

（二）社交媒体使用

截至 2020 年，巴西互联网普及率为 71%，巴西智能手机拥有率为 94%，网民每天使用网络的时间是 9 小时 17 分，使用社交媒体的时间是 3 小时 31 分。[①] 巴西用户对于社交媒体的使用有极大的热情，最受欢迎的社交媒体有 Facebook、WhatsApp、YouTube、Instagram、Twitter 和 Facebook Messenger。但不同年龄段和不同性别的用户对社交媒体的使用偏好也有一定的差异。巴西用户虽然热衷于使用社交媒体，但对于社交媒体上的信息一直抱有怀疑态度，对其信任度较低。

巴西网民在网络和社交媒体的使用上存在着年龄鸿沟。45 岁以下的互联网用户占用户的 90%以上，16～24 岁的受访者中有 97%使用互联网，25～34 岁的人群中互联网普及率为 96%；60 岁及以上的巴西人中，互联网普及率为 38%。[②] 智能手机的使用上，18～34 岁的人中有 85%拥有智能手机，而 50 岁以上的人中只有 32%。年龄 35 岁以下人群中，88%的成年人使用社交媒体，50 岁及以上的成年人中，约 29%人使用社交媒体。[③]

根据路透新闻研究所发布的《2019 年数字新闻报告》，巴西人是世界上

---

① HootSuite，We Are Social. Digital 2020：Brazil [EB/OL]. （2020 - 02 - 17） [2020 - 09 - 30]. https：//datareportal. com/reports/digital-2020-brazil.

② NAVARRO J G. Percentage of Internet Users in Brazil in 2020，by Age Group [EB/OL]. （2020 - 08 - 04） [2020 - 09 - 30]. https：//www. statista. com/statistics/254724/age-distribution-of-internet-users-in-brazil/.

③ SILVER L. Smartphone Ownership Is Growing Rapidly Around the World，but Not Always Equally [EB/OL]. （2019 - 02 - 05） [2020 - 09 - 30]. https：//www. pewresearch. org/global/2019/02/05/in-emerging-economies-smartphone-adoption-has-grown-more-quickly-among-younger-generations/.

社交媒体使用量最多的人群之一，并且几乎所有的顶级社交媒体品牌的使用率在过去一年中都再次大幅上升。其中，Instagram、WhatsApp 和 YouTube 用户的增长势头尤其强劲。①

小　结

本章介绍了美洲新闻传播业发展的一般情况以及英语区、西班牙语区和葡萄牙语区代表性国家的新闻传播史。就单个国家来说，本书对美国部分的介绍最为详细，因为美国新闻传播业 20 世纪以后对世界同行影响很大。其他国家，选取了美洲最北部的加拿大、拉美的代表性国家墨西哥和最大的葡萄牙语国家巴西作为代表。整体上，拉美各国新闻传播业的体制和发展路数大同小异，墨西哥、巴西作为代表足够。拉美作为美国的后院，那里的新闻传播业发展受美国影响的程度较大，读者应当透过不断变化的各国媒介生死兴衰，理解新的传播环境下以美国为代表的商业新闻模式所受的冲击和正在经历的转型。

本章思考题

1. 简述美洲以语言划分的三个地区的新闻传播业各自的发展特点。
2. 简述 1733—1791 年美国争取新闻出版自由斗争一气呵成的过程。
3. 简述美国 19 世纪 30 年代至 50 年代的四大美分报的概况。
4. 简述美国 19 世纪末 20 世纪初“黄色新闻潮”的发生、发展与退潮，以及“黄色新闻”概念的由来和内涵。
5. 简述《纽约时报》高级报纸风格的形成和对美国新闻业的影响。
6. 简述 1996 年美国新通信法案对美国和世界传媒发展的影响。
7. 简述加拿大新闻传播业的发展特点。
8. 简述墨西哥电视公司的历史与现状。
9. 简述巴西环球集团公司的历史与现状。

① NEWMAN N, FLETCHER R, KALOGEROPOULOS A, et al. Reuters Institute Digital News Report 2019 [EB/OL]. [2020-09-30]. http://www.digitalnewsreport.org/survey/2019/brazil-2019/.

第四章

亚洲（西亚除外）新闻传播史

学习要点

1. 了解东南亚、南亚、东亚和中亚新闻传播发展的特点。

2. 了解印度语言文化特点对新闻传播的影响，了解印度近年来新闻媒体的发展变化。

3. 了解印度尼西亚媒体发展的历史和迅速发展的新媒体使用情况。

4. 了解日本新闻传媒法西斯化的过程以及二战后日本新闻传媒发展的特点。

5. 了解战后韩国新闻业控制与反控制的过程。

6. 了解哈萨克斯坦哈语和俄语分布对媒体使用语言的影响。

第一节　概　述

亚洲不像美洲、大洋洲和撒哈拉以南的非洲地区，在世界地理大发现之时，亚洲各国已有千年甚至数千年的文明史。亚细亚社会与西方社会之间存在较大的文化差异，因而，当西方文化（包括新闻传播文化）来到亚洲的时候，东西方文化的碰撞是不可避免的。经过较长时间的磨合，西方新闻传播的形式和内容，无形中融入适当的东方内容，才逐步在亚洲生根。同时，古代东方的传播文化的某些要素也给予西方传播文化以影响。进入 21 世纪之后，世界报业格局出现明显变化，亚洲日报的发行量增速远超欧美。广电媒体的发展也同样迅速，当然，由于人口基数大、经济发展不均衡，亚洲国家新闻媒体的总体发展水平和人均占有量仍然是比较低的。

在网络数字化建设领域，亚洲国家的发展水平呈现出两极分化的状态，按照国际电信联盟（ITU）《衡量信息社会报告 2017》的 IDI 排行榜，在全球 192 个经济体中，亚洲既有排名第 2、6、10、18 的韩国、中国香港、日本、新加坡，以及位居中游的第80位的中国（大陆），也有第134、135、147位的印度、缅甸、孟加拉国。

一、东南亚

在西方人16世纪初到来之前，东南亚存在着许多历史悠久的较小的文明国家。例如现在印度尼西亚境内的加里曼丹岛上，4世纪至5世纪有古戴王国，爪哇岛西部有多罗摩王国。7世纪，苏门答腊岛上有室利佛逝王朝（当时是东南亚佛教文化的中心）。这些地方都留下了很多古代信息传播的遗迹。

印度尼西亚是通向东亚的必经海路，因而成为西方新闻传播文化最早在亚洲的落脚点（详见印尼新闻传播史一节）。西班牙人早在16世纪末就将印刷机带到了菲律宾，其后200多年也没有在那里出版过较正规的新闻性期刊。在东南亚活动的葡萄牙、荷兰和西班牙（当时荷兰是西班牙的一部分）作为商业民族，他们缺少主动传播新闻文化的意识。

PRINCE OF WALES ISLAND GAZETTE,
Published by Authority.
VOLUME 3. SATURDAY, OCTOBER 8, 1808. NUMBER 137.

1808年10月的《威尔士王子岛公报》

A ABELHA DA CHINA.
N.º IX. 1822.

《蜜蜂华报》创刊号

19世纪初，菲律宾才出现定期新闻刊物，而葡萄牙人1807年在中国澳门创办的第一家外文报纸《消息报》（*Diário Noticioso*，1807—1834），仅为了丰富修道院内的精神生活。后来澳门出现一家葡文报纸《蜜蜂华报》（*Abelha da China*，1822年），是葡萄牙人内部党派斗争的产物。不过，由于荷兰商人以荷属东印度公司为基地，在东南亚和东亚广泛开展贸易活动，使得东南亚和东亚就像一张白纸，他们无意中在印尼点下的这滴现代传播的“墨点”，缓慢地在这一带散播开了。

随着西班牙、荷兰、葡萄牙势力的衰落，英国从18世纪、法国从19世纪、美国从19世纪末开始，插手到东南亚和东亚。特别是英国，逐渐排挤荷兰、西班牙、葡萄牙，以各种形式进入这一带。这个地区的各国，大多在19世纪陆续出现最早的新闻业。马来半岛的第一家报纸是《政府公报》（*Government Gazette*），1807年更名为《威尔士王子岛公报》（*Prince of Wales Island Gazette*，PWIG）。该报1806年3月1日在槟城创办，终刊于1827年7月21日。最早的现代中文期刊同一时期（1815年）由英国传教士在马来半岛的马六甲创办。越南最早的报纸（法文）是法国人于1861年创办的。

西班牙控制的菲律宾，直到19世纪中叶才出现较为像样的报纸。1898年美国人从西班牙人手中接管菲律宾后，那里的新闻传播业一度发展较快（1908—1941年）。这个地区的广播出现得很早，大多是在20世纪20年代，但发展很慢，电视则出现于60年代以后。这个地区的国家都是“东盟”成员国，经济的总体发展居世界前位，但也不够平衡，其中柬埔寨由于连年战争、老挝由于所处的内陆封闭环境，不仅经济发展较弱，新闻传播业也很弱。

第二次世界大战期间，东南亚各国大多被日本侵占，日本迅速在占领地建立了法西斯主义的新闻传播业，其中泰国成为法西斯轴心国成员。日本投降后，各国人民要求独立，于是又与原来的西方宗主国之间发生战争或冲突，20世纪五六十年代，这一地区各国陆续获得独立（其中仅泰国只受到英、法的间接统治而不是直接统治）。

鉴于这些历史因素，东南亚新闻传播业的发展有以下一些特点：

（一）新闻传播政策呈现“自由主义加权威主义”的特色，经常在自由主义与专制统治之间摆动

历史给东南亚国家留下了西方新闻出版自由的传统，报刊以民营为主，但是殖民者出于政治的需要，给予报刊的自由是十分有限的。而这些国家原来的文化传统则属于东方专制主义，因而除了越南等国成为社会主义国家，其他东南亚国家独立后的新闻传播政策，形式上大多保留自由主义，实质上不同程度实行的是权威主义的强力控制。

这个地区多数国家存在种族、宗教、语言造成的冲突，为防止因这些问题引发社会动荡，各国当权者对传媒的控制均很严格。但是，这种控制本身也为统治者的独裁和腐败提供了便利，这是东南亚新闻政策呈现的二律背反。

20世纪90年代末，随着这个地区经济（包括信息经济）的飞速发展、民主化潮流的兴起（例如菲律宾、印度尼西亚）、领导人的年轻化和更迭（例如新加坡），新闻传播政策开始较多地趋向于自由主义。但是基于这个地区的文化传统，各传媒集团与当权者、政党之间的关系剪不断，理还乱，各传媒

集团对当权者已经形成一种谨慎对待的习惯，不会像西方社会那样呈现明显的对峙，而多少带有合作的性质。在这个意义上，即使民主化潮流席卷东南亚，新闻传播政策的自由主义与西方还是会有所不同。

（二）广播电视业和通讯社以国家控制为主

这个地区的广播业在殖民地时期就是政府直接控制，电视业大多也是独立后由政府出面创办的。通讯社有一些是民营的，但是主要的新闻源还是由国家控制。这种情形，部分原因也是基于这个地区的文化传统。20世纪八九十年代，多数国家开始允许广电业民营。但是现在广电的主导方面还是国营广电（有的采取了公营形式）。这里菲律宾是个例外，该国的广电是国营与民营并行，而且以民营为主。这与美国20世纪上半叶留下的传统有关。

（三）当权者控制华人新闻传播业

华人和华侨为东南亚国家的独立和经济发展做出了显而易见的贡献。英语、法语、西班牙语等外来语言的传媒在东南亚国家可以自由出版发行，而已经成为一种社会性语言的华语，以及作为东南亚各国民族文化一部分的中华文化，却受到一些国家官方的限制，不仅限制华语传媒，甚至禁止或限制华语教育。20世纪50年代，成批的华语报刊因此消失，例如在印度尼西亚（印尼新闻传播史一节有叙述）。20世纪50—80年代，中国陆续与东南亚各国确定了一人一个国籍的原则，在多数华人加入当地国国籍之后，以往的“华侨报刊”基本消失，而只有数量不大的“华人报刊”。后者获得相对稳定的发展，但由于以往的传统，强迫“同化”的环境依然威胁着华人传媒的生存。将华人主办的华语媒介与其他语种的媒介同视为本国新闻传播文化的一部分，有的国家正在朝这个方向努力，有的国家基本已经做到了，例如新加坡。

越南面积32.9万平方千米，人口9 610万（2019年）。越南在法国入侵前只有古代的传播形态，官方通过布告等方式发布法令。法国的入侵带来了现代新闻传播的因素。法国海军上将博纳德（Admiral Bonard）于1861年创办了法文《交趾支那远征军公报》（*Bulletin de I'Expedition de la Cochin Chine*）。[①] 这是在越南国土上的第一张报纸。第一张越南语报纸在越南南部嘉定（现在的胡志明市，曾用名西贡）出现的《嘉定报》（*Gia Định báo*，周报），于1865年出版，创办人张荣淇（Trương Vĩnh Ky）。目前越南的主要报刊为越共中央机关报《人民报》（*Nhân Dân*）、越南人民军总政治局机关报《人民军队报》（*Quân Đội Nhân Dân*）、胡志明市委机关报《西贡解放日报》

① 潘玉鹏．越南：历史、文化与传媒［J］．国际新闻界，1996（4）：5-9.

（*Sài Gòn Giải Phóng*）、河内市委机关报《新河内报》（*Ha Noi Moi*）、英文日报《越南新闻》（*Viet Nam News*）、越共中央政治理论刊物《共产主义》月刊等。越南通讯社为国家通讯社，1945 年创立。“越南之声”广播电台成立于 1954 年。越南电视台（VTV）原是越南之声的一个部门，1980 年播出彩色电视节目，1987 年 4 月 30 日采用“越南电视台”的名称并独立运行。越南互联网的普及和广泛应用开始于 2001 年政府放宽对互联网的限制之后，一些大型门户网站如 VnExpress、Vietnamnet、Nhân Trí 等纷纷创立。2020 年越南使用最为广泛的社交媒体是 YouTube、Facebook。

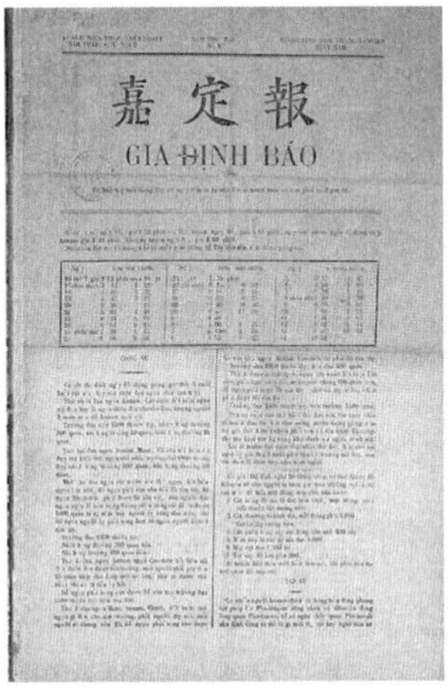
嘉定報
GIA-ĐỊNH BÁO

1866 年 1 月的《嘉定报》

越南电视台 2012 年元旦画面

泰王国面积 51 万平方千米，人口 6 900 万（2020 年），新闻传播业比较发达。1844 年，美国传教士创办的第一家在泰国出版的报纸是英文和泰文的《曼谷纪事报》（*The Bangkok Recorder*，泰文*บางกอกรีคอเดอ*），出版一年，后于 1865—1867 年复刊。第一次出版为月刊，第二次出版为双周刊。1903 年，曼谷出版了第一份华文报纸《汉境日报》。泰国国家广播电台于 1931 年开播。1955 年 6 月 24 日，曼谷一家电视台向市民第一次播放节目，从而使泰国成为亚洲大陆第一个播送固定电视节目的国家。[①] 如今的泰国媒体以私营为主，泰文媒体是主流媒体，英文和华文媒体居辅助地位。主要泰文报纸有《泰叻报》（*Thairath*）、《民意报》（*Matichon*）、《每日新闻》（*Daily News*）等，主要华文报纸有《新中原报》《中华日报》《星暹日报》《亚洲日报》等，主要英文报纸为《曼谷邮报》（*Bangkok Post*）、《民族报》（*The Nation*）等。泰国国家电视台（NBT）1985 年开播，前身为泰国 11 频道，2008 年改为现用名。社交媒体和互联网电视是目前泰国表现最好的媒体形式，传统媒体则不

---

① 周生．泰国的广播电视事业［J］. 现代传播，1983（3）：96－102.

断萎缩。2014—2019 年，已有 7 家数字电视频道因经营困难，决定向国家广电通委员会退回频道执照。已创刊 48 年的《民族报》在 2019 年 6 月 28 日终止纸本发行，改为网络发行。

新加坡面积 724 平方千米，人口 570 万（2019 年）。该国原是马来西亚的一部分，1965 年独立。1819 年英国在新加坡实行殖民统治。1824 年的英文报纸《新加坡纪事报》（*Singapore Chronicle*）是新加坡的第一份报纸。最早的华文日报《叻报》创刊于 1881 年。20 世纪 70 年代，新加坡政府对传媒进行改制，“将报刊集团拆散，把报刊变成公共公司，而电子媒体更全部以‘官控公营’的方式运作，商业利益在传媒系统中，从来没有起过很重要的作用”①。如今大多数主流报纸和杂志都由新加坡报业（SPH）控股所有，主要报纸有英文的《海峡时报》（*The Straits Times*）、《商业时报》（*The Business Times*），主要中文报纸为《联合早报》和《新明日报》。新传媒（Media Corp）是新加坡最大的内容制作商和广播电视公司，也是唯一的无线电视广播公司。大多数主流新闻网站都是当地的媒体品牌，隶属于新加坡报业和新传媒这两家媒体巨头。

๏หนังสือจดหมายเหตุ

THE BANGKOK RECORDER.

March 1st 1865. No. 1.

1865 年复刊第 1 号泰文《曼谷纪事报》

二、南亚

南亚次大陆的文明比东南亚要悠久，但是基本不存在古代的新闻传播。西方国家中，于 16 世纪最早到来的是葡萄牙人，随后是荷兰人，其中葡萄牙人还带来了印刷机，但是他们都没有想到创办新闻业。法国人来了，只是在印度半岛东南端马德拉斯停留了一段时间，仓促出版过报刊，不久就被英国人挤走了。南亚的新闻业，以当时英属东印度公司所在的两个大城市，即印度半岛东侧的加尔各答和西侧的孟买为中心，后来东南部的马德拉斯成为第三个中心。从 18 世纪末开始，现代报刊和广播电台逐渐在整个次大陆散开。

南亚地区人口过于密集，在约 500 万平方千米的土地上集中了超过 18 亿人口（2016 年），民族众多，语言复杂，宗教纷争较多，加上地形复杂，除

① 陈韬文．权力结构、经济发展与新闻体制：香港和新加坡的比较［J］．现代传播，1997（3）：1－11．

了大城市，交通通信落后，因而即使新闻传播有所发展，收音机、电视机社会拥有量较高，相比巨大的人口基数，便显得微不足道了。巴基斯坦、斯里兰卡新闻传播业发展不快，其原因与国内外冲突较多、经济发展受到制约有关。尼泊尔的媒体发展受到处于内陆深处的地理条件的限制。孟加拉国连年自然灾害，极为贫穷。缅甸新闻业发展缓慢，与其经济发展过于落后和长期的政治高压有关。不丹是个全民信佛的小国家，笃信人与自然的和谐关系，绝不牺牲环境来成就经济发展，没有现代印刷业。马尔代夫受到岛国的地形限制，传媒也难以形成规模。

巴基斯坦面积 79.6 万平方千米（不包括巴控克什米尔地区），人口 2.08 亿（2020 年）。1947 年，巴基斯坦与印度同时宣布独立。1845 年，在英属印度西部沿海城市卡拉奇，英国人纳皮尔爵士（Sir Charls Napier）创办官方报纸《卡拉奇广知报》（*Kurrachee Advertiser*），这是巴基斯坦最早的现代报纸。巴基斯坦独立时一些在现在印度境内出版的穆斯林报纸纷纷迁到巴境内继续出版，其中较重要的是《黎明报》（*Dawn*）、《战斗报》（*Jang*）。巴基斯坦境内原来英属全印广播公司的三个地方广播电台（白沙瓦、拉合尔、达卡电台），成为巴基斯坦国家广播公司的起家电台。巴基斯坦境内附属于路透社的印度联合新闻社分社，1949 年改组为巴基斯坦报业托拉斯，为当时巴基斯坦最大的通讯社。巴基斯坦与印度之间发生过多次战争，1971 年巴基斯坦战败后被肢解，原东巴省独立为孟加拉国，现在的巴基斯坦是原来的西巴省。该国家军事政变较多，军人执政时间比文官执政长久，因而新闻政策不够稳定，对媒介的官方控制较为严厉。广播电视由国家直接控制，报刊半数实际上官办，另一半民营（大多有党派背景）。

DAWN

India kills 2 troops invited to meeting

Balochistan completes third phase of LG polls

PM to go ahead with military courts, come what may

Delhi threatens to use 'double the force'

Sharif announces cut in oil prices

2015 年元旦的巴基斯坦《黎明报》

দৈনিক ইত্তেফাক

রক্ষণাবেক্ষণে নজর নেই শুধুই গাড়ি কেনা

পদ হারানোর ভয় আওয়ামী লীগে

孟加拉国《团结日报》

孟加拉国面积14.7万平方千米，人口约1.6亿（2020年）。原是巴基斯坦的东巴省，1971年建国。1850年英国人在达卡创办的《达卡新闻》，是孟加拉国最早的现代报纸。巴基斯坦时期于1953年创刊的孟加拉文《团结日报》（*The Daily Ittefaq*）成为该国主要报纸。原巴基斯坦地方性达卡广播电台（1929年最早由英国人开办）改为国家广播电台，原巴基斯坦联合通讯社东巴分社改为孟加拉国家通讯社。孟加拉国独立后，新闻出版自由政策相对稳定，广电为国营，报刊大多为民营（同样大多有党派背景）。

南亚国家中，新闻政策最倾向自由主义的是斯里兰卡（原名锡兰）。斯里兰卡面积6.5万平方千米，人口2 167万（2018年）。斯里兰卡原为英国殖民地，1848年独立。1802年创办的英国锡兰管区的官方机关报《政府公报》（*Government Gazette*），是斯里兰卡最早的现代报纸。现在斯里兰卡代表性报纸是《锡兰时报》（*The Times of Ceylon*）。1925年英国人建立的长波锡兰电台，成为该国的国家广播电台。该国1967年起将国营广播改为公营制，现在形成公营与民营并行的广播电视体制。报刊有200多家，完全民营，分别由几个较大的报团控制，商业化程度相对高些。1973年因党派斗争，曾发生过执政党以政府名义接管最大的报业公司（俗称“滨湖大厦”）事件，1977年恢复原状。

南亚东部的缅甸，面积67.6万平方千米，人口5 458万（2020年），1948年独立。1836年，英国人在缅甸毛淡棉（缅甸南部城市）创办《晨星报》（*Morning Star*）和《毛淡棉纪事报》（*Moulmein Chronicle*），是为缅甸最早的现代报纸。缅甸独立时，英国人和缅甸人办的报刊多数在日本占领时被封闭，只有《太阳报》（*The Sun*）和《新缅甸之光》（*New Light of Burma*）维持到光复之后。独立后原来的缅甸报刊到1950年均由于经济原因不复存在。1938年由英属缅甸政府建立的政府广播电台后被日本人接收，光复后盟军东南亚总部将该台改组为仰光电台，后改名缅甸电台。独立后该台成为政府的官方广播电台。1958—2011年，缅甸基本上处于军人的控制下，报纸不到10家，主导报纸为官方报纸，绝大部分在首都仰光出版，发行量很少。该国电视1980年开播。当时的缅甸政府禁止个人使用、拥有或进口传真机或调制解调器，违反者判处15年监禁。缅甸邮电部规定，创办网页需经政府批准，不得有任何政治内容。用户只有提供了由网络服务提供商签发的、确认使用者“于政治无害”的文件，才可以接入互联网。该国屏蔽了84%的网页和过滤了85%的电子邮件。

在泰国的缅甸民主派1990年创办了《伊洛瓦底报》（*The Irrawaddy*，缅甸语 ဧရာဝတီ），有英语和缅甸语两个版本。该报现在改为网站，被认为是反映缅甸政治、社会、经济和文化发展的最重要的新闻媒体。

2013 年 4 月 1 日缅甸民营报纸获准出版

从 2011 年 3 月起，缅甸半文官的新政府主政，新闻政策较为平稳地发生了变化。2011 年 10 月 27 日，新政府宣布正式解除对 Facebook、Twitter、BBC、YouTube、VOA 等网站的封锁。2012 年 6 月，取消新闻审查制度。2013 年 4 月 1 日，缅甸政府宣布允许民营日报出版，当日有 16 种报纸获准出版。此后缅甸的新闻媒体获得了有限的自由，但新政府仍然采用专制的新闻控制方式。

三、东亚

东亚包括中国、日本、朝鲜、韩国、蒙古国等，这个地区是西方现代新闻传播文化在亚洲最晚到达的区域，并且没有任何一个西方国家完全占领一个国家，倒是位于这个地区的日本，成为占领邻国的侵略者。这里存在较东南亚、南亚更为稳定的亚细亚文明，文化积淀深厚，西方的新闻传播文化与之碰撞和磨合的过程相对长些，因而各国出现现代报刊晚一些，均在 19 世纪。被纳入世界贸易和交往体系后，东亚国家的现代新闻传播业起步晚，发展快。也由于文化积淀深厚，与其他地区的发展中国家相比，这个地区的媒介具有更多的本国文化特色。

东亚出现现代新闻传播，从地理上看，来源于东南亚。中文最早的现代期刊不是出现于本土，而是在东南亚的马来半岛和爪哇岛。日本的现代新闻传播业，直接来源于印尼出版的荷兰文报纸。中国在 19 世纪上半叶出现现代报刊后，又影响到日本（19 世纪中叶）和朝鲜半岛（19 世纪末），后两者的早期报刊中有一部分是从中国传过去的。蒙古国最早的报纸出现于中华民国初年（当时蒙古是中国的一部分），广播开始于 1934 年。这个地区的电视均在 20 世纪中叶以后出现。经过一两百年曲折的历史发展，20 世纪 60 年代以来（中国内地是 80 年代以来），东亚（除了朝鲜）成为世界新闻传播业又一个快速发展的地区。中国在改革开放的背景下，新闻传播业的发展速度极快。此前，日本、韩国以及中国台湾、中国香港地区，伴随着经济腾飞，新闻传播业也进入了高速发展时期。

朝鲜与中国内地一样实行的是社会主义新闻体制，坚持劳动党对新闻传播业的领导。朝鲜面积12.3万平方千米，人口约2 500万（2020年）。朝鲜的主要报刊是朝鲜劳动党中央机关报《劳动新闻》（로동신문）、内阁机关报《民主朝鲜》（민주조선）等。官方通讯社是1946年成立的中央通讯社。官方广播电台是1945年建立的中央广播电台。主要电视台是中央电视台、开城电视台、万寿台电视台。

로동신문

경애하는 김정은동지께서

새로 일떠선 위성과학자주택지구를 현지지도하시였다

2014年10月14日的《劳动新闻》

민주조선

위대한 정면돌파전사상이 안아올린 자력부강, 자력번영의 창조물

순천린비료공장 준공식 성대히 진행

경애하는 최고령도자 김정은동지께서

준공식에 참석하시여 몸소 준공테프를 끊으시였다

2020年5月2日的《民主朝鲜》

东亚各国和地区的新闻业发展很快，各有具体原因，其中较为共同的是这个地区的民族较为单一（中国是多民族国家，但汉族占91%）、主要语言的覆盖面在一个国家或地区内几乎是100%。因而只要获得机遇和自由发展的条件，媒介产品的生产就可以做到规模化，信息易于广泛而迅速地传播。

不论实行何种体制，东亚各国和地区媒介与政府之间有传统的联系。社会主义国家的联系是直接的，媒介的主要责任是宣传党和政府的方针。日本、韩国表现为间接联系，媒介监督政府的职能并不显著。中国台湾和中国香港地区的媒介对当权者的监督则带有较多的商业炒作成分。

四、中亚

狭义的中亚包括哈萨克斯坦、乌兹别克斯坦、塔吉克斯坦、吉尔吉斯斯坦、土库曼斯坦，均曾为苏联的加盟共和国。这些国家处于亚洲腹地，原来分别是哈萨克汗国、浩罕汗国、布哈拉汗国、希瓦汗国等，19 世纪陆续并入沙皇俄国。这些国家的新闻传播业是西欧文化间接传播的结果，大多不是直接由俄国以外的西方人创办的。中亚最早的报纸是 1870 年在俄国控制下的突厥斯坦总督区行政中心塔什干（现在乌兹别克斯坦首府）出版的《突厥斯坦新闻》（*Туркестанские ведомости*），该报服务于沙俄政府，主要刊发官方消息。这家报纸比较关注区域经济和自然资源问题，以及地理、民族传统、文学。1905 年 11 月，鞑靼商人伊斯梅尔·哈比托夫（Исмаил Габитов）在塔什干用乌兹别克语和突厥语出版报纸《塔拉基》（*Таракки*，意为“进展”），该报与穆斯林改革运动联系密切。受苏俄影响，1917 年 11 月 8 日至 1919 年 4 月 11 日在塔什干出版了第一家布尔什维克的俄文党报《我们的报纸》（*Наша Газета*）。

这个地区最早的广播电台 1923 年出现在阿拉木图。

ТУРКЕСТАНСКІЯ ВѢДОМОСТИ.

№ 1328

ГОДЪ ДВАДЦАТЬ ПЯТЫЙ　№ 90.

ОФФИЦІАЛЬНЫЙ ОТДѢЛЪ

《突厥斯坦新闻》版面

20 世纪 20 年代至 1991 年，这五国实行苏联的新闻政策。此后，转向自由主义，报刊多数转变为独立报刊；广播电视和通讯社允许民营，但发展缓慢，依然以国营为主。该地区的费尔干纳盆地地区，以及塔什干、阿拉木图等大城市，是中亚新闻传播的中心地带。

据今日哈萨克斯坦通讯社的统计，中亚地区 80%的网站属于俄文网站。由于俄语普及率高以及本国主体民族语言和互联网技术不兼容，中亚各国的大部分新媒体产品使用俄语发布。

如果采用大中亚的概念，中亚地区还可以包括格鲁吉亚、阿塞拜疆和亚美尼亚等苏联的加盟共和国。格鲁吉亚位于南高加索西部，面积 6.97 万平方千米，人口 372 万（2020 年）。格鲁吉亚语是世界上现存最古老的语言之一。1921 年该国并入苏俄，1991 年 4 月 9 日宣布独立。格鲁吉亚第一家报纸是 1819 年创刊的《格鲁吉亚报》（*Sakartvelos Gazeti*）。独立后，该国的媒体环境“以电视为中心”，报纸的读者人数很少，电视受众占人口的 72%。独立后迅速发展的独立媒体是鲁斯塔维 2（რუსთავი 2）电视台。2001 年 7 月该台著名主播乔吉·萨纳亚（Giorgi Sanaia）被杀。2001 年 10 月，警察突袭该台编辑部引发大规模游行示威，迫使总统谢瓦尔德纳泽（Eduard Shevardnadze）解散了内阁。

鲁斯塔维 2 电视台画面

第二节 印度新闻传播史

印度是南亚次大陆最大的国家，面积约 298 万平方千米（不包括印占中国领土和克什米尔印度实际控制区等），人口 13.24 亿（2020 年）。

印度古代信息传播以宗教为主要内容，诗和散文为主要的传播形式，这一传播传统至今对印度的社会信息传播（包括新闻传播）仍有影响。数千年里几十个不同种族、不同宗教的较大王朝在印度实行统治，造成印度的语言文字和宗教繁多，不同人群之间的沟通十分困难。印度的统一是由英国人用血与火在 19 世纪完成的，因而印度的现代新闻传播是从外部植入的一种文化。20 世纪 90 年代后，随着印度经济政策的改革，媒体市场焕发出巨大的活力，报业发展趋于多元化，电视发展迅猛，网络普及也比较快。

一、现代报刊的初创

1757 年，英军占领孟加拉地区，开始以英属东印度公司的名义进行殖民统治。此前英国人已经控制了印度半岛西海岸的城市孟买和东南海岸的城市马德拉斯。1857—1858 年印度土著士兵起义失败后，英军占领了名存实亡的莫卧儿帝国的首都德里，开始实行直接统治。英属印度的现代报刊随着英国统治的扩张而出现在全印度。现在南亚次大陆主要国家的现代新闻业，都是英国人直接引入的。

1766 年，英国人博尔茨（William Bolts）在孟买出版了一家没有报名的报纸，其中包含一些抨击殖民当局的内容。该报存在时间不长，可算是印度新闻业的一个序曲。1780 年 1 月 29 日，加尔各答东印度公司的印刷工人希奇（James Augustus Hickey）创办了印度第一家较正规的报纸《希奇氏孟加拉公报或加尔各答大众广知者报》（*Hicky's Bengal Gazette or the Calcutta General Advertiser*，1780—1782）。该报为英文周报，每期两页，主要报道政治和商业新闻。该报随后还出版供英国本土人阅读的《孟加拉公报·大陆新闻摘要双月刊》。随后几年内，出现了多家英文报纸，较早的如 1784 年英国孟加拉管区的官方报纸《加尔各答公报》（*The Calcutta Gazette*）、1785 年创办的《孟加拉新闻》（*Bengal Journal*）、1786 年创办的《加尔各答纪事与广告报》（*Calcutta Chronicle and General Advertiser*）、1791 年创办的《孟买公报》（*The Bombay Gazette*）等。印度第一家杂志是 1785 年加尔各答出版的《东方杂志或加尔各答娱乐》（*Oriental Magazine or Calcutta Amusement*）。

出现报刊后，在英国本土发生的新闻工作者争取新闻自由的斗争再现于作为殖民地的印度。第一家报纸《希奇氏孟加拉公报或加尔各答大众广知者报》出版后不久，就因触犯东印度公司的官员，出版者希奇一度被关进监狱。印度远离英国本土，英国中央政权对其鞭长莫及，殖民当局的新闻政策常常因总督个人观点的变化而变化。

HICKY's
BENGAL GAZETTE;
OR THE ORIGINAL
Calcutta General Advertifer.
A Weekly Political and Commercial Paper, Open to all Parties, but influenced by None.
59 From Saturday March 3d to Saturday March 10th 1781. No. VII
From the LONDON GAZETTE EXTRAORDINARY.
Admiralty Office May 15, 1780

1781 年的《希奇氏孟加拉公报或加尔各答大众广知者报》

印度人最早创办的报纸是巴塔查基（G. Bhattacharjee）1816 年创办的英文周报《孟加拉公报》（*Bengal Gazette*），但只出版了一年。首家印度当地文字的报纸，是由三位英国传教士 1818 年在加尔各答创办的印地语报纸《新闻之镜》（समचार दरपन）。第二家印地语报纸于 1822 年在孟买创刊，即《孟买新闻》（बंबई समचार），创办人是马兹班（Fardunjee Marzban），他同年还在孟买创办了同名的第一家古吉拉特文报纸。

印度早期的报刊以英国人办报刊、英文报刊为主，印度本地人办报刊、本地文字报刊为辅。英文报刊的主要功能是为商业利益而沟通信息，其次是发布殖民当局的政令。一些英国自由派人士创办的报刊，对殖民当局实行监督和争取新闻自由的斗争，则是另一道风景线。本地文字报刊的主要职能，除了部分服务于商业沟通外，相当大程度上在于从事现代启蒙教育，与殖民当局的斗争尚没有提上日程。

二、19世纪50年代以后印度新闻传播业的民族斗争和党派斗争时期

马克思1853年谈到印度复兴的三个条件时，其中两个条件与传播有关，一个是电报，一个是报刊。他写道：“第一次被引进亚洲社会并且主要由印度人和欧洲人的共同子孙所领导的自由报刊，是改建这个社会的一个新的和强有力的因素……从那些在英国人监督下在加尔各答勉强受到一些很不充分的教育的印度当地人中间，正在崛起一个具有管理国家的必要知识并且熟悉欧洲科学的新的阶级。”①

正是这些文明因素给印度人民带来了民族解放的意识。19世纪50年代中期，印度爆发了全国范围的反英起义。起义失败后，19世纪下半叶的印度报刊界，以使用的文字划界，出现了一种奇特的现象：英文报刊不论是自由派还是保守派，基本上倾向于维护英国的统治（只有很少的英文报刊支持印度民族解放）；而各种本地文字报刊，不论有多少内部分歧，基本上倾向于反英（也有少数商业报刊从商人利益出发不同意反英）。

此后近百年的印度新闻史，商业性报刊与政治性报刊都在发展，但不同报刊间的民族、党派斗争是印度报刊发展的主线。这一时期，印度知识分子为从事民族运动而创办报刊，已经成为自觉行动，并将民族报刊视为民族产业的一部分。

（一）印度民族运动报刊在各地的出现

印度民族运动报刊首先出现在当时的行政中心加尔各答。从19世纪50年代起，那里陆续出现一批较有影响的本地文字报刊，例如由穆克尔吉（Harish Chandra Mukherjee）编辑的孟加拉语《印度爱国者报》（হিন্দু পেট্রিয়ট）、由高希兄弟（Sisir Kumar Ghosh and Moti Lal Ghosh）1868年创办的孟加拉语《甘露市场报》（অমৃতবাজার পত্রিকা）、由孟加拉作家查特吉（Bankim Chandra Chatterjee）1872年创办的《孟加拉评论》（বঙ্গদর্শন）杂志等近10种报刊。到19世纪70年代，英属孟加拉管区已经有约80种本地文字的报刊。列宁1920年称《甘露市场报》是印度最好的民族主义报纸。

在西海岸的孟买附近，这一时期出现了马拉地语的《马哈拉施特拉之友报》（महाराष्ट्रातील मित्रांनो）、《德干明星报》（डेक्कन स्टार）等主张民族独立的报纸。著名印度民族运动领袖提拉克（B. G. Tilak）从19世纪70年代开始在这一带创办学校，并于1881年在浦那（孟买东南60千米的一个城市）创办马拉

① 马克思恩格斯全集：第12卷［M］. 2版. 北京：人民出版社，1998：246.

অমৃত বাজার পত্রিকা

创办初期的《甘露市场报》

地语《猛狮报》（केसरी）和英语报纸《马拉塔》（*Mahratta*）（对象是印度知识分子）。

印度北部，1861 年出版着 17 家印地语和乌尔都语报纸。19 世纪六七十年代，著名印地语作家婆罗丹都·哈利什钱德拉（Bhartendu Harishchandra）在贝拿勒斯创办《贝拿勒斯报》（बनारस）和《觉醒报》（जागरण），以及一些文学杂志，广泛讨论政治、宗教、文学和历史问题，影响较大。

东南部的马德拉斯，1878 年苏布拉马尼亚（G. Subramania）等六人创办英文周报《印度教徒报》（*The Hindu*），虽然创刊号仅有 80 份，但该报编辑部成为后来当地民族主义组织“马德拉斯士绅会”的中心。

（二）民族运动报刊向印度全国的发展

被称为“圣雄”的甘地（M. K. Gandhi），1904 年起通过报刊从事民族宣传活动。他在南非德班用英文、印地文、泰米尔文、古吉拉特文四种文字出版《印度舆论》（*Indian Opinion*）周刊，经营了 10 年。1915 年回国后，他成为国大党的实际领袖，并在古吉拉特邦的大城市艾哈迈达巴德编辑出版英文周刊《青年印度》（*Weekly Young India*）和古吉拉特文月刊《新生活》（નવું જીવન）。这两份期刊提出了“为反对强权争取权利而战”的口号。甘地多次因言而被治罪。1933 年，他创办印地语周报《贱民》（अछूतों），为社会最下层的“贱民”（不可接触者）争取公正的社会权利。

1885 年 12 月印度第一次国民大会（此后形成国大党）召开后，民族主义报刊的宣传开始影响全国。20 世纪上半叶之前的国大党历任主要领导人都创办过一系列报纸。例如，尼赫鲁（J. Nehrū）于 1938 年在印度北部城市勒克瑙创办国大党机关报《国民先驱报》（*National Herald*）。

到20世纪30年代，绝大多数印度本地文字报刊表现出要求国家独立的倾向。第二次世界大战期间，多数本地文字报刊也积极支持英国抗击法西斯，成为英国的同盟者。作为一种回报，在抗战胜利之时，面对印度舆论要求独立的呼声，英国不得不承诺印度独立。

（三）悄然发展的商业报纸

已经成为世界市场一部分的印度，经济发展的需要也造就了商业报刊发展的契机，原来属于英资的政治或商业报刊的所有权，逐渐转移到印度本地的金融、工商业家族手中。其中最为重要的当数1838年创办的《孟买时报与商报》（*Bombay Times and Journal of Commerce*）。该报原为周二刊报纸，1850年改为日报，1861年与其他两家报纸合并，改名《印度时报》（*The Times of India*），由贝内特·科莱曼公司经营。20世纪初，印度大银行财团之一的达尔米亚（Dalmia）财团看上了该公司从事黄麻贸易的实力而买下该公司，顺手也就接下了该公司的另一项资产——《印度时报》。该报当时在英属印度是商业大报，报道新闻较为全面和客观。达尔米亚接手后的该报基本亲英，也多少有一些温和的印度民族主义倾向。

带有民族主义色彩的高希家族，在加尔各答《甘露市场报》的基础上，创办了多家该报的其他城市版。1937年，该家族又创办孟加拉文《划时代报》（যুগান্তর）。因而形成印度东北部一个较大的民族报团。

1875年英国人罗伯特·奈茨（Robert Knights）在加尔各答创办大众化英文《政治家报》（*The Statesman*），售价是当时印度普通报纸价格的四分之一。1922年，印度最大的经营中介贸易和钢铁、纺织等工业的塔塔（Tata）财团购买了该报，后来在该报基础上创办了一些新报刊，形成印度东北部的一个较大的报团。报团倾向英国，但经营完全商业化。

The Times of India

1891年的《印度时报》

英国在印度殖民统治的政治、经济和文化中心是加尔各答，因此这里的印度商业种姓很快就将传统的经营扩展到报业。1922年，萨卡尔（Sarkar）家族在已经报刊云集的加尔各答创办孟加拉文《喜欢市场报》（আনন্দবাজার পত্রিকা），以大众化的内容吸引了相当多的本地读者。1937年，该家族又创办英文《印度斯坦旗帜报》（*Hindustan Standard*）。因而形成印度东北部最大的民族报团。

印度南部的《印度教徒报》（*The Hindu*）原为周报，1883 年改为周三刊，1889 年成为每日出版的晚报，后来又改为日报。1919 年该报由卡斯图里·斯里尼瓦桑（Kasturi Srinivasan）买下，向商业性报纸发展，成为在全国有影响的报纸之一。

《印度斯坦时报》（*The Hindustan Times*）本来是一家在印度北部古老城市巴特那（孔雀帝国都城）的英文报纸，创办于 1918 年。1923 年，该报创办首都德里（英国人 1911 年从加尔各答迁都德里）版后开始闻名。第二次世界大战后，该报成为印度最大财阀之一——比尔拉家族（Birla，经营银行和各种工业）买下的大报刊之一。

（四）通讯社和广播的出现

1908 年，印度联合新闻社（Associated Press of India）成立。由于印度语言、宗教过多而分散，通讯社经营困难，于 1919 年成为路透社的附属机构。印度独立前，路透社一直是印度各报刊的主要新闻来源。

1923 年 11 月，加尔各答的一群无线电爱好者开办广播，是为印度最早的广播业。1924 年在孟买、马德拉斯也出现了类似的广播俱乐部，一般每天广播 2.5 小时，属于实验性质。1927 年 7 月，印度广播公司（Indian Broadcasting Company）获得殖民当局颁发的特许经营证，开始同时在加尔各答和孟买定时播音。这是一家英国人的民营公司，主要听众是西方人社区和西化印度人。1930 年 4 月，该公司由于经营困难而被殖民政府接管，更名为印度国家广播服务处（Indian State Broadcasting Service）。1936 年 6 月，殖民当局仿照 BBC 的管理模式，将印度国家广播服务处改组为全印广播公司（All India Radio），1939 年 10 月开设对外国际广播节目，当时主要服务于反法西斯战争。印度独立时，全国有广播电台 9 家，面积覆盖率 25%，持有收听证的听众只有 24.8 万人，影响力甚小。

三、独立的印度和平继承英国留下的新闻传播业

印度的独立没有使其新闻界立即发生很大的变化，也没有带来很大的震动。在此前数年，甚至几十年，印度资本购买英资报刊的财权转移活动就悄然开始了。印度宣布独立时，新闻界的英资已经基本退出，让位给印资。新闻界从殖民地时期过渡到独立，不是打破，而是基本继承了英国人留下的文化传统。不同的是，印度报人有了主人意识，由于少了英国殖民者这一层的控制，报刊的自由度似乎较殖民地时期要大些。

1947年，印度的几家主要报纸联合组建印度报业托拉斯（Press Trust of India），几年内逐步接收了路透社和附属的印度联合新闻社在印的资产和业务。印度报业托拉斯为民营通讯社，凡是购买其新闻稿的印度新闻媒介均可购买该社股票。此后该社一直是印度最大的通讯社。

The Indian EXPRESS
JOURNALISM OF COURAGE
THE CITY
AT DELHI POLICE'S ALL-WOMEN CAMPUS
CONFLICT ZONE
CAN GERMANY GIVE THEM A HOME?
TALK
THE EVOLUTION OF ARTIST RAM KUMAR
THE DAY AFTER, A SECOND SHOCK STALLS RESCUE
Dead cross 2,400 as living begin to pick up the pieces
PM's heart talk: India will wipe Nepal's tears
Sleepless wait next to cracks, fallen rocks
12-year-old lies dead by the broken road
Mumbai victim speaks: policeman said make me happy

《印度快报》现在的版面

全印广播公司移交给独立后的印度政府信息和广播部，根据当时的印度电信法，只有国家有权建立广播电台。1959年9月，在联合国教科文组织的协助下，印度进行了电视播出实验，同年底在联邦德国援助下面向社会试验性播出节目。当时全国仅有21台电视机（联合国教科文组织很快又送了50台，一年后美国福特基金会送了250台）。直到1965年，印度正式开办电视台，该台属于全印广播公司。

独立之时的印度报业又出现一个较大的报系，这就是戈恩卡（Goenka）家族的以《印度快报》（*The Indian Express*）为主的报系。该家族是印度从事工矿业和金融业的大财阀之一（控制报团的是两个有宗族关系的戈恩卡家族），1953年在德里出版《印度快报》。快报集团迅速向全国扩展，印度各个财团报系之间的竞争明显加剧了。

四、印度新闻传播业的发展特征和变化

（一）从不稳定到相对稳定的新闻政策

印度1949年的宪法规定了新闻出版自由，并规定关于议会和立法会议进程的报道，只要属实，不受民法或刑法的追究。这等于承认了媒介监督的权利。但宪法关于紧急状态下可以停止执行包括新闻出版自由在内的各项人权的条款，也给后来印度历史上多次以宣布紧急状态为由迫害报刊埋下了伏笔。

由于印度的大报刊独立时就已经形成了家族财团控制的局面，因而新闻界与政府的关系，主要表现为这些财团与政府的利益关系。对于独立后的政府首脑尼赫鲁来说，巩固权力比尊重新闻工作者的权利重要。1951年5月他提议修改宪法第19条，要求取消“言论自由”这项公民的权利，理由是防止

利用言论自由危害国家安全和对外邦交。尽管他解释这不是针对新闻界的，并做出一些保证，但这个建议受到全印主编大会的抵制。7月，议会通过关于这个建议的提案后，印度所有报纸在12日停刊一天以示抗议。这是印度历史上少有的一次全印新闻界的统一行动。

1950年10月，印度新闻工作者联合会（India Federation of Working Journalists）成立。全印主编大会是报刊老板们的团体，而这个团体则是全印度普通新闻工作者的组织，带有行业工会的性质，主要责任是维护新闻工作者的权益和保障言论自由。

1952年9月，印度政府与报业间协调后成立了第一届新闻委员会，对此做出报告。1954年，该委员会在报告中提出废除殖民地时期各种关于新闻工作的法令，制定新的法律法规、建立全国性新闻自律组织——印度新闻评议会（Press Council of India）等建议。这个文件被视为印度独立后维护新闻出版自由的权威性文件。但由于各种分歧，评议会直到1965年才成立。

1974年，反对派发起全国性的反政府运动，大报刊与政府的关系紧张，100多家报刊被取消了政府广告。英迪拉·甘地的国大党政府于1975年6月突然宣布全国进入紧急状态，印度报刊遭受到全面的迫害。主要反对派报纸《印度快报》和《政治家报》成为重点打击对象，《印度快报》评论家J. P. 拉扬等250多名新闻工作者被逮捕。紧急状态持续了9个月，仅前7个月全国就有2 522家报刊（208家日报、1 434家周报、362家双周报和518家月刊）被迫停刊。

尼赫鲁和英迪拉在看《印度时报》

1978年人民党上台执政，从此结束了国大党一党长期执政的局面，多元政治使得家族财团报业与当权者的冲突得到缓解，新闻出版自由得以恢复。各邦的权力加大，出现与中央执政者不同党派执政的现象，各邦较大的地方性语言的流通得到鼓励，在纸张、广告的分配上多少照顾到小报刊的利益（小报刊日渐增多客观上则抑制了财团报业的独占地位），广播公司从国营转变为公营，允许民营有线电视，允许外资在卫星电视业方面与内资合作、投资等，于是一种照顾到各方利益的印度特色的自由主义新闻传播业的模式得以逐渐稳定下来。

经历了1978年紧急状态后，印度新闻媒体逐步打破对领导人个人魅力的幻想。新闻界的调查性报道开始兴盛，标志性事件是1987年对博福斯丑闻（1986年瑞典博福斯军火公司为13亿美元订单向印度官员行贿4 620万美元）的披露，这一丑闻动摇了拉吉夫·甘地（英迪拉·甘地之子，尼赫鲁的外孙）政府。

（二）印度报业家族财团的垄断

印度历史上的种姓制度名义上废除了，但是刹帝利种姓（商人种姓）经商活动的传统优势是不大可能消失的，它们与现代市场经济很快就结合起来，在印度经济生活中形成一种具有印度特色的报业垄断。印度三个最大的全国性家族财团控制的报系实际上控制着局势。

（1）达尔米亚家族财团和贾殷（Jain）家族财团控制的印度时报系。这是印度历史最为悠久的报系，其中旗舰报纸是英文《印度时报》，其次是印地文《新印度时报》（*न्यू इंडिया टाइम्स*）。

（2）两个戈恩卡家族财团控制的印度快报系。这是印度历史最短但实力最强的财团报系，旗舰报纸是英文版的《印度快报》。

（3）比尔拉家族财团控制的印度斯坦时报系。该报系20世纪60年代前在印度报业中居第二位，后来退到第三位，仍然是有实力的。旗舰报纸英文《印度斯坦时报》在新德里和巴特那出版。

另外，四个地方性的家族财团控制的报系（其中三个集中在东北部的孟加拉地区，这是当初英国殖民统治时期印度政治、经济和文化中心）在全国报业中有明显优势，它们分别是高希家族财团的甘露市场报系、萨卡尔家族财团的喜欢市场报系、塔塔家族财团的政治家报系和卡斯图里家族财团的印度教徒报系。

20世纪90年代，新经济政策搞活了媒介市场、地方势力加强、持不同语种的人民文化水平提高、印地语等印度本土语种报刊增长超过英文报刊等因素，使得印度报业朝着多元化的趋势发展。垄断全国的大报团，实际影响力在下降。印度出版约1 000种印地语，总发行量约8 000万份；英语日报约250种，发行量约4 000万份。2019年第一季度，印地语日报排名前十位的报纸读者总数为1.868亿，而英文日报排名前十位的总读者数为3 876万。前者是后者的五倍。由于印度的权力中心在北方，北方印地语拥有政治权力话语，印地语报刊的发行量首先超过英文报刊。随着印地语、古吉拉特语、孟加拉语等本土语种报刊质量的提高，英文报刊面临的竞争压力越来越大。

（三）语言文字的繁多给印度报刊带来的问题

由于历史的原因，印度数千年来成为许多不同民族、种族和宗教交融的地区，地方性流通占主导地位，缺乏全国通行语言。印度独立时起草宪法，就不得不同时使用 15 种语言。而报刊统计，初期用 18 种主要地方性文字来划分报刊种类。仅 2001 年，印度出版的报刊就使用了 101 种语言，还有 80 多种其他语言难以统计。英语虽然是唯一流通全国的语言，但会说英语的人仅占总人口的十分之一。印地语使用人口比例最大，约 40%；印地语内部不同的部族，语言差异很大。其他十几种较主要的地方语言，每种至少有数千万人。

印度政府大力推行的文化普及教育收到了一定成效。1947 年，英国结束在印度的殖民统治时，当时的识字率只有 12%。2011 年印度的识字率已经提高到了 74%，但仍然是世界上文盲人口最多的国家。据 2019 年统计数据，全球三分之一（约 35.1%）的文盲居住在印度。而且，男女识字率相差很大，女性识字率远低于男性。

语种繁多造成沟通的障碍，整体上影响了印度新闻传播业的发展，还有各种文字间的翻译、电信传播耗费的时间等问题。印度学者恩派（K. E. Eapen）博士 20 世纪 70 年代谈到孟买时写道："就以'报纸城'闻名的孟买城为例，居民 400 万人，使用方言达 222 种，却缺少一种全城居民通用的语言。一个英文报纸的记者，如果兼任一家古吉拉特语报纸的通讯员，当他报道有关一个说马拉特语的省份的法院或立法会议新闻时，必须经过多次翻译，才能完成工作。这样的复杂语文，当然牵涉有关翻译、电讯传递以及排印等等许多技术问题，阻碍了印度报纸的进步。"①

印度的多样性文化在平等交流的过程中发生融合、借鉴和吸收的现象是自然的，而一旦国家采取强制方式统一语言，则不可避免地带来文化撕裂。例如，1973 年印度政府试图用印地语替代英语，将其规定为唯一通行的公共语言，结果爆发了其他语言种族（主要在南方）"反对印地语公共化"的大规模群众运动。

（四）20 世纪后半叶快速发展的广播电视业

印度的多数人没有养成阅读报纸的习惯，因而印度政府重视发展对农村的广播。全印广播电台新闻部使用总共约 230 种语言（23 种语言和 200 多种部族方言）对内广播，而其对外广播仅使用 17 种外国语言和 8 种印度语言。

全印广播公司独立后是国营性质，1979 年转变为公营性质（一定程度的自治），国家不再直接干预节目内容，此后广播电台的发展较快，仅 20 世纪 90 年代中期，就在全国建立了 186 个调频台。经过多次议会争论和法案修订，

① 恩派．印度报业现状［M］//李瞻．外国新闻史．台北：台湾学生书局，1979：491.

1997年按照《印度广播公司法》组建了印度广播公司。这个公司脱离了信息与广播部，由相对独立的委员会负责印度国家电视台和全印广播电台的运行。

《我们民众》海报

1984—1985年间，印度国家电视台（DDI）播出的第一部156集大型肥皂剧《我们民众》（*Hum Log*），获得空前的成功，印地语流通的印度北部地区80%～90%有电视的家庭收看了该剧，南部的一些大城市收视率也高达40%～50%。该剧突破了电视的定位，让人们接受了电视也是一种娱乐工具的观念。

20世纪90年代初，印度悄然发展起小型私人或社区性质的有线电视，1990年时有3 500家。1991年第一次海湾战争时期，为接收CNN有关的战争报道，城市中无管理的抛物面天线越来越多，共计有2.5万个。

随着CNN的成功登陆，香港富豪李嘉诚麾下的和记黄埔集团（Hutchison Whampoa Group）迅速抢滩印度电视市场。1990年，和记黄埔购买了ASIASAT1号卫星，这是当时印度洋上空唯一的地球同步卫星。李氏家族自己的星空卫视（Star TV，现已归传媒大亨默多克所有）顺理成章地成为最早开拓印度市场的外国卫星电视频道。同样依靠ASIASAT1号卫星，印度传媒大亨苏巴斯·钱德拉（Subhash Chandra）于1992年10月创办了Zee TV，这是印度国内第一家民营卫星电视。20世纪90年代中期，有线电视经营商可以通过碟形接收器收到数十家海外和本土卫星电视频道的节目，并利用有线网络传输给用户。2002年，全国能够收看卫星电视节目的用户达4 200万，印度成为仅次于中国和美国的有线电视第三大国家。

1997年，印度颁布《印度广播法令》，正式确定了“开放天空”的政策。

五、印度新闻传播业目前的格局

现在印度大众媒介的格局，以媒介分类大体如下：

（一）报刊

一位美国作家在 20 世纪 80 年代曾说过：“在印度，一旦离开大城市以后，便很难找到报业的痕迹……印度有很多大地方找不到一份有影响力的报纸……6 亿人口中只有 1.5%曾经购买过报纸，也就是 900 万人会看报，不管是何种报纸。因此，任何与报纸有关的，或者是与报纸沾上一点边的，都算是最高级的知识分子，使得印度报业水涨船高，卓然超群……各地方的报纸品质高于全球任何一个地方。印度报纸没有所谓中等品质、中层市场的报纸。”① 不过，由于识字人口比重的增加和生活水准的提高，印度报刊阅读率已经提高较多。截至 2018 年 3 月 31 日，有超过 10 万种出版物在印度报纸注册局注册。印度是全球第二大报纸市场，日报的总发行量超过 2.4 亿份。

虽然英文报纸的发行量退居第二位，但一些传统的英文大报，依然是印度的代表性报纸。依历史和现实的影响力，首推仍是《印度时报》。该报每天在八个大城市同时出版，每个出版的城市都有编辑部。强调市场占有率，是该报的传统。《印度时报》20 世纪 80 年代的总经理沙米尔·贾殷（Shamir Jain）有一句名言：“市场是接受或驳回我们提供的产品，完全取决于读者。没有卖出去的产品，就如同没有卖出去的飞机座位或旅馆的床位，第二天就没有卖出的价值了。机会会永久消失。”②《印度时报》的发行量维持在较高水平，2019 年 12 月的发行量为 288 万份。

1988 年邮票上的《印度时报》

另外两家较有威望的英文日报是《印度教徒报》和《印度斯坦时报》。

《印度快报》因为一贯秉持严肃新闻的报道理念，登载披露政府腐败的调查性报道，曾在印度报界享有很高的声望。但老戈恩卡逝世后，其家族 1999 年将报纸分成《新印度快报》（*The New Indian Express*）和《印度快报》（*The India Express*），影响力因此下降。

从发行量上来看，2019 年全印排名第一位的是印地语《旭日报》（दैनिक भास्कर），发行量 432 万份。该报 1848 年创刊，现在有 65 个版本的报纸

① 柯瑞奇．纸老虎：操纵言论自由的人［M］．汪仲，译．广州：广东教育出版社，1997：340.

② 同①346.

THE HINDU
Presidential reference to Supreme Court sought on separation of powers
Congress steps back from Jharkhand brinkmanship
Muttiah Muralitharan ties the knot

《印度教徒报》

Hindustan Times
India first to hit 80k cases in single day
Vaccine diplomacy in India's outreach plan
Won't borrow to meet GST deficit, some states say

《印度斯坦时报》

在 12 个邦发行。其次是印地语的《唤醒日报》（दैनिक जागरण），发行量 341 万份。该报 1942 年创刊。发行量 245 万份的马拉雅拉姆语《美丽的马拉雅拉报》（മലയാള മനോരമ），1890 年创刊，为印度南部喀拉拉邦发行量最大的报纸。古吉拉特语《天眼太阳报》（*Divya Bhaskar*），发行量 85 万份。该报 2003 年创刊，是印度西部古吉拉特语地区的最大报纸。

दैनिक भास्कर
आरएएस पदोन्नति की वरीयता सूची निरस्त
महंगाई को लेकर निशाने पर पवार
मुंबई का दिल जीतने की कोशिश

《旭日报》

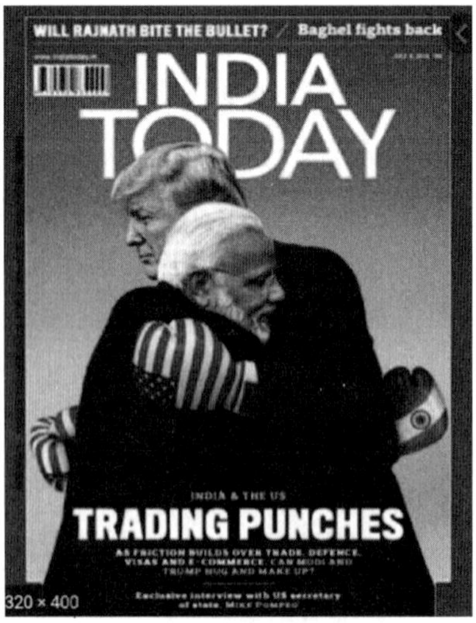

《今日印度》

印度的各种杂志多达 49 814 种，其中印地语杂志 19 422 种，英文杂志 7 704 种。代表性的新闻周刊是《今日印度》（*India Today*），该刊 1975 年创办，样式和内容模仿美国《时代》周刊，发行量 110 万份，曾被评为“亚洲最佳刊物”。

（二）通讯社

印度通讯社中，印度报业托拉斯依然是最大的通讯社。国大党一党长期执政时期，该通讯社带有半官方性质。现在是较为独立的印度各报社组成的非营利性合作组织，总部在德里。第二大通讯社是印度联合新闻社（UNI），1961 年组建，属于合股企业。

（三）广播电视业

印度的广播以公营全印广播电台（AIR）为主。该台在中央和地方共有 205 个台，其中 18 个以播送商业新闻为主。每天使用长波、中波、短波和调频共 306 个波段播出节目。全国分为五个广播区域，每天分别从新德里（北区）、加尔各答（东区）、高哈蒂（东北区）、孟买（西区）、马德拉斯（南区）播出节目。

印度电视已经完成了从国有电视一家垄断到多元竞争的体制转变，形成 DDI、本国私营电视频道和外国电视频道所组成的三足鼎立的竞争格局。

DDI 实行革新，没有被挤出电视市场，反而增强了自己的竞争实力。现在拥有 23 个频道、56 个节目制作中心和 1 314 个地面转播站，通过卫星和地面微波接收站两种方式传播信号。每周播出总时数 1 485 小时，是世界上规模最大的电视传播机构之一。

民营电视台以 Zee TV 为代表。Zee TV 总部在孟买，以文化接近性抢走了大批观众。该台 1995 年在英国落地，从而成为欧洲地区第一个亚洲频道。1998 年，该台落地美国和非洲。目前该台覆盖全球 120 个国家。Zee TV 所隶属的 Zee 娱乐公司，是伊索集团（Essel Group）的一部分。

印度观众能收看到 CNN、BBC、MTV、Sony、Discovery 等 40 余家外国卫星频道的节目。很多外国电视媒体纷纷组建印度分公司，开发适合印度人口味的本土节目。

Zee TV 新闻节目

印度共有 18 家新闻频道，最主要的 4 家是隶属于 Zee 集团的 Zee 新闻、DDI新闻频道、星空卫视新闻频道和隶属于印度今日集团的今日新闻频道（Aaj Tak）。

（四）网络媒体

Google、Facebook、YouTube是印度活跃用户使用最多的三家网络媒体。其他比较重要的网络媒体还有以下几个：

The New Indian Express，《印度快报》的英文网站，覆盖政治、经济、社会、人文、娱乐、体育等行业。

BWCIO World，印度主要报道重大经济、科技新闻的网站。

HT Syndication，HT媒介集团（HT Media Group）的网站，南亚地区最大的新闻信息聚合网站。该网站把本媒体集团原创内容发送到其他合作媒体渠道上。

Business Today（www. businesstoday. intoday. in），印度发行量最大的经济半月刊的网站，旨在为印度读者提供最为广泛的世界经济新闻。①

六、印度网络传播现状

（一）网民规模与网络接触

印度互联网用户6.87亿，截至2020年1月，互联网普及率约为50%，是世界第二大网民人口国。印度的智能手机普及率为22%。在互联网用户中，社交媒体用户占比29%。网络使用率在性别、地域、受教育程度方面存在明显差异，受过教育的青年男性为互联网的主要用户。印度互联网用户平均年龄为28.4岁。②

印度网络媒体，尤其是社交媒体的覆盖率存在明显的城乡差异。美通社（PR Newswire）2017年关于印度媒体概况的报告显示，印度只有2%的农村人口可以接触网络媒体。印度的成人消费者2019年平均每天使用传统媒体3小时30分钟，占每天媒体接触时长的70.1%；平均每天使用网络媒体1小时29分钟，占比29.9%。

根据eMarketer发布的报告，印度国民媒体接触时长中，电视占比最大，为58.7%，时长为2小时55分钟。网络媒体是第二受欢迎的媒体，平均每

① 美通社：印度媒体传播概况［EB/OL］.（2017-07-17）［2020-09-27］. http：//www. 199it. com/archives/613097. html.

② We Are Social. Digital 2020：India［EB/OL］.（2020-01）［2020-09-27］. https：//datareportal. com/reports/digital-2020-india.

天花费 1 小时 29 分钟，占比近 30%。就广告而言，数字广告占总数的 20.8%，而传统广告占 79.2%。[①] 由此可见，印度传统媒体仍占据主导地位。

（二）美国网络媒体占据印度大部分市场

Facebook 入资 Reliance Jio

2016 年的研究发现，印度互联网流量前十名中，美国互联网企业份额超八成。[②] 2017 年，WhatsApp、Facebook 是印度网民最常用的网络媒体，约 96%的智能手机用户都会使用 WhatsApp。Facebook 在印度的用户数为 1.48 亿，覆盖 50%以上的印度网民。Facebook 向广告商报告的数据表明，印度已超过美国，成为使用该平台民众最多的国家。报告称印度的“潜在受众”总数为 2.41 亿活跃用户，而美国为 2.4 亿。[③] 2020 年 4 月 22 日，Facebook 以 57 亿美元入资印度最大电信运营商 Reliance Jio，这也是印度科技公司获得的金额最大的一笔外国直接投资。

（三）社交媒体使用

印度社交媒体使用性别差异明显：使用社交媒体的主要是男性，女性使用者相对较少。但在 Snapchat 的用户中，男女使用比例分别为 48.6%、49.6%[④]，女性略高于男性。根据 HootSuite 和 We Are Social 发布的报告，印度社交媒体用户中，18～24 岁男女占比分别为 24.6%、8.0%，25～34 岁男女占比分别为 29.2%、9.5%，35～44 岁男女占比分别为 9.8%、3.0%，这些年龄段男性占比均远高于女性。从代表性社交媒体用户报告来看，Facebook 用户中男女占比分别为 77.2%、22.8%，Twitter 用户中男女占比分别为 85%、15%，LinkedIn 用户中男女占比分别为 73.6%、26.4%。[⑤]

根据皮尤研究中心 2018 年提供的报告，受教育程度较高的印度国民中有

---

① eMarketer. India Time Spent with Media 2019 [EB/OL]. [2020-09-27]. https://www.emarketer.com/content/india-time-spent-with-media-2019.

② 方兴东 .G20 互联网研究发展报告：综合篇 [J]. 汕头大学学报（人文社会科学版），2016 (6)：17-27.

③ 美通社 . 印度媒体传播概况 [EB/OL]. (2017-07-17) [2020-09-27]. http://www.199it.com/archives/613097.html.

④ 原文如此，本书中 Snapchat 用户的男女占比相加均不到 100%，疑所统计的用户中部分无法确定性别。——作者注

⑤ We Are Social. Digital 2020：India [EB/OL]. (2020-01) [2020-09-27]. https://datareportal.com/reports/digital-2020-india.

53%使用社交媒体，受教育程度较低的国民中仅有11%使用社交媒体。①

第三节　印度尼西亚新闻传播史

印度尼西亚是东南亚面积最大的国家，达191万平方千米，由17 508个大小岛屿组成，人口2.62亿（2020年），最大的民族为爪哇族（占总人口45%）。该国有200多种方言，通用语为印尼语。约87%的人信仰伊斯兰教，是世界上穆斯林人口最多的国家。

公元1—13世纪，佛教在印尼传播广泛，先后出现古戴、达鲁玛、室利佛逝等佛教王国。13世纪末，麻喏巴歇王国统一印尼。16世纪伊斯兰教王国淡目（Demak）灭麻喏巴歇王国，伊斯兰教广泛传播。1602—1942年，荷兰统治印尼340年。1942年日本占领印尼。1945年发生八月革命，印尼宣布独立。几经曲折，1950年被国际社会承认并加入联合国，首任总统苏加诺。

一、殖民统治时期的印尼新闻传播业

印度尼西亚处在通往东亚的必经海路上，因而成为西方新闻文化在亚洲的最早落点。荷兰人1602年将荷属东印度公司设在印尼。1615年，他们在爪哇岛的巴达维亚（今雅加达）出版官方“公报”性质的荷兰文《新闻纪要》（*Memorie des Nouvelles*），是为亚洲最早的现代新闻刊物。最初，它是荷属东印度公司雇员的通信信札，后来刊登一些地方新闻和广告。1744年，《新闻纪要》停刊，共存在129年。该报刊在荷兰零散收藏35份。直到18世纪，在印尼才有了面向社会的荷兰文报纸《巴达维亚新闻》（*Bataviase Nouvelles*），这是一份官方公报，新闻不多。

1745年第39号《巴达维亚新闻》报头

① POUSHTER J，BISHOP C，CHWE H. Global Tech Social Media Use 2018 [R]. Pew Research Center，2018：18.

18—19世纪荷兰殖民时期，印尼报刊的出版地点集中在爪哇岛的巴达维亚、泗水、三宝垄、棉兰四个城市。1744—1856年，荷兰文报纸在巴达维亚有10家。① 这方面的代表性报纸是巴达维亚出版的《售卖新闻》（*Vendu-Nieuws*，1776—1809）。这是印尼第一份像样的报纸，被当地人称为“拍卖纸”（surat lelang）。该报有较多的广告。

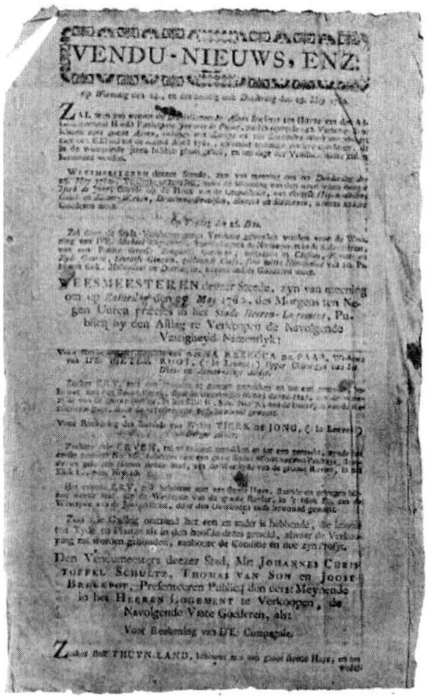

VENDU-NIEUWS, ENZ.

Navolgende Vaste Goederen, als:

Voor Rekening van D'E. Compagnie.

1780年《售卖新闻》头版

19世纪，印尼出版的报纸逐渐多起来。例如1816—1828年的政府官报《巴达维亚报》（*Bataviasche Courant*）和1828—1849年的政府官报《爪哇报》（*Javasche Courant*）；1828—1833年的《荷兰-印尼商报》（*Nederlandsch-Indisch Handelsblad*）；1852—1942年、1949—1957年断续在巴达维亚出版了百年的日报《爪哇-布戈》（*Java-Bode*），它的前身是《巴达维亚广告人报》（*Bataviaasch Advertentieblad*）；1858—1898年的日报《巴达维亚商报》（*Bataviaasch Handelsblad*），也是19世纪印尼存在时间较长的经济类报纸。还有1852—1863年三宝垄出版的《三宝垄广告报》（*Samarangsch Advertentieblad*）、1862—1900年苏门答腊岛棉兰出版的《苏门答腊报：新闻-商业与广告》（*Sumatra-Courant. Nieuws-Handels en Advertentieblad*）（周三刊）、1870—1952年泗水出版的日报《印尼公报》（*De Indische Courant*）。

这一时期的代表性报纸是1885—1942年在巴达维亚出版的《巴达维亚新闻报》（*Bataviaasch Nieuwsblad*），该报是19—20世纪荷属东印度群岛规模最大的日报之一，群岛各较大的城市都有订阅。该报创办人为荷兰新闻工作者和作家劳姆（Paulus Adrianus Daum），他的办报主旨是：“我们抓住笔来描述全体人民的苦难，这些苦难是由于他们所遭受的恶劣的殖民统治体系造成的。”② 他聘请了多位知名文化人士参加报纸工作。该报的新闻涉及印尼土著农民的困境和印尼民族意识的产生。劳姆前期将报纸的开本缩小到26厘米×40厘米，价格降低到平时的一半，到达荷兰语社会中不大富裕的阶层，

---

① 李卓辉．印华先驱人物光辉岁月：印尼华人报刊和独立先贤史话［M］．雅加达：联通书局出版社，2003：206.

② TERMORSHUIZEN G. Journalisten en Heethoofden. Een Geschiedenis van de Indisch-Nederlandse Dagbladpers［M］. Amsterdam/Leiden：Pengantar，2001：312.

该阶层主要是欧洲人与印尼当地人的混血后代。他还在报纸上每周一次连载通俗小说，吸引了许多读者。

一位当代印尼作者论述了18世纪中叶到19世纪初印度尼西亚的新闻界，写道："通过赤道后，每位荷兰记者都变得像傻瓜一样。这反映了荷兰记者对殖民地反应的忽视，那里的新闻界是唯一的舆论渠道。在没有新闻出版自由的情况下，印尼新闻界斗志昂扬，常常是情绪化的风格，通常被称为'热带风格'。报纸与政府之间的激烈冲突是司空见惯的，印尼报纸在相对较小的社区中运作，这些报纸与读者之间有着紧密的联系。因此，它们是欧洲人与殖民地民族间关系历史的宝贵资料来源，所讲述的系列故事则构成了印尼-荷兰文学的基础。"①

19世纪中叶，出现印尼当地文字的报刊。最早的是在爪哇岛中部城市梭罗（Solo）出版的爪哇文《布罗马梯尼报》（*Bromartani*，1855年1月—1857年12月）。1855—1875年，以巴刹马来文出版的报刊先后有16家，但大部分出版不到一年就因经济原因停刊。

第一家华文报纸是1908年在爪哇岛东部城市泗水创办的《泗滨日报》，该报得到荷属东印度中国同盟会创建的"华侨书报社"支持，第二家华文报纸是1909年在巴达维亚出版的《华铎报》，也是该书报社主办的。20世纪20年代，印尼华文报纸已有20多家。

印尼的第一家广播电台建立于1925年6月，是用荷兰语广播的民营"荷兰印尼电台"，随后改名为"巴达维亚电台"（BRV），最后改名为"东印度公司电台"。由于特殊的地理位置，广播在印尼的社会生活中占有重要地位。

1917年4月1日，在《巴达维亚新闻报》工作的贝雷蒂（Dominique Willem Berretty）创办阿内塔通讯社（ANETA），这是印尼第一家通讯社，1941年成为半官方通讯社。贝雷蒂当时是印尼最富有的人之一。由于这家通讯社所发电讯稿仅满足荷兰人的信息需求，很少有本地新闻，于是1937年12月13日印尼新闻工作者和独立运动人士苏玛朗（Soerjowinoto Soemanang）和西巴胡塔（Albert Manoempak Sipahoetar）在巴达维亚创办安塔拉通讯社（Antara News Agency），主要为传媒提供本地新闻。1963年，阿内塔通讯社并入安塔拉通讯社。

荷兰殖民时期实行的新闻政策形式上与宗主国类同，不实行书报检查制度，但在实际执行中，报道内容对荷兰政府和东印度公司产生不利影响时，将会受到处罚。

---

① TERMORSHUIZEN G. Journalisten en Heethoofden. Een Geschiedenis van de Indisch-Nederlandse Dagbladpers [M]. Amsterdam/Leiden：Pengantar，2001.

巴达维亚曾有一家日本侨报《日本印尼报》（*Toh-Indo Nippo*，1937—1940）。1942 年 3 月，日本军队占领印尼，强制接管了印尼的广播电台，发布命令要求所有收音机都要登记，不允许收听外国短波电台的广播，只能收听日本的广播。通讯社也被接管。日本查封了荷兰人出版的所有报纸，许多报人被关进集中营。日本另行创办了一些报刊，宣传“大东亚共荣圈”。由于日本的传播技术比荷兰先进，这一时期印尼的报业在技术和业务上取得了一些进步。日本占领当局禁止新闻机构使用荷兰语，但允许记者使用印尼语写新闻，使印尼语在社会上得到一定的应用。

二、印尼独立后新闻传播业在政治动荡中的发展

（一）苏加诺时期的印尼新闻传播业（1945—1965 年）

日本投降后，印尼于 1945 年 8 月宣布独立。印尼的 1945 年宪法规定了新闻出版自由，强调每个人有发表和表达意见的权利。媒体可以自由发表观点，甚至是尖锐的批评。印尼法律同时还规定，新闻界不能滥用权利，有义务维持社会秩序。

印尼独立当年，广播电台回到印尼人手中。同年 9 月，爪哇地区电台代表在雅加达举行会议，宣告印度尼西亚共和国广播电台成立。1946 年 4 月，该电台被确定为政府的一个部门。

但是荷兰不承认印尼独立，荷兰军队重新开进印尼，占领雅加达。经过抗荷战争和外交上的努力，1949 年，荷兰人把权力移交给印尼总统苏加诺。1946 年 2 月，印尼新闻工作者协会在梭罗成立，同年 6 月，在日惹成立了报纸出版人协会。

独立的印尼报业发展迅速，1950—1953 年报纸的发行量为 75 万份，比独立前增长 63 万份。印尼共产党领导的《人民日报》（*Harian Rakjat*，1951 年创刊）是当时发行量最大的报纸，1957 年的发行量为 6 万份。新的问题也随之而来，印度尼西亚独立后实行多党制，党派丛生和政治势力的多元使得多数报纸依赖政党而存在，各个政党利用媒体相互攻击，社会分裂严重。这期间，老报纸中比较有影响力的是在万隆出版的《全印尼日报》（*De Preangerbode*），该报 1896 年创办，换了两任老板，持续出版到 1957 年。

1945 年至 50 年代中期，印尼华文报业发展到 20 多家，是当时东南亚各国中最多的。这些报纸分亲共和反共两派，相互攻击。[①] 1958 年 4 月，印尼

① 黄昆章．从《龙阳日报》的停刊看印尼华文报业的沧桑 [J]. 国际新闻界，2002 (2)：32 - 35.

A.I.D. „DE PREANGERBODE" VRIJDAG 19 JULI 1957

Verordening Militaire Gezag TT-III

Mobilisatie en tewerkstelling deskundigen voor de opbouw

Geen onderscheid tussen vrouw, man, staatsburger of vreemdeling

BANDUNG in kort BESTEK

Nieuwe veteranen-organisatie

Premier Dju...

Oostelijk In...

13 Onderzoekteams

1957 年 7 月 19 日万隆《全印尼日报》版面一角

陆军当局下令禁止使用非印尼文、非拉丁字母、非阿拉伯字母出版的日报或杂志，一度将所有华文报纸查封。

1956 年，苏加诺总统提出所谓“有指导的民主”，其中包括对新闻界的指导。1957 年 3 月，他宣布“国家处于紧急状态”，政府向新闻媒体下达各种指示，如果有媒体反抗，就会遭到查封。1958 年初，政府规定所有报刊必须在 10 月 1 日之前登记才能颁发出版许可证。凡被认为不符合建国五原则（信仰神道、人道主义、民族主义、社会贤达指导下的民主、社会公平）的传媒即被吊销许可证，这样的主观标准伸缩度很大。从传媒角度看，各种违反职业道德的现象相当普遍，这又成为再次被管制的理由。

NOMOR KEMENANGAN BURUH

HARIAN RAKJAT

Teguhkan Front Persatuan Buruh Utk Perbaikan Nasib, Demokrasi Dan Perdamaian Dunia

Kongkritkan Persatuan Buruh

Berdjuang Terus Menggalang Front Persatuan Buruh

KAUM BURUH SEDUNIA, BERSATULAH!

印尼《人民日报》1953 年 4 月 30 日纪念五一劳动节特刊

1959—1961 年，印尼政府进一步干预新闻媒体，对报纸内容实行新闻检查，许多记者被关进监狱。1960 年 10 月，陆军当局勒令印尼共产党的 7 家报刊停刊，限制中央机关报《人民日报》的发行。1960 年 11 月，政府规定所有编辑记者和出版人必须申领执照，强迫他们在一份要求服从苏加诺政策的十九点声明上签字。1962 年 11 月，政府接管了安塔拉通讯社，将其与印度尼西亚新闻社合并，同时解散了所有小型通讯社。

1963 年为转播第四届亚运会，印尼电视台开播，该台直接由政府掌控，但只能在爪哇岛收到信号。

印尼共产党的影响不断扩大，引起印尼右派军人集团的不安。1965 年 9 月 30 日夜间，苏加诺总统警卫团第三营营长翁东（Letkol Untung）中校获悉右派军人企图通过政变推翻苏加诺政府，提前采取行动捕杀六名将军。10 月 1 日凌晨，翁东的部队占领印尼国家广播电台和电信局，早上 7 点整，广播电台播放翁东中校的声明。陆军战略后备部队司令苏哈托少将的军队当天下午夺回国家广播电台和电信局，晚上 7 时整，广播电台播出苏哈托的录音讲话，宣称粉碎了一次反革命暴乱行动。随后，苏哈托对共产党人进行血腥镇压，封闭所有共产党报刊和左派报刊。10 月 4 日，苏哈托来到填埋六位被杀将军尸体的枯井现场发表演说，由印尼国家电视台和广播电台直播挖掘尸体的过程，还有上千聆听苏哈托演说的观众，煽动起全国的反共浪潮。苏哈托下令暂时关闭安塔拉通讯社 10 天，以便清查。他迅速掌握全国政权。

苏哈托两年内杀害上百万共产党人和左派人士（包括 30 万印尼华人）。他七次蝉联总统，在其 32 年的统治中，采取灭绝华人文化的政策。1998 年 5 月 13—15 日，他又制造了一次排华浪潮，1 200 多名华人被打死，1 000 多名华人妇女遭强奸。1998 年 7 月 6 日，印尼华人组织向联合国秘书长安南求助时指出："在总统苏哈托的计划中，我们不可以进入政治、军事、文化领域内，基本上，我们只能从商，或工业等经济领域，或在体育界发展。……每当人民的不满运动达到顶点时，他就会利用新闻界、电视台、无线电台以及印尼原住民对华裔在事业上的成就所产生的妒忌之心，以及极端分子盲目仇视的心态，煽动他们烧、杀、抢华裔财产甚至强奸华裔妇女。"①

（二）苏哈托时期的印尼新闻传播业（1965—1998 年）

1965 年"9·30"事件后，苏哈托政府用强硬手段实行控制，着力发展经济，居民生活水平有所提高。印尼新创办了一些报纸。但当时报业的经济基础比较薄弱，各报缺少经营管理经验，难以在报业市场上站稳脚跟。各报很少有自己的印刷设备，已有的设备大多是殖民地时期遗留下来的。

1966 年，政府颁布了一项基本新闻法，规定创办报刊必须获得经营许可证，政府的新闻主管部门有权颁发并随时吊销许可证，建立了政府严格管理和指导下的报业秩序。

1967 年，苏哈托政府颁布针对印尼华人的法律，禁止华人使用华语，禁止出版华语报纸，关闭华人学校。只有一家以同化为目的的官方华文报纸《印度尼西亚日报》（1966 年 12 月创刊）。

这一时期，印尼广播电台的功能得到完善，除了传递信息和提供娱乐之外，较为重视对农村的广播。印尼的岛屿众多，对内广播和对外广播（印度尼西亚之声）一般都使用短波，因而其民营广播电台发展起来，但政府禁止播出除国家电台的新闻稿之外的政治新闻。

---

① 娜娜军事.1998 年印尼排华事件［EB/OL］.［2020 - 11 - 22］. http：//blog. sina. com. cn/s/blog_4845eea9010002ne. html.

印尼的地理环境不利于电视业的发展，直到 1975 年 12 月，全国只有 12 座电视台。1976 年，印尼通过美国休斯公司研制和发射了第一颗通信卫星。通信卫星使得印尼全国各地都可以接收到国家电视台播出的新闻和娱乐节目。1977 年，印尼播出彩色电视信号。

1974 年 1 月以后，苏哈托采取了更为严厉的控制新闻业的政策，一批报纸的许可证被吊销。在那时的印尼，媒体必须做到以下事项：不得罪苏哈托家族；不得罪军队；不写关于宗族的任何文章。1984 年，印尼成立全国性的"新闻委员会"，就传媒在以上方面的执行情况进行监督检查。

1985 年起，一些大的企业集团开始创办商业报纸。雅加达以外，地方报纸不断涌现。政府认为地方报纸对国家政治的影响不大，因此给予地方办报比较大的自由权力，但若批评政府则加以严厉管制。1989 年，印尼政府授予一家独立电视台以经营许可证，允许建立私营电视台，从而打破了国家垄断电视业的局面。20 世纪 90 年代，印尼政府对新闻传播业的控制有所缓和。办报不再只是政治行为，而更多地是一种商业行为；只要花钱就可以办理报纸经营许可证。

随着国内政治的稳定、经济的发展，1992 年印尼报纸的每日发行量达 1 000 万份左右。在苏哈托时期的印尼新闻业虽已集团化，但从整体上讲并没有充分的言论自由。

1998 年 5 月 21 日苏哈托下台后，印尼社会逐步走上民主化的进程。

三、印尼新闻传播业目前的格局

苏哈托为期 32 年的统治，有效地利用新闻媒体进行政治控制，同时媒体也充当了经济发展的宣传工具。1998 年 5 月苏哈托下台，印尼开始了政治、经济和社会改革，新闻传播业得以在较为宽松、自由的环境中发展。

（一）报纸

(1)《罗盘报》（*Kompas*）是印尼目前的主要报纸。该报创办于 1965 年 6 月 28 日，创办人是欧阳炳昆（Petrus Kanisius Ojong）与耶谷·乌达玛（Jacob Oetama）。当时的印尼官方曾建议由天主教集团出版一份日报来抵消印尼共产党的宣传，苏加诺总统建议取报名为《罗盘报》。该报初始资本 10 万盾，出版前做了三天试刊。它形式上是一份"独立"报纸，尽可能自己派记者采写新闻，避免报道被政治化。在其他报纸发行量下降的情况下，该报发行量逐年攀升。1966 年起行销全国，1969 年该报发行量居全国之首。

KOMPAS

Amanat Hatinurani Rakjat

KAA II Ditunda Empat Bulan

Perundingan Pres. Sukarno, Nasser dan Chou

Kol. Houari Boumedienne pemimpin jang baru di Aldjazair

《罗盘报》创刊号头版上部

《罗盘报》在知识文化界有很大的影响力。该报处理各种新闻持谨慎态度，能很好地平衡政府与读者之间的关系，能够巧妙地做到既使政府满意也使读者满意。该报注重报业经营，广告约占版面的35%，发行量约50万份。

（2）《印尼媒体报》（*Media Indonesia*），1970年1月19日由印尼新闻媒体基金会创办，其宗旨是“为人民之声”。该报初期四版，1976年改为八版。

（3）《共和国报》（*Republika*），1993年1月4日由印尼穆斯林知识分子协会（ICMI）创办的全国性印尼文日报，主要在印尼穆斯林知识分子中发行。

（4）《爪哇邮报》（*Jawa Pos*）为印尼文日报，在泗水出版，是爪哇东部发行量最大的日报。该报的座右铭是“总会有一些新东西!”（Selalu ada yang baru!），创办人郑丛森。他曾在泗水一家电影院工作，负责在报纸上刊登电影广告，后来决定自己创办报纸。该报1949年7月1日创刊。他还创办了华文报和荷兰文报。1982年，出版新闻周刊《节奏》（*Tempo*）的出版商埃里克·萨莫拉（Eric Samola）从80岁高龄的郑丛森手里买下该报。五年后，形成了以《爪哇邮报》为核心的印尼一家大报业集团，拥有80多家报纸、文摘和杂志。2001年，该集团涉足电视媒体，在苏门答腊廖内省开播了廖内电视台（Riau TV，简称RTV）。

《爪哇邮报》在印尼报业上创下这样的纪录：1984年首次使用计算机系统，1986年首次全彩色印刷，1988年首次使用远程打印技术，1994年率先采用出版在线技术，1998年首次应用国际宽度标准，2006年首次使用计算机制版技术。2017年，该报日发行量为84.2万份，居全国第一位。

（5）《雅加达邮报》（*The Jakarta Post*）是印度尼西亚发行量最大的英文报纸，1983年4月25日创刊。发起人是印尼前新闻部长穆尔多波（Ali Murtopo）和政治家林绵基（Jusuf Wanandi）。该报发行量约4万份，立场、观点较为中立。

2000年，印尼新政府允许华文报纸的出版。美国国际日报集团于2001年4月创办华文《国际日报》；台湾联合报系也于同年创办华文《世界日报》。目前这两家报纸居印尼华人报纸发行量的前两位。

Jawa Pos

Gempa NTB, Belasan Warga Meninggal

Pentingnya Bangunan Tahan Guncangan

Pendaki dari Makassar Jadi Korban

Dapat Hadiah Nama dari Bupati

Prabowo-Abdul Somad Ramaikan Bursa

Marzuki Ingin Umat Lebih Guyub

BPJS Kesehatan Tunggu Surat Resmi DJSN

《爪哇邮报》2018年7月30日头版

（二）广播

印度尼西亚国家广播电台（Radio Republik Indonesia，PRI）成立于1945年9月11日，在全国设有53个分台，印尼全境几乎都能收听到该台的三套节目，即雅加达播出的全国性节目、地方中心台播出的区域节目和本地的地方节目。该台对外广播使用“印尼之声”呼号，采用10种语言。

尔辛塔（Elshinta）电台是印尼最大的商业电台，1995年1月创办，24小时全天广播，内容有交通信息、经济、政治、社会、文化，以及各大城市所需的一些重要信息。该台还转播英国广播公司、中国国际广播电台（印尼语）、澳大利亚广播电台的节目。

雅加达的加科哇拉第一华语广播电台，为目前印尼最大的华语电台。

（三）电视

印度尼西亚公共电视台（Televisi Republik Indonesia，TVRI），原为国家电视台，2000年以后成为公共电视台。该电视台于1962年8月17日运营，有13个分台，395个转播器，覆盖印尼全境。

鹰记电视台（Rajawali Cita Television Indonesia，RCTI），1989年创办，印尼首家民营电视台，也是全国收视率最高的电视频道，覆盖全国约80%的人口，以播放肥皂剧和娱乐节目为主。

美都电视台（Metro TV），印尼著名的民营电视台，印尼新闻工作者纳巴班（Putra Nababan）创办于2000年11月。该台在全国设有53个转播站，使用英语和汉语。该电视台的新闻频道在印尼第一个24小时全天播报新闻，娱乐节目、纪录片、商业节目等也吸引了大量观众。该台新闻频道早晨7：00到7：30有华语新闻栏目，这是印尼唯一的华语电视节目。

SCTV电视台（泗水电视台的缩写）为印尼地方电视台的代表，1990年

2010年鹰记电视台在雅加达报道东南亚足球锦标赛

8月在泗水开播，信号覆盖整个东爪哇。1991年，范围进一步扩大到巴厘岛等地。1993年1月，向全国播出，有47个转播站。

（四）通讯社

安塔拉通讯社，成立于1937年12月，现为印尼官方通讯社，由国家信息部管理，在国内外派有常驻记者，同世界20多个主要通讯社签订了新闻交换协定。

（五）网络媒体

Detik.com，印尼先锋在线媒体公司网站，印尼最大的网络媒体之一，2020年名列印尼网站人气排行榜第5位，世界排名第322位。由记者达索诺（Budiono Darsono）等人联合创办。该网站提供来自印尼和世界各地的综合新闻，拥有五大门户网站。[①] 根据We Are Social的统计，该网站月流量1.56亿。

Tribunnews.com，一个在线新闻网站，隶属于《罗盘报》，总部位于雅加达。除了印刷版上的文章，另外还有电子版报纸，月流量2.16亿。该网站设立了一个公共论坛，鼓励民众提交反馈，帮助公民新闻的发展。

Suara.com，印尼的一个独立新闻门户网站，总部位于雅加达。2014年3月11日启动，座右铭为“诚实、平衡、独立”。该网站提供来自世界各地

① 美通社．印度尼西亚媒体传播概况［EB/OL］．［2020-11-22］．https：//misc.prnasia.com/atd/custeventreg.php? event_id=353.

的有趣、独特的新闻，并希望这种多样化的内容能够启发读者，帮助公众获取完整、清晰的信息。[①] 它在印尼在线媒体类别的 Alexa 排名中居第 12 位。[②]

Metrotvnews. com，美都电视台所属的门户视频网站，除了电视放送过的节目，还将各类内容制作为专题视频，为用户提供直播入口，实时接入电视节目。它设置了主播板块，用户点击后即可浏览该主播主持的全部内容。

Metrotvnews. com 网站

四、印尼网络传播现状

（一）网民规模与移动网络服务

印尼现在是亚洲高科技快速发展的国家之一。截至 2020 年 1 月，有 1.754 亿互联网用户，互联网普及率 64%。2019—2020 年，印尼互联网用户数量增加了 2 500 万。互联网用户中社交媒体用户 1.6 亿，社交媒体渗透率 59%。[③]

根据印尼互联网服务提供商协会（APJII）发布的报告，印尼互联网用户中占比最高的是 19～34 岁的人群。从普及率上看，13～18 岁人群的互联网普及率最高，为 75.50%。[④]

作为世界第四大移动通信市场，印尼 84%的人口拥有至少一部移动电话，大多数印尼人通过手机访问互联网。2020 年的调查显示，印尼的互联网用户 98%使用移动端，其中 96%的用户通过智能手机上网。印尼政治家已将

---

① Suara. About Us. [EB/OL]. [2020－11－27]. https：//www. suara. com/pages/tentangkami.

② Alexa. Suara. com. [EB/OL]. （2020－11） [2020－11－27]. https：//www. alexa. com/siteinfo/suara. com.

③ We Are Social. Digital 2020：Indonesia [EB/OL]. （2020－01） [2020－11－22]. https：//datareportal. com/reports/digital-2020-indonesia.

④ APJII. Penetrasi & Perilaku Pengguna Internet Indonesia. [EB/OL]. （2018－11） [2020－11－22]. https：//datareportal. com/reports/digital-2020-japan. http：//www. 199it. com/archives/787348. html.

网络参与纳入了自己的竞选资源，尽可能在各种社交媒体上与网民进行互动，包括 Facebook 页面和 Twitter 账号。

eMarketer 的调查显示，超过 87%的印尼互联网用户是视频点播（VOD）观看者，每天花在在线电视和视频内容上的时间超过 1 小时。此外，还有 91.8%的受访者使用流媒体播放音乐、播客和其他数字音频，这些活动平均每天耗时 1 小时 35 分钟。超过 61%的受访者通过 Netflix 或 CatchPlay 等订阅 VOD（SVOD）服务观看电视或电影内容。①

（二）社交媒体的使用

使用社交媒体是印尼网民网上活动中的重要一项，反映了印尼文化中“爱社交”的特点。除中国以外，印尼拥有仅次于美国、印度和巴西的世界第四大社交媒体用户群。根据美通社白皮书，印尼是全球第三大 Twitter 使用国，而雅加达则更是世界头号“Twitter 城市”。② We Are Social 提供的报告显示，印尼社交媒体用户中，18～24 岁的用户占比 30.3%，25～34 岁的用户占比 35.4%，而 55 岁以上的用户仅占 3.6%。

根据 Global WebIndex 的数据，截至 2019 年，16～64 岁的印尼受访互联网用户中，有超过 93%访问了社交网络，每天在社交媒体上花费的平均时间为 3 小时 19 分钟。

印度尼西亚社交媒体用户的男女比例整体相对均衡，但在具体的社交媒体选择中，存在较大差异：Facebook 用户中男女占比分别为 55.6%、44.4%，Instagram 用户中男女占比分别为 49.2%、50.8%，Snapchat 用户中男女占比分别为 10.4%、87.9%，Twitter 用户中男女占比分别为 31.7%、68.3%，LinkedIn 用户中男女占比分别为 58.8%、41.2%。③

第四节　日本新闻传播史

日本面积 37.8 万平方千米，人口 1.26 亿（2019 年）。原始时期，日本就形成了几乎单一的种族和语言。公元 6 世纪，日本进入文明社会。最早关

---

① eMarketer. Global Media Intelligence 2020：Indonesia [EB/OL].（2020－10）[2020－11－22]. https：//www.emarketer.com/content/global-media-intelligence-2020-indonesia.

② 美通社．印度尼西亚媒体传播概况 [EB/OL].［2020－11－22］. https：//misc.prnasia.com/atd/custeventreg.php? event_id=353.

③ We Are Social. Digital 2020：Indonesia [EB/OL].（2020－01）[2020－11－22]. https：//datareportal.com/reports/digital-2020-indonesia.

于日本的历史记载，来自中国的《汉书》和《后汉书》。公元645年的“大化革新”，确立了日本以天皇为中心的中央集权制。12—19世纪，日本最高军事长官（征夷大将军）的幕府实际上控制政权达700年。1400年的中央集权（其中一半时间是军事中央集权），以及与政治、军事集权相伴的神道教，巩固了日本历史上逐渐世袭化了的社会等级制度（士、农、工、商）和忠于主君的意识。由于民众的生活依附于庄园主、藩阀、大名，文书由武士管理，日本古代民众很少有新闻信息的需求，只有一些诸如《万叶集》收录的浦岛歌一类十分简单的客观叙事和歌；幕府时期，将军为防止大名之间的横向沟通，还特别设置障碍，因而日本古代基本没有中国古代那样的官方新闻传播系统。

1854年2月13日，美国准将培里（Matthew Calbraith Perry）率领舰队来到日本，德川幕府被迫同意门户开放。1868年开始“明治维新”，天皇恢复皇权统治。而向西方学习，学习的是德国“皇权专制＋自由主义”。

日本经历短暂的政治民主后，很快选择法西斯军国主义道路。1931年，日本发动对华战争，1940年与德国和意大利结成轴心国，1942年12月偷袭美国珍珠港，1945年战败投降。战后同盟国占领军进驻日本，1952年撤出。

一、日本新闻传播业的发展

（一）日本早期的新闻传播

16世纪起，西班牙、葡萄牙、荷兰、英国等西方国家与日本通商，并有一些现代科技通过“兰学”（以印尼荷兰人作为中介传播过来的各种西方科学知识）传播过来。德川幕府（1603—1868年）时期出现了简单的新闻传播形式“读卖瓦版”。这是一种通过烧制瓦版拓印的单页新闻纸，内容大多是各种突发事情，如地震、火灾、战争、自杀、殉情等，图画比文字多，印好后拿到街上叫卖。现存最早的读卖瓦版是1615年的《大阪夏之阵图》，记载了这年夏天发生在大阪的一次战争。

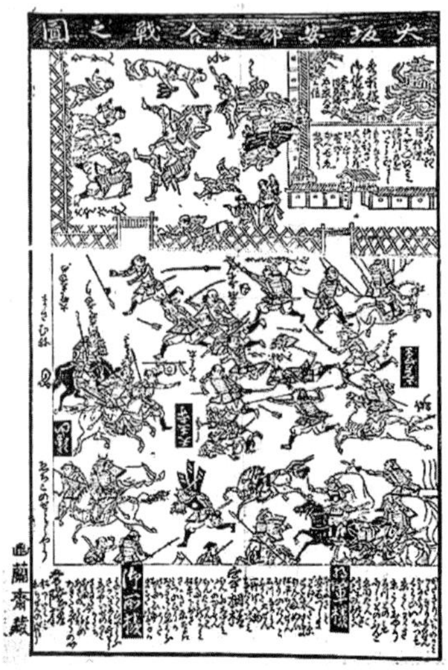

17世纪的读卖瓦版

日本最早出现的报纸，是1858年从中国翻刻传入日本的《官版中外新报》，此报系由在中国宁波活动的传教士发行。接着，英国人A. 汉萨德于1861年6月创办英文版《长崎船舶新闻》，同年 11 月又在横滨创办英文《日本先驱报》。

最早在日本出版的日文报纸，是 1862 年 1 月由官方“洋书调所”（外国事务研究所）的工作人员竖川三之桥、万屋兵四郎印刷发行的《官版巴达维亚新闻》（官板バタヒヤ新聞），“新闻”一词系日文“报纸”。此报翻译自在荷属印尼巴达维亚（今雅加达）出版的荷兰文报纸。

The Japan Herald.

《日本先驱报》

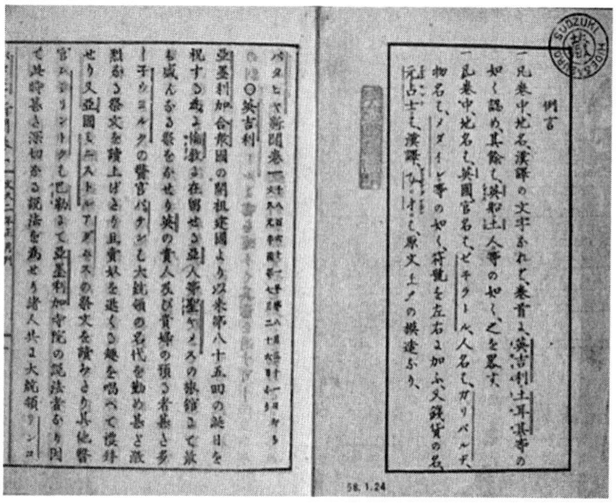

《官版巴达维亚新闻》

（二）明治维新后兴起的日本新闻传播业

明治维新中，官方提出文明开化、殖产兴业、富国强兵的三大政策。在热闹的政治争论和向西方学习的过程中，国民整体处于兴奋状态，新闻传播业发展极为迅猛。1871 年 1 月，日本首家日报《横滨每日新闻》出版。由于政府将报纸作为文明开化的重要一环，《横滨每日新闻》和 1872 年创办的《东京日日新闻》、《邮便报知新闻》、《新闻杂志》（报纸）等都有不同的官方支持背景，被称为“民办官助”。

19 世纪 70—80 年代，日本各种报刊或多或少都卷入官场“官权派”（立宪改进党）、“民权派”（自由党）和“帝政派”的斗争中。政府担心党派间的争论会导致难以收拾的社会运动，一方面修改报纸条例，制定“诽谤律”，取缔言论自由，一方面使用离间、劝说的方法瓦解了三个政党。没几年，日本的所谓“党报时期”消逝。经历了较多的因参与政治而受到打压的事件之后，日本的政论报刊没落了，一种与政治保持距离的畸形新闻职业意识开始形成，报刊商业化成为趋势。

1873 年日本出现版面小、不刊登政论、以社会和娱乐新闻为主的“小报”，一般把《东京假名书新闻》视为最早的小报。现在日本的《读卖新闻》和《朝日新闻》，1874 年和 1879 年创办时即是小报。

1886年，《邮便报知新闻》的主持人矢野文雄从欧美考察回来后，最早在编辑、经营、发行等各方面对报纸实行现代产业化管理，两年内报纸的发行量从6 700份上升到2.2万份，居当时东京报纸的第一位。1889年，这份报纸开始一天内分别出版早、晚刊并获得成功，由此逐渐形成日本日报的一种出版传统。

《朝日新闻》创刊号

19世纪末，大阪《朝日新闻》和大阪《每日新闻》形成竞争局面。1911年，《大阪每日新闻》买下《东京日日新闻》。1930年两报先后从大阪进入东京，与《读卖新闻》形成三报鼎立的局面。也是在这个时候，《读卖新闻》起始，其他主要报纸跟进，形成日本报纸的宅配发行制度。在东方特有的以人际关系为纽带的文化传统中，这种发行体制对于稳定各自的读者群，起着相当重要的作用。

1918年8月26日《朝日新闻》晚刊报道关西记者大会时写道："新闻记者不能安安稳稳履行自己的使命，以金瓯无损而自豪的我大日本帝国，岂不面临最后受审的日子了吗？'白虹贯日'的不祥之兆正雷电一般闪过头顶。"官方以"破坏安定秩序"的罪名起诉执笔者和编辑，硬说"日"代表天子，此矛头指向天皇，罪过匪浅。社长村山龙平遭到毒打并被绑在公园的石柱上，头部缠着写有"替天诛国贼"的布条。其实从字面上看，报纸同样持有狂热的国家主义观念，只是在具体问题上提醒当局不要过分自信而已，即使这样也不能被容忍。该报于12月1日发表社论低头认错。日本新闻学者内川芳美就此写道："通过'白虹'事件，明治末期以来实际上行进在企业化道路上的报纸，幡然醒悟其企业性。迄今关于报纸力量的幻想被打破了，对政论新闻事业以及发动群众运动的最后留恋被丢弃了。从此，报社更加致力于企业发展。"①

与报业的发展相适应，1887年日本第一家通讯社"东京急报社"成立，创办人六角正太郎。1903年建立的帝国通讯社和1911年建立的日本电报通讯社（电通）是其主要竞争对手。

1925年日本出现广播电台，1926年当局便成立社团法人日本广播协会（NHK），由政府直接掌握日本的广播业。

传媒产业化，就要有新闻可报可炒，传媒只能顺着当权者提倡、允许的

① 内川芳美，新井直之．日本新闻事业史［M］．张国良，译．北京：新华出版社，1986：38.

方向，特别是炒作对外战争。日本报刊和通讯社对19—20世纪日本发动的所有战争，均主动、积极地鼓吹，表现温和都会受到同行的谴责和蔑视。日本传媒营造的这种舆论环境，推动了日本对其他民族的战争，同时也为自身带来巨大的经济利益。“利益驱动＋国家主义”，这是驱动日本传媒明治以后产业化的两个轮子。

（三）“九一八”事变后日本媒介法西斯化

1931年日本发动“九一八”事变。1932年，日本政府取缔各种出版物（包括报刊）的事件约5 000起，1932—1933年间抓捕文化人3.4万。1934年《时事新报》一位记者被暴徒刺杀，《朝日新闻》编辑总务被刺重伤，1935年《读卖新闻》社长被刺，1936年《朝日新闻》报社遭暴徒袭击。日本政府1935年发起“国体明征运动”，目的是彻底消除明治维新时期传入的自由民主思想，完全回归到神权天皇制的“国权论”。1938年发动“国家总动员运动”，全面实行经济统制、国民统制和精神统制。1940年，内阁各省和军队各兵种的情报部门合并为“情报局”，对所有涉及传播的载体，包括报刊、广播、通讯社、电话、电影、戏剧、曲艺、绘画、唱片等等实行直接控制。

1931年日本的通讯社有200多家。1936年11月，在“联合新闻社”（1926年建立）和“电通”两大通讯社的基础上（帝国社在竞争中衰落）建立同盟通讯社。该社完全被军部控制，其他通讯社以加盟的形式归到该社名下，当时共189家。该社积极参与法西斯轴心国与同盟国的电波战，使用24种语言全天候发稿和广播，其宣传的广度和强度毫不逊色于德国法西斯。

1942年太平洋战争爆发第五天，日本军部宣布除几家全国性大报外，其他报纸一律按一县一报的原则实行合并。几个月内，除了《朝日新闻》、《每日新闻》（《东京日日新闻》与《大阪每日新闻》合并为《每日新闻》）、《读卖新闻》外，全国近千家报纸合并为53家报社（57家日报），东京的11家产业报纸合并为《日本经济新闻》，关西的产业报纸合并为《产经新闻》。

1937年12月日本占领南京时的《读卖新闻》

“东京玫瑰”

1945年唯一公开身份的“东京玫瑰”接受美国记者采访

太平洋战争爆发后，日本军方为了瓦解美国军人的斗志，利用广播大打心理战，让一些女播音员用柔和暧昧的嗓音勾起美国军人的乡愁，劝诱他们放弃打败日本帝国的目标。这些女播音员被军人听众称为“东京玫瑰”。“东京玫瑰”并不是一个人，而是8～12名日本女播音员。战后唯一公开身份的“东京玫瑰”叫户粟郁子，她出生于美国的一个日本移民家庭，珍珠港事件爆发前因事滞留日本，回国无望，不得已成为日本军方的宣传工具。1949年户粟郁子以叛国罪被美国判处十年徒刑并处以1万美元的罚金，同时剥夺美国国籍。户粟郁子被审判，很多美军官兵为其奔走，促成了她的特赦。理由是“东京玫瑰”甜美的声音，是伴随着他们度过艰难岁月的一个礼物，很多美国士兵就是抱着“一定要打到东京看看这个东京玫瑰”的念头才挺了下来。

广播煽动战争的作用远比报纸广泛。为强化对广播的控制，NHK改组，邮政省、内务省和文教省相关局的负责人参与进来，现役军人主持的煽动战争和进行法西斯教育的节目越来越多。太平洋战争爆发后，广播中甚至连外来词汇都不准使用，禁止播送1 000首外国歌曲。

法西斯统治时期，日本新闻界的少数反抗，值得记录。1936年法西斯军人袭击内阁要员后，东京大学教授河合荣一挺身而出，在《帝国大学新闻》发表文章《二二六事件批判》，这是当时唯一批判法西斯军人暴行的文章。1943年元旦，《朝日新闻》发表中野正刚的文章《战时宰相论》，委婉批评了东条英机，当天的报纸被查禁，作者遭到宪兵队审讯后自杀。1944年2月，《每日新闻》发表记者新名丈夫的述评《战争至此，决定胜负的已不是竹枪，而是飞机、军舰》，当天报纸被查禁，作者被充军，此即日本新闻史上的“竹枪事件”。

（四）同盟国占领军对日本新闻传播业的自由主义改造

1945年8月，日本无条件投降。1945年9月，根据波茨坦公告，同盟国对日占领军（主要是美军，以美、英、中、苏等11国组成的远东委员会的名义）占领日本。占领军采取了直接支配的方式，对日本大众传播业进行自由主义改造。

1945—1946 年，同盟国占领军最高统帅司令部（盟总）发布了一批与大众传播相关的文件，内容包括废除战时法西斯政府所有关于大众传播的法律法规、撤销战时统制大众传播的情报局、解除战时被禁出版物、销毁和没收宣传法西斯主义的出版物，同时规定占领时期实行新闻检查。

在要求天皇发布“人间宣言”（即宣布自己是人而非神）之后，盟总直接参与起草日本新宪法。1946 年 10 月日本议会通过了新宪法。这部宪法第二十一条规定：“保障集会、结社、言论、出版及其他一切表达的自由。不得对之进行审查。”这与旧帝国宪法第二十九条“在法律许可的范围内”才有表达自由的规定比较，性质完全不同。有日本学者认为，“从这个意义上说，新宪法所保障的表达的自由，并非自由的恢复，而是自由的开始”①。

1945 年 9 月 24 日盟总发布“政府与新闻业分开备忘录”之后，宣扬法西斯军国主义的同盟社于 10 月 30 日解散。由 14 家主要报纸和广播协会筹备，报联社体制的社团法人共同通讯社于 1945 年 11 月 1 日成立，同一天成立的还有以提供经济新闻为主的株式会社时事通讯社。

NHK 总部大楼

1945 年 12 月 11 日盟总致邮政省领导人的备忘录，确定改组广播委员会的意向。1946 年由盟总推荐的 17 人组成新的 NHK 广播委员会，战时宣传法西斯主义的原广播委员会成员全部下台。1947 年 10 月，盟总对日本的广播体制做出指示：确立广播公正、自由、服务公众和遵守技术标准等原则；确立 NHK 真正公营的性质，脱离政府、政党而作为独立机构运作；允许民营广播业；建立一个民间性质的电波委员会管理频道。1950 年 4 月，日本议会依据这个指示的精神通过了相关法律。

1951 年 4 月，作为自治机构的电波管理委员会颁发了第一批 16 家广播

① 内川芳美，新井直之．日本新闻事业史［M］．张国良，译．北京：新华出版社，1986：83.

公司的营业执照。当年9月1日早晨6时30分，设在名古屋的“中部日本广播”电台首次播出民营广播电台节目。1953年2月1日，NHK所属“东京电视”成为日本第一家开播的电视台。

盟总从新闻自由的理念出发，鼓励复刊老报刊和创办新报刊。1947年底，日本出现约180家复刊或新创办的报纸，出版社从约300家增至4 500多家，杂志从不到1 000种增至7 000多种。但1947—1949年的经济危机对报业造成重创，导致一大批报纸、杂志停刊。1947年时事通讯社做过一次秘密调查，发现96%的读者希望订阅名牌报纸，其中想订阅《每日新闻》《朝日新闻》和《读卖新闻》的占60%。在这种民意下，日本战后的报刊基本保持了1942年报纸期刊大合并后的格局。

20世纪50年代初，《每日新闻》《朝日新闻》和《读卖新闻》再次在东京形成三足鼎立的局面；大版《产经新闻》进入东京，与《日本经济新闻》形成竞争局面。这五家报纸占有了日本50%的市场份额，这种局面延至今日。

二、国家主义、团队精神贯穿于现代日本新闻传播史

（一）国家主义的传统

基于日本长期中央集权、军事化统治的传统，明治维新最后选择接受的是德国皇帝的国家主义，而非将公民的自由与权利视为目的。因此，日本的立宪是以“富国强兵”、加强天皇和国家权力为发展主轴的。日本法西斯化的过程中，日本传媒总体表现出高度的配合和服从。其中固然有对于恐怖政策不得已的妥协，但更多的则是源于内心国家至上的民族意识。日本战败后，新闻媒体也以特殊的方式继续表达了对天皇和国家的“忠”。《每日新闻》发表文章说，这对最终解救日本是大有好处的。《读卖新闻》说，我们必须坚定地相信，军事的失败和一个民族的文化价值是两回事，应当把军事的失败作为一种动力。NHK的广播一再强调，要从消沉中站起来。显然，日本传媒考虑的是日本民族的荣誉和未来的发展，对于军国主义本身的反省是很有限的。

战后日本新闻传播业实行自由主义体制，但国家主义的管制传统至今仍有遗痕。很少有传媒在重大问题上对政府进行监督或揭露；记者被纳入行业“记者俱乐部”，可以从中获得官方消息，俱乐部与官方有千丝万缕的联系，得罪权力组织的记者将被排除在外，因丧失消息源而在职业上被扼杀。

（二）传媒的团队特征

同样市场经济的环境，日本不像西方国家那样存在明显的单一家族的媒

2019 年日本播放的电影《新闻记者》

介集团，这与日本民众以下四方面情形有关：

第一，团队精神至上、家族观念（日本人的家族观念和“孝”只限于个人有限记忆的范围）其次的传统。第二，大众传媒的受众与传媒的关系较为独特。作为具体的人，一旦与媒介建立联系，往往表现为长期认同；独特的报纸宅配制巩固了这种特殊的联系。第三，日本人中具有较高学历的比例很高，单一民族和单一语言，信息需求稳定，并维持在一个较高的水平上。第四，较大的传媒往往与政府有着各种传统的非正式联系（其中精神联系似乎更为重要），虽承担一定的社会认定的监督责任，但更多地受到权力组织的控制和得到它们的一定保护。这种情形下，日本的大众传媒与政府不经常显现为对立，“合作”似乎更多一些。

（三）报纸与广电、出版的特殊关系

日本二战后出现民间广电，由于当时资金匮乏，创建者或合作者都是实力较强的全国性民营报纸，如《每日新闻》创办东京放送（TBS），《读卖新闻》创办日本电视台（NTV），《朝日新闻》创办全朝日电视台（ANB），《产经新闻》创办富士电视台（FTV），《日本经济新闻》创办东京十二台（IZ）。尽管民营广播电台、电视台建立后与出资创办的报纸脱离了关系，但报纸和广电两类媒介形成一种松散的系列关系，基本不存在竞争关系。这与西方新闻传播史上报纸与广播、电视形成竞争关系，情形很不相同。

日本相当多的杂志和出版社隶属于以大报纸为核心的媒介集团，因而报纸和杂志社、出版社之间的竞争并不激烈。

三、日本新闻传播业目前的格局

（一）报纸

日本是世界上报纸发行量最大、发行体制独特的国家。它的报纸种数不多，但发行量惊人，2020 年 10 月每天的总发行量为 3 509 万份（历史上总发行量最高为 7 000 万份）。日本报纸发行量的 93%宅配送递，零售仅占 6%，邮政送递不到 1%。

日本商店的售报栏

日本综合性日报《读卖新闻》《朝日新闻》《每日新闻》截至 2019 年的发行量，依次每天为 809.9 万份、557.9 万份、243.5 万份。

日本目前全国有 50 多家报社，半数已经形成报团，旗下还有很多子报子刊。日本的区域性报纸有五家，即《中日新闻》（名古屋）、《西日本新闻》（福冈）、《北海道新闻》（札幌）、《南日本新闻》（鹿儿岛）、《四国新闻》（高松）。

《日本经济新闻》《产经新闻》是全球发行量居第一和第二位的财经类报纸，2019 年日发行量依次为 233.3 万份、138.7 万份。

（二）广播电视

日本的广播电视分为公营和民营两大系统。日本广播协会（NHK）作为公营广播公司开始于 1946 年，现在拥有三个全国性广播电台和两个全国性电视台、两个卫星电视台。NHK 不播广告。日本民营卫星电视台现有 15 个，其中最大的是日本卫星广播公司（JSB），属于日本经济团体联合会。

日本民营广播电台共有 126 家。中波形成日本广播（JRN，34 家成员台）和全国广播（NRN，40 家成员台）两大全国性民营广播网。日本民营无

连续五次获得日本电视台最佳女主播第一名的水卜麻美

线电视台大部分被纳入五大全国性民营电视网——东京广播公司（TBS）、日本电视网公司（NTV）、全朝日广播公司（ANB）、富士电视网公司（FTV）、东京十二台（IZ）。

（三）通讯社

日本战后通讯社林立，但全国性通讯社只有共同社和时事社两家。共同社为日本最大的通讯社，该社国内共有 46 个分局，海外在 42 个城市设有记者站；时事社为日本第二大通讯社，国内有 82 个分支机构，国外有 30 个分支机构。

共同社办公大楼

（四）网络媒体

日本总务省将网络媒体按领域分为搜索引擎类、电子商务类、社交类。搜索引擎 Google、购物平台 Rakuten、视频网站 YouTube 和移动社交媒体 LINE 分别为所属类别中的代表性媒体。

Yahoo! JAPAN（雅虎！日本）是日本门户网站的代表，雅虎株式会社运营，在日本市场中位居业界第一位。其服务包含新闻、地图、电子邮箱、即时通信等等。

LINE（连我）是一款类似于中国微信的手机免费即时通信工具，由韩国互联网集团 NHN 的日本子公司 NHN Japan 推出。根据 Statista 2020 年统计，LINE 在日本拥有 8 300 万月活跃用户①，国民使用率 82.3%，在老年群体（60 岁及以上）中使用率为 52.8%。它可以发送文字信息、图片，进行免费语音通话、视频通话，拥有海量贴图资源、表情符号。

Niconico 是日本本土的视频共享网站，其视频界面由右滚动至左或在固定位置显示的评论、留言，形成了独特的弹幕文化，风靡全球。

四、日本网络传播现状

（一）网民规模与新闻获取

日本总务省 2019 年统计结果显示，日本的互联网用户占国民总人口数的 79.8%，其中智能手机类移动终端用户占比 59.5%，电脑终端用户占比 48.2%。13～59 岁的国民中网络使用率超过九成，60 岁及以上的国民中网络使用率为 21.5%②，互联网用户平均年龄为 48.4 岁。

根据 2019 年电通总研调查，Yahoo! JAPAN 在日本门户网站使用率排行榜中位居第一，达 84.1%。③ 该网站为日本民众的主要新闻来源，周使用率为 58%。位居其后的 NHK 新闻、NTV 也是民众获取新闻的重要来源，周使用率分别为 48%、45%。相较亚洲其他国家或地区（韩国、新加坡、马来西亚、中国香港），仅有 29% 的日本民众通过社交媒体获取新闻。④

（二）网民网络使用特点

根据 2019 年日本总务省通信使用调查结果，收发电子邮件是各年龄段人群主要的网络使用目的。以此为主要目的的用户超过 80%，电子邮件工作日使用时长 66 分钟，休息日 54 分钟。此外，也有不少用户将“使用社交媒体”“动画投稿”作为主要使用目的。

日本网络媒体使用率上升，电视收视率虽有所下降，但仍十分可观。日本网络新媒体与传统媒体仍呈并行发展趋势。总务省 2019 年关于国民每日媒

① Statista. 从 2013 年第一季度到 2020 年第二季度在日本的 LINE 每月活跃用户数 [EB/OL]. (2020-08-12) [2020-09-27]. https://www.statista.com/statistics/560545/number-of-monthly-active-line-app-users-japan/.

② 総務省. 令和元年度版情報通信白書 [EB/OL]. [2020-09-27]. https://www.soumu.go.jp/johotsusintokei/whitepaper/ja/r01/pdf/index.html.

③ 日本电通总研. Information Media: Trends in Japan [R]. Media Development Research Institute, 2019: 25.

④ NEWMAN N, FLETCHER R, SCHULZ A, et al. Digital News Report 2020 [R]. Reuters Institute for the Study of Journalism, 2020: 98.

日本街头看手机的人群

体接触行为的调查显示，每日电视收视率为 85%，每日网络使用率为 74%，并行使用率为 35%。[①] NHK 广播、NTV 仍是日本民众认可的媒体，2020 年有 60% 的人将它们作为信任的新闻来源，用户周使用率分别为 48%、45%。[②]

根据日本总务省 2019 年的通信使用调查，10～30 岁年龄段人群的网络媒体每日使用时长最长，达 271 分钟，使用率为 95.7%。其中社交媒体使用时间最长，为 98.7 分钟。随着年龄的增长（30～70 岁），电视观看时长与报纸阅读时长逐渐增加，超过网络媒体使用时长。60～70 岁年龄段人群的电视观看时长为每日 315.3 分钟，观看率为 93%。老年群体的网络媒体使用时长为每日 64 分钟，其中社交媒体使用时间为每日 6 分钟。

网络媒体内容接触方面，男女间存在差异。48%的女性使用社交媒体，每日使用时长为 69 分钟，10～20 岁女性群体的社交媒体每日使用时长最长，达 127 分钟。男性群体在视频投稿与观看、网络在线游戏和社交游戏上耗时远比女性长，每日使用时长分别为 88 分钟、111 分钟，其中，10～20 岁的男性每日在在线游戏和社交游戏上耗时 144 分钟。

日本国民对于社交媒体的新闻信任度较低，仅有 23%的用户对其表示信任。[③]

---

① 総務省．平成 30 年度情報通信メディアの利用時間と情報行動に関する調査報告書［R］. 総務省情報通信政策研究所，2018：34.

② NEWMAN N，FLETCHER R，SCHULZ A，et al. Digital News Report 2020［R］. Reuters Institute for the Study of Journalism，2020：98.

③ 同②.

（三）传统媒体的新媒体转型

从2013年开始，NHK实施“hybrid cast”计划，这是一项结合广播、电视和互联网的免费服务。最初，该服务仅在电视上提供，而后发展到用户可以借助手机、平板电脑等移动设备获取有关电视节目、天气、广播等内容。“hybrid cast”借助互联网的海量数据与新技术，丰富了电视节目，也提供了人性化的信息服务。

由于智能手机等移动端用户的激增，NHK开发了手机App，如“NHK World-Japan”“NHK for School”“NHK Easy Reader”。还推出与社交媒体联合互动的节目，节目中邀请嘉宾针对Twitter上的热门话题进行回答讨论。①

第五节 韩国新闻传播史

古代朝鲜民族国家属于典型的亚细亚社会，各王朝的交往政策都是高度专制的。20世纪初日本占领朝鲜半岛，同时在精神上消灭朝鲜民族文化，这种倒行逆施反向激发了朝鲜民族新闻业对新闻出版自由的追求。朝鲜战争后，韩国官方在冷战的背景下，长期对新闻媒体执行的是经济上扶植、政治上强控制的政策，韩国的新闻传播业发展畸形。1987—1988年，韩国的新闻传播业开始走上自由、稳定的发展之路。

本节虽然名为“韩国新闻传播史”，但是韩国古代和19世纪末以来出现的现代新闻业，必然要以整个朝鲜民族国家为背景，因为自14世纪以来，朝鲜半岛是同一个民族国家的区域，只是由于受到第二次世界大战结束之时国际政治格局的影响，才形成半岛南部的大韩民国和北部的朝鲜民主主义人民共和国两个政权。韩国面积10.3万平方千米，人口约5 200万（2020年）。

一、朝鲜半岛早期的新闻传播

历史上，朝鲜民族国家曾长期臣属于中国，与中国有频繁的商业往来，属于中华文化圈。古代朝鲜的新闻传播，有些地方与中国很相像，同时，

① 美通社．日本媒体传播概况［EB/OL］．［2020-09-27］. https：//www.prnasia.com/lightnews/lightnews-1-35-10116.shtml.

朝鲜民族的传播亦有自身的文化特征。公元 692 年，新罗国出现“寄别报”，这是一种类似新闻书信的手抄件。1392 年，朝鲜国出版过朝鲜历史上最早的古代官报“朝报”（类似中国的“邸报”）。15 世纪中叶，朝鲜国国王世宗在位时推行谚文，建立邮政驿站，用于传送政府公告。1578 年，汉城文化人出版过名为“朝报”的民间新闻剪报，有些像中国民间的“小报”，但持续时间不长。

李氏朝鲜国（1392—1910 年）存在的大部分年代处于超稳定的农业经济社会，限制工商业的发展。李氏王朝末期，即 1876 年，日本胁迫朝鲜国签订了开放门户的《日朝修好条约》。1882 年，朝鲜与美国签订了《朝美修好通商条约》，向西方打开了大门。其后，英、法、德、俄各国纷纷步美国后尘。这是朝鲜从传统社会进入现代历史的开端。

1904 年，日本在日俄战争中获胜，取得对朝鲜半岛（1897 年朝鲜国改国号为“大韩帝国”）的“保护权”。1910 年 8 月 22 日，日本强迫大韩帝国签订《日韩合并条约》，大韩帝国灭亡，被并入日本。1945 年日本在第二次世界大战中战败，朝鲜半岛形成南部的大韩民国和北部的朝鲜民主主义人民共和国。

朝鲜最早出现的现代报纸是一些日本商人于 1881 年 12 月在釜山创办的《朝鲜申报》，这张日文报纸主要服务于日商的信息需求，与朝鲜的文化传播关系不大。

1883 年 10 月 31 日，李氏土朝统理衙门下属的博文局（出版管理部门）创办《汉城旬报》，这是第一家朝鲜人创办的现代报纸，其性质与中国清末官报类似。1886 年 1 月 25 日，博文局再创办《汉城周报》，汉文与谚文混用。这是朝鲜报纸采用本民族文字的起点，编辑体例很像中国光绪年间的《北京日报》《中华报》，内容以时政新闻为主。国内新闻带有类似中国“邸报”的性质，如启状、牒报、谕旨之类；国外新闻大多抄自上海的报纸，具有现代报纸的模式。

1896 年 4 月 7 日，旅美医学博士徐载弼创办韩国最早的民营报纸《独立新闻》（독립신문）。徐载弼认为国家的独立在于教育，特别在于启发民众，因而首先就应该刊发报纸。该报为周三刊，每期四版，采用谚文、英文两种文字。读者包括市民、知识界和王朝内的外国人。徐载弼办报采用从美国学来的经验，提倡西方新闻价值观。为了纪念这份报纸，1957 年，韩国新闻界将该报的创刊日 4 月 7 日确定为“新闻日”。

1898 年 4 月 9 日，大韩帝国第一份日报《每日新闻》创刊，当时 23 岁的李承晚为该报主笔，后来他成为大韩民国的首任总统。《每日新闻》每期四版，完全采用谚文，主张改革维新。但是该报存在时间较短，同年 10 月 8 日

대일권 독닙신문 대일호

조션 서울 건양 원년 ᄉᆞ월 초칠일 금요일

광고

《独立新闻》创刊号

徐载弼（1864—1851）

停刊。

在《独立新闻》《每日新闻》的带动下，大韩帝国的民族报刊进入了创办高峰期。《帝国新闻》、《皇城新闻》、《万岁报》、《庆南日报》（当时唯一的地方报纸，1909 年在庆州出版）等，都是当时很有名气的报纸。外国人创办的报纸也推动了大韩帝国的舆论变革。其中较为著名的有英国记者贝瑟尔（Ernest Thomas Bethell）1904 年创办的《大韩每日申报》（대한매일신보）和英文《朝鲜每日新闻》（*The Korea Daily News*）、法国传教士德芒热（Florian Demange）创办的《京乡新闻》等。

最初，多数民办报纸的主持人（包括徐载弼）是亲日的改革派，他们希望效法日本，通过办报来推动大韩帝国的现代化。其后，他们感觉到日本灭亡大韩帝国的野心，又与日本决裂。其代表性事件便是 1905 年 11 月 20 日《皇城新闻》发表社论《是日也放声大哭》。这篇社论由社长张志渊撰写，强烈谴责日本强迫大韩帝国签订的《乙巳保护条约》。这天的报纸未经日本人检查就发行了，结果张志渊被捕，报纸停刊。但是这篇文章被《大韩每日申报》和英文报纸《朝鲜每日新闻》转载，并译成汉文和英文，被广泛传播。

二、日本统治时期顽强斗争的朝鲜民族新闻业

日本的文化政策是最终摧毁朝鲜民族的语言、文字和报刊。因而，除了

日本驻韩总督的机关报《每日新闻》外，禁止任何谚文报刊。境内面向社会的报纸共 24 家，全部使用日文。

1919 年 3 月 1 日，在为前大韩帝国皇帝李熙举行葬礼的时候，爆发了"三一"独立运动。运动中，原《帝国新闻》社长李钟一等 39 人发起起草《独立宣言书》，并与李钟麟、尹益善秘密出版报纸《朝鲜独立新闻》。日本殖民当局残酷镇压了这次运动，7 500 余人被杀害，1.5 万余人受伤，4 万多人被捕。事后，日方被迫采取了一些怀柔政策，略微放宽了新闻政策，给三家民营谚文日报发放了执照。于是，1920 年 3 月 5 日《朝鲜日报》创刊，4 月 1 日《东亚日报》创刊，第三家报纸是《时事新闻》（该报后来自然停刊）。但是，主流报纸依然是日文报纸。

1936 年 7 月，朝鲜运动员孙基祯在柏林奥运会上获得马拉松金牌，他是被迫代表日本参赛的。8 月 1 日，《东亚日报》刊登照片时抹去了他运动服上的日本国旗徽记。结果，该报 16 人被捕，8 位与此有关的记者被开除，社长和主编被迫辞职，《东亚日报》停刊 279 天，《新东亚》杂志停刊。

《东亚日报》1926 年仁寺洞社址

《东亚日报》抹去孙基祯胸前的日本国旗

1920—1940 年的 20 年里，《东亚日报》被停刊四次，总共 569 天，被没收报纸 489 次，禁止出售报纸 634 次，日本总督撤销该报社论 393 次。《朝鲜日报》被停刊四次，总共 240 天，日本总督撤销该报社论 414 次。

日本人还经常要求报纸自行撤销报道。1939 年 11 月，警方通知《东亚日报》和《朝鲜日报》自动停刊；它们违抗命令数月，1940 年 8 月被强行封闭。从 1940 年起，日本殖民当局以纸张统一管制为由，将所有谚文朝鲜报纸尽行废止，每个道（一级行政区划）只允许办一种日文报纸；在学校和政府机构，所有人都必须讲日语；要求朝鲜人采用日本姓名模式取名。从 1940 年至 1945 年日本投降，朝鲜民族的新闻传播陷入沉寂状态。

1927 年朝鲜建立无线广播电台，1933 年出现单频道的韩语广播。1945 年日本投降时，朝鲜半岛有 21 个广播电台。这些电台完全是日本殖民当局的喉舌。

皇紀二千六百年
朝鮮日報
天皇陛下의御威德
夙夜御政務御軍務에御精勵
興亞維新達成에
奮躍使命을盡竭！
朝鮮總督 南次郎

日本统治时期的《朝鲜日报》

三、控制和反控制中发展的大韩民国新闻传播业

战后韩国报业的发展，初期受到朝鲜战争的影响，随后长期受到东西方“冷战”的政治影响，发展是曲折的。

1945 年 8 月，韩国第一家通讯社解放通讯社宣布成立。1945 年 10 月，进驻朝鲜南部的美军废除日本统治时期的出版法，宣布新闻出版自由。这时恢复出版和创刊的报纸大约上百家，以左派报纸为主。当时的报纸可分为以下三个集团：亲共的《解放日报》《自由新闻》《努力人民》等；左倾进步党人的《朝鲜人民报》《现代日报》《中央新闻》等；商业经营的《东亚日报》和《朝鲜日报》等。美国军事当局出于全球战略的考虑，在韩国实行的并非自由主义报业政策。1946 年 5 月美军颁布 88 号法令，实行出版许可制度，很多报刊不得出版。

1948 年 8 月 15 日，大韩民国成立；1948 年 9 月 9 日，朝鲜民主主义人民共和国成立。美军在韩国遗留下一个权威主义的国家体制和过度发达的镇压机器，从而影响了未来 40 年韩国市民社会的形成及民主制度的发展。在当时的韩国，“新闻出版自由”只是一种口号。在依次经历了李承晚、朴正熙、全斗焕三个独裁统治时期以后，韩国的新闻传播业才进入民主社会。

（一）李承晚时期（1948—1960 年）

首任总统李承晚当政时期爆发了朝鲜战争，他继续实行出版许可制度，对报刊采取高度集权控制。尽管李承晚在美国流亡近 40 年，但他并没有真正变为西方式的民主主义者，而是继承了朝鲜王朝和日本统治者的专制主义传统。例如，1949 年 6 月，李承晚当局一下子停掉了 58 家左倾报刊。1953 年

9月以“颠覆政府阴谋罪”判处《联合新闻》驻日本记者郑国殷死刑，这是韩国新闻史上首例处死记者事件。1955年《东亚日报》曾因在“政府高级官员”前面加有“傀儡”字样，而一度被“无限期停刊”。1958年12月，李承晚将有争议的反报业条款塞进了《国家安全法》并予实施。1959年，取缔天主教会的《京乡新闻》。

不过，李承晚时期开始允许建立民营广播电台。1954年，韩国出现首家宗教广播电台，1956年出现首家商业电视台，1959年出现首家商业广播电台。

在1960年的“四一九舆论革命”中，李承晚无法继续执政而倒台。一家宗教广播电台——基督教广播公司（CBS）夜以继日地传播“美国之音”的声音，对运动起到了推波助澜的作用。

（二）朴正熙时期（1961—1979年）

李承晚倒台后，新闻界一度实行无限制的新闻出版自由，带来了一定程度的混乱。1961年5月16日，朴正熙发动政变夺得政权。除了政变初期的两年，朴正熙时期可以分为1963—1972年、1972—1979年两个时期。前一时期，政府着重发展经济的政策是比较积极的；后一时期，朴正熙建立了垄断性的“维新体制”，以确保其独裁地位和终身统治。朴正熙的新闻政策表现为两个方面：一是加强对新闻业的经营管理；二是强调大众媒介的所谓“社会责任”。

朴正熙政府直接开放了私营广播电视，允许亲政府的集团开办广播电视。1961年12月，政府给予民营的文化广播公司（MBC）执照，允许报业跨界经营，可以同时拥有报纸、广播电台、电视台和出版社，开办电视机制造厂，实行纵向和横向集中的所有权。1963年，政府批准《东亚日报》开办民营的东亚广播公司，1964年批准三星等企业集团开办民营首尔广播电台。在政府的控制和扶植下，传媒界重新组合，反对派报纸有的破产，有的改变政治倾向，传媒整体上成为统治集团一部分，享受长期低息贷款、减免税和延期付息的各项政策优惠。在繁荣的经济和优越的环境中，这些媒介发展迅速。

与此同时，朴正熙政府滥用“社会责任”的名义，迫害新闻工作者。政变后的几个月内，有1 000多名新闻工作者被解雇。新成立的情报机构则随时随地监视着新闻传播业，随意关押新闻工作者。朴正熙政府实行“采访证制度”，从而剥夺了600多名当局认为“不合作”“不听话”记者的工作，并且采访证的发放范围一再缩小。报纸总数从他上台前的85家减少到34家。1961年，《民族日报》社长赵容寿被判处死刑。1964年，《朝鲜日报》记者李泳禧因报道联合国讨论朝鲜问题的提案而被捕；同年11月，文化广播电台台长因发表关于“统韩论”的文章被捕。《新东亚》杂志因刊登了标题为《北朝

MBC 上岩洞办公楼

鲜傀儡政权与中苏分裂》的文章，违反了不得提及北部的规定，主编被撤职，两名记者被开除。1974 年朴正熙政府迫使广告客户停止在《东亚日报》刊登广告三个月，迫使该报管理层解雇 35 名记者，雇人驱散静坐罢工的 160 名新闻工作者。《朝鲜日报》的员工抗议这种控制，也被集体解雇。此后，韩国的传媒趋向娱乐轻松的内容，商业化倾向成为主流。

韩国垄断性的新闻传播业，在“硬”“软”两手的压制和庇护下畸形发展。当时媒介行业的增长速度数倍于国民经济的增长，1977 年全国报纸发行量达到 600 万份；然而，新闻传播业仅是创造价值的产业，传媒的主导不再是主编，而是经理，新闻工作者沦为单纯的劳动力。

（三）全斗焕时期（1979—1987 年）

朴正熙 1979 年 10 月 26 日被刺以后，全斗焕通过军事政变上台。1980 年 5 月，他制造了“光州惨案”（通过军队镇压光州的学生运动，死亡 200 多人），以铁腕手段镇压民主抗议，巩固自己的统治。

全斗焕采用各种方法迫使新闻传媒就范。1980 年 12 月，他颁布《言论基本法》，表面目的是保持新闻工作者的忠诚和正直，实际目的是阻止他们接触敏感的社会问题。同年，他以“反腐败”（主要指传媒的唯利是图和低级趣味，当时，民众对传媒商业化有很多批评，当局利用了民众的正当要求）名义对新闻传播界实行了一次大清洗，40 多家报纸的 700 多名新闻工作者被解雇或者停职。全斗焕时期日报从 28 家减少到 11 家，通讯社从 6 个减少到 1 个，广播电视机构从 29 个减少到 27 个，虽然电台数目削减得不多，但节目品种日益单调。

全斗焕成立“公共信息协调办公室”，每日向媒介发布报道指南，详细规定什么可以刊登，什么不可以刊登，什么绝对不可以刊登。1986 年 9 月，民主言论运行委员会公布了 1985—1986 年间 292 天该办公室提出的“报道要求”，包括持什么态度、发不发照片、报道放在什么位置等细节。公开这些材料的三位当事人以“泄露外交机密”“违反国家安全法”的罪名遭到逮捕。

1973 年全斗焕将 1952 年形成的国营“韩国广播系统”转变为韩国广播公司（KBS），并且将所有广播电视机构都合并到国营的 KBS 体系中，实行统一控制；议会通过的法律规定 KBS 是公营体制，但实际上长期直接由政府控制。广电的娱乐节目、新闻节目和宗教节目均加以种种限制。每天电视节目的开始，都有 5～10 分钟关于全斗焕活动的报道，令观众厌恶。民众从开始时的支持到最终厌倦了这种“负责任”的媒介。到他的统治后期，全国掀起了拒绝缴纳官办 KBS 的收视费、拒绝收看其节目的运动。

四、《六二九宣言》：韩国新闻政策的转折点

全斗焕时期韩国的经济发展令世界瞩目。然而，经济发展与全斗焕的高压独裁之间的紧张关系始终不能解决，终于导致 1987 年春天爆发了全国性的大规模抗议运动。《汉城新闻》等 26 家报社发表宣言，要求维护言论自由，废除《言论基本法》，释放被捕的新闻界人士。1987 年 6 月，在全国一片声讨浪潮下，全斗焕退居幕后，指定他的同乡、同学、曾积极支持他政变的军人卢泰愚担任执政的民主正义党主席，竞选下一任总统。面对国家即将主办奥运会的尴尬局面，在各方面的强大压力下，6 月 29 日，卢泰愚发布了“八点民主化宣言”（即《六二九宣言》），紧急宣布了一系列民主改革的措施。其中第五点的内容是促进新闻出版自由，迅速改善相关体制与措施。

1987 年 11 月，议会通过决议废除《言论基本法》，取而代之的是《定期出版物登记法》，同时通过了新的《广播电视法》。修改后的《广播电视法》允许民办广播电视，规定政府不得干涉广播电视的内容。公共信息部下属的“公共信息协调办公室”被撤销，废除了政府颁发记者证的制度。

这一系列法律的通过标志着韩国的新闻出版自由体制得到确认。本来，为了稳妥，开放需要一定的过程，但是 1988 年韩国举办奥运会，迎来了数千采访奥运会的外国记者，这个转变的进程被大大缩短了。1988 年成为韩国完全开放新闻出版自由的年头。

1988 年卢泰愚执政，基本执行了他在新闻出版方面的承诺。报纸的发展迅速，广播电视不再直接受政府控制，KBS 真正实行公营制，全斗焕时期被

KBS兼并的民营广电重新独立出来。媒介开始批评政府，公布不利于当局的民意调查结果，并公开讨论“与朝鲜的关系”等过去被禁止的话题。

当然，40多年对传媒的专制控制造成的观念和习惯不会很快消退。有的新闻工作者仍然习惯于自认为是“政府的工具”，并自愿采纳从官方信息部获得的关于如何报道敏感问题的种种暗示。政府机构也会习惯性地采用一些间接的方式动员舆论，或对传媒进行收买，实行软控制。

韩国新闻出版自由的政策平稳期以后，新闻传播业的发展较快。报刊品种增多，广告在各传媒中的比重加大，竞争激烈。

1997年韩国发生金融危机，传媒产业大萧条，造成1998年1.7万从业人员下岗。

五、韩国新闻传播业目前的格局

韩国的新闻传播业在21世纪进入了一个快速而平稳的发展期。

（一）报纸

《2019年韩国新闻统计DATA BOOK》显示，2018年韩国拥有日报192家。韩国的杂志有7 000多种。较为重要的韩国报纸有以下几家：（1）《朝鲜日报》，1920年3月5日创办。该报每天64个版，广告占全部版面的47.1%。（2）《中央日报》（중앙일보），1965年9月22日创办。（3）《东亚日报》，1920年4月1日由金性洙、朴泳孝、金弘祚、高厦柱等77人发起主办。当时提出的报纸的宗旨是：“支持民主，提倡文化。”这三份日报发行量接近，排名经常发生变化。

중앙일보
전국을 자전거 길로 잇는다
"미디어법·FTA 이번에 통과를"
청와대 벙커에 '비상경제 워룸'
"일부 노조 방송장악 주장은 공무원 선동과 다를 게 없어"
PIP

2009年1月6日的《中央日报》

（二）广播电视公司

韩国最大的广播机构是公营的韩国广播公司（KBS），成立于1973年，拥有三个电视频道、四个广播频道。KBS电视台的三个无线频道中，第一频道（新闻频道）播出时间占韩国电视播出时间的32.8%，比重最高。

文化广播公司（MBC）是韩国最大的民营广电公司（含有部分公营股份），成立于1961年12月。它的电视台成立于1969年8月，现在拥有三套

KBS 总部

电视节目，其电视节目播出时间占韩国电视播出时间的 16%。

（三）通讯社

韩国的主要通讯社是联合通讯社（Yonhap News Agency），1980 年 12 月由合同通讯社、东洋通讯社合并而成，1999 年又合并了内外通讯社。该社为报联社体制。

（四）网络媒体

韩国的网络媒体发达，2020 年，YouTube、Facebook、Instagram 在韩国的使用率分别为 72%、43%、38%；本土网络媒体也发展强劲，占据网络媒体市场的主导地位。Naver 是韩国最受欢迎的搜索门户网站，同时也是民众主要的新闻来源，周使用率为 62%，超越韩国传统媒体 KBS（50%）。[①]

Naver 为韩国最大的搜索引擎和门户网站，是韩国股票市场上市值最大的互联网公司，也是社交软件 LINE 的母公司。Alexa 关于 naver. com 竞争与流量的分析显示，Naver 用户 4 200 万，有 2 500 多万韩国人将 Naver 作为他们浏览器的默认起始页，是继谷歌、雅虎、百度和必应之后世界上第五大使用最多的搜索引擎。[②]

Kakao Talk 与中国的微信类似，是一款面向智能手机的免费移动即时通信工具。2020 年拥有 1. 52 亿用户，提供 15 种语言选择。该应用为韩国 93% 的智能手机用户所采用，占韩国通信应用市场份额的 95%。

---

① NEWMAN N，FLETCHER R，SCHULZ A，et al. Digital News Report 2020 [R]. Reuters Institute for the Study of Journalism，2020：101.

② Alexa. naver. com 流量与竞争分析 [EB/OL].（2020 - 09 - 27）[2020 - 09 - 27]. https：//www. alexa. com/siteinfo/naver. com.

韩国是最早通过互联网参与新闻生产的地区。2000年，韩国记者吴连镐创立Ohmynews网站，提出“人人都是记者”的口号。该网站也是世界上第一家公民新闻网站，2002年韩国大选期间，网站日点击率达到2 500万人次。2000—2005年，连续入选“韩国最有影响力媒体”的前十位，网站流量在顶峰时期进入世界前100强。随后持续下滑，网站流量排名现已跌到6 000名之外。主要原因在于公民新闻品质良莠不齐、传统新闻业大力开发网络业务等。该网站显示了网络时代新闻生产可能发生的巨大变化，它面临的问题也启发人们思考新闻职业的价值与意义。

Kakao Talk 的界面

六、韩国网络传播现状

（一）网民规模与新闻获取

根据路透新闻研究所2020年的调查，韩国的互联网普及率为96%，是世界上互联网普及程度最高的国家之一。韩国人平均每日互联网使用时间为5小时22分钟，互联网用户平均年龄约为43.7岁。韩国拥有成熟的移动市场，87.6%的人口使用智能手机上网。[①] 截至2020年1月，有6 061万个移动连接。韩国的移动连接数量相当于总人口的118%。[②] 国际电信联盟2018年调查发现，韩国移动网络服务的网速全球最快，是标准LTE的四倍。[③]

2020年，有83%的韩国人运用网络媒体获取新闻，63%的人通过电视获取新闻，仅有18%的人将纸媒视为主要的新闻来源。

（二）社交媒体使用

截至2020年1月，韩国社交媒体用户有4 473万，在互联网用户中占比达87%。社交媒体用户男女比例相对均衡，男性占比略高于女性。在社交媒体用户中，18～24岁男女占比分别为13.3%、12.4%，25～34岁男女占比分别为15.1%、16.5%，35～44岁男女占比分别为10.5%、9.6%。从主要

---

① NEWMAN N，FLETCHER R，SCHULZ A，et al. Digital News Report 2020 [R]. Reuters Institute for the Study of Journalism，2020：101.

② We Are Social. Digital 2020：Korea [EB/OL].（2020-01）[2020-09-27]. https：//datareportal.com/reports/digital-2020-south-korea.

③ UNION I T. Measuring the Information Society Report 2018 [J]. Geneva. Switzerland，2018：93.

社交媒体用户报告看，Facebook 用户中男女占比分别为 57.6%、42.4%，Instagram 用户中男女占比分别为 44.1%、55.9%，Twitter 用户中男女占比分别为 50.6%、49.4%，LinkedIn 用户中男女比为 1∶1。①

2018 年的一项研究发现，韩国各年龄段间社交媒体的使用差异是亚洲国家中最小的。在 18～36 岁的青年互联网用户中，社交媒体用户占比达 81%。在 37 岁以上的互联网用户中，社交媒体用户占比 64%。②

第六节　哈萨克斯坦新闻传播史

哈萨克斯坦是中亚地区面积最大的国家，也是世界上面积最大的内陆国，面积 272 万平方千米；人口 1 878 万（2020 年），其中哈萨克族占 65.5%，俄罗斯族占 21.4%。哈萨克斯坦的边界线较长，北与俄罗斯有约 6 000 千米的边界，也是中亚五国中唯一与俄罗斯为邻的国家，位于俄罗斯和中亚四国之间，这一位置决定了其在加强独联体国家关系方面有条件发挥重要作用。

从沙俄时期起，俄语就在中亚地区推广。哈萨克族公元 6—8 世纪使用突厥文字，公元 8 世纪以后使用回鹘文字。10 世纪后，随着伊斯兰教在中亚的传播，逐渐采用阿拉伯字母拼写自己的语言。加入苏联后，20 世纪 20 年代改为拉丁字母，30 年代开始采用基里尔（斯拉夫）字母。俄语在哈萨克斯坦的普及程度比其他中亚国家高。

斯拉夫语中“哈萨克”一词释义为“游牧战神”。15 世纪，哈萨克人建立了自己的民族国家——哈萨克汗国。1867 年沙俄侵占中亚，哈萨克汗国被沙俄吞并。十月革命后，该国先是俄罗斯联邦中的自治共和国，后成为苏联的加盟共和国之一。1991 年 12 月 16 日，哈萨克斯坦共和国宣布独立，首都阿拉木图。1997 年迁都阿斯塔纳，2019 年阿斯塔纳改名努尔苏丹。

18 世纪，俄文和欧洲文献中往往将哈萨克人误称为“吉尔吉斯-凯萨克人”或“吉尔吉斯-哈萨克人”，以至于 1920—1925 年苏俄在此成立吉尔吉斯自治共和国，至 1925 年才改为哈萨克自治共和国，1936 年改为哈萨克加盟共和国。1926 年建立的吉尔吉斯自治州非 1925 年以前的吉尔吉斯自治共和

---

① We Are Social. Digital 2020：Korea [EB/OL].（2020-01）[2020-09-27]. https://datareportal.com/reports/digital-2020-south-korea.

② POUSHTER J，BISHOP C，CHWE H. Global Tech Social Media Use 2018 [R]. Pew Research Center，2018：18.

国。1936年，吉尔吉斯自治州改为吉尔吉斯加盟共和国。①

沙俄在中亚地区建立突厥斯坦总督区。1870年5月10日，地区政府在塔什干（现在乌兹别克斯坦首都）出版《突厥斯坦地区报》（*Туркистон вилоятининг газети*）。该报1870年用乌兹别克语出版，第二年改为哈萨克语版本，发行500～700份。也就是说，第一份哈萨克语报纸是1871年出版的这家报纸。该报自然要维护沙皇的利益，但也传播了中亚地区的文化、生活、地理、民族志与历史。1883年1月30日后该报恢复使用乌兹别克语出版到1917年2月。

一、哈萨克斯坦解放运动时期的新闻出版业

20世纪初，哈萨克斯坦人民的民族意识高涨。1913年1月，经草原边疆总督苏霍姆利诺夫（Владимир Сухомлинов）批准，哈萨克诗人、教育家艾合买提・巴图尔西诺夫（Ахмет Байтурсынов）与主张民族自治的阿拉什党创始人和领导人之一阿里汗・布基哈诺夫（Алихан Букейханов）在奥伦堡（哈俄北部边界俄国城市）用吉尔吉斯语出版周报《哈萨克人》（*Казах*）。

《哈萨克人》创刊号确定的宗旨是保存历史记忆、唤醒民族自觉、开悟群众、激发广大民众对政治的兴趣。该报围绕"哈萨克斯坦的命运和未来"这一话题展开宣传。该报得到广泛关注，出版第一年发行量为3 000份，第二年就达到8 000份，到1917年底为1.8万份。

1913—1916年，《哈萨克人》和期刊《镜子》（*Айкап*，1911—1915）成为国内各流派知识分子交流和表达政治观点的载体。《镜子》的出版人和编辑是穆罕默江・谢拉林（Сералин Мухамеджан）。他是首批从喀山大学法学系毕业的哈萨克人，长期在地方法院工作。谢拉林以《镜子》作为杂志的名称具有象征性，即寻求社会发展的正确道

1913年3月22日的《哈萨克人》

① 瓦西利耶维奇．哈萨克斯坦简史［M］．中国社会科学院丝绸之路研究院，等译．北京：中国社会科学出版社，2018：3.

路。谢拉林和他的同伴分担编辑工作，许多著名的哈萨克知识分子都在该刊编辑部工作。[①]

二、苏联时期的新闻传播事业

哈萨克斯坦从自治州成为苏联的加盟共和国，其新闻事业被纳入苏联模式。苏联时期哈萨克斯坦的各种新闻媒介和全苏各地一样，都是由属于苏共组成部分的哈共中央掌控。莫斯科用俄文出版的一些大报，诸如《真理报》《消息报》《劳动报》《共青团真理报》以及许多政治理论杂志、学术杂志和画报，在哈萨克斯坦各地拥有十分广泛的读者。和其他加盟共和国一样，哈萨克斯坦的传播媒介基本上使用俄语，只有极少量媒体使用民族语言。全苏性的报刊在某种程度上比当地出版的报刊，如哈共中央机关报《哈萨克斯坦真理报》（*Казахсманская правда*）、《列宁旗帜报》更受欢迎。在选择广播电视节目时，多数当地居民更愿意收听来自莫斯科的俄文节目。

1988—1990 年间，政治多元和意识形态多样化在苏联成为一种趋势。哈萨克斯坦也出现了许多新的政党、运动和社会政治组织。这些组织和团体创办了自己的报刊，如独立社会组织联合会的《舆论报》、“内华达-谢米巴拉金斯克”国际反核运动的《人民代表大会报》（*Народный конгресс*）、哈萨克民族主义组织“阿扎特”公民运动的《阿扎特报》（*Азат*）、激进民族主义组织“阿拉什”党的《阿拉什报》（*Алаш*）等。这些报纸基本上使用俄、哈两种文字出版，但发行量不大，一般仅有 1 000 份，且不能定时出版，主要以城市知识分子特别是青年学生为主要读者对象。

三、苏联解体后哈萨克斯坦新闻传播业

1991 年，莫斯科发生“八一九”事件。哈萨克斯坦加盟共和国总统纳扎尔巴耶夫宣布退出苏共并解散哈萨克共产党组织。《列宁旗帜报》改名为《快讯周报》，哈共中央机关报《哈萨克斯坦真理报》保留原名，改组为独立的社会政治报纸。其他各种媒介纷纷宣布改制，变为同人或团体的属性。

1991 年 12 月苏联解体，哈萨克斯坦宣告独立。随着政治制度的变化以及市场经济的推行，朝野上下关于传播媒体作用的观念发生了很大变化。在绝大多数媒体独立运行和自由出版或播出的情形下，各类媒体反映的政治主

① 瓦西利耶维奇．哈萨克斯坦简史［M］．中国社会科学院丝绸之路研究院，等译．北京：中国社会科学出版社，2018：190－196.

张或要求令人目眩神迷，有的宣传宗教，有的渲染暴力行为，庸俗出版物泛滥；与此同时，广告业发展了起来。根据哈萨克斯坦政府官方数据，当时登记在册的新闻媒体有 8 248 家，实际发行或广播的有 2 513 家，其中有 212 家电子媒体。①

如今的《哈萨克斯坦真理报》

1991 年，哈萨克斯坦仿效俄罗斯联邦，通过了新闻法，希望将“解放了的”新闻界纳入当局所期望的“法治管理”轨道。总统纳扎尔巴耶夫认为，哈萨克斯坦“新闻革命”的发生和发展有助于推动“思想言论自由”和“社会舆论多样化”，符合建立“自由”“民众”国家的构想。②

哈萨克斯坦的官方语言是哈萨克语，但在国家组织和地方自治机关里，俄语也作为官方正式语言。哈国内媒体总共使用 11 种语言。为了保持媒体的多样性和保护少数民族媒体，哈政府一般会给少数民众媒体提供一定的财政资助，但是少数民族媒体在国内社会经济和政治生活中的影响往往很微弱。

为了推广哈萨克语的使用，哈政府曾在 2002 年 1 月 1 日颁布了一条法令，要求国内广播、电视节目中哈语节目的播出量占播出总量的 50%。即便如此，哈国内俄文媒体的影响力仍然很大。

哈文报纸的发行量远远小于俄文报纸。电视收视率方面，哈国内哈语电视节目也远没有俄语电视节目受欢迎。本土制作的哈语节目大都是成本低廉的音乐娱乐节目，为了符合政府规定，这些节目一般会反复播出，其收视率不会太高。

受地域、历史、政策以及价值观念等因素的影响，哈萨克斯坦独立后国内公民的民族认同缓慢，民族关系复杂。长期以来，民族关系的话题在哈萨克斯坦被认为是一种禁忌，社会和大众传媒很少公开讨论这个话题。

苏联解体后的哈萨克斯坦的媒体或记者，从事有偿新闻报道的现象比较普遍。媒体机构时常出售新闻版面或播出时段；记者因收取他人金钱或礼物而发表一些迎合这些人需要的报道，即所谓的“公关文章”。哈萨克斯坦有偿新闻出现的直接原因是媒体和记者的经济状况困难，但从根本上讲，有偿新

---

① The Official Site of the President of the Republic of Kazakhstan. Mass Media in Kazakhstan [EB/OL]. [2020-11-22]. http://www.akorda.kz/en/kazakhstan/mass_media/mass_media.

② 于洪君．哈萨克斯坦：“新闻革命”面面观［J］．国际新闻界，1998（4）：23-28.

闻报道滋生的根源还是由于哈萨克斯坦尚不健全的传媒制度和新闻控制过度的传媒环境。

哈萨克斯坦新闻报道水平质量不高的另一个表现是媒体内容过度娱乐化。受国内新闻控制以及在此基础上新闻工作者自我审查的影响，哈萨克斯坦的媒体尤其是广播电视媒体的报道内容呈现出娱乐化、低俗化的趋势。

四、当权者实际控制本国媒体

哈萨克斯坦官方数据称，全国媒体85%非政府所有。但是，哈萨克斯坦的主要媒体实际上掌握在首任总统纳扎尔巴耶夫（2019年3月辞职）家族成员手中，尤其是大女儿达里加·纳扎尔巴耶娃（Dariga Nazarbayeva）和其丈夫拉哈特·阿利耶夫（Rakhat Aliyev）手中。哈萨克斯坦许多传媒公司的注册经营者并非公司的真正掌权人，而国家也没有相关法令要求这些公司对外公开其真正的创建者和所有者，所以国内媒体所有制问题就出现了官民意见不一、所属权不透明的复杂局面。[①]

哈萨克斯坦哈巴尔传媒股份有限公司总裁达里加·纳扎尔巴耶娃和她的父亲前总统纳扎尔巴耶夫

20世纪90年代早期，哈萨克斯坦主要大众传媒被总统家人或效忠总统的人瓜分。90年代后期，达里加和丈夫掌控了包括广电、印刷媒体以及通讯社在内的该国极大一部分媒体资源。从传媒资产所有制的角度看，哈萨克斯坦的新闻媒体虽然表面上民营为主，但大都操控在个别家族及政治垄断集团手中，实为当权者所掌控。

① 赵永华，邓耀敏．来自中亚国家的传媒转型经验：哈萨克斯坦媒介生态观察［J］．国际新闻界，2012（5）：121-126.

1993年，哈萨克斯坦通过《主权国家宪法》。据此，哈政府新闻出版管理机构开始对各种大众传媒进行严格管理。通过报刊重新登记、电视频道重新招标等程序，一批媒体被停办。但在原有媒体被停刊、停播之时，又有新的媒体相继问世。

1999年，《哈萨克斯坦共和国大众传媒法》出台。该法规定保障言论自由和禁止新闻审查，但实际停留在纸面上。该法更多是对传媒的规制。官员常以“涉及国家机密”为借口拒绝记者的采访。当局将多数认为政治敏感的问题都归为国家机密，因而不时发生记者“泄露机密信息”而遭到起诉的案件。根据“透明国际组织”（Transparency International，TI）2010年的清廉指数，哈萨克斯坦排名全球第105位，徘徊于3分以下。2000年发生“哈萨克斯坦石油门”事件，哈萨克斯坦媒体一片沉默。该事件中包括总统纳扎尔巴耶夫在内的一些国家高级官员涉嫌收受美国石油商贿赂。议会的一份报告称，总统瑞士银行的私人账户高额款项为国家应急款。一位独立媒体记者谢尔盖·杜瓦诺夫（Sergei Duvanov）在网上发表一篇报道，证明总统纳扎尔巴耶夫及其下属确实与这起事件有关。随后的2003年，该记者被指控强奸罪，判处三年半监禁。

2005年6月，阿拉木图一家法院判决前市长扎曼贝克·努卡迪洛夫（Zamanbek Nurkadilov）诋毁总统名誉，并处罚金48.5万坚戈（约3 200美元）。因为一家哈文报纸在报道中引用了他在一场新闻发布会上的言论，称总统纳扎尔巴耶夫与2004年一位记者的惨死有关。虽然法院采纳了他的辩护，认为报纸文章仅是一篇提及他名字的哈文社评，但法庭同时也认定他在那场俄文新闻发布会上确实做出了相同的言论，仍然判决其有罪。同年12月，努卡迪洛夫被发现头胸中三枪身亡。官方的调查结果认定其为自杀。①

2009年8月2日，哈萨克斯坦议会通过的《信息与通信网络法》修正案生效，规定互联网等同于大众传媒。这也就意味着包括博客、论坛、聊天室、社交网站等所有网络资源都被视为大众传媒。同时意味着所有网络形态下的网络用户都要像专职新闻工作者那样若违反相关规定则承担法律责任。很多网络用户认为此法案是政府的“法定网络过滤工具”，有民众联合签署公开信，指责“此法案损害了公民的言论自由、表达自由及自由获取和传播信息的权利”②。

---

① RICHTER A. Post-Soviet Perspectives on Evaluating Censorship and Freedom of the Media [M]. Moscow, 2007：213-214.

② Kazakh Internet Users Ask President not to ‘Bury’ the Kaznet Domain [EB/OL]. (2009-04-29) [2020-11-22]. http：//centralasiaonline. com/cocoon/caii/xhtml/en _ GB/features/caii/features/2009/04/29/feature-03.

五、哈萨克斯坦新闻传播业目前的格局

2013 年，哈萨克斯坦注册媒体 7 583 家，其中 2 479 家在运营。2020 年 1 月 10 日，哈萨克斯坦注册媒体 3 669 家，注册媒体数量明显减少。其中报刊 2 964 家，电视频道 161 家，广播电台 73 家，新闻社和在线出版物 471 家。这些媒体中，同时使用哈萨克语和俄语的有 1 348 家，仅使用俄语的有 882 家，仅使用哈萨克语的有 578 家，同时使用三种或更多种语言的有 861 家。

截至 2020 年 1 月 10 日，在哈萨克斯坦注册的外国电视和广播频道有 245 家。按国家划分，俄罗斯电视频道 175 家，英国 20 家，美国 18 家，爱沙尼亚 16 家，法国 9 家，土耳其 5 家，塞浦路斯 1 家，西班牙 1 家。①

根据 IREX 的报告，2019 年哈萨克斯坦媒体的广告年收入为 1.54 亿美元，其中电视广告占比 67%，广播广告占比 12%，印刷媒体广告占比 10%。②

（一）报纸

截至 2019 年，约有 2 790 家报纸与杂志在哈萨克斯坦登记注册。其中，发行量居前四位的报纸分别是《商队报》（*kapabah*）、《主权哈萨克斯坦报》（*Егемен Қазақстан*）、《哈萨克斯坦真理报》和《快报》（*Ekspress-K*）。

发行量最大的报纸是民营的时政社会类报纸《商队报》，该报是俄文周报，在阿拉木图出版，每期发行量约为 50 万份，占有的广告份额最大。

Егемен Қазақстан

Жаңа Сыртқы істер министрін таныстырды

Ізгілік қағидасы

Қашағанның қайнары

《主权哈萨克斯坦报》

发行量居次席的是政府主办的哈语日报《主权哈萨克斯坦报》，在阿拉木图出版，每期发行量约为 20 万份。2019 年是该报发行一百周年，其前身为 1919 年 12 月 17 日在奥伦堡创刊的《火花》报。此后该报的名称历经多次变化，如 1920 年改为《劳动旗帜》、1921 年改为《劳动哈萨克》、1922 年改为《勤劳的哈萨克》、1932 年改为《哈萨克斯坦共产主义者》等。

---

① Министерство информации и общественного развития Республики Казахстан. СМИ [EB/OL]. [2020-10-18]. https://www.gov.kz/memleket/entities/qogam/activities/145?lang=ru.

② Media Sustainability Index Europe Eurasia 2019 Kazakhstan [EB/OL]. [2020-10-18]. https://www.irex.org/sites/default/files/pdf/media-sustainability-index-europe-eurasia-2019-kazakhstan.pdf.

发行量排在第三、四位的分别是政府主办的俄文日报《哈萨克斯坦真理报》和民营俄文日报《快报》，每期发行量均约为10万份。[①]

《德意志总汇报》（*Deutsche Allgemeine Zeitung*）是哈萨克斯坦唯一为生活在该国的德国人服务的报纸，1966年由苏联哈萨克斯坦加盟共和国共产党中央委员会创办，原为日报（除周日外每天出版），1990年改为周报。2000年得到哈萨克斯坦政府信息与文化部和德国对外文化关系研究所的资助，现在发行量为1 000份。哈萨克斯坦还有一份朝鲜语报纸《韩国日报》（한국 일보），发行量为1 650份。

（二）杂志

哈萨克斯坦拥有中亚地区最发达的杂志市场，但并不意味着其杂志具有较高的发行量和利润率。该国比较著名的杂志有以下几家：属于独立媒体集团（Independent Media）的月刊《世界主义者》（*Compopolitan*），发行量1万份；属于约会新闻社的双月刊《约会杂志》，发行量1万份；职业妇女协会的月刊《镜子》，发行量5 000份；月刊《哈萨克斯坦市场经济》，发行量1万份；属于季节有限责任公司的女性杂志《季节》、男性杂志《HIM》，发行量均为1万份；双周刊娱乐杂志《KZ海报》，发行量5 000份；面向青年的月刊《ZIP杂志》。[②]

阿拉木图的报刊摊

（三）广播电视

截至2017年，哈萨克斯坦有24家全国和地区性广播电台。哈萨克广播电台于1921年开播，是哈萨克斯坦最大的广播电台。该台使用11种语言对

① Media Sustainability Index Europe Eurasia 2019 Kazakhstan [EB/OL]. [2020 - 10 - 18]. https://www.irex.org/sites/default/files/pdf/media-sustainability-index-europe-eurasia-2019-kazakhstan.pdf.

② 赵永华．中亚转型国家的新闻体制与媒介发展 [M]. 北京：中国书籍出版社，2013：44.

内传播，包括哈萨克语、俄语、德语、韩语、维吾尔语、阿塞拜疆语、土耳其语、鞑靼语等语种。该台隶属于哈萨克斯坦国家广播电视公司（KTRK），该公司还拥有萨尔卡尔广播电台、阿斯塔纳广播电台和经典广播台，另有“怀旧老歌”电台、欧美俄在线音乐台、俄罗斯广播欧亚台等。

哈萨克斯坦科克托别电视塔

哈萨克斯坦全国有17家电视台。最具影响力的是1958年开播的哈萨克斯坦国家电视台，该台属于KTRK。2011年开始，该台全部使用哈萨克语播出，节目覆盖率为100%。该台在各州设有分支机构。

最具影响力的民营电视台是哈巴尔电视台。该台成立于1995年，是哈巴尔通讯社旗下的媒体。它使用哈萨克语、俄语和英语三种语言播出，有“哈巴尔电视”（Khabar TV）、国家卫星电视频道“哈萨克电视”（Kazakh TV）、全天候信息频道“哈巴尔24”（Habar 24）和电影频道“EL ARNA”等4个频道。该台在哈萨克斯的观众覆盖率为99%，在本国及国外都拥有发达的通信网络。

哈萨克斯坦国家电视台主频道 Qazaqstan 的节目

（四）通讯社

哈萨克斯坦有41个新闻通讯社。最大的三个通讯社是哈萨克斯坦国际通讯社（Kazinform）、今日哈萨克斯坦通讯社和哈巴尔通讯社。

哈萨克斯坦国际通讯社（哈通社）创立于1920年，前身为俄罗斯电讯社（POCTA）驻奥伦堡分社，现在是哈萨克斯坦的国家通讯社，总部位于首都努尔苏丹，在阿拉木图设有分社。哈通社以哈萨克文、俄文、英文和中文四种文字报道新闻，设有15个记者站，包括拜科努尔航天中心的记者站。该社在俄罗斯、中国、土耳其、阿联酋、比利时、阿塞拜疆、乌兹别克斯坦和吉尔吉斯斯坦等国家派驻有记者。①

今日哈萨克斯坦通讯社是第一家民营通讯社，影响较大，50%的稿件被国内各大媒体转载，每天使用哈、俄、英三种文字播发100条左右的消息。

（五）网络传播现状

2020年1月，哈萨克斯坦有1 473万互联网用户，互联网普及率为79%。其中，移动端互联网用户占比39%。在互联网用户中，有950万的社交媒体用户，哈萨克斯坦社交媒体渗透率为51%。Alexa提供的数据显示，哈萨克斯坦每日访问量前三的网站分别是YouTube、Google和Yandex KZ。②

根据哈萨克斯坦信息和社会发展部2019年发布的社交媒体用户调查报告，VK是最受哈萨克斯坦人欢迎的社交媒体，用户人数达到178.2万，Instagram和“我的世界”（Мой Мир）分列第二、三位，Facebook紧随其后。③

根据HootSuite和We Are Social发布的报告，哈萨克斯坦Facebook用户中男女占比分别为47.6%、52.4%；Instagram用户中男女占比分别为42.2%、57.8%；Snapchat用户中男女占比分别为11.8%、85.7%；Twitter用户中男女占比分别为63.8%、36.2%；LinkedIn用户中男女占比分别为48.6%、51.4%。女性用户偏好使用Snapchat，而男性用户偏好使用Twitter。

---

① 哈萨克斯坦国际通讯社．哈通社简介［EB/OL］．［2020－10－18］．https：//www.inform.kz/cn/c_c312.

② We Are Social. Digital 2020：Kazkhstan［EB/OL］．（2020－01）［2020－09－27］．https：//datareportal.com/reports/digital-2020-kazkhstan.

③ 中华人民共和国商务部．VK是哈萨克斯坦人使用最多的社交媒体［EB/OL］．（2019－08－27）［2020－09－27］．http：//www.mofcom.gov.cn/article/i/jyjl/e/201908/20190802894038.shtml.

小 结

本章介绍了除中国和西亚以外亚洲地区新闻传播发展的历史与现状。学习本章时应注意亚洲国家深远悠久的文化对国家新闻传播业发展的塑造和影响，印度是一个典型的例子。此外，本章还介绍了东亚新闻传播业比较发达的国家日本、韩国，东南亚最大的国家印度尼西亚的新闻传播业的历史发展，以及人们不大熟悉的中亚国家哈萨克斯坦的新闻传播史。这些国家在新闻传播业发展中都经历了较为巨大的社会体制变迁，新闻传播业如何走过来的，其历史经验和教训都值得记取。

本章思考题

1. 简述东南亚新闻传播业鉴于历史文化的原因而形成的若干特点。
2. 简述印度发展新闻传播业的主要障碍。
3. 简述 20 世纪 90 年代以后印度广播电视业的发展及国家广电政策的变化。
4. 简述印度尼西亚 20 世纪 90 年代末以后走向平稳发展的过程。
5. 简述 1946—1952 年同盟国占领军对日本新闻传播业的自由主义改造。
6. 简述与西方有别的日本式新闻自由的特点。
7. 简述第二次世界大战后韩国新闻传播业争取新闻出版自由的历程。
8. 简述哈萨克斯坦新闻体制形式自由实为当权者严控的情形。

第五章

西亚北非新闻传播史

学习要点

1. 了解西亚北非地区几个典型国家新闻政策的差异。
2. 了解埃及的社会动员型新闻传播体制。
3. 了解阿尔及利亚新闻传播业艰难发展的历史原因。
4. 了解以色列自由主义新闻体制的特征。
5. 了解沙特阿拉伯新闻传播业相对保守体制形成的原因。

第一节　概　述

这个地区包括伊朗高原以西的亚洲和撒哈拉沙漠以北的非洲，有 20 多个国家，以阿拉伯国家为主。由于民族、宗教、语言、地理、历史的原因，它们具有较多的文化和利益的联系。但在发现石油以前，其经济发展状况普遍较为落后，因而现代新闻业出现较晚。该地区的现代新闻业是直接从欧洲传入的。

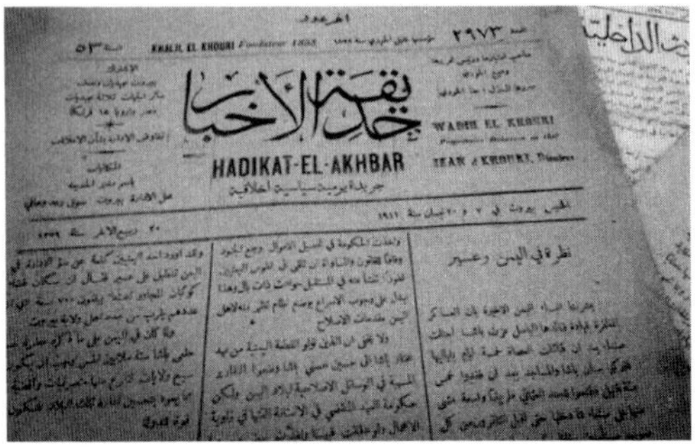

《新闻花园》

1858 年元旦，贝鲁特出现了报纸《新闻花园》(*Hadikat El-Akhbar*)，创办人哈利勒·埃尔·霍里 (Khalil el-Khoury)。此后，黎巴嫩成为西亚北非新闻业的策源地。19 世纪后期，奥斯曼帝国对黎巴嫩新闻业采取了严厉管制，很多黎巴嫩文化人逃亡至埃及和周边行省，无形中传播了现代新闻文化。

20 世纪六七十年代后，这个地区多数国家的新闻传播业较以往相对开放了，尤其是广播电视业发展较快。这个地区除了传统的以伊斯兰教义为指导的阿拉伯国家，还有一个比较特殊的国家以色列。以色列于1948年建国，由于特殊的历史，它既有中古时期中东文化的传统，又有当代的西方背景，很快就成为一个特殊的发达国家，其新闻体制完全是自由主义的，无论报刊还是电子媒介，均处于较高的发展水平。

一、主要阿拉伯国家的新闻传播业

这个区域的国家在新闻政策上呈现出明显的差异，既有实施自由主义的，也有处于折中状态的相对自由主义，也有相对保守的，但总体上呈现缓慢的开放趋势。

阿拉伯国家代表是黎巴嫩。这个只有1万多平方千米的小国，人口约607万（2019年），由于具有顽强的现代新闻文化的传统，成为现在阿拉伯世界中新闻传播业最发达的国家。第一次世界大战后黎巴嫩由法国托管，1946年独立后，在新闻政策方面经过新闻界的斗争，1952年起基本确立了新闻出版自由的体制。1975—1990年，黎巴嫩爆发了16年的内战，新闻业的发展受到一定的影响，政府对新闻传播业的约束加大，但媒体仍然可以批评政府。报纸依然数目众多、观点多样。该国通行阿拉伯语、英语、法语，因而成为联系欧洲与阿拉伯世界的桥梁。即使在内战时期，传媒的老板们将报刊转移到欧洲国家继续出版，其出版物采用多种文字，不仅为了满足本国公众，而且相当程度上是向整个阿拉伯世界发送。该国的报刊完全为民营，每千人拥有报纸超过250份。有影响的报纸有《白天报》（النهار）、《安瓦尔报》（*Al Anwar*）、《东方-今日报》（*Orient-Le Jour*）等。2018年10月1日，拥有59年历史的《安瓦尔报》因经营不善而停刊。

黎巴嫩的广播电视实行国营与民营并行的体制。全国有140多家广播电台，其中大部分是民营娱乐电台。最大的电视台是1978年建立的黎巴嫩电视台，第二大电视台是由已故前总理哈里里在1992年创建的未来电视台（Future TV）。黎巴嫩收音机和电视机的社会拥有量接近发达国家的水平。通讯社中除国家通讯社为黎巴嫩唯一的官方通讯社外，其他均为民营。

这个地区最北部的土耳其地跨欧亚大陆，面积78万平方千米，人口8 300万（2019年）。主要部分是小亚细亚半岛，欧洲部分古代称色雷斯，为全国面积的3%。该国宗教信仰自由，大部分民众信奉伊斯兰教，还有一些民众信仰基督教、犹太教等。1831年，土耳其第一家官方报纸《情况日历》（*Takvimi Vekayi*）创刊，主要刊登国家法律、苏丹法令，记载一些宫廷宴会等，不定期出版至1922年4月。1840年，土耳其第一家非官方报纸《事

2018 年 10 月 11 日黎巴嫩《白天报》为抗议政府的不作为出版了头版是空白的报纸

件记录报》（*Ceride-i Havadis*）由英国人威廉·丘吉尔（William Churchill）创刊；第一家土耳其人的民营报纸《事件解释报》（*Tercüman-Ahvâl*）由两位土耳其记者于 1860 年 10 月创办。1927 年，土耳其出现第一家广播电台。1964 年 5 月 1 日，土耳其建立公营土耳其广播电视公司（TRT）。土耳其的主要日报有《国民报》（*Milliyet*）、《晨报》（*Daily Sabah*）、《自由报》（*Hurriyet*）等。土耳其的民营广播频道超过了 1 100 个；全国性电视台 24 家、区域性电视台 16 家、地方电视台 215 家。较为重要的通讯社是阿纳多卢通讯社（Anadolu Agency）、独立通讯社和伊赫拉斯通讯社（IHA）。土耳其较为重要的传媒集团是德米伦集团（Demirören Group）、绿松石集团（Turkuvaz Media Group）、肯纳集团（Ciner Media Group）、乌库罗娃媒体集团（Çukurova Media Group）、耶稣诞生集团（Do ğuş Group）。民营商业电视和报纸，大多由这些集团控制。

约旦王国面积 8.9 万平方千米，人口 1 062 万（2020 年）。古代文明发源地之一的约旦，1946 年独立。1923 年出现政府创办的《阿拉伯东方报》。约旦 20 世纪 90 年代开通了互联网，一度影响较大的是阿蒙网（Ammon Net）。该国的新闻政策 2011 年以来多变，但新闻传播业的发展总体比较稳健。

科威特面积 1.7 万平方千米，人口 477.6 万（2020 年）。科威特可视为实行自由主义体制的后来者代表。它于 1961 年独立后当年就成立了两家日报，实行民营体制，一定程度允许不同意见存在，政府给予适当补贴。其广播电视由国家直接控制。在受到伊拉克侵略并得到解放后，该国的广电业恢复得相当快，电视机社会拥有量 1998 年达到 62.5 万台（当时人口仅 169 万）。与科威特情况相当的还有北非的摩洛哥。

摩洛哥王国位于非洲西北端，面积 45.9 万平方千米，人口 3 650 万

الرأي

الاقتصادي ٢

بحجم استثمار يبلغ ١,٥ مليار دولار على مساحة تصل إلى ٢٠٠٠ دونم

توقيع اتفاقية إنشاء مشروع سياحي نوعي عالمي في البحر الميت

اتفاقية تسوية نهائية بين «تنظيم الاتصالات» و«أورانج»

2016 年电子版约旦《舆论报》

（2019 年）。1660 年建立的阿拉维王朝延续至今，1912 年起为法国的保护国，1956 年独立。该国实行君主立宪制，目前报刊有 560 多种，其中阿拉伯文版 375 种，法文版 185 种。主要报刊有《晨报》（*Le Matin*）、《经济学家报》（*L'economiste*）、《舆论报》等。该国的马格里布阿拉伯通讯社（MAP）成立于 1959 年，1977 年成为国家通讯社。摩洛哥广播电台建于 1928 年，1959 年起由政府新闻部领导。摩洛哥电视台建于 1962 年，1989 年建立民营的电视二台，1996 年被政府收购 70%的资本。①

利比亚位于非洲北部、地中海南岸，面积 176 万平方千米，人口 687 万（2020 年）。1911 年沦为意大利殖民地，1951 年独立，成立联合王国。1866 年，首都的黎波里出版了利比亚第一份阿拉伯语报纸《西的黎波里报》。1969 年卡扎菲发动政变推翻伊德里斯王朝，成立阿拉伯利比亚共和国。20 世纪 80 年代，利比亚的广播电台成为中东地区最有影响力的阿拉伯语传媒之一。2011 年卡扎菲被推翻，成立利比亚国，原来的国家化新闻体制瓦解。虽然该国新闻传播业在独立性和电子化上取得进步，但国家的混乱和分裂导致不同地区各自为政和司法真空的混乱状态。

非洲北端的突尼斯，面积 16.2 万平方千米，人口 1 178 万（2019 年）。13 世纪哈夫斯王朝建立突尼斯国家，1574 年沦为奥斯曼帝国的一个省，1881 年成为法国保护领地，1956 年独立，1957 年成立突尼斯共和国。该国的主要报刊是《复兴报》（*Le Renouveau*）、《新闻报》（*La Presse*）和《自由报》。

---

① 中华人民共和国外交部．摩洛哥国家概况［DB/OL］．［2020－07－28］．https：//www.fmprc.gov.cn/web/gjhdq_676201/gj_676203/fz_677316/1206_678212/1206x0_678214/.

国家通讯社是突尼斯非洲通讯社（Tunis Afrique Presse，TAP）。突尼斯广播电视总署成立于1990年，统管全国广播和电视工作。①

毛里塔尼亚伊斯兰共和国位于非洲西北部，意为“摩尔人的土地”。沙漠面积广大，资源匮乏，面积103万平方千米，人口450万（2019年）。该国17世纪起被法国控制，独立前几乎没有现代媒体。

西亚的伊朗是世界文明古国之一，面积164.5万平方千米，人口8 165万（2020年）。当代伊朗，特别是1979年伊斯兰革命后的伊朗则是一个备受争议的国家。1837年，德黑兰出版的波斯文《新闻》（*kaghaz-IAkh-bar*）为伊朗第一份报纸。20世纪初建立的巴列维王朝，由于过快过多地引进西方文化为伊斯兰传统所不容，1979年发生伊斯兰革命，王朝被推翻。随后是对新闻传播业的大规模整肃，到1985年，1978年时的1 200多种报刊中，2/3以上被禁止发行，数百名记者被逮捕。原来的民营报团被“穷人基金会”接管，实行以伊斯兰教为名义的国有化。伊朗新闻传播业的管理机构是文化和伊斯兰指导部与国家声像组织（Islamic Republic of Iran Broadcasting，IRIB）。现在的报刊大多是允许存在的各教派的机关报。随着近年国家领导人的更迭，伊朗的新闻传播在内容上呈现一定的开放趋势。较有影响的报纸有《伊斯兰共和国报》（جمهوری اسلامی）、《市民报》（همشهری）、《世界报》（کیهان）。与管制极其严格的传统媒体相比，伊朗互联网上的声音一度比较多元。2009年伊朗大选期间爆发了Twitter革命，伊朗革命卫队宣布“军管”互联网。② 伊朗的全部广播资源均由国家经营和管理，采取两级办广播的方式，除国家电台之外，28个省各设有一个省级广播电台。伊朗电视台有7个电视频道。

کیهان
سیلی سخت به ریاض
انتقام خون شهدای اهواز

伊朗《世界报》版面

2003年第二次伊拉克战争前的伊拉克，是最为典型的严格控制新闻的国家。伊拉克是古代两河文明的发源地，面积43.8万平方千米，人口3 800万（2018年）。1869年，在巴格达出版了伊拉克第一家报纸《扎乌拉》（*Al-Zaura*）。1932年该国独立，现代新闻传播业长期处于政治

① 中华人民共和国外交部．突尼斯国家概况［EB/OL］．［2020-07-28］．https：//www.fmprc.gov.cn/web/gjhdq_676201/gj_676203/fz_677316/1206_678598/1206x0_678600/.

② PAHLAVI P. Understanding Iran's Media Diplomacy［J］. The Israel Journal of Foreign Affairs，2012（2）：22.

倾轧中，成为不同统治者的工具。1958年实行共和制后短期内新闻政策相当开放。多次军事政变后，当权者1969年对媒介实行全面国有化。2003年萨达姆政权倒台后，伊拉克的新闻传播业逐渐步入自由主义体制。现在伊拉克国内主要报纸有20多家，大多数为阿拉伯语，少量用英语和库尔德语出版。2004年伊拉克出现第一家独立广播电台“底格里斯河台”（Dijlah）。现在伊拉克共有16座中波广播电台，数十个调频广播电台。[①] 伊拉克共有13座电视台，最大的是国家电视台巴格达电视台（محطة كونكورديا في بغداد）。

阿拉伯联合酋长国位于阿拉伯半岛东部，北濒波斯湾，面积8.3万平方千米，人口930万（2020年），外籍人占88.5%，主要来自印度、巴基斯坦、埃及、叙利亚、巴勒斯坦等国。1966年，阿联酋才有了本国创办的报纸《迪拜周刊》。1969年创办了阿联酋第一家日报《联邦报》（*Al Ittihad*）。1965年有了广播，1969年有了电视。1980年创办的《宣言报》（*Al Bayan*），成为迪拜酋长国官方日报。1999年建立迪拜互联网城。2007年成立的阿布扎比传媒集团，被认为是中东地区实力最强、业务增长最快的综合性传媒企业。阿联酋各届政府在新闻传媒领域实施一系列改革，使得该国成为中东地区新闻传播中心之一。

2018年7月18日阿联酋首都阿布扎比购物中心的报纸售卖区一读者阅读《联邦报》

二、泛阿新闻传播业

西亚北非多数国家的主要民族和所使用的语言大体相同，这就为跨国的新闻传播提供了条件。这个地区有经济能力和新闻业基础的国家，主要媒介一定程度是跨国传播的，例如黎巴嫩和埃及的报刊、沙特的卫星电视、20世纪80年代建立的海湾国家电视台、卡塔尔卫星电视台、20世纪90年代由沙特的公司建立的“轨道卫星电视网”、阿拉伯广播电视（ART）、中东广播中心（MBC，非收费电视台）和自由之岛（Al Jazeera）卫星电视台等。埃及、阿联酋的电视台也在进军泛阿卫星电视业。而阿拉伯国家广播联盟则是一个

① 伊拉克概况［EB/OL］.（2002-06-18）［2014-09-20］. http：//www. chinaiiss. com/country/html/iraq. htm.

自由之岛电视台演播室

协调的区域性组织（总部在苏丹首都喀土穆）。

这里特别谈一下卡塔尔新闻传播业和所谓“半岛电视台”（本书使用“自由之岛电视台”的正确译法）。卡塔尔国面积1.1万平方千米，人口276万（2020年）。由于历史原因，卡塔尔的现代新闻传播业起步很晚，但后来居上，远超周边国家。这与该国埃米尔（国家元首）哈马德1995年启动的改革相关。他专设独立预算发展媒体，实行适当的新闻自由政策，这在当代阿拉伯国家比较少见。卡塔尔新闻传播业的发展，使得该国在政治、文化相对封闭的海湾地区成为最富民主和开放氛围的国家。1996年11月，哈马德斥资1.37亿美元组建自由之岛电视台，当时该台有员工250人，相当部分来自1995年解散的BBC“中东频道”。该台英文名称“Al-Jazeera Satellite TV Channel”，是阿拉伯语的音译，本意“岛屿”，它的引申义是“汪洋大海中的自由之岛”。该台台标中“意见及其异见”这行字，可以进一步佐证“自由之岛”的含义。

自由之岛电视台1999年2月开始24小时滚动播出新闻，覆盖全球。2001年“9·11”事件之前，该台就已经是拥有4 000万观众、500名员工、在31个国家驻有记者的阿拉伯世界第一大电视台。伊拉克战争时期和战后，该台经常发布西方传媒不愿发布的或无法获得的敌方新闻，多次播出拉登和“基地”组织其他领导人的音像资料。从新闻政策和业务角度看，自由之岛电视台是阿拉伯世界少有的不经当局新闻审查自主播出新闻、发表评论的电视台。不过，这种自由是埃米尔个人的施舍，不是立法赋予的。

哈马德也从自己的投资中获得了丰厚的国际政治回报：卡塔尔的国际形象因为这个电视台的传播力度日益提升，该台也成为中东地区的媒介领袖。

但是，自由之岛电视台的“独立、自由”仅在国际报道，以及地方社会新闻、娱乐风情方面，对于卡塔尔国的反对派，该台从来不予报道，这与它宣称的客观、公正的原则是背离的。该台的中坚力量是受过良好欧美大学新闻教育、在 BBC 工作过的阿拉伯人，因而该台被视为全球化在阿拉伯世界的两个成果之一（另一个是麦当劳）。

尽管卡塔尔拥有自由之岛电视台这个世界闻名的传媒，但该国仅此一家传媒有影响，毕竟国家太小了。黎巴嫩就新闻传播业自身的悠久历史、发达程度和新闻自由的体制而言，应该列在阿拉伯世界首位，但它也同样因为太小了，影响力有限。从这个地区选择典型国家进行详尽研究，非埃及莫属。埃及不仅地理上居中，其新闻传播业对世界的影响也是阿拉伯世界中最重要的和具有代表性的；在国际事务中，埃及一直以阿拉伯国家代表的形象出现。但是自 2011 年 1 月 25 日爆发革命以来，埃及国内局势较为动荡，现在基本回归到原来的起点了。

第二节　埃及新闻传播史

阿拉伯埃及共和国面积 100 万平方千米，人口约 1 亿（2020 年）。古埃及人拥有人类最早的灿烂的文明。公元前 5000 年，埃及出现了象形文字。公元前 4500 年，埃及出现城镇，这是人类规模化人际传播最早的发生地。公元前 3200 年，古埃及人开始使用尼罗河边一种植物的茎剥开摊平，制成纸草（papyrus），在上面书写文字。公元前 3000 年，埃及出现学校，这是知识集中传播的开始。古埃及第五王朝（公元前 2500 年）起，就有了文字记载的编年史，这是人类最早的编年史。这既是历史记录，也可视为当时时效下的新闻传播，历史与新闻合二为一。现存最早的纸草书是第十一王朝时期的（公元前 2134—前 1991 年），内容为昭告天下全国和平，可以安全地到各地旅行。人类流传下来的最古老的具备长度的文字记载，也出现在埃及，即第十二王朝时期（公元前 1991—前 1777 年）的诗《死亡之书》，它共有 18 行，表达了作者厌倦人生的心态。

公元前 1—7 世纪，埃及是古罗马帝国（西罗马灭亡后属于东罗马帝国）的一个行省，被视为帝国的“粮仓”。由于它偏于一隅，社会信息传播处于相对落后状态。7 世纪中叶，阿拉伯人侵入埃及，并极力推行阿拉伯化。古埃及文化逐渐消亡。

现在的埃及文化和信息传播传统，只能追溯到 1 300 年前的阿拉伯文明，与在那之前 5 700 年的古老的埃及文明基本无缘。从 9 世纪开始，埃及连续成为五个独立的阿拉伯王朝政治、经济和文化中心，因而社会信息传播重新繁荣。到了10世纪，当欧洲处于沉闷的中世纪时，埃及成为可与中国唐宋文化相媲美的另一个世界文化繁荣地区。

留存下来的古埃及纸草书

以文学形式进行世俗信息传播，是古代阿拉伯世界社会信息传播的方式之一。《一千零一夜》就是以写实的笔法，主要记述了中世纪埃及的市井生活，“可谓古代埃及生活的百科全书”[①]。传播的地点被称为“玛卡梅”（意即“集会”），意思就是在众人聚集之处讲述文学。

1517年起，埃及成为奥斯曼帝国的一个行省，文化传播衰落。直到18世纪末，随着拿破仑军队入侵埃及，现代新闻传播才开始在埃及萌芽。1922年埃及独立，成立埃及王国。

1952年七月革命后，埃及形成独特的“社会动员型”新闻传播体制。在2011年的“1·25”革命中，埃及新闻传播业和社交媒体扮演了重要的角色，革命后埃及新闻传播业基本恢复到原来的状态。

一、半殖民地时期的新闻业

从19世纪末开始，埃及不断受到法国、英国直接间接的控制，因而一定程度上是这两个西方国家特别是英国的半殖民地。埃及的现代新闻业即出现在这个时期。

1798年7月，拿破仑率领军队入侵埃及。他在埃及组建学术委员会协同执政，大力宣传科学和文明的生活方式。学术委员会利用随军带去的印刷机，同年在埃及创办了法文期刊《埃及信使》（*Courrierd Egypte*）和《埃及旬报》（*La Decade Egyptiennt*）。这是在埃及领土上最早出现的现代新闻性期刊。1800年，拿破仑指示占领军的莫努将军出版阿拉伯文报纸《短评》，报道每日的重要事件与政府各部门的决定。法国的入侵是为了攫取财富，但无形中启动了埃及的现代新闻业。

1805年，奥斯曼帝国在埃及的驻军军官、阿尔巴尼亚人穆罕默德·阿里（Muhammad Ali）成为埃及总督（至1848年）。他着手在埃及实行多少有些西

① 秦惠彬．伊斯兰文明［M］．北京：中国社会科学出版社，1999：298.

方色彩的经济、政治和文化的改革，埃及综合国力一度得到复兴。阿里于 1827 年创办了《总督报》（*Jueal al Khadyu*），第二年该报改名为《埃及事件报》（الوقائع المصرية）。这家由官方出版的报纸主要发布官方新闻、政府通令和公告，但是也带有浓厚的阿拉伯文化的传统，即有较多的"讲故事"内容，例如刊登《一千零一夜》的故事。

穆罕默德·阿里（1769—1849）

19 世纪六七十年代，奥斯曼帝国苏丹阿布杜·哈米德二世实行思想专制政策，叙利亚、黎巴嫩一带的阿拉伯文化人和报人被迫逃亡到帝国鞭长莫及的埃及，无形中给埃及新闻业带来了进一步发展的契机。1860 年以后，在埃及出现官报以外的报纸，例如 1860 年出版的《埃及报》和《商业报》、1867 年出版的《尼罗河流域报》（*Wadi al Nil*）等。1875 年 12 月，黎巴嫩的两位文化人塔克拉（Takala）兄弟来到埃及第二大城市亚历山大，先出版《金字塔杂志》，1876 年 8 月 5 日出版周报《金字塔报》（*Al Abram*）。1881 年，该报从周报改为日报，并迁到开罗出版。

1828 年出版的《埃及事件报》

《穆盖塔木报》（*al-Muqa ṭṭam*）是由三位叙利亚新闻工作者 19 世纪 80 年代在开罗创办的每日出版的晚报，这是埃及第一家城市晚报。1895 年创办的《埃及人报》（*Al Misri*），在较长时期发行量居埃及报纸的首位。非官方的阿拉伯文报刊由于经济实力有限，大多申请政府资助。因此，非官方报刊从一开始就不是作为政府对立面出现的，而是与阿拉伯主流文化传统基本一致的。埃及的杂志业也开始于 19 世纪六七十年代的文化复兴时期。1865 年，《蜂王》月刊出版，这是最早提倡阿拉伯文学的刊物。

统治埃及的阿里家族不允许报刊对政府进行实质性的批评，但为了强国的需要又不得不引进欧洲先进的科学文化，在国内实行相对温和的"权力主义"新闻政策。然而，英法等国又限制埃及自身的文化复兴。因此，埃及的王权利益、伊斯兰宗教意识和民族意识、英法利益（英法之间也存在矛盾）和民营报刊的自身利益之间的冲突和妥协，造成埃及半殖民地时期新闻政策的多重性。

二、新闻业的宗派-党派时期

埃及于 1916 年宣布脱离奥斯曼帝国，埃米尔改称苏丹。1922 年埃及独立，原苏丹改称国王。于是，埃及的新闻业进入一个特别的时期，即宗派-党派时期。这一时期由于本国政治权力呈现三方面鼎立局面、报刊的市场化程度不够、宗派-党派众多而又不具备形成成熟的政党，因而埃及的新闻政策表现为有一定的权力主义控制，但力度小于半殖民地时期。这个时期，各种宗派-党派对于媒介的影响力尚大于商业对媒介的影响力，不少媒介融政治性与商业性为一体。

当时埃及存在如下的政治力量：国王及其拥戴王室的党派、多少带有资产阶级色彩的“华夫脱党”（Wafd，意即“代表团”，1918 年向巴黎和会提出民族主义要求的代表团，此后以他们为核心形成一派政治力量）、英国人（根据英埃条约，他们在埃及仍保留着一些权利乃至特权）。华夫脱党给予当时发行量最大的报纸《埃及人报》较多的资金援助，因而在相当程度上掌握着埃及舆论。王室拥有官报《埃及事件报》。英国人拥有以《埃及公报》为代表的一系列英文报刊和少量依附于英国人的阿文报刊。此外，还存在着几家较大的无党派日报，其中以《金字塔报》为代表。

尽管这一时期埃及新闻媒介的主导方面还是对政治问题的关注，但媒介向商业化方面的发展趋势也在不知不觉地明朗起来，其标志是大众化刊物的兴盛。1924 年，《图画》（*Al Mussawar*）周刊在开罗创刊。1925 年 10 月，旅居埃及的沙姆（指黎巴嫩、叙利亚一带）女演员法蒂玛·优素福在开罗创办了以她父亲名字命名的艺术周刊《鲁兹·优素福》（*Rose al-Yousuf*）。创办五年后，该刊从单一的艺术性刊物转变为以时政为主的政治性综合杂志。该刊至今仍是埃及乃至阿拉伯世界享有盛誉的综合性周刊。

2020 年 10 月 16 日出版的《鲁兹·优素福》周刊

埃及王国时期新创办的媒介中最主要的是 1943 年由阿明（Amin）孪生兄弟创办的大众化报纸《消息报》（*Al Akhbar*）。其中穆斯塔法·阿明毕业于美国的新闻学校，是报纸的主要作者，他把美国式大众报纸的风格带到了埃及，报纸有较多的社会新闻和知识性内容。该报对外亲美，对内倾向于正统王朝。由美国援建的消息报大楼，是当时中东地区最高大的建筑，报社使用的印刷设备也是最先进的。发行量很快就在埃及报纸中居于前位。

الأخبار
al-akhbar
راس المال
لبنان يواجه ضغوطاً دولية: الخصخصة ليست الحل! [14]
القوات والمستقبل إلى الاشتباك [9 _ 13]
7 سنوات على الحرب السورية
زمن المواجهة مع الأصليين
روسيا تحتضن «بوتين الرابع»
قرارات القضاء ضد «التيسير»... «مسكت»

2018 年《消息报》版面

1928 年，埃及一些商人和无线电爱好者开办了一些广播电台，内容为音乐节目和商业信息。政府未对广播电台予以注意。1929 年，政府委托马可尼公司在埃及建立了非商业性的广播电台。1947 年，政府将广播电台交予一个半自治的董事会管理。这种管理形式与英国广播公司有些相似。

如果埃及继续沿着这种新闻体制走下去，也许新闻业会较快地趋向于由市场化替代政治化。但是，埃及是世界政治、经济矛盾的聚焦点之一，阿拉伯民族主义和伊斯兰文化传统也难以使它很快接受西方式的现代新闻传播业。

三、社会动员型新闻传播业体制的形成和发展

1952 年 7 月 23 日，埃及军队的秘密组织自由军官团发动政变取得成功。1953 年 1 月革命指挥委员会宣布解散所有政党，新成立的“解放大会”为唯一的政治组织（后来这个组织先后改名为“民族联盟”“阿拉伯社会主义联盟”等）。王国时期的所有党派报刊被视为“有损民族利益”而不得存在。新政权 1952 年 9 月建立解放出版社，出版《解放》杂志（*Al Tahrir*）；同年 12 月，以内政部部长纳塞尔的名义颁发了革命指挥委员会机关报《共和国报》（*Al Gomhouria*）的出版许可证，首任主编即后来的埃及总统萨达特（Anwar el-Sadat）。

المشروعات القومية.. شرايين حياة بالمحافظات
الجمهورية
السيسي بعد القمة المصرية البرتغالية:
نحارب الإرهاب باستراتيجية شاملة
سوريا في مهب «تغريدات» ترامب..!

《共和国报》现在的版面

1953 年 6 月埃及宣布废除君主制，成立共和国。纳吉布将军任总统兼总理，纳塞尔上校任副总理兼内政部部长（七个月后为总理）。一年多后，纳吉布被解除一切职务，纳塞尔 1954 年 11 月任

代总统，随后为总统。

埃及共和国的新闻传播体制经过一段时间的调整才得以确立。

（一）报刊“无党派”时期

1952年政变后实行新闻检查。1954年2月纳塞尔试图取消新闻检查，后来感到无法压制报刊批评而恢复新闻检查。1954年初，倾向于华夫脱党的《埃及人报》要求实行真正的议会治国，发表了尖锐批评纳塞尔和革命指挥委员会的文章。于是，这家当时在阿拉伯世界发行量最大的报纸（12万多份）于1954年4月被封闭，出版商法蒂赫兄弟分别被判处15年和10年徒刑。《鲁兹·优素福》的编辑伊桑·库杜什，因其较激进的左翼意见被监禁1年。同时，政府解散了报业协会。

自由军官团的政变是通过占领广播电台宣布的，因而王国时期公营广播电台最早成为新政权的直属新闻机构。政府于1953年7月分别建立了短波国际台和对阿拉伯世界广播的“阿拉伯之声”电台。鉴于当时埃及在阿拉伯世界中的地位和其较高的广播水平，20世纪50年代，整个阿拉伯地区都在收听埃及的广播。

1956年2月，开罗的几家私营出版社联合创办了中东通讯社。这是埃及的第一家通讯社，首任社长为哈利法（Hosni Khalifa）。

（二）动员型报刊体制的形成

1956年中东战争后苏联的影响渗入埃及，纳塞尔1957年在纲领中提出了“阿拉伯社会主义”的设想。1960年，在准备对经济部门实行国有化之前，纳塞尔首先对全国的新闻传播业进行改组。这年5月24日发布第156号法令，宣布未经唯一的政治组织民族联盟的许可，不得出版报刊。法令将四个民营出版社——出版《金字塔报》的金字塔出版社、出版《消息报》的今日消息出版社、出版《图画》周刊的新月出版社、出版《鲁兹·优素福》周刊的鲁兹·优素福出版社——的所有权，移交给已经拥有解放出版社的民族联盟。联盟拥有任命董事会、发放许可证、提供经济资助和配备工作人员的权力。外界一般把这一事件称为埃及新闻业的“国有化”，但是埃及方面认为这并不是国家收回新闻业的所有权，民族联盟不是国家机构，这是将新闻业交给人民的一种形式。

1960年，中东通讯社也被收归国有，变成国家通讯社。

1960年7月，在革命八周年之际，埃及电视台开始播放节目，这是阿拉伯国家继伊拉克之后建立的第二家电视台，鉴于埃及的影响力，当时称“阿拉伯电视台”。它创办初期只有一个频道，很快就增加了对开罗市的第二频道和对在埃居住外国人的第三频道。电视台与广播电台一样，由国家直接控制。

20 世纪 60 年代，埃及集中财力建设了 29 座电视发射台，用最新设备装备了 11 个电视节目制作室，通过向贫困地区提供补贴以集体购买电视机，以较快的速度使得电视覆盖了人口集中的地区。

至此，埃及的新闻传播业体制发生了根本的变化。这种新闻传播业体制与埃及和其他阿拉伯国家同以色列长期处于战争状态有关，被称为“动员型新闻体制”。大众媒介所有权的形式，被西方研究者称为“政治代理人所有”。

由于此前对大众媒介已经存在较多的控制，这一体制性的变化并没有引起强烈反抗。媒介与政府的关系基本是合作的，在既定体制内还可以有一些自己的风格、有一些与大局关系不大的其他内容。这与埃及半殖民地时期形成的媒介与政府的特殊关系有些相近，与阿拉伯政治文化的传统也是一致的。当然，这时来自政治权力的控制更严格些。媒介与统治者之间有一种默契，言论和报道通常不会超越限度。因而新闻检查平常基本不实行，战时派到各媒介的检查员与编辑的关系也是良好的，尽管编辑也会对一些命令提出异议。总的来说，在这种体制下，多数传媒的主要领导者与统治集团有较密切的关系。较为典型的如《金字塔报》总编海卡尔（M. H. Haikal）与纳塞尔的微妙关系。

《金字塔报》的总编海卡尔

海卡尔，1923 年生于开罗，埃及著名的新闻工作者。1957 年起任《金字塔报》总编、总统新闻顾问，并长期在该报发表专栏评论。他的文章具有前瞻性，人们与其说是从中获知新闻，不如说是想得到最高领导人在想什么和要做什么的信息。他与纳塞尔关系很好，有时会不顾纳塞尔的处境，发表一些比纳塞尔还纳塞尔的痛快文章，或发表一些不触犯根本体制的批评意见。这种关系持续到 1970 年纳塞尔逝世。海卡尔写有多部作品，是《纳塞尔传》的作者。海卡尔对埃及新闻界影响甚大，甚至他在职期间做出的每位记者编辑必须在下班前把办公桌上的东西清理干净，否则第二天就会被清洁工扔出去的规定，被《金字塔报》的员工执行至今。

海卡尔

当然，这种关系并不总是和谐的。当控制传媒的当权者不受监督的时候，也造成了灾难。纳塞尔晚年大规模迫害文化人（包括一些新闻工作者），大众媒介的处境如履薄冰，弥漫着精神恐怖气氛。在这种背景下，1965 年《消息报》的创始人阿明兄弟中的阿·阿明被迫离职，穆·阿明以美国特务的罪名被捕入狱，1974 年才被释放，恢复名誉。

（三）动员型新闻体制的完善

1970年纳赛尔逝世，继任总统萨达特在不改变基本体制的情况下逐步调整新闻传播政策，给予大众媒介较为宽松的工作环境，完善了埃及的动员型新闻体制。

1970年8月，埃及政府建立了管理广播电视的国家机构——广播电视联盟（Egyptian Radio and Television Union）。根据1979年的广播法，凡在广播电视中反对阿拉伯社会的基本原则、悖逆国家政策和目标、使用下流语言和形象、亵渎宗教信仰、煽动违章犯法、诋毁民族英雄、诽谤埃及传统价值观念、干预私人或家庭事务等，都是违法行为。1972年，政府公布了《报业工作和伦理准则章程》。

在强调新闻职业道德的基础上，1974年，政府取消了旧的新闻法，取消了新闻检查，允许就恢复党派、纳赛尔主义以及报刊自由问题进行讨论。1975年，萨达特下令成立最高新闻会议（Supreme Press Council）。由改名为“阿拉伯社会主义联盟”的唯一政治组织领导人担任会议主席，埃及各主要报刊的主编、中东社社长、报界工会代表和一些指定的社会知名人士是该会议成员。根据新的新闻法，这个机构隶属总统，由它对报刊实行监督，协助总统制定新闻传播发展规划和政策，保障遵守社会道德准则的新闻从业人员的权利，对违反职业道德的新闻从业人员提出控告和处罚。各报刊的所有权和经营收入的49%归本部职工，51%归阿拉伯社会主义联盟。

1977年，埃及党派法允许党派存在和出版党派报纸。20世纪70年代，萨达特释放了许多在纳塞尔晚年遭受迫害的新闻工作者，并重新启用。例如当过报纸编辑和新闻官员的哈米斯（A.Khamis）1971年被释放后，担任鲁兹·优素福出版社董事长。

澳大利亚柯林斯出版社1978年版《萨达特自传》封面

1980年，阿拉伯社会主义联盟解散，该联盟享有的报刊51%的所有权由政治协商会议接收。同年的新宪法规定，新闻机构是独立于国家立法、行政、司法的“第四权力机构”。根据当年7月通过的新的新闻法，政治协商会议主席兼任最高新闻会议主席，由政治协商会议任命各新闻机构的董事会主席、总编辑和40%的管理委员会成员（其他由新闻机构职工选举产生），并规定新闻工作者是独立的人士，他们在工作中不受非法律权力的约束。

鉴于上述较为宽松的新闻传播政策，媒介发表的批评和揭露性报道增多。对于报刊的各种批评意见，萨达特认为超出限度的，就采用了较为温和的压制办法。1973年，他一下子责令100多名新闻工作者停止工作（保留薪金），六个月后又恢复了他们的工作。在消除了纳赛尔晚年造成的思想恐怖之后，萨达特主要通过调换不满意的传媒领导人，以及通过相对温和的警告和处罚，使新闻工作者们在比纳赛尔时期大很多的活动空间中“自觉”把握言论的分寸。

1981年10月6日萨达特遇刺身亡，新总统穆巴拉克继续执行萨达特宽松的新闻政策。各报刊49%的所有权变成职工股份。金字塔、今日消息、解放等主要出版社逐渐演变为以一两家大报刊为核心的大型媒介集团，报刊实际向商业化方向发展。

至此，埃及动员型新闻业体制进入成熟期，其特点是政府不直接干预媒介的具体业务，主要通过对通讯社和广播电视台的直接控制，以及对媒介领导人的调整，使得大众媒介在整体上不会越出当权者内定的限度（这种限度放宽了许多），同时各媒介尚有较大的活动余地。但有一点是不言而喻的，即在评论和新闻处理中批评当权的最高领导人是不允许的，他的品行、私生活方面的负面消息绝对不能触及，即使公众对此已经很了解。

随着20世纪90年代阿拉伯国家和以色列开始了和平进程，埃及报刊的社会动员性质正在减弱，各个出版社、广播电视台和通讯社的内容编排有了更大的自由度，社会新闻信息的流通基本采取商业化运转方式。但是这种自1960年以来建立的特殊新闻体制本身没有发生根本的变化。

另外，埃及主流文化人创办和主持媒介的传统，也使得新闻工作者在社会中的地位较高。即使在控制最为严厉的纳赛尔晚年时期，媒介中文化人的意见依然具有体制本身难以压制的社会影响力，这是当权者无法完全封闭和必须重视的一种无形的精神力量。

2011年1月25日，埃及爆发大规模抗议活动，穆巴拉克下台并被审判，埃及的新闻传播业在民主化的政治氛围中进一步开放。如《金字塔报》的记者联名上书管理层要求报纸摆脱与政府的关系。2月11日，《金字塔报》为几十年来“偏袒腐败政府”的不平衡报道道歉，声称未来要“和人民的合法要求站在一边”，成为“国家的良心”。穆巴拉克下台后短短一段时间内，埃及就新创办了25家卫星电视频道。基于网络的新媒体在此次革命中起到了重要作用。

2013年6月23日，埃及军方宣布介入国内政治生活，提前举行总统选举。2014年6月3日军方领导人阿卜杜勒·法塔赫·塞西（Abdel Fattah al Sisi）当选总统。埃及新闻传播业在经历了一轮“折腾”之后，又回到原来的轨道，区别只是换了另一个总统，新闻体制仍然是原来的路数。

四、埃及新闻传播业目前的格局

埃及的新闻传播业在阿拉伯世界中是较为发达的，经过几十年的调整，现在主要报刊采用的是“公营加合作制”的混合体制，少量报刊是民营（主要是外文报刊）和党营。通讯社和广播电视台则是国营。

（一）三大印刷媒介集团

埃及的新闻类报刊集团是以“出版社”的名义存在的报业托拉斯，也出版非新闻类的杂志和书籍，还投资其他产业。

（1）金字塔出版社。该社是埃及最大的印刷媒介集团，共有员工6 000多人，年收入超过1亿美元。该社主要出版《金字塔报》，它不仅是埃及第一大报纸，也是阿拉伯世界第一大报，一般被视为代表阿拉伯国家的主要媒介。该报现在分国内和国际两个版。国内版每天20多个版，为了及时报道最新的新闻，每天出版三次。国际版在伦敦出版（后增设纽约印刷点），向欧洲和北美发行。此外，该社出版的《金字塔经济学家》（*Al Ahram Economist*）也逐渐成为经济新闻周刊。金字塔出版社还出版《金字塔体育、艺术》《国际政治》《青年》等期刊。

Books
Al-Ahram
Weekly
In the eye of the sun
Another anti-climax

《金字塔报》

（2）今日消息出版社。该社主要出版《消息报》，尽管多次更换主持人，但该报的大众化风格没有发生根本变化，市民、学生和下层官员是其主要读者。现在每天有20个版，是在开罗市内销量最大的报纸。有些名气的老杂志《最后一点钟》周刊也属于该出版社。

（3）解放出版社。该社主要出版《共和国报》。该报一般被认为代表左派人士的观点。埃及唯一的阿拉伯文报纸《晚报》（*Al Masaa*，1956 年创刊），以及英文报纸《埃及公报》、法文报纸《埃及进步报》也属于该出版社。

（二）通讯社

埃及唯一的大通讯社即中东通讯社（Middle East News Agency），该社 1960 年成为国家通讯社后，在财力和人员配置方面得到特别的支持，发展较快，现为阿拉伯世界和非洲地区最大的通讯社。该社现有工作人员约 1 200 人，用阿拉伯文、英文、法文三种文字发稿（包括电视新闻稿），平均每天提供新闻约 500 条，在世界主要媒介上的落地率较高。该社还出版一些专题性新闻刊物，例如英文和法文版的《开罗报刊综览》、阿拉伯文和英文并用的《经济周刊》等。

（三）广播电视

埃及广播电视联盟（ERTU）是埃及各广播电视台的最高机构，既是政府的一个部门，也是经营机构。其经费来源有三方面，即国家拨款、广告费和销售广播电视节目的收入。该机构下属全国性的开罗广播电台、埃及电视台和埃及卫星电视台。

埃及全国性的广播电台是开罗广播电台，它有 9 套广播网（或叫“电台”）、115 个工作室。其中 1964 年建立的中东广播电台（现在称“传播广播网”），是政府开办的商业广播电台，以播出广告（特别是国外的广告）和商业信息为主。对外广播台使用 38 种语言（非洲民族语言 13 种）向非洲、欧洲、美洲、亚洲播出，这是各国对外广播中使用非洲语言最多的广播电台。

埃及电视台有两套面向全国的电视节目、三套面向首都开罗的节目、四套面向不同地区的节目。还有三套卫星电视节目，即体育频道、电影频道和教育频道，覆盖整个阿拉伯世界以及欧洲、非洲、俄罗斯的部分地区。

埃及电视画面

（四）网络媒体

Masrawy是埃及最大的新闻门户网站，也是中东和北非第一个新闻门户网站。该网站主要提供埃及国内外新闻、免费电邮、股票资讯、天气预报等。该网站的每日访客人数将近60万，他们主要是埃及人，大部分年龄在35岁以下。

Masrawy 页面

Youm7是埃及的综合性电子日报，于2008年10月每周发布，2011年5月31日起每日发布。该报按照新闻业的专业规则发布分析性新闻，以埃及精英读者为主要对象，声明没有政治党派、意识形态或宗派偏见。

五、埃及的网络传播现状

（一）网络基础设施

从用户、国际带宽和提供的服务方面看，埃及比较发达，是增长最快的互联网市场之一。埃及有四家运营商相互竞争，为各阿拉伯国家提供价格低廉的固定或移动宽带服务。埃及通过本地和国际光纤基础设施以及一些FTTH部署实现连接。埃及的信息通信技术（ICT）行业对埃及国内生产总值的贡献，2016—2017年达到3.2%，与其他经济部门相比增长率最高。由于中产阶级和企业界的使用率不断提高，国际带宽迅速增加，以及随之资费不断降低，埃及的互联网普及率大幅上升。截至2020年6月，移动网络平均下载速度19.4兆比特/秒，仍低于世界的平均水平34.7兆比特/秒。①

---

① We Are Social. More Than Half of the People on Earth Now Use Social Media [EB/OL]. (2020-07-21) [2020-10-7]. https: //wearesocial. com/blog/2020/07/more-than-half-of-the-people-on-earth-now-use-social-media.

（二）受众网络使用概况

2020 年 1 月的统计显示，埃及移动手机使用数量为 9 271 万，相当于总人口的 91%；互联网使用者共有 5 474 万人，网络渗透率为 54%；活跃的社交媒体使用者 4 200 万人，占人口的 41%。埃及智能手机使用率为 90%，笔记本或台式电脑使用率为 67%，平板电脑使用率为 24%，联网的流媒体电视使用率为 3.3%，虚拟现实设备使用率为 2%。[①] 埃及人每天花在网络上的时间为 7 小时 21 分钟，其中在社交媒体上花费时间 2 小时 57 分钟。埃及人访问最多的网站排名前三（依据月均流量数排名）的分别是 Google、Facebook 和 YouTube，其分别属于搜索引擎、社交媒体和流媒体视频软件。[②]

（三）社交媒体使用

截至 2020 年 1 月，在 16～64 岁的埃及人中，最常使用的社交媒体前六名分别为 Facebook、YouTube、WhatsApp、Facebook Messenger、Instagram 和 Twitter，其中，Facebook 的使用人口占 91%，YouTube 的使用人口占 89%，WhatsApp 的使用人口占 79%，Facebook Messenger 的使用人口占 73%，Instagram 与 Twitter 的使用人口占比分别为 68%和 52%。

在线内容使用方面，16～64 岁的埃及人观看在线视频的人数占比 95%，观看 Vlog 视频和使用音乐流媒体服务的人数占比分别为 50%与 65%，收听线上广播电台与收听播客的人数占比分别为 36%与 39%。在线内容的消费方面，埃及用户对于在线视频的消费需求远超其他传播类型。这也明显地体现在埃及用户最常使用的社交媒体排名之中，排名第二的 YouTube 即是专注于视频方向的社交媒体。[③]

第三节 阿尔及利亚新闻传播史

阿尔及利亚位于非洲西北部，面积 238 万多平方千米，首都阿尔及尔，非洲面积第一大国，人口 4 220 万（2017 年），96%以上的人口居住在仅占国土面积 17%的狭长沿海地区。阿拉伯语为官方语言，通用法语。伊斯兰教为

① International Telecommunication Union. 衡量信息社会报告：第二卷 [R]. ITU Publications，2018：54.

② We Are Social. Digital 2020：Egypt [EB/OL].（2020-02-17）[2020-10-07]. https：//datareportal. com/reports/digital-2020-egypt.

③ 同②.

国教，99.1%的人信奉伊斯兰教，属于逊尼派。阿尔及利亚阿拉伯人（由柏柏尔人和阿拉伯人长期融合而成）约占人口总数的83%，保留古老传统的柏柏尔人约700万人；此外，还有少量其他人种。该国居住着几十万外国人，包括法国人、摩洛哥人、美国人、西班牙人等。

该国最早的居民是柏柏尔人。7世纪中期，阿拉伯人开始征服北非，8世纪初基本完成阿拉伯化和伊斯兰化。1830年，法国占领阿尔及利亚。1962年7月3日阿尔及利亚获得独立。1991年12月，阿尔及利亚遂陷入内战。1999年，布特弗利卡（Abdelaziz Bouteflika）当选共和国总统，通过《民族和解法》，2002年内战结束。2019年4月，在持续几个月的街头抗议和军方压力下，布特弗利卡被迫辞职。2019年12月，特本（Abdelmadjid Tebboune）就任总统。

阿尔及利亚独立前，报纸、电视台和广播电台均由法国引进。独立后，新闻传播业接受国家监管和指导。相比电视，纸质传媒很少受到重视，1988年以前，阿尔及利亚的新闻传播业规模小，类型有限，从业人员不多，唯一一家电视台和4家报纸及其从业人员均受政府管理，报道内容也接受政府指导和监督。1988—1991年，阿尔及利亚言论管制放宽，报刊、广播电台进入蓬勃发展新阶段。1992年以后，国家采取消极措施抑制媒体扩张，加强对新闻传播的监管。

一、独立前的阿尔及利亚新闻传播业

阿尔及利亚境内的第一份报纸是法国军队1830年内部出版的《信使报》（*L'estafette d'alger*），仅出版了3期。后来又有了《消息报》，1839年创刊，出版到1898年。阿尔及利亚的第一份政府报纸《报喜者》（المبشر），创办于1847年，出版到1926年停刊，该报由法国政府控制，自然是维护法国统治利益的。法国殖民当局还发行了阿尔及利亚方言版的周刊《阿尔及利亚引导者》（المرشد الجزائري），19世纪末停刊。

马克思1882年2月20日—5月2日曾到阿尔及尔治病，在东方大旅馆住了一周后换到迎宾大道穆斯塔法神父路的维多利亚旅馆。他在那里阅读了一些当地报纸。他告诉恩格斯，“在《小庄园主报》和阿尔及尔的其他小报上，每个英国人都是勋爵，甚至布莱德洛在这里也成为布莱德洛勋爵了”[①]。查理·布莱德洛是英国《国民改革者》周刊编辑，马克思的政敌。可能报纸的编者不了解英国或“崇洋媚外”吧。他还对女婿拉法格说：“我的全部政治

① 马克思恩格斯全集：第35卷[M]. 北京：人民出版社，1971：41.《阿尔及利亚小庄园主报》是一家阿尔及利亚共和派日报，1878年在阿尔及尔创办，法文。

读物只限于《小庄园主报》（阿尔及利亚的小报，类似于巴黎的《小报》、《小法兰西共和国报》等等）的电讯。”马克思观察到，这里的信息传播主要还是靠海报，“镇长……随时用官方海报向居民作各式各样的通知”①。

المبشر

ورود الاخبار من جميع الاقطار

《报喜者》创刊号

19 世纪末，阿尔及利亚迎来媒体勃兴阶段，大约 150 家报刊相继问世。有关资料显示，阿尔及利亚人创办的第一份报纸是 1907 年的《非洲之星》（كوكب أفريقيا），创办人马姆德·科霍（Mahmoud Kahoul）。第一次世界大战后，在阿卜杜·哈米德·本·巴斯领导下的阿尔及利亚穆斯林学者协会创办了诸多报纸，如《青年报》（الشباب）、《视野》（البصائر）和《法律报》（الشريعة）。

1923 年起，法国殖民者对阿尔及利亚新闻传播业实行监管。发现阿尔及利亚人向摩洛哥农村革命提供支持后，已出版 18 期的阿拉伯语报纸《批评者》遭到查封；1925—1933 年，有数家报社因高额罚款而倒闭。1931—1935 年，共有 5 家穆斯林学者协会创办的报纸被迫关门，但法语民营报纸受到的监管相对宽松。法国殖民当局 1881 年颁布《言论自由法》和一些相关法令，违规报社将被起诉，处以高额罚金。

1956 年，阿尔及利亚民族解放阵线分别在法国、突尼斯、摩洛哥创办 3 家报纸，统一以《阿尔及利亚抵抗》（المقاومة الجزائرية）命名，用阿拉伯语和法语双语发行。该组织在首都阿尔及尔创办双语报纸《圣战者报》（المجاهد），秘密发行。1957 年，《阿尔及利亚抵抗》停办，其编辑部划归《圣战者报》。11 月，该报总部迁到突尼斯，面向全世界发行直到现在。

1910 年法国人创建了阿尔及利亚大邮局，服务于普通的邮寄、快递、电报、转账等邮政金融事务，1962 年 7 月 5 日阿尔及利亚收回邮局所有权。这是阿尔及利亚最早的电讯传播业。

1929 年，法国殖民者在阿尔及尔建立了广播电台；1940 年，在康斯坦丁、奥兰增建了发射台。广播面向法国定居者受众，不向阿尔及利亚人提供服务。

1956 年 12 月 16 日，阿尔及利亚人建立自己的广播电台，呼号“战斗的阿尔及利亚之声”，秘密广播，通过信号发射车接收来自摩洛哥盖尼特拉美国

① 马克思恩格斯全集：第 35 卷［M］．北京：人民出版社，1971：286，285．

阿尔及利亚大邮局

基地的信号，以抵制法国的殖民宣传。1957 年底该台停止广播，1959 年夏天重新运转。该台用简陋的设备在移动广播车里传播反抗法国殖民的声音。

1956 年 12 月，殖民当局创办电视台，在阿尔及尔、康斯坦丁、奥兰搭建简单的发射塔，电视节目内容多从法国引进。

1961 年，阿尔及利亚民族解放阵线在突尼斯建立阿尔及利亚新闻社。1962 年国家独立后，新闻社迁到阿尔及尔，成为国家通讯社。

二、独立后阿尔及利亚新闻传播业的曲折发展

（一）1962—1965 年国有化和国家控制时期

独立初期阿尔及利亚的新闻媒体较独立前没有发生很大变化，因为这段时间阿尔及利亚还遭受着法国殖民者的阻挠和封锁，为了执行 1962 年法阿在法国小镇依云签订的《依云停火协议》，殖民时期的报纸仍然在发行。1963 年 9 月 18 日，政府做出将法国遗留产业收归国有的决定。在阿尔及利亚还没有明确的媒体法律时，对媒体的管制仍然沿用法国殖民者遗留的旧法律。1962 年 9 月，新政权创办自己的报纸《人民报》(اشخاص)。

الشعب

2019 年的《人民报》

1963 年 9 月 17 日，政府宣布将 3 家主要日报收归国有，它们分别为《康斯坦丁快

报》（*la Dépêche de Constantine*）、《奥兰快报》（*la Dépêche d'Oran*）和《阿尔及尔快报》（*la Dépêche d'Alger*）。同时宣布取消报纸的私有制，并严格控制各种形式的新闻媒体。

广播电台方面，殖民时期的法国记者和员工撤离后，以伊萨・马索迪为首的本土记者团队努力填补技术空白，维持电台的运转。1962 年 10 月 28 日，阿尔及利亚广播电视台降下法国国旗，升起本国国旗。此后，阿尔及利亚广播电视公司隶属国家宣传部，广播电台使用阿拉伯语、柏柏尔语、法语、英语、西班牙语广播。

（二）1965—1979 年“指导和监管”时期

1965 年，阿尔及利亚发起“修正运动”，实行所谓社会主义制度，取消私有制，对新闻传播业进行指导，宣传部成为国家政权的强力机关之一，公共言论自由也受监督。作为强化舆论引导的举措，阿尔及利亚当局致力于建立以电视传播为基干的新闻传播体系，重点扶持国家广播电视台。1966 年，国家对纸质媒体的扶持占对新闻媒体投入的 9.67%，对电视台和广播的扶持资金占比达到 89.91%。

1965 年起，阿尔及利亚新闻传播业进入停滞阶段。当年 8 月 31 日，晚报《阿尔及尔之夜报》停刊，这年新创办的只有《阿尔及利亚新闻报》（*Algérie Actualité*，周报）。1966 年，政府将法国阿歇特出版公司收归国有，成立国家出版发行公司，间接控制和监管报纸出版，进一步使阿尔及利亚纸质传媒的发展僵化。

1970 年，《圣战者报》（法语）的日发行量达到 10.09 万份，其他报纸日发行量平均为 6.8 万份。直到 20 世纪 70 年代初，《人民报》一直是阿尔及利亚唯一的阿拉伯语报纸。政府鼓励、支持阿拉伯化运动，另一家政府控制的报纸《胜利报》从 1972 年 1 月 3 日起，全部使用阿拉伯语。报业发展在这段时期没有受到重视，政府取缔民营传媒企业，引导国有传媒业发展，使其作为传播政治理念和意识形态的工具。政府控制着阿拉伯语日报《胜利报》《人民报》《共和国报》，阿语晚报《阿尔及利亚晚报》，法语早报《圣战者报》，法语晚报《地平线报》（*Horizon*），

M. GAÏD SALAH EN VISITE DE TRAVAIL DANS LA 1re RÉGION MILITAIRE
EL MOUDJAHID
EDITORIAL
ABATTRE LES BARRIÈRES
CÉLÉBRATION DU 60e ANNIVERSAIRE DES RELATIONS DIPLOMATIQUES ALGÉRO-CHINOISES
UN PARTENARIAT STRATÉGIQUE
OUVERTURE CET APRÈS-MIDI DE LA FOIRE DE LA PRODUCTION NATIONALE
SOUS LE SIGNE DE LA DIVERSITÉ
LUTTE ANTITERRORISTE
SE CONFORMER À L'ÉTAT DE DROIT
CONCERT ALGÉRO-ESPAGNOL
DIMAJAZZ DE RETOUR À CONSTANTINE

2018 年的《圣战者报》

阿拉伯语半月刊《灯火》《选举者》，法语周刊《阿尔及利亚新闻报》。

（三）1979—1988年媒体立法阶段

这段时期，阿尔及利亚通过诸多有关新闻媒体的法律如1979年民族解放阵线大会通过的独立以来第一部媒体条例，对新闻媒体运行制定了基本规范，媒体处于政权的监管之下。这种监管造成政府和政党之间一定程度的矛盾：政府要控制新闻媒体，而政党则要把新闻媒体作为宣传自己思想教育、政治倾向的工具。这种矛盾催生了部分有关媒体的法律条例。1982年媒体法应运而生，共128条，涉及出版、发行、记者职业操守、责任、赏罚规定等等。该法比以前更详细地规范了记者的权利和义务，其中禁忌、责任、惩罚的内容占了整部法律一半以上的篇幅。

这个时期，阿尔及利亚媒体还没有从政府或政党等政治势力中解放出来，两者还是一种妥协关系。此外，由于政府对新闻从业者、记者的压力，造成了人们对信息报道权威性的怀疑，也造成了报业和政权之间的一些危机事件。

（四）阿尔及利亚媒体的有限多元化

1988年10月4日，在伊斯兰宗教激进主义组织穆斯林兄弟会和阿尔及利亚复兴运动的策动下，首都阿尔及尔和十五个省发生大规模街头游行示威，打砸商店，烧毁汽车，与警察和武装部队发生冲突。骚乱持续一周，数百人死亡，千余人受伤，几千人被捕。“十月事件”成为阿尔及利亚的历史转折点，开启了阿尔及利亚民主化之路。

1989年2月23日宪法第40条规定阿尔及利亚向多党制过渡，公民可以成立具有政治色彩的团体组织，享有出版和言论自由，各党派可以拥有自己的报纸，随后，通过报纸正式宣布成立的合法政党达到34个。多党制真正实施于1990年3月19日第四号总统令发布后，这既是多党制时期的开端，也是新闻传播业放开的起点，这项法令给予公民自办民营传媒机构的自由。

1990年4月3日，国家人民议会通过新媒体法，第一次规定媒体言论自由、所有制多元化、允许民营传媒企业存在；同时，新媒体法开列出20条关于记者越职行为的惩戒措施，体现了阿尔及利亚政府放开与严管媒体双管齐下的意图。根据此法，政府还于7月成立媒体最高委员会。从这年起，阿尔及利亚报纸发行量增加，发行种类也呈多样化，不仅出现日报、周刊、半月刊和月刊，报刊所有权也分为政府机关报、党报和民营报纸，内容方面也划分为政治、文化、艺术、体育等不同内容的报刊。媒体市场也由此繁荣起来。

独立后第一份法语民营日报是1990年9月创办的《阿尔及利亚晚报》（*le Soir d'Algérie*），第一天发行3万份。1990年11月创办的第一份阿拉伯语民营日报《消息报》（الخبر），首发日销量也达到 3 万份。率先发行党报的政治团体是伊斯兰拯救阵线，在阿拔斯·迈达尼（Abbassi Madani）领导下，该组织创办《拯救者》（المنقذ），第一期发行量高达 50 万份。

同时，官方报纸也放开了对异见的控制，允许反对派领导人表达其立场与观点，尤其以《地平线报》最为包容。官方电视台开设了《与记者对话》新栏目，邀请执政党和反对派政治家当面交流与辩论。官方电台也在第三频道开启了《秀》和《透明》等栏目，响应时代变革的浪潮。

عصابات المخدرات وقطاع الطرق يزرعون الرعب ببومرداس
الخبر
تحذير من تقديم امتحانات الفصل الثالث
الترشح لاحتضان مونديال 2026
ترامب يهدد من يدعم المغرب!
ملف سوء تسيير تعاضدية عمال المالية سيرفع إلى الحكومة
نساء وأطفال الإرهابيين يغادرون الجبال
استنفار في الجنوب بسبب التقلبات الجوية
ملاحظات دولية قاسية ضد الجزائر حول المهاجرين الأفارقة
أكثر من 200 دواء مفقود عبر الصيدليات
المصابون بالأمراض

2018 年 4 月 27 日的《消息报》

（五）政治危机对新闻传播业的冲击

随着 1992 年 1 月 16 日大选的中断，阿尔及利亚陷入了严重的政治危机，记者、报纸以及其他所有新闻从业者都受到巨大冲击。阿尔及利亚政府采取各种行政与法律手段对多元化的传媒业进行控制，如对相关责任人进行训诫、审讯、看管和监禁。很多记者因涉嫌违法被告上法庭，报社负责人也因此接受相关部门调查，但大多数涉事者对其罪名不甚清楚。1992 年 1 月 22 日，《消息报》社长被停职，同年 6 月 21 日记者赛阿德·布阿高被逮捕。1994 年，政府成立印刷行业专门委员会，在报纸发行之前对内容进行审查，各报社为表示抗议故意在报纸头版开天窗，这种监管直到 1995 年末才结束。《国家报》社长在阿拉伯新闻网发表文章强调，新闻业在 1993—1998 年间付出了巨大的代价，有 70 多名记者遭到暗杀，有人企图遏制媒体的声音并且没有底线。

到 2001 年，阿尔及利亚国内只有 6 家民营报社可以不受国家出版发行公司限制，包括《消息报》《国家报》等，其余的报刊大多由于财政困难而破产。2003 年 1 月 3 日《国家报》社长、记者阿玛尔·白胡沙被逮捕。

三、阿尔及利亚新闻传播业目前的格局

（一）报刊

阿尔及利亚有 300 余种全国性报刊，其中日报 65 种，阿文报刊 32 种，法文报刊33种，平均日总发行量243万份。唯一的英语报纸是《阿尔及利亚先驱报》（*Algiers Herald*）。

阿语《消息报》是全国第一大报，也是独立后的首家民营报纸，2001年8月16日发行彩色报纸，发行量超过50万份。《地平线报》也是最畅销的日报之一，日发行量51.1万份。此外还有阿语《人民报》《新日报》《祖国报》影响较大。法语报纸主要有《阿尔及利亚晚报》、《自由报》（*Liberte*）、《祖国报》（*El Watan*）、《足球快讯》（*Dz Foot*）等。

2013年1月17日一阿尔及利亚男子在报摊前阅读《自由报》

（二）广播电视

广播电台方面，1986年阿尔及利亚国家广播电视机构重组调整，分成四家独立的公司，隶属于文化部和新闻部。阿尔及利亚的所有广播电台都由国家控制，影响较大的广播电台包括迈缇加广播、巴特纳广播和泰贝萨广播等。此外，还有音乐电台，主要播出阿尔及利亚现代社会、土著部落和安达鲁西亚（阿拉伯人对西班牙的旧称）等地的多种风格音乐。阿尔及利亚有中央和地方广播电台共55个频道，第一频道和第二频道分别用阿拉伯语和柏柏尔语广播，还有专门的古兰经等文化频道。地方频道覆盖了全部48个行政省。

阿尔及利亚独立后，电视台于1962年10月28日收归国有。目前，阿尔及利亚电视台拥有数字化工作室、数字化信息中心、数字剪辑系统、电子数据库和数字档案资料馆系统，国家电视台设有五个频道，第一频道、第二频道、第三频道、柏柏尔频道和古兰经频道。第二频道为法语频道，1994年成立，播出新闻和文化节目，也会转播足球等体育赛事；第三频道

阿尔及利亚电视台台标

升腾电视台画面

面向整个阿拉伯世界转播；柏柏尔频道用四种方言全天候播出。

自2012年以来，阿尔及利亚已有未经授权的约50家民营电视台经外国（主要是中东国家）转播，在国内可以观看。其中只有五个频道得到政府认可，即Ennahar电视台、升腾（Echourouk）电视台、Hogar电视台、Dzair电视台和El Djazairia电视台。2017年10月，阿尔及利亚政府宣布分配7个民营电视频道，包括新闻、体育、文化、青年、纪录片、娱乐等。它们必须使用本土语言之一（阿拉伯语或塔玛兹特语）播出，但允许在国外内容中使用外语。

（三）通讯社

阿尔及利亚新闻通讯社（APS）是官方通讯社，有工作人员500多名，包括300多名记者、摄影师及翻译，在卜利达、奥兰、康斯坦丁、瓦尔格拉四个省设有分社，并在法国、埃及、摩洛哥、美国、俄罗斯等12个国家设有派驻机构，用阿、法、英3种文字发稿，日均发稿量为500～600条，每年发稿约20万条。

阿尔及利亚新闻通讯社办公楼

阿尔及利亚新闻传播业从1830年至今有近200年的历史，在法国殖民统治下发展缓慢。国家独立之初，新政府对新闻媒体机构实行国有化，法语、阿拉伯语的日报、晚报、月刊、半月刊等各种刊物逐渐发展起来。阿尔及利亚新闻传播业1990年经历短暂的媒体多元化之后，很快陷入了“黑色十年”的旋涡中，在政治风雨中飘摇前行。1999年总统布特弗利卡上台后，通过全民对话与和解，基本结束了血腥的“黑色十年”，国家也重新进入相对的稳定期，但政府对媒体的监管并没有放松。

（四）网络传播现状

阿尔及利亚2016年推出4G服务后，移动宽带和智能手机用户数量实现了强劲增长，用户渗透率分别从21%和14%提升至78%和55%。新闻网站和报纸在线版本的每日访问量已超过印刷报纸的每日读者数。4G的服务已覆盖4 200万民众。2018年底，阿尔及利亚电信的子公司Mobilis在合作伙伴华为的技术支持下，成功在奥兰市进行了5G网络测试，数据传输速率达到1.18千兆比特/秒。

截至2020年1月，阿尔及利亚移动手机使用数量为4 948万（超过总人口数）。互联网使用者共有2 271万人，网络渗透率为52%。活跃的社交媒体使用者共有2 200万人，通过移动手机使用社交媒体的人口占比达97%。根据We Are Social与Alexa所发布的报告，阿尔及利亚人访问最多的网页排名前五（依据月均流量数排名）的分别是Google、YouTube、Ouedkniss、Google.dz和Facebook。①

阿尔及利亚人在游行中使用手机自拍

阿尔及利亚网络用户青睐通过移动手机开展网络活动。2019年12月，阿尔及利亚移动手机的网络流量份额比上年增加10%，达到了54%；电脑和平板的网络流量份额出现下滑，分别减少了9%和4.7%，电脑的网络流量份

① We Are Social. Digital 2020：Algeria [EB/OL].（2020-02-17）[2020-10-07]. https：//datareportal.com/reports/digital-2020-algeria.

额降至 46.9%，平板的网络流量份额降至 1.6%。①

2019 年的调查显示，阿尔及利亚 18 岁以上的成年人中，47%表示“使用技能”是阻止其拥有一部手机的最大障碍，14%的人表示“支付能力”是阻止其拥有一部手机的最大障碍；同时，有 16%的人出于家庭的不允许而不能拥有手机。②

阿尔及利亚的新闻传播业历经苦难，难以进入稳定的发展时期，与该国历史文化的多重叠合、内外各种极端思想和暴力活动对原本和平的文化传统的阻断、长期军政权威主义的统治有关。2019 年 4 月，国家总统布特弗利卡被迫辞职，将总统职位移交给宪法委员会，临时总统为本·萨拉赫，之后发生规模浩大、持续时间较长的街头运动。这个国家威权体制下长期积累的经济、社会和政治矛盾，尤其是特有的军政体制饱受百姓诟病。2020 年 12 月 12 日，在过渡政府领导下举行总统选举。阿尔及利亚政治体制将面临改革，社会开放度必然得到加强，相对僵化的媒体格局也会出现新变化。

第四节 以色列新闻传播史

以色列有据可查的历史可以追溯到公元前 1211 年，比中国有文字记载的历史（公元前 841 年）还长。以色列人、犹太人、希伯来人是对同一个民族的不同称呼。以色列民族经历过 1 800 年的“大流散”（Diaspora）时期。二战期间，犹太人遭到德国纳粹的疯狂屠杀，死难约 600 万人。现在的以色列国成立于 1948 年，人口 909 万（2019 年），目前实际控制面积 2.5 万平方千米。以色列所在的地区是犹太教、伊斯兰教和基督教的发源地。

由于特殊的历史，以色列既有中古时期中东文化的传统，又有当代的西方背景，很快就成为一个特殊的发达国家，新闻体制属于自由主义，无论报刊还是电子媒介，均处于较高的发展水平。该国新闻传播业不存在因政治原因查封传媒的情形，新闻传播业的发展颇为平稳。20 世纪 90 年代，以色列结束党报时期，完全进入了商业报刊时期；但接踵而来的是传媒的商业垄断。

一、从希伯来语的复活到以色列现代新闻传播业的诞生

以色列的新闻传播史，与犹太复国主义运动中希伯来语的复活相关。希

① We Are Social. Digital 2020：Algeria [EB/OL].（2020-02-17）[2020-10-07]. https：//datareportal. com/reports/digital-2020-algeria.

② BAHIA K，DELAPORTE A. The State of Mobile Internet Connectivity 2020 [R]. GSMA，2020：53.

הַלְּבָנוֹן

第一家在以色列出版的希伯来语报纸《黎巴嫩》

伯来语作为古代以色列人的通用语，贡献了被视为西方文明源头之一的《圣经·旧约》。但随着犹太人世界范围内的大流散，希伯来语逐渐丧失了口头交际的功能。

率先复兴的是希伯来书面语，这与18世纪中后期犹太启蒙运动密切相关。复兴希伯来语口语的理念，则随着犹太复国主义思想的崛起而萌芽、成形。德国希伯来语作家佩雷茨·斯摩伦斯金在当时最有影响的希伯来语报纸《黎明》（*Hashakar*）上大力宣传民族主义思想，强调希伯来语的重要性。

1863年，耶路撒冷出现了两家月报，即《黎巴嫩》（*הלבנון*）和《百合》（*חבצלת*），这是现代希伯来语出版业的开端。一年后，两份报纸被奥斯曼帝国当局关闭。1869年，两份报纸再次定期出版，尽管存在审查制度，发行量很低。《黎巴嫩》的编辑是叶希尔·布里尔（Yehiel Brill），该报组织讨论犹太法律和传统的创新。1882年以后由于布里尔忙于组织俄国犹太人来以色列定居，报纸改为不定期出版。1886年，报纸因他逝世而停刊。一战爆发，报纸不得不中止出版。一战后，英国获得了巴勒斯坦地区的委任统治权，报纸再次恢复出版。随着该地区犹太人口的不断增长，出现了许多新的私人报纸，同时存在的还有各种政党报刊，其中较有影响的是1918年创刊的希伯来语日报《国土报》（*הָאָרֶץ*）、1932年创刊的英语和法语日报《巴勒斯坦邮报》[现名《耶路撒冷邮报》（*The Jeruselem Post*）]、1939年创刊的希伯来语和英语日报《最新消息报》（*Yedioth Ahronoth*）。

Price 1 P. T.
DSHOTH HAARETZ
(The Palestine News)
Daily newspaper
חדשות הארץ
Monday, 4 August 1919
VOL. 1.

1919年8月4日的《国土报》

在世界的其他地方，也有一批犹太人以期刊作为舆论阵地展开工作，例如阿哈德·哈阿姆（Ahad Ha'am，1856—1927），一位出生于乌克兰的犹太政论家，他于1896年创办出版社，担任希伯来语月刊《使者》的编辑工作，宣传文化复国。奥多·赫茨尔是奥匈帝国的一位犹太裔记者，1897年6月，他出版了犹太复国运动的周刊《世界》。

以色列1948年建立后，十分重视国语希伯来语的推广和发展。1953年设立希伯来语科学院，学院出版《我们的语言为人民》双月刊和《我们的语言》季刊、《教会你的舌头》双月刊等刊物，推广语言知识及有关语法、拼写和新词汇。自 20 世纪 60 年代中期起，希伯来语科学院派专人负责监督电台电视台的广播，务求播音员的发音规范化。电台每天还有一个固定节目，谈论使用希伯来语时一些常犯的错误。

以色列建国之时即实行新闻出版自由政策，出版活动只接受法庭裁决的指导。除了建国前的老报纸外，1948 年当年，便新创刊一家希伯来语日报《晚报》（מַעֲרִיב），1950 年创刊希伯来语日报《播报员》（*Hamodia*）。

二、20 世纪末以来以色列传媒业的商业垄断

20 世纪八九十年代，以色列的新闻传播业经历了一系列重要的变化，媒体逐渐被少数的企业组织控制，政党控制的报纸基本消失。现在特拉维夫的三大私人企业集团控制了几乎所有以色列大众媒体。这一时期创刊的报纸主要有以下几家：1997 年创刊的希伯来语日报《首要信源》（מקור ראשון），2000 年创刊的希伯来语和英语日报《市场人》（*The Marker*）、2007 年创刊的希伯来语日报《今日以色列》（ישראל היום）、2008 年创刊的希伯来语日报《经济学人》（כלכליסט）等。以色列的报业已经完全市场化了，经济类报纸增多。

由于来自俄罗斯的犹太人增多，以色列除了英文、德文、法文报纸外，俄文报纸有五家，发行量一度最高的是《新闻报》（*Вести*）。该报是 1992 年创办的日报，2017 年改为周报，随后在 Ynet（以色列的一个新闻网站）建立俄语网站。2018 年 12 月，该报纸质版停刊。

2012 年的以色列报纸（下为《国土报》）

三、以色列目前的传媒格局

（一）主要报纸

以色列有 12 种希伯来语日报。其中《国土报》是以色列最有影响的日报，读者受教育程度、收入水平普遍较高。该报 1998 年增设了英语版，随《国际先驱论坛报》（*The International Herald Tribune*）一同发行，两种语言都有网上版。在北美，《国土报》以周报的形式发行。该报政治分析评论较多，

社论在以色列政府官员中很有影响。除了新闻，该报还发表关于社会和环境问题的特写、书评、调查报告等。

以色列发行量最大的报纸是《最新消息报》，其次是《今日以色列》，都是大众化报纸。《晚报》在创办前期的20年里，是以色列读者最多的报纸，现在居以色列报纸发行量的第三位。晚报传媒集团还拥有一系列的地方报纸和杂志，以及一个NRG网站。

《耶路撒冷邮报》是以色列发行量最大的英文报纸。该报纸支持巴勒斯坦的犹太家园斗争，1948年以色列建国后改为现名。主要面向以色列讲英语的人士，在以色列国际传播中具有十分重要的地位。2008年1月，《耶路撒冷邮报》与《华尔街日报》宣布建立新的伙伴关系，包括联合营销和在以色列独家出版《华尔街日报》。

《团结报》（*Al-Ittihad*）是尚存为数极少的政党报纸之一，是以色列共产党机关报，创办于1944年。该报是以色列建国前存在、目前仍在出版的阿拉伯语报纸。初期为周报，后来周二刊，1983年起为日报。

以色列人在死海看报

以色列的期刊超过1 000种，其中《亚利伊勒》是主要文化刊物，季刊，1962年创刊，有英文、法文、德文、西班牙文、阿拉伯文和俄文六个版本。该刊涉及以色列所有文学艺术领域，如散文、诗歌、电影、舞蹈、绘画、雕塑、音乐、考古学、建筑和文学评论。该刊物的投稿人多为以色列著名作家、著名艺术家和学界名人。

（二）通讯社

犹太通讯社（Jewish Telegraphic Agency，JTA）是以色列的主要通讯

社，但该社总部在纽约。该社成立于 1917 年 2 月 6 日，为全世界的犹太社区报纸、电台、电视台等媒体服务。该社总部于 1922 年从耶路撒冷迁往纽约，现在华盛顿、耶路撒冷、莫斯科等世界 30 多个城市驻有记者。犹太通讯社不以盈利为目的，独立于任何犹太教派或者政治观点。

以色列联合通讯社（ITIM）成立于 1950 年，由当时几家以色列主要报纸联合创办。该社 2003 年遭遇破产管理，因为债务问题几乎停止运作。2004 年 2 月 19 日，该社被一家以色列公司用 7.5 万美元买下。现在该社专注于为国外通讯社提供新闻稿。

（三）广播电台和电视台

以色列广播电视业的发展，受到狭小国土的限制。1948 年建国时即建立公营的"以色列之声"，用希伯来语、阿拉伯语、英语、意第绪语（日耳曼语，源出自中古德语，通常由希伯来字母书写，约有 300 万人在使用，大部分为犹太人）、俄语等 17 种语言对国内外广播，内容包括文娱节目、流行音乐、学术讲座、专题讨论会和古典音乐等。该台能兼顾儿童、老年人、新移民和土生土长的以色列人等不同听众的需要。另一家较早设立的广播电台是"以色列国防军之声"，1945 年设立，军方电台，用希伯来语广播，节目包括新闻、音乐和士兵特别感兴趣的节目。除了公营的这两家广播电台外，以色列还有十几家民营广播电台。

公营以色列国家电视台（IBA）开播于 1968 年，总台设在耶路撒冷。该台从早晨 6：30 至次日凌晨 1：00 播放电视节目，用希伯来语、阿拉伯语和英语制作节目。以色列的电视教育中心成立于 1966 年，主要播放电视教学课程，包括学校课程和成人教育课程。

公营电视台的资金来自收视费，公众能够收看到美洲、欧洲和亚洲电视网的节目。独立的以色列有线频道播放体育节目、儿童故事片、电影和纪录片。"以色列之声"和公营电视频道由以色列广播局领导。该局以《以色列广播局法》（1965 年）为准绳，这项法律将广播工作定位于政府的一项独立公益事业。该局由政府任命一个执行委员会（任期 3 年）和一位局长（任期 5 年）。

以色列广播局有 1 800 员工，设立了 18 个工会组织，运作效率低下。2015 年，以色列立法设立规模较小的以色列广播公司取代以色列广播局，但新老机构交接混乱。例如，老广播局为交接日准备了《告别仪式》等特别纪念节目，却突然停止。2017 年 5 月 9 日以色列国家电视台第一频道《新闻一瞥》节目突然接到议会要求停播的通知。

1986 年，以色列开始建立商业电视网。20 世纪 90 年代以来逐步推广使用有线电视，有新闻、电影、音乐电视、体育等十几个新闻、娱乐频道，并

以色列国家电视台第一频道“新闻一瞥”节目主播格拉·埃文
口播停播消息时潸然泪下

能收看周围阿拉伯国家、法国、德国、俄罗斯、美国、英国、土耳其、意大利、西班牙等国家的电视节目，共有约50个频道。以色列的有线电视多数是海外台，包括MTV、SKY NEWS、CNN和BBC，还有来自埃及、法国、德国、印度、意大利、约旦、摩洛哥、西班牙、俄罗斯和土耳其等国的频道。

1993年，以色列成立第二广播电视局，负责第二电视频道和地区电台的管理。第二电视频道主要是娱乐和电影节目。1994年增设了地方商业频道，由三家私人节目制作单位分别主持，每天有一定时间播放教育节目。

（四）网络传播现状

截至2020年1月，以色列移动手机使用数量为1 010万，相当于总人口的118%，互联网使用者数量为719万人，网络渗透率达84%，活跃的社交媒体使用者有600万人，占总人口的70%。以色列智能手机使用率为94%，笔记本或台式电脑使用率为81%，平板电脑使用率为35%，联网的流媒体电视使用率为6.8%，虚拟现实设备使用率为3.2%。以色列人每天花在网络上的时间为7小时11分钟，其中在社交媒体上花费时间2小时2分钟。以色列人访问最多的网页排名前三（依据月均流量数排名）的分别是Google、YouTube和Facebook，分别属于搜索引擎、流媒体视频软件、社交媒体。在16～64岁的以色列人中，最常使用的社交媒体前六名分别为WhatsApp、YouTube、Facebook、Instagram、Facebook Messenger和Twitter，其中，WhatsApp的使用人口占比为83%，YouTube的使用人口占比为82%，Facebook的使用人口占比为76%，Instagram的使用人口占比为52%，Facebook Messenger与Twitter的使用人口占比分别为46%和20%。①

---

① We Are Social. Digital 2020：Israel [EB/OL].（2020-02-18）[2020-10-07]. https：//datareportal. com/reports/digital-2020-israel.

2019 年 10 月 30 日以色列街头使用手机的人们

Walla! NEWS 是以色列领先的希伯来语新闻网站。该网站每天约有 130 万名使用者，每月有超过 2 500 万次视频观看，在 Facebook 页面上的会员超过 200 万。Walla! NEWS 的新闻系统是以色列最大、最专业和最有影响力的新闻媒体之一，由约 200 名记者、编辑和摄影师组成的团队全时段给网民带来新闻、体育、商业、文化、名人、美食、时尚、健康资讯等等。该新闻系统拥有两个工作室：一个电视工作室，采用先进的视频和互联网技术进行实时电视广播制作；一个社交媒体工作室，专门为 Facebook、Instagram 和 TikTok 设计制作。

Haaretz. com 是以色列《国土报》的英语网站，报道以色列和中东地区的新闻并提供深度报道，包括国防、外交、阿以冲突、和平进程、以色列政治、耶路撒冷事务、国际关系等。

第五节　沙特阿拉伯新闻传播史

沙特阿拉伯是西亚地区面积最大的国家，达 225 万平方千米，人口 3 420 万（2020 年）。古代沙特阿拉伯地区的游牧部落与犹太人有血缘联系。公元 7 世纪穆罕默德在沙特西部创立伊斯兰教，随后沙特经历了六个王朝的统治。1517 年，奥斯曼帝国统治沙特，奥斯曼苏丹苏莱曼一世宣布自己是全世界穆斯林的领袖。奥斯曼帝国 1918 年瓦解后，英国控制了沙特，1927 年沙特阿拉伯独立。

现在沙特王室的祖先是穆罕默德·伊本·沙特（Muhammad bin Saud），他于 1750 年成为阿拉伯半岛中部纳季德地区的酋长。1926 年 1 月 8 日，这个家族的阿卜杜勒·阿齐兹·沙特（Abdul Aziz Al-Saud）成为第一位沙特阿拉伯国王。1932年9月22日，沙特阿拉伯宣布统一，确定9月23日为国庆日。

沙特阿拉伯为君主制王国，国王行使最高行政权和司法权，有权任命、解散或改组内阁，有权立废王储、解散协商会议，有权批准或否决内阁会议决议及与外国签订的条约、协议。1992年3月1日，法赫德国王颁布治国基本法，规定沙特阿拉伯王国由其缔造者阿卜杜勒·阿齐兹·沙特国王的子孙中的优秀者出任国王。现任国王是萨勒曼·本·阿卜杜勒-阿齐兹（2015年1月23日继位）。

一、沙特早期的新闻传播业

沙特阿拉伯出现新闻业很晚。第一家刊物 *Al-Hijaz*（الحجاز）创办于1908年，双周刊，由当时还是酋长的阿卜杜勒·阿齐兹·沙特授意创办，为沙特的官方刊物。1924年12月12日，他创办周报《乡村母亲》（أم القرى，*Umm Al-Qura*），每期4版，是政府公报，该报第一期头条是《麦加宣言》，接下来是新闻和官方声明。该报首任主编是谢赫·优素福·亚辛（Sheikh Yusuf Yassin）。

السنة الأولى
العدد الأول من (أم القرى)
العدد ١
أم القرى
هذا بلاغ
عونك اللهم

早期《乡村母亲》版面

20世纪30年代，沙特陆续出现一些民间报刊。二战期间，除了《乡村母亲》，沙特的报刊均因经济问题倒闭。二战以后，那时的报刊之一《麦地那报》（المدينة，*Al Madina*），恢复原名出版；另一家曾经出版的刊物《希贾兹之声》，改名为《沙特报》恢复出版。其中重要的是《国家报》（البلاد جريدة，*Al-Bilad Daily*），1932年4月在西海岸城市吉达创刊的日报，也是沙特第一家日报。

沙特建国初期，从国外引进大批无线电通信和广播设施。首先在吉达、利雅得和麦加等主要城市建立了有线广播电台，采用电报、电话等通信工具进行联络。随后在其他地区建立了无线电通信电台，在主要居民点安装了手摇电话机，从而加强了各地区之间的联系。

1949 年 5 月，沙特财政部为国际电报和电话业务而筹建了无线电发射机工作室，最初每天维持几个小时广播，主要播发宗教内容。在随后的十几年里，沙特的广播业却没有显著的发展。20 世纪 50 年代末，沙特允许美国和英国利用一些电台播放专题广播节目，这些节目大多通过军用人造卫星送达。60 年代，埃及广播业发展起来后，刺激了沙特王室加快本国广播业的建设。1962 年，在麦加建立官方的“伊斯兰召唤”电台，1965 年在首都利雅得建立官方广播电台，1972 年再建立“古兰经”广播电台。

1965 年 7 月 15 日，沙特开通官方黑白电视台，首次开播的城市是首都利雅得和西海岸城市吉达，使用同一个频道。这两座电视台的覆盖面积仅有 100 平方千米。1967 年初，为了电视信号覆盖吉达东部的麦加和塔伊夫，沙特建立了中转站，使吉达电视台的电视信号可以到达这两个城市。1967 年和 1968 年，又先后建立麦地那电视台和卡绥姆电视台。1969 年在东部海岸城市达曼建立电视台，该台覆盖沙特东部地区和大多数阿拉伯海湾国家，功率最强。[①]

2018 年 9 月 20 日沙特国家电视台晚间新闻节目出现的第一位女性播报者

沙特通过输出石油丰富了国家财源，全国识字人数增长，带来了读者群的增加。从 20 世纪 70 年代起，该国的新闻传播业走上了较快的发展道路。报刊出版方面拥有了世界先进的出版印刷设备，全国发行的报刊超过百种，其中不少还是彩印，新闻报道的范围也有所增加。

沙特通讯社（SPA）成立于 1971 年 1 月 23 日，是沙特的主要新闻信息源，由内阁直接控制。它在国内各大城市均建有新闻中心，在华盛顿、伦敦、

---

① 钱学文．当代沙特阿拉伯王国社会与文化［M］．上海：上海外语教育出版社，2003：192－200.

开罗、突尼斯、贝鲁特等地设有分社，每天用阿拉伯语、英语、法语发布消息。新闻中心管理机构由内阁新闻部授权，辅助国内的新闻报道。2016年，该社开设中文版网站。

1978年，沙特市场调查集团（SRMG）旗下的沙特调查与出版公司（SRPC）在伦敦创办《中东报》（*Asharq al-Awsat*），这是在中东地区影响力比较大的阿拉伯语日报。英国的商业环境宽松、卫星通信技术先进，容易招揽高素质的专业人才。该报是世界上唯一拥有《纽约时报》《华盛顿邮报》和《基督教科学箴言报》等阿拉伯语版权的报纸。它在埃及、巴勒斯坦、黎巴嫩以及苏丹等地设有20个记者站，在12个国家印刷，全球发行。[①]

1979年，吉达和利雅得两地的广播合并为一个台。1983年，吉达开播第二套节目，利雅得广播电台成为首都中央广播电台。现在全国六大广播电台使用包括阿拉伯语在内的13种语言向全世界广播。内容除国事活动、各地新闻、体育新闻外，主要是向世界传播伊斯兰教。

1976年沙特全部实现彩色电视广播，全国各地为此纷纷建起了中转站，共有107座，电视网已覆盖全国98%的地区。1977年，沙特进一步在西南部城市艾卜哈建立电视台，从而全国五个城市有无线电视台（利雅得、吉达、麦地那、达曼、艾卜哈）。1983年开始播放英语、法语节目。1984年，沙特开通电视第二个频道，主要用英语广播，中间插播法语新闻。随后进一步通过电视卫星向欧洲、美国、加拿大等国播送电视节目。

从1974年起，沙特建立卫视系统，向全世界宣传伊斯兰教；它还有一项特殊传播，即现场转播每年的朝觐盛况。

沙特古兰经电视台直播朝觐

沙特与其他同民族和同宗教的国家，尤其是海湾国家的新闻合作比较紧

① 马丽蓉．西方霸权语境中的阿拉伯-伊斯兰问题研究［M］．北京：时事出版社，2007：3－75.

密。所有阿拉伯国家的通讯社都加入了总部设在沙特阿拉伯吉达的伊斯兰通讯社联盟。1965 年，伊斯兰通讯社联盟举行首届会议。1976 年总部设在巴林首都麦纳麦的海湾通讯社宣告成立，1978 年开始工作。

20 世纪 90 年代中期，沙特建成两个国家级彩色电视网络，一个用阿拉伯语，一个用英语。这些节目中 25%为宗教事务，30%是关于阿拉伯戏剧和儿童的内容，音乐与其他内容占 22%，非阿拉伯语电影占 8%，还有 15%是体育和新闻。①

二、沙特的新闻传播政策

沙特的现代新闻传播业历史较短。20 世纪 70 年代以后，新闻传播业由于得到政府的大力支持，发展较快。沙特在中东国家中，报纸读者的总数相对少，高昂的成本限制了私人企业投资广播电视业，大多数电子媒体由政府垄断。沙特的历史文化特征对其新闻传播业影响十分显著。

1964 年，沙特阿拉伯出台新闻法。该法规定，信息产业部有权否决任何传媒公司董事会的候选人，也有权从公司推荐的董事会候选人中任命主编和董事会主席，有权解雇那些选择了这些职位的人。尽管印刷机设备、出版业的房屋所有权私有化，但所有传媒组织都需要经由信息产业部授权。授予执照的条件如下：传媒组织内至少有 15 名沙特人，由总干事领导，并且至少拥有可支配的 10 万沙特里亚尔（1 美元＝3.75 里亚尔）；许可证可以随时撤销；传媒若对伊斯兰教、王室和政府进行批评，政府有权利干涉。这项法规对沙特的新闻传播和出版业影响深远。20 世纪 70 年代颁布的新闻机构法，鼓励小报社合并，改造为拥有董事会的有限责任出版机构。

沙特除了新闻法外，还有一整套管理传媒的规则。任何与王室相关的、正面可用的内容，由沙特通讯社送达，都会出现在各家报纸上。沙特的新闻部门对政府在各个领域里取得的建设成就负有全面报道的责任。新闻法规强制新闻记者维护伊斯兰教，反对不信神；促进阿拉伯人的利益，保护文化遗产。1992 年，沙特法赫德国王颁布沙特基本法（宪法）。该法第 39 条规定：大众公共传媒及其他各类媒体应当使用文明用语、遵守国家法律，促进国民教育、维护国家统一。禁止一切煽动叛乱和分裂、危害国家安全、破坏国家与公众关系、侵犯他人人格尊严与权利的行为和言论。有关出版及言论的相关事宜由法律另行规定。第 40 条规定：电报、邮件、电话及其他各种通信的自由和隐私不

① MARGHALANI K，PALMGREEN P，BOYD D A. The Utilization of Direct Satellite Broadcasting in Saudi Arabia [J]. Journal of Broadcasting & Electronic Media，1998 (3)：297 - 314.

受侵犯。禁止截取、延误、监管、窃听他人通信内容，法律另有规定的除外。

沙特国家出版管理局的职责如下：对世界各国流向沙特或国内出版发行的各种语言文字的书籍、报刊及音像制品进行管理，维护沙特的阿拉伯伊斯兰传统价值观。

沙特的公众所能接触到的外国媒体内容，入境时已经过筛选。沙特对于外国媒体尤其是西方媒体持消极态度的主要原因在于这些媒体经常触犯伊斯兰教的各个方面，这让沙特的领导人觉得受到了侵犯。政治内容更要审查，但更多时候因为外国媒体上的广告被沙特方面认为是“负面”的，不待检查媒体内容就已被否决了。

沙特在互联网方面保持严格的控制，设有专门的部门密切监视互联网，审查任何被认为冒犯伊斯兰教和政府的内容。2002 年 2 月，沙特政府没有提供任何解释，关闭了 400 多家网站。

近年沙特在新闻控制方面有所放松，政府选定的一些记者可以写批评性的报道。政府审查似乎逐渐减少，尤其在犯罪和恐怖主义的新闻报道方面。自我审查已成为媒体自我保护的一种方法。政府拥有和经营的广播电台和电视台，审查员有权删除被认为冒犯伊斯兰教标准的内容，包括涉及伊斯兰教的忌物，涉及基督教和其他宗教的内容，以及酒精、性别的内容。

在沙特国内，媒体的行为保持在政府设定的原则之内，媒体和国家的关系是比较和谐的。近年沙特公众已经能够接触到比以往更加全面的信息，沙特政府对信息流动的控制比以往宽松。但有时也会发生对记者或出版机构的判罪案例。例如 2002 年 3 月，《生活日报》（*Al-Hayat*）主编穆罕默德·穆克塔尔（Mohammed al-Mukhtar）因报纸刊载批评司法腐败的诗歌而被内政大臣纳耶夫（Nayef Prince）解雇。诗歌作者诗人阿卜杜勒·莫森·穆萨拉姆（Abdul Mohsen Musalam）被判入狱。随后新闻大臣夫阿达（Fuad al-Farsi）下令撤销一年前关于该报的皇家批件，对其进行预先检查。再如 2008 年 9 月，《岛屿报》（*Al Jazirah*）记者法赫德·朱哈迪卜（Fahd al Jukhaidib）报道沙特北部一个地区经常停电的新闻，其中提及由于停电而在国有电力公司前面发生了抗议活动。结果第二个月他被判处两个月监禁和 50 下鞭刑，罪名是煽动公众抗议减少电力消耗的行为。

2018 年，沙特新闻工作者贾迈勒·卡舒吉（Jamal Khashoggi）遇害事件引发世界关注。他曾长期批评沙特王储穆罕默德·本·萨勒曼，因而被认为严重损害了王储的形象。这年 10 月 2 日，卡舒吉进入沙特驻土耳其伊斯坦布尔的领事馆办理结婚相关手续，此后便失踪了，土耳其警方认为卡舒吉可能在领事馆已经遇害。卡舒吉曾先后在中东地区多国工作，为多家媒体撰稿，包括美国的《华盛顿邮报》，在推特上拥有近 200 万粉丝，曾因对本·拉登的系列采访而闻名，是阿拉伯世界著名的政论家之一。10 月 20 日据沙特通讯社报道，沙特检察机关对卡舒吉失踪案的初步调查结果显示，他已经死亡。2020 年 9 月 7 日，沙特检察机关公布此案的终审判决，利雅得刑事法院对 8 名涉案人员下达最终判决，其中 5 人被判处 20 年监禁，1 人被判处 10 年监禁，另外 2 人被判处 7 年监禁。

沙特记者卡舒吉遇害引发的抗议

三、沙特新闻传播业目前的格局

（一）报刊

除了在英国出版的《中东报》外，在沙特国内出版的主要日报有《利雅得日报》《岛屿报》《麦地那报》《家园报》《经济日报》等。

《利雅得日报》（الرياض，*Al Riyadh Daily*），1965 年 11 月在沙特首都利雅得创刊的第一家日报，发行量居沙特报纸第一位。现在正刊 52 版，其中 32 版为彩色。该报的新闻漫画很有名气，该报也是第一家开设妇女专栏的报纸。该报与《岛屿报》为竞争对手。该报的主要读者是利雅得市政府官员、军事官员、专业人员、学者和商人。该报在开罗、贝鲁特和国内大城市设有编辑部。

الرياض
يوم الوطن.. مسيرة توصل التاريخ عبر الحاضر بالمستقبل
أمير القصيم: نقف على أعتاب مستقبل جديد
CASIO
50%

《利雅得日报》
2018 年 9 月 25 日头版

《岛屿报》（الجزيرة，*Al Jazirah*），1960 年创刊的报纸，现在是利雅得下午出版的日报，发行量居沙特报纸第二位。报纸每天 48 版，黑白彩色各半。1996 年，该报在沙特第一个推出在线网站，首个在线推出女性日报。2009 年，在沙特第一家公布发行量（此前沙特报纸的发行量没有准确的数字）。该报在中东地区第一个推出移动电话应用程序，2013年该应用程序拥有50 000多个用户。

《麦地那报》，1937年创刊的阿语老报纸，出版地在西海岸城市吉达。在利雅得和东海岸城市达曼及其他16个城市有分支机构，在迪拜和开罗设有办事处。发行量居沙特报纸第三位。该报发布的非政治性本地新闻，如社会、健康和教育问题颇有特色，2010年获得两项本国新闻奖。

《家园报》（الوطن，*Al Watan*），阿语日报。2000年创刊于沙特西南部城市艾卜哈，后总部迁到西海岸城市吉达。该报在伦敦、纽约、安曼和开罗设有出版机构。2009年以后，该报从一家小型区域性报纸发展成为最受欢迎的沙特日报之一。因为它是当时沙特唯一每天在全国四个主要城市印刷出版的日报。新版报纸48版对开，涵盖沙特的深层事务，包括专题报道、新闻、分析、生活方式和调查报告。世界报纸协会（World Association of Newspapers）将该报评价为“直言不讳的报纸”（an outspoken paper）。

《经济日报》（الاقتصادية，*Al Eqtisadiah*），沙特的阿语经济类日报，1962年创刊。除了在首都出版外，还有海湾版。该报被称为“沙特阿拉伯的《金融时报》”，主要读者是商人、学者，以及王国和海湾合作委员会中的高级政府雇员。

《阿拉伯新闻》（*Arab News*）于1975年在吉达创刊，是沙特出版的第一份英文日报，隶属于沙特调查与出版公司（SRPC），2018年该报总部迁往利雅得。报纸的目标受众是商人、行政人员和外交官。

沙特较有影响的专业期刊是*Arrajol*、*Al-Jamila*、*Laha*、《穆斯林》（*Al-Muslimoon*）、《我的夫人》（*Sayidaty*）、《猎鹰》（*As-Soqoor*）、《贸易》（*Al-Tijarah*）等。

*Arrajol*是一份阿语男性月刊，1992年创刊于伦敦，隶属于沙特市场调查集团（SRMG）。该杂志主要面向沙特和其他阿拉伯国家的富人、精英和有影响力的人物及高管。主要内容涵盖著名男性名人，特别是商人的生活方式和成功故事。

《我的夫人》是首家也是唯一的泛阿拉伯妇女周刊，隶属于沙特调查与出版公司，每周以阿拉伯语、每月以英语在迪拜和贝鲁特出版，发行分布在中东、北非、欧洲和美国。它是沙特和波斯湾地区妇女杂志

FIRST SAUDI ENGLISH DAILY
arab news
Arab Summit in Riyadh
Middle East to Get Top Priority
STOP PRESS
Saudi Jordanian Talks
Survey Of Western Provinces Needed
INDEX
CARON
TAMER

《阿拉伯新闻》
1975年4月20日第1期

中最强大的广告平台。内容覆盖现代女性青睐的广泛主题，从美容、时尚到社会和家庭生活。

沙特的印刷媒体大多为民营，但要公开津贴，其中很多人获得了政府财政上的支持，报业的很多组织不是与王室有着亲密联系就是由王室的人员参与报纸的运营。

（二）广播电视

沙特广播局（Saudi Broadcasting Authority，SBA），前身是沙特广播公司（SBC）和沙特阿拉伯王国广播服务局，隶属于沙特政府媒体部，经营沙特几乎所有的广播机构。主要广播电台有利雅得广播电台、吉达广播电台、沙特电台、国际广播、古兰经电台、内达·伊斯兰电台、军事广播电台。SBA 经营的电视台主要如下：Al Saudiya（沙特台），第一个沙特官方电视频道，每天播放三次新闻简报以及电视剧、娱乐节目；Al Ekhbriya（新闻台），主要播报重要地区的新闻和国际新闻；Al Riyadiya（体育台），主要播出沙特职业足球联赛、国家队比赛，以及各项体育赛事；SBC 台，主要播出娱乐、体育、戏剧节目；古兰经台，直播麦加清真寺。

另外，沙特是泛阿拉伯卫星和付费电视的主要市场。由沙特控股、总部设在境外的广播电视机构在沙特以及泛阿拉伯地区都拥有较高的收视率和影响力。

中东广播中心（Middle East Broadcasting Center，MBC），于 1991 年在伦敦成立，2002 年迁至迪拜。这是第一家向阿拉伯世界提供 24 小时免费卫星电视网络的广播公司。沙特政府占据 60%的股份。该公司现有 MBC1（综合娱乐）、MBC2、MBC MAX（24 小时电影）、MBC3（儿童娱乐）、MBC4（阿拉伯妇女娱乐）、MBC Action（动作影视剧）、MBC Persia（24 小时电影频道）、Al Arabiya（24 小时阿语新闻频道）、Wanasah（24 小时阿语音乐频道）、MBC Drama（戏剧）等 10 个电视频道。其中 Al Arabiya（又译阿拉伯卫星电视台或阿拉比亚电视台）是免费新闻频道，它的建立是为了回应自由之岛电视台在 20 世纪 90 年代对沙特王室的批评，于 2003 年 3 月 3 日开播的。2012 年 3 月，该频道推出了一个新的频道 Al-Hadath（新闻事件），关注对政治新闻的报道。

该中心还拥有两个广播频率，即 MBC FM 和 Panorama FM。

（三）网络媒体

沙特不断采用 ICT 通信技术，使自己成为世界上连通性最高的国家之一。截至 2020 年 1 月，沙特阿拉伯移动手机用户数量为 4 020 万，相当于总

迪拜阿拉伯卫星电视台新闻综合体大楼

人口的116%；互联网使用者3 223万人，网络渗透率达93%；活跃的社交媒体使用者2 500万人，占总人口的72%；智能手机使用率为92%、笔记本或台式电脑使用率为57%、平板电脑使用率为34%、流媒体电视使用率为6.9%、虚拟现实设备使用率为6.3%。

社交媒体已从网络平台演变为在沙特阿拉伯推动社会变革的动力。例如商务和工业大臣拉比（Tawfiq Al-Rabiah）与文化和信息大臣霍贾（Abdulaziz Khoja），利用社交媒体网站或平台来传播政府举措和政策信息。

2020年，沙特阿拉伯人每天花在网上的时间为7小时46分钟，其中在社交媒体花费时间3小时2分钟。沙特人访问最多的网页排名前三（依据月均流量数排名）的分别是Google、YouTube和Facebook，分别属于搜索引擎、流媒体视频软件和社交媒体。

在16～64岁的沙特阿拉伯人中，最常使用的社交媒体前六名分别为YouTube、WhatsApp、Instagram、Facebook、Twitter和Snapchat，其中，YouTube的使用人口占比为76%，WhatsApp的使用人口占比为71%，Instagram的使用人口占比为65%，Facebook的使用人口占比为62%，Twitter与Snapchat的使用人口占比分别为58%和45%。

沙特阿拉伯的网民线上内容消费更青睐于视频类与音乐类。16～64岁的沙特阿拉伯人观看在线视频的人数占比达到97%，观看Vlog视频和使用音乐流媒体服务的人数占比分别为54%与71%，收听线上广播电台与收听播客的人数占比分别为43%与56%。①

① We Are Social. Digital 2020：Saudi Arabia［EB/OL］.（2020-02-12）［2020-10-07］. https：//datareportal. com/reports/digital-2020-saudi-arabia.

阿拉伯卫星电视台 2016 年推介网红 Njoud，称其为“在 YouTube 上掀起浪潮的沙特女性”

小 结

本章介绍了西亚北非地区的代表性国家和它们不同的或接近的新闻政策，除了以色列和开放程度较大的土耳其，其他几个代表性国家的文化与宗教基本相同，但实行的新闻政策背后的历史传统影响、殖民传统影响以及与当权者对把握政策的分寸，差别却较大。黎巴嫩尽管战事不断，但自由主义的新闻传播政策基本不变，这与该国所处的连接东西方的地理位置以及该国新闻文化的发展传统明显相关。埃及折中的新闻传播政策，深深地扎根在 19 世纪上半叶阿里家族统治埃及时期形成的文化传统与媒体管理体制的特色中。阿尔及利亚新闻传播业经历的不稳定发展，与该国历史文化传统缺乏延续性多少有关。沙特阿拉伯相对保守的新闻传播政策，则与它的王室世袭传统有关。但无论过去的历史与传统如何，西亚北非地区的新闻传播业，在互联网快速发展的背景下，整体上不同程度地呈现开放的迹象。

本章思考题

1. 简述黎巴嫩新闻传播业在阿拉伯新闻传播业中的独特性。
2. 简述卡塔尔自由之岛电视台的基本情况。
3. 简述埃及的战时动员型新闻政策及其文化传统特点。
4. 简述马克思 1882 年对阿尔及利亚新闻传播的观察。
5. 简述以色列自由主义新闻体制迅速形成的过程。
6. 简述沙特阿拉伯新闻传播管理的浓厚文化与宗教色彩。

第六章 撒哈拉以南非洲新闻传播史

学习要点

1. 了解撒哈拉以南非洲新闻传播业四个不同区域的一般发展情况。

2. 了解南非共和国新闻传播业经历的百年斗争以及种族和解后新闻传播业发展的情况。

3. 了解尼日利亚漫长的军人统治如何遏制了新闻传播业发展以及1999年以后该国新闻传播业向民主化的转型。

4. 了解肯尼亚在市场经济条件下发展新闻传播业的经验。

5. 了解民主刚果长期处于内战和动乱情形下艰难发展的新闻传播业。

第一节 概 述

由于与北非在文化和种族方面有明显的差异，这里将撒哈拉以南非洲而不是地理学上的非洲作为一个概述单元。撒哈拉以南非洲是世界上新闻传播业欠发达地区。在欧洲国家向全世界扩张前，这里尚处于原始社会末期。这一区域最早的现代新闻业，均是各宗主国殖民者直接移植过来的，而且时间上多数国家的新闻业也较拉美、亚洲和大洋洲国家要晚些。因为西方殖民者早期只是把非洲作为资源和人力（奴隶贸易）的掠夺对象，很少关注新闻业的建设。

撒哈拉以南非洲是世界上与众不同的一大文化板块，黑色人种占绝大部分，其历史文化发展同北非的阿拉伯人和柏柏尔人不同，具有自身多样而复杂的文化特色。这里也是世界上最贫穷的区域，50多个国家中有31个国家被联合国列为“最不发达国家”。这里的不同部族有不同语言、风俗习惯、宗教信仰；人口增长快，城市化水平低。独立后有相当多的国家的执政党和领导人素质不高或缺乏执政经验，导致接连不断的军事政变，引发国内战争和无休止的动乱。撒哈拉以南各国的新闻传播业，受到本国政治变迁和新闻传播政策变化的影响较大。

有的国家延续了原来英国、法国、德国殖民时期相对宽松的新闻传播政策，因而新闻传播业总体发展尚好；有的国家独立后彻底推翻原有的新闻传播政策，实行各种称谓的“社会主义”，走了几十年的弯路。还有较多的国家首任或早期的总统实行实际上的终身制，个别总统视野开放和自我约束较好，但多数经受不住权力和利益的诱惑，从独立运动的领袖转变为独裁者，对新闻传播业迫害有加。

20世纪90年代以后，多数国家转变政治体制，走向多党制和民主化，新闻传播业获得了较多的发展机遇。但鉴于以往传统文化的根深蒂固，不同的国家适应政治民主体制的结果差异也较大。有的发展较好，有的只是表面文章，新闻传播业仍然受到诸多暴力威胁。

撒哈拉以南非洲的新闻传播可以根据地理区域划分为南部非洲、西部非洲、东部非洲和中部非洲四个地区来概述。

一、南部非洲

南部非洲包括大小16个国家和地区。南非共和国是撒哈拉以南非洲新闻传播业最发达的国家。20世纪90年代南非共和国实现民族和解，它拥有历史较为悠久的新闻传播业，实行自由主义的新闻政策，带动了周边国家新闻传播业的发展。

南部非洲的安哥拉，面积124.6万平方千米，人口3 018万（2019年），西濒大西洋。只有9万平方千米的葡萄牙，1575年起在安哥拉实行殖民统治，1922年占领全境。1951年起安哥拉成为葡萄牙的海外省。1975年，安哥拉独立。1923年创刊的《安哥拉日报》(*Jornal de Angola*)，现在是葡文官方日报。1975年建立的安哥拉通讯社（ANGOP）为国家通讯社。安哥拉国家电台（RNA）和安哥拉电视台（TPA）均为国营。安哥拉电视台1975年10月18日在首都罗安达首播，通过卫星和有线电视网播出，与葡萄牙广播电视台（RTP）建有伙伴关系。

纳米比亚原称“西南非洲”，面积82万平方千米，沙漠面积较多，人口253万（2020年），西濒大西洋。1884年德国占领纳米比亚，在此统治了35年。1898年，德文周报《温得和克指南》(*Windhoeker Anzeiger*）在首府温得和克创刊，为纳米比亚第一家报纸。一战以后，纳米比亚被荷属南非殖民统治，1990年独立。独立后执政的西南非洲人民组织，采取与南非非洲人国民大会相似的新闻政策，即自由主义的、民族和解的、非仇恨的新闻政策。

2020年4月21日安哥拉电视台（TPA）新闻节目画面

纳米比亚经济上较为落后，但其新闻传播业却相对发达，它是非洲国家中人均拥有报纸最多的国家，每千人有100多份，超过南非共和国一倍多；它也是非洲新闻出版自由度最高的国家。代表性报纸是《纳米比亚人报》（*The Namibian*）和《共和者报》（*Die Republikein*）。1990年建立NBC电视台，是纳米比亚公营电视台；2008年，纳米比亚第一家民营电视台泛非电视台（One Africa Television）开播。

南部非洲的内陆国家赞比亚，历史上称"北罗德西亚"（North Rhodesia），面积75万平方千米，人口1 810万（2019年）。1888—1911年，被英国逐步完全控制，1964年独立。英国殖民时期，在矿区出版过英文期刊《北罗德西亚杂志》和《罗德西亚采矿业》。该国独立后的首任总统卡翁达（Kenneth Kaunda）在位27年，推广所谓"人道主义"，将新闻传播业的角色定义为"协助国家发展"，所有印刷媒体和广播媒体都由政府运营。1975年，仅有的非政府报纸《赞比亚时报》（*Times of Zambia*）被国有化。1990年议会修改宪法，恢复多党制。2012年，赞比亚媒介委员会（ZAMEC）成立，成员完全由新闻工作者构成，目的在于维护记者权益。目前该国的主要报纸是《赞比亚每日邮报》（*Zambia Daily Mail*）和民营《邮报》（*The Post*），前者负责发布政府声明以及新闻通告等，后者是民营全国性日报。2005年成立的赞比亚新闻消息社（ZANIS）为官方通讯社。赞比亚1941年出现广播，1961年出现电视。1988年，该国形成国营广播电视公司（ZNBC）。

南部非洲的内陆国家津巴布韦，历史上称"南罗德西亚"（Southern Rhodesia），面积39万平方千米，人口1 690万（2020年）。1890年沦为英国南非公司殖民地，1923年英国政府接管，给予"自治领"地位，1980年独立。首任总统罗伯特·穆加贝（Robert Mugabe）执政37年，实行独裁统治。他利用捐款收购了原来属于南非报团的主要报纸，建立大众传播托拉斯，实行国营下的市场化管理。《先驱报》（*The Herald*）为津巴布韦最大的日报，政府拥有 50%的股权。津巴布韦官方通讯社为津巴布韦全非通讯社（ZIANA），成立于 1981 年。津巴布韦广播公司（ZBC）成立于 1933 年，为政府所有，分为电台和电视台两部分，电视台建于 1960 年。[①] Joy FM 是津巴布韦最大的英语门户网站，提供各类资讯信息包括新闻、时事专栏、休闲娱乐等。

津巴布韦街头报贩

南部非洲的内陆国家博茨瓦纳，面积 58 万平方千米，人口 230 万（2018 年）。1885 年沦为英国殖民地，1996 年独立。新闻自由度较高，现有报纸 12 种，官方日报《每日新闻》（*Daily News*）为免费报纸，发行量 6.5 万份，用英文和茨瓦纳文出版。其他均为民营报纸，例如日报《报道者》（*Mmegi*）、《博茨瓦纳卫报》（*Botswana Guardian*）等。官方通讯社博茨瓦纳通讯社（BOPA）1981 年创建，主要报道国内消息。博茨瓦纳广播电台（RB）1965 年创建，用英语和茨瓦纳语广播，系官方电台。1988 年创建的哈博罗内电视台为民营电视台。2000 年博茨瓦纳国家电视台（BTV）开播，使用英语和茨瓦纳语，全部采用数字传输技术，可通过卫星覆盖非洲大部分地区。

南部非洲的莫桑比克，面积 79.9 万平方千米，人口 3 040 万（2019 年），东濒印度洋。1505 年以后逐步成为葡萄牙殖民地，1975 年独立。1990 年以后实行多党制，发展比较稳定。现有全国性报刊十余种，葡文《消息报》（*Noticias*）是莫桑比克官方的全国性报纸。1902 年创办的《莫桑比克日报》（*Diário de Moçambique*）为民营报纸代表。国家通讯社为 1976 年成立的莫桑比克通讯社（AIM）。莫桑比克官方电台（RM）和电视台（TVM）分别建立于 1975 年和 1981 年。民营电视台为 2002 年成立的 STV 电视台。

---

① 中华人民共和国外交部．津巴布韦国家概况［EB/OL］.［2020－07－28］. https：//www.fmprc.gov.cn/web/gjhdq_676201/gj_676203/fz_677316/1206_677824/1206x0_677826/.

二、西部非洲

这里是指以几内亚湾西侧向内陆腹地延伸的众多国家。这里原来主要是法国和英国的殖民地（还有一个受美国影响的国家利比里亚），最早出现的报纸主要是办给欧裔居民看的。英国人相对重视办报，1801年在塞拉利昂首府弗里敦出版的《皇家公报》（*Royal Gazette*）为西非第一家报纸。法国人不鼓励在非洲办报，直到1885年，才在塞内加尔出现第一家法文报纸。英国人办报的实践给予西非一些黑人政治领袖以启发，后来不少黑人政治领袖就是以办报开始进行民族独立斗争的。第一次世界大战之前，德国在该区域也拥有殖民地，如德属西非，即现在的多哥和中部非洲的喀麦隆。德国殖民期间对于殖民地的报纸创办较为积极。

这个地区的新闻传播业真正有所发展，还是在国家独立后。几内亚湾西侧沿海几个较大城市是发展的中心地带。其中代表性国家为尼日利亚。它是非洲除南非共和国外拥有报纸数量最多的国家。这个地区出现广播相对较早，尼日利亚、塞拉利昂、加纳和塞内加尔四国于20世纪30年代出现广播电台。电视机社会拥有量人均最高的是加纳。在这个地区，最早出现了撒哈拉以南非洲由黑人自己办的通讯社，即1957年加纳政府建立的加纳新闻社。

西部非洲的加纳，面积23.8万平方千米，人口3 028万（2019年）。1471年起受到葡萄牙、荷兰、法国、英国殖民者相继入侵，掠夺黄金、贩卖黑奴，因而这一带被称为“黄金海岸”。1822年，英国黄金海岸殖民地总督查尔斯·麦卡锡爵士（Sir Charles McCarthy）创办了第一家官报——《皇家黄金海岸公报》（*The Royal Gold Coast Gazette*）。1897年全境沦为英国殖民地，1960年独立。加纳是英国非洲殖民地中第一个独立的国家，自殖民统治以来，加纳的新闻业就形成了言论自由表达、抨击政府的传统。独立后政治几经动荡，1992年以后逐步进入平稳的自由主义体制，加纳的新闻传播业为加纳人民扩大政治参与和实现宪政民主，起到了有力的推动作用。1996年出现民营电视台。现在代表性报纸为1950年创办的民营《每日写真报》（*Daily Graphic*）。代表性电视台为公营加纳电视台（GTV）、公私合营的大都会电视台（Metro-TV）、民营的非洲电视台（Africa TV）。www. ghanaweb. com（加纳网）、www. myjoyonline. com（喜悦在线）和 www. peacefmonline. com（和平在线）是加纳的主要网站。现在的加纳，被认为是非洲大陆上民主制实行比较彻底、媒体最为活跃的国度。①

---

① TEMIN J，SMITH D A. Media Matters：Evaluating the Role of the Media in Ghana's 2000 Elections [J]. African Affairs，2002（405）：585－605.

非洲最西端的国家塞内加尔，面积 19.6 万平方千米，人口 1 585 万（2019 年）。1864 年沦为法国殖民地，1960 年独立。全国日报和周报约有 15 种。1970 年创刊的《太阳报》（*Le Soleil*）是国内最大的日报，政府控制。其他还有反映伊斯兰教派观点的《震旦报》（*Walfadjri*），民营报纸《南方日报》（*Sud Quotidien*）、《达喀尔晚报》、《经济日报》等。报纸和周刊均用法文出版。塞内加尔通讯社成立于 1957 年，为国家通讯社。1973 年建立的塞内加尔广播电视公司（RTS）现在为公营，统管广播电视工作。1999 年 8 月，第一家民营通讯社艾娃社（Ava Presse）成立。2019 年全国固定电话用户 20 万，移动电话用户 1 788 万，移动电话普及率为 110 %。另外，泛非通讯社（PANA）为非洲统一组织的通讯社，总部设立在塞内加尔首都达喀尔，1979 年 7 月由第十六届非洲统一组织首脑会议决定成立，宗旨是便利成员国之间交换新闻，并为发展和建立非洲各国的通讯社做出贡献。1983 年，泛非社开始发布新闻。1991 年，参加泛非社新闻交换网的国家通讯社有 48 个。

2018 年 10 月 22 日塞内加尔 RTS 电视台新闻节目画面

几内亚，面积 24.5 万平方千米，人口 1 240 万（2018 年）。1885 年起被划为法国势力范围，1958 年独立。独立后的首任总统塞古·杜尔（Sékou Touré）持续统治 26 年。他实行所谓社会主义，彻底取缔私商，取消县人民商店，关闭农村集市贸易，商品由地方政权进行分配。由于经济破产，1978 年，特别是 1983 年以后，他转而实行经济自由化政策。1984 年杜尔逝世后，几内亚发生过两次军事政变。1992 年以后，该国实行多党制。该国有 10 余种报纸，基本上是周刊。《自由报》（*Horoya*）为官方法文报刊。发行量较大的民营报纸有《猞猁》（*Le Lynx*）、《外交官报》（*Le Diplomate*）、《观察家报》（*L'Observateur*）等。几内亚电台为官方电台，用法语、富拉语、马林凯语和苏苏语等对内广播，用英语和法语对外广播。几内亚电视台为官方电视台，1977 年开播。几内亚通讯社（AGP）是几内亚官方通讯社，成立于 1960 年。几内亚互联网发展迅速，有 Afribone、Afripa Telecom Guinee 等 6 家运营商。

西非的利比里亚，是非洲唯一与美国有关联的国家，面积 11 万平方千米，人口490万（2019年）。1820年起，在美国获得解放的黑奴陆续安置于此，1839年成立利比里亚联邦，1847年独立，宪法以美国宪法为蓝本，有5项原则，即中央集权、民众主权、有限政府、三权分立以及司法权至上。黑人约瑟夫·罗伯茨（Joseph Roberts）为首任总统。1857年，另一美国黑人移民区马里兰共和国并入利比里亚。1989—1997年和1999—2003年，利比里亚发生两次内战。现在实行的是1986年第三部宪法。宪法规定，立法权属议会，总统和议员由直接选举产生，实行多党制。该国新闻传播业一直为自由主义体制。现有36家报刊，代表性报纸为《每日观察报》（*Daily Observer*）、《调查者报》（*The Inquirer*）和《新闻报》（*The News*）。除《新利比里亚报》（*The New Liberia*）为官方报纸外，其余均为民营报刊。除了官方的利比里亚广播公司（1960年建立）外，还有民营DC广播电台等。首都蒙罗维亚有三家民营电视台。

Daily OBSERVER
VISIT OUR WEBSITE AT www.liberianobserver.com TODAY!
VOL. 16, NO. 69 MONDAY, FEBRUARY 3, 2014 PRICE: LD 40
www.liberianobserver.com
Death Mars Bassa's Trophy Celebration
Motor Vehicles Now Required to Obtain 3rd Party Insurance
Armed Forces Day Activities Released
Rapidtransfer Send and receive money across Africa
EXTREME Packs Amplified!

利比里亚2014年2月3日《每日观察报》头版

科特迪瓦，旧称“象牙海岸”，面积32.2万平方千米，人口2 570万（2019年）。1893年成为法国的殖民地，1960年独立。首任总统费利克斯·乌弗埃-博瓦尼（Felix Houphouet-Boigny）为政治温和派领导人，实行以“自由资本主义”和“科特迪瓦化”为中心内容的自由经济体制，持续当政33年，创造了西非“经济奇迹”。但他逝世后不久，连续发生军事政变、内战和大选危机，直到2011年结束动乱，国家才走向社会平稳发展。科特迪瓦实行多党制，有报刊20余种，官方报纸为《博爱晨报》（*Fraternité Matin*）和《象牙晚报》（*Ivoir Soir*），其他主要为各党派的报刊。科特迪瓦广播电台是国家电台；还有民营的希望电台，1991年3月开播。科特迪瓦电视台为官方电视台，1963年开播。

Fraternité Matin
Hadj 2017 Une politique de financement préconisée
Cacao, noix de cajou, Franc Cfa, métro...
Un séjour bien rempli pour Ouattara à Paris
Le Chef de l'Etat, rentré hier, a abordé ces différentes questions avec le Président François Hollande et plusieurs autres personnalités
“L'émergence de l'Afrique, une opportunité pour le développement de la Côte d'Ivoire”
Pompes funèbres Pourquoi un monopole à Abidjan
CHEZ NOUS, LA BIÈRE C'EST BOCK.

科特迪瓦《博爱晨报》版面

西非内陆国家马里，面积 124 万平方千米，人口 1 907 万（2018 年）。1895 年沦为法国殖民地，1960 年独立。马里实行多党民主制，1992 年宪法规定公民享有思想、宗教、信仰、言论、结社、劳动、休息、私人财产不受侵犯、自由经营和社会救助等权利。马里全国发行报刊 47 种，主要有综合性官方日报《发展报》（*L'essor*），以及民营《独立人报》（*L'indépendant*）、《晨报》、《巴马科晚报》和《共和国人报》等。官方电台马里广播电台始建于 1957 年，用法语、班巴拉语、颇尔语等 9 种语言对内广播；用法语、英语和阿拉伯语对外广播。另有 200 多家民营广播电台。马里的新闻和广告社为官方通讯社，创建于 1961 年。马里电视台是唯一官方电视台，创建于 1984 年。

西非内陆国家布基纳法索，原名上沃尔特，面积 27 万平方千米，人口 2 030 万（2019 年）。1904 年沦为法国殖民地，1960 年独立。独立以后发生过 5 次军事政变，最近的一次为 2015 年。2016 年该国北部发生低强度叛乱。布基纳法索有报刊 40 多种，大多数为民营。代表性官方报纸为《希德瓦亚报》（*Sidwaya*），代表性民营报纸为《国家》（*Le Pays*）、《帕尔加观察家》（*L'Observateur paalga*）。多数报纸有电子版。1959 年布基纳法索建立国家广播电台，1963 年建立国家电视台。2006 年电视节目覆盖全国。该国还有 3 家民营电视台。

三、东部非洲

东部非洲，是指民主刚果以东的几个非洲国家。一战前的德属东非，包括如今的肯尼亚、卢旺达、布隆迪、坦噶尼喀以及莫桑比克北部等地区。一战后英国开始对这一带实行统治。撒哈拉沙漠以南国家独立前最早出现的广播电台在东非，即 1927 年由英国东非广播公司在内罗毕建立的短波电台。

አዲስ ዘመን
ADAMA STEEL FACTORY

2013 年的《新纪元报》

埃塞俄比亚旧称“阿比西尼亚”（Abyssinia），位于非洲东北部，是二战前仅有的两个非洲独立国之一。面积 110 万平方千米，人口 1.12 亿（2021 年）。1890 年，意大利入侵埃塞俄比亚。1896 年，国王孟尼利克二世大败意军，赢得国家独立。1974 年一批少壮派军官发动政变，废黜帝制。

埃塞俄比亚第一家报纸是1890年创办的《埃塞俄比亚周报》（*La Se-maine d'Ethiopie*），在法国印刷后运到埃塞俄比亚发行。该报1905年改名为《埃塞俄比亚播种者》（*Le Semeur d'Ethiopie*）。1941年，皇帝海尔·塞拉西创办阿姆哈拉语《新纪元报》（*አዲስ ዘመን*），1946年从周报改为日报，至今该报是埃塞俄比亚最大的官方报纸。首都亚的斯亚贝巴保持着约20家不同报纸的市场。1942年成立的埃塞俄比亚通讯社（ENA）为埃塞俄比亚的官方通讯社。1933年，埃塞俄比亚建立第一家广播电台（短波）。埃塞俄比亚的电视台1965年开播。广播电视公营和民营体制并行。1992年，埃塞俄比亚过渡政府颁布《新闻出版自由法案》（the Press Freedom Bill）。法案规定："新闻出版自由在埃塞俄比亚受到认可和尊重；禁止对新闻业进行新闻审查和类似性质的任何限制。"从而结束了存在数十年的新闻审查制度。

卢旺达是东非一个内陆小国，面积2.6万平方千米，人口1 290万（2020年）。1884—1885年欧洲列强瓜分非洲的柏林会议将卢旺达和布隆迪合并，划归德国统治。1915年以后比利时取代德国统治卢旺达。1962年卢旺达独立。1933年天主教会创办卢旺达语报纸《历史》（*Kinyamateka*）。由于历史原因，卢旺达独立后发生了多次种族屠杀，最严重的是1994年的种族屠杀，死难100万人。民族仇恨较长时间主导着该国的新闻传播业，例如1992年，卢旺达政府的卢旺达广播电台直接鼓动民众杀害图西族人。1993年，极端民族主义的报纸《坎古拉》（*Kangura*）发表文章《诉诸胡图族的良知》，将图西族的女性视为敌人，鼓动读者使用弯刀作为武器消灭敌人。1994年，民营电台RTLM直接播报攻击名单，包括温和派的胡图族人和图西族人。2003年，《坎古拉》和RTLM电台成为卢旺达国际刑事法庭审判的被告。2002年10月，卢旺达卡布加义天主教大学（ICK）创办新闻传播系，旨在1994年种族屠杀后培养有专业素养的职业新闻工作者。现在，卢旺达有一家国有电视台和一家国有广播电台、9家私人广播电台、一家官方通讯社和15种战后报刊。

布隆迪是与卢旺达接壤的另一个东非小国，面积2.7万平方千米，人口1 150万（2019年）。1890年沦为德国殖民地，1916年被比利时占领。1962年独立为王国，1966年王权被军事政变推翻。1993年发生内部种族大屠杀，死难20万人，其中6.5万图西族人被杀得剩下不到5 000人。2002年大屠杀案审判，11名被告被判处死刑。1976年，布隆迪官方建立布隆迪通讯社。《新生报》（*Le Renouveau*）是布隆迪的官方法文日报，1978年4月创刊；基隆迪语的《团结》周刊为官方刊物，面向农村发行；该国有多家民营报纸。官方的布隆迪广播电台用基隆迪语对内广播，用法语、英语和斯瓦希里语对内对外广播；此外还有数家民营电台。官方的布隆迪电视台1982年12月由法国援建，用基隆迪语、法语播放新闻和专题节目。

坦桑尼亚由东非大陆的坦噶尼喀和印度洋群岛桑给巴尔组成，面积 94.5 万平方千米，人口 5 910 万（2018 年）。坦噶尼喀 19 世纪 90 年代被德国殖民者统治，一战结束后由英国托管；桑给巴尔 1890 年沦为英国保护地。1888 年，坦桑尼亚第一份刊物《叙事者》（*Msimulizi*）在桑给巴尔出版，两年后坦噶尼喀出现第一份报纸《变革者》（*Mtenga Watu*）。1899 年，德国在坦噶尼喀创办《德属东非报》。1961 年和 1963 年坦噶尼喀、桑给巴尔分别独立，1964 年组成联合共和国。合并后的首任总统尼雷尔持续执政 23 年，实行所谓“村社社会主义”，媒体也成为国家进行所有制改造的对象。1976—1992 年间，坦桑尼亚全国只有两份日报。1992 年以后，坦桑尼亚实行多党制。坦桑尼亚的主要报纸是英语《每日新闻》（*Daily News*）、斯瓦希里语《自由报》（*Uhuru*）。1976 年建立官方的坦桑尼亚通讯社。官方广播电台建于 1951 年，分别用英语和斯瓦希里语广播。最早的官方电视台是 1973 年建立的桑给巴尔电视台，使用斯瓦希里语。民营的海岸电视网（CTN）和独立电视台（ITV）均建于 1994 年。

UHURU
Ukweli Daima

KITAIFA
Kiongozi mbio za Mwenge wa Uhuru aicharukia TBS
UK.3

KITAIFA
Muumini wa Kiislamu atoa sadaka ya msikiti BAKWATA
UK.5

KIMATAIFA
Israel kutambulika kama taifa rasmi la Wayahudi
UK.7

MGOMBEA UDIWANI WA CHADEMA AJITOA MBULU
UK.3

MAZITO ZAIDI YAIBUKA JANGWANI KUBURUZA MKIA

HAKUNA WIZI WA TANZANITE MIRERANI

MWONEKANO WA FLY OVER TAZARA

SERIKALI YATOA ONVO KALI KWA WAKANDARASI WA MAJI

坦桑尼亚 2018 年 7 月 20 日
《自由报》头版

东非的乌干达是内陆国家，面积 24.1 万平方千米，维多利亚湖水域面积达国土面积的 15.39%，人口 4 030 万（2019 年）。1890 年，乌干达成为英国的保护国，1962 年独立。1897 年，英国圣公会（Church Missionary Society）在这里创办了第一份英文油印季刊，后来改为印刷版期刊。独立后的 1971 年，陆军司令伊迪·阿明发动政变。在阿明统治的 8 年内，军人专政，政治混乱。1985 年军人巴西利奥·奥凯洛再次发动政变，乌干达经历了黑暗的独裁统治，直至 1990 年前后才逐渐走上平稳发展的道路，2005 年乌干达实行多党制。此后乌干达的媒体产业成为国民经济中最活跃的产业之一。乌干达的代表性报纸是官方日报《新视野报》（*The New Vision*）、民营的《警戒者日报》（*Daily Monitor*），以及通俗英文小报《红辣椒》（*Red Pepper*）。乌干达全国性广播电台 4

正在售卖《警戒者日报》和《红辣椒》的报贩

家，其中3家为民营。UBC、NTV、NBS为乌干达的三大全国性电视台。乌干达的互联网发展迅速，2003年政府制定了信息和通信科技政策框架。2013年乌干达通信法案开始实施，2014年网络管理条例开始生效，2015年通过了数据保护和隐私法案。

四、中部非洲

喀麦隆位于非洲中部，面积47.5万平方千米，人口2 587万（2019年），西南濒几内亚湾。由于自然地质与人文的多样性，被称为“非洲的缩影”。喀麦隆1884—1916年沦为德国的保护国。1919年作为国际联盟托管地被英国和法国瓜分，1960年和1961年法、英统治部分分别独立，建立喀麦隆联邦共和国，现名喀麦隆共和国。1903年，德国传教士创办了喀麦隆第一份报纸《福音通讯》（*Das Evagelische Monatsblatt*），使用当地文字，在德国斯图加特印刷。当地出版的报纸也发行于1903年，名为《向导》（*Mulee-Ngea*）。《喀麦隆论坛报》（*Cameroon Tribune*）是现在唯一的全国性报纸（法语和英语日报），有网络版。最受欢迎的法语报纸是《信使》（*Le Messager*）、《日记》（*Le jour*），英文报纸是《邮报》（*The Post*）、《先驱报》（*The Herald*）。报纸均为民营。喀麦隆公营广播电视（CRTV）覆盖全国，有10个区域网络电台和4个商业调频电台，另外还有139家商业、社区、宗教、校园电台。喀麦隆有40多家电视台，2001年以后实行公营、民营并行体制。近20年来，由于互联网的普及，喀麦隆出现很多互联网新闻传播机构，例如Cameroun Liberty（政治新闻类）、Journal du Cameroun（新闻类）等。①

位于非洲中部的刚果共和国即刚果（布），面积34.2万平方千米，人口538万（2019年），西濒大西洋。1884年沦为法国殖民地，1960年独立。独立后连续发生军事政变和内乱。1998年，刚果共和国举办“全国和解、团结、民主和重建论坛”，决定实行多元化民主。刚果（布）的代表性报纸为《布拉柴维尔快讯》（*Les Dèpèches de Brazzaville*），1998年由中部非洲新闻署创办，也是唯一的日报。另外还有20余种定期和不定期党报和民营报刊。官方广播电台为刚果革命之声，1991年改现名。刚果（布）官方的电视台建立于1973年，用法语、莫努库图巴语和林加拉语播出。刚果的移动电话用户运营商Zain，2010年被印度通信公司Airtel收购。

中部非洲的加蓬，面积26.8万平方千米，人口210万（2019年），西濒大西洋。18世纪即为法国殖民地，1911年转让给德国，一战后复归法国，1960年独立。1967年起，奥马尔·邦戈（Omar Bongo）担任总统直至2009

① 包驰力．喀麦隆新闻传播业的发展历程［J］．对外传播，2020（10）：75－78.

年逝世，持续 42 年，国家相对稳定。1990 年起加蓬实行多党制。该国代表性报纸为官方 1973 年创办的《团结报》(*L'union*)。1990 年以后，还有加蓬执政党民主党机关报《振兴报》、伐木者全国联盟机关报《消息报》以及民营《蝉鸣报》等先后创刊，均为法文。1959 年加蓬广播电台“革新之声”建立。此外，还有非洲一台（与法国合作创办于 1981 年）等五家民营广播电台。1963 年官方的加蓬电视台创办，1992 年开通卫星电视。代表性民营电视台有非洲电视台、TV＋台等。1966 年，官方创办加蓬新闻社（AGP）。

L'ACTUALITÉ AU QUOTIDIEN
CONGO
LES DÉPÊCHES DE BRAZZAVILLE
200 FCFA
INDUSTRIE
Le Congo envisage une production cimentière de 3,3 millions de tonnes en 2016
ÉLECTION PRÉSIDENTIELLE 2016
L'Opposition poursuit son conclave
LUTTE CONTRE LE BRACONNAGE
La Chine apporte plus de 35 millions FCFA au parc national d'Odzala-kokoua

《布拉柴维尔快讯》的版面

中部非洲内陆国家中非共和国，面积 62.3 万平方千米，人口 475 万(2019 年)。1891 年沦为法国殖民地，1960 年独立。1976 年，通过政变上台的总统让-贝德尔·博卡萨（Jean-Bédel Bokassa）宣布自己为“博卡萨一世”，成立所谓中非帝国，1979 年帝制被废除。1991 年中非实行多党制。2003 年和 2013 年，中非曾发生两次军事政变。中非的官方日报为 1986 年创办的《桑戈阿非利加报》(*E le Songo*)，原称《团结报》，1994 年改为现名。官方的中非广播电台创办于 1958 年，用桑戈语和法语广播；中非电视台创办于 1972 年。官方的中非通讯社创办于 1974 年。

第二节　南非共和国新闻传播史

南非共和国位于非洲最南端，面积 121 万平方千米，人口 5 962 万(2020 年)。由于历史原因，南非的新闻传播业是由英国、荷兰的非洲移民创建的。黑人和白人在数百年的共同生活中，经历了许多不愉快的事情（种族歧视），现在的新闻文化已经趋向融合。南非黑人的文化程度也是撒哈拉以南非洲各国中最高的，其新闻职业化水平也较高，识字率达 81.8%。

南非是非洲唯一的工业发达国家。在与欧洲人接触的过程中，南非逐渐产生了现代新闻传播业，但在相当长的时期内主要是在白人社会发生和发展着。在经历了 200 多年白人与白人、白人与黑人和有色人种的冲突和斗争后，现在南非的新闻传播业在自由与和平竞争、经济高效率的方面稳步发展。

一、英布战争前的南非新闻传播业

（一）南非古代传播活动

1万年前，南非的原始人就在许多山岩和住所的洞窟里留下了反映当时南非人生产和生活的岩画。这是南非信息传播的最早遗迹。

2.7万年前南部非洲的岩画

南非最近一两千年是几个黑人部族（科伊桑人、霍屯督人等）的散居地。15世纪，非洲中东部班图人的一支——祖鲁人陆续迁徙到现在的南非共和国境内。

18世纪末19世纪初，在现在南非共和国东南部形成了黑人国家——祖鲁王国，并有了统一的阿马祖鲁语。另外还有许多其他种族的黑人部落，主要是科伊桑人。相对统一的语言对于南非黑人来说是信息传播史上的一大进步。但是，由于当时南非黑人没有文字，祖鲁王国的社会传播仍然是较为原始的口头传播和简单的声像符号（例如鼓声）传播。

（二）第一家报纸在不经意中诞生

1498年葡萄牙航海家达·伽马（Vasco da Gama）绕过好望角发现东印度。葡萄牙人曾在南非上岸，但没有殖民，只是把南非当作世界贸易的一个中转站。1652年4月，荷属东印度公司的153人（包括4位妇女）在好望角附近开埠，定居下来，于是出现了南非第一个现代城市开普敦的雏形。此后除了较多的荷兰人外，还有少量德国、法国移民来到南非。在几百年的时间里，他们逐渐形成一个以荷兰人后裔为主的独特的非洲白人民族——布尔人（Boers）。他们当时与外界唯一的媒介联系，是阅读每月过往船只送来的信件和欧洲报纸。这个偏于一隅的地方，尚没有创办现代新闻媒介的需求。南非出现现代新闻媒介，只是出自一个偶然的情况。

1795 年 6 月，荷兰国内发生革命，执政的威廉五世逃到英国。7 月，一支英国舰队带着威廉五世致开普敦总督的一封信，要求他将权力移交给英国人。总督斯吕斯肯斯（Sluyskens）友好地接待了舰队，但要求等待阿姆斯特丹的正式指示。一个月后，他才从英国人漏检的几份过往美国船上的荷兰文报纸和信件中获悉国内发生政治变动，威廉五世投靠了英国。于是爆发了南非荷兰人和英国人的战争，南非荷兰人失败。一位随舰队来到南非的英国人随身带来了一架简易印刷机上岸，试验性地出版了名为《开普敦公报和非洲广告人报》（*The Cape Town Gazette*, *and African Advertiser*）的单页英文和荷兰文并用的报纸（周报）。该报传播范围很小，但这不仅是南非的第一家报纸，也是非洲大陆最早的现代报纸。该报是新的英国殖民当局的一种类似公告牌性质的印刷品，出版到 1819 年。

The Cape Town Gazette,
AND
AFRICAN ADVERTISER.
Published by Authority.
Vol. I.　SATURDAY, OCTOBER 4, 1800.　Number 8.

1800 年 10 月 4 日的《开普敦公报和非洲广告人报》

（三）新闻出版自由传统无形中确立

1823 年底，一位英国记者普林格尔（T. Pringle）与一位荷兰人牧师费拜恩（J. Fairbairn）向当时在任的开普敦英国殖民区的总督萨默塞特（Somerset）勋爵申请办一家报纸，遭到了总督的回绝。而另一位英国记者格雷格（Greig）却于 1824 年 1 月 7 日在开普敦自行创办了周报《南非商报》（*South African Commercial Advertiser*），这是南非第一家较正规的民营报纸，该报主体是英文，但有非洲荷兰文提要。格雷格聘请普林格尔任主笔。

总督看到出版的这份报纸感到很新奇，糊里糊涂地订了一份，这就使他无法再反对自由出版报纸了。

《南非商报》出版的当年，萨默塞特总督控告一位移民诽谤他。由于担心这位移民将对他的揭露内容刊登在这份唯一的报纸上，他忽然提出要对该报实行预先检查。在英国已经形成牢固的新闻出版自由意识的格雷格，不能容忍对报纸权利的侵犯，以暂时停刊表示抗议，而总督一怒之下将格雷格驱逐出境。在这种情况下，普林格尔和费拜恩在这年另创办了一家英文刊物《南非杂志》（*The South African Journal*），这是南非的第一家杂志。《南非商报》的事情闹到了英国本土，议会里的反对派把格雷格当作维护新闻出版自由的英雄欢迎，殖民大臣也不得不接见了他。在国内舆论的压力下，萨默塞特只得允许格雷格重返开普敦。这次报纸风潮在很大程度上造成了萨默塞特1826年的下台。由于英国的法律体系尊重习惯法，民营《南非商报》引发的不大的新闻官司奠定了南非新闻出版自由的传统。

（四）南非报刊的最初发展

1830年4月9日，在开普敦又有一家报纸创刊，创办人是开普敦出生的荷兰人布兰德（Christoffel Johan Brand）博士，首任主编为博尼法斯（Charles Etienne Boniface），一位因法国大革命而移民开普敦的法国人。这就是存在了整整100年的《南非人报》（*The Zuid Afrikaan/De Zuid-Afrikaan*），该报用英语和非洲荷兰语两种文字出版，主要读者是开普敦的社会上层人士。这是南非历史上第一家对开大型商业报纸。马克思曾为其写过三篇通讯（仅发表一篇），他在给恩格斯的信中称之为“给好望角写东西”[①]。布兰德后来是开普敦议会首任议长、爵士。1930年，《南非人报》在与1922年创刊的南非荷兰语《城堡报》（*Die Burger*）的竞争中失利而在创刊百年那天停刊。一位评论家2016年写道：“布兰德最有影响力的行为之一是南非第一家荷兰语报纸《南非人报》的创立。事实证明，这是该国历史上最重要的报纸，并且是南非荷兰人身份形成的中心。”

英国人夺取开普敦以后，报纸得到了较快发展。除了《南非人报》外，

De Zuid-Afrikaan.

DEEL XXXVIII. MAANDAG, DEN 6 JANUARY, 1868.

DE STOETERY PAARDEN
VAN DEN
HEER M. J. VAN BREDA.
UIT DE HAND TE KOOP.

AAN BOEREN.
DE Ongergeteekende is bereid om tegen de hoogste Marktpryzen te Koopen
4000 Mudden Koorn,
2000 dito Haver.
EDWARD PRITCHARD.
Adderleystraat, Kaapstad,
21sten Dec. 1867.

HEEREN VALE VILT HOEDEN.

1839年1月6日的非洲荷兰语版《南非人报》

① 马克思恩格斯全集：第49卷［M］.2版．北京：人民出版社，2016：514.

1857 年，南非第一家晚报《开普守望报》（*The Cape Argus*）在这里创办；1876 年，又出现一家晨报《开普时报》（*The Cape Times*）。至此，开普敦的报业已具规模，成为南非第一个报业中心城市。这两家大型日报也为后来南非的两个英文报团奠定了基础。

1867 年和 1884 年，南非中部和东北部先后发现了钻石和金矿，大批欧洲人涌向南非。于是在金矿较集中的德兰士瓦南部地区，迅速形成了南非第二个现代城市约翰内斯堡。1887 年，一家金矿公司出资在这里创办了英文晚报《明星报》（*The Star*），由于该报面向蜂拥而来的欧洲淘金公众，很快就成为南非发行量最大的报纸，许多小报刊也在该城出现。约翰内斯堡成为南非第二个报业中心城市，并在 20 世纪成为南非大众传播媒介最集中的城市。

19 世纪下半叶，许多亚洲移民主要是印度人也来到南非，集中在东南沿海，于是形成了南非第三个现代城市德班。1887 年，英文《每日新闻报》（*The Daily News*）在德班创刊。随后，这里出现了一批各种文字的小报刊，成为南非第三个报业中心城市。1904 年，甘地（Mahatma Gandhi）在德班创办了《印度评论》（*Indian Opinion*）周刊，用英语、印地语、古吉拉特语和泰米尔语四种文字出版。该刊一部分运往印度散发，一部分也用于在南非有色人种移民中宣传反对种族歧视。1914 年，甘地带领家人返回印度。三年后，他派遣二儿子马尼拉勒（Manilal Gandhi）回到南非，继续他在那里创建的事业。马尼拉勒在南非逐渐成为著名的政治活动家，他管理《印度评论》近 40 年。

The Star
HIGHEST HONOUR FOR SIR WINSTON
'Royal' burial will be the first ever for a commoner
COMMUNISM TRIAL SENSATION
Fischer is in hiding
'PLENTY OF MUSIC'—AS HE WISHED
Chances missed as England total mounts
BVC
B.V.C

1965 年 1 月 25 日《明星报》头版

19 世纪南非各大城市的报刊数量不多，但相对稳定。读者对象基本是白人，其风格是欧洲式的，一定程度上可以说是把欧洲的报刊搬到南非再版。南非黑人 1884 年起有了自己语言的报纸，这就是由约翰·顿果·贾巴武（J. T. Jabavu）编辑的《黑人之声报》（*Imvo Zabantsundeu*），他是第一位使用本民族语言写作的南非黑人记者。不过，这家报纸当时影响微小，因为南非黑人在政治生活中尚没有地位，引人注目的是英国人与布尔人之间不断加剧的冲突。

二、20 世纪：近百年以语言划界的媒介发展

在积蓄了多年利益冲突之后，南非的英国人与布尔人终于在 1899 年爆发

了全面战争。1902年英国人战胜布尔人，结束了南非百年来多种政治势力并存的局面，将布尔人的两个国家（德兰士瓦共和国和奥兰治自由邦共和国）以及黑人和有色人种聚集的纳塔尔地区并入英国自治领“南非联邦”，形成现在南非的疆域。

在民主政体下，失败了的布尔人于1912年成立南非国民党，在议会中以合法的形式继续与英国人进行斗争；同年，南非黑人成立了非洲人国民大会党（简称非国大）。面对布尔人的政党活动，代表英国人利益的几个小党于1934年联合为“统一党”与之相对。于是，20世纪南非的新闻传播业发展开始出现一种新的现象，即已经发展了的商业性新闻媒介基本以语言为分界线，并带有一定程度的种族党派性，特别在英文与非洲荷兰文报刊之间，这种分野十分明显。而土著民族文字的报刊，则是共同反对白人种族歧视和主张民族解放的。

（一）1902年至1948年：英国化阶段

英布战争结束后，首先发展起来的是英文商业报纸。1902年9月，黄金商人H. 弗里曼·科恩在约翰内斯堡创办《兰德每日邮报》（*The Rand Daily Mail*）。他聘请曾在英国《每日邮报》当过记者的埃德加·华莱士（Edgar Wallace）任主编。该报几经转变所有权，也换了几任主编，但是其高级报纸的风格基本没有变化，曾在国际上被视为南非的代表性报纸。1906年，该报出版的星期日版《星期日时报》（*Sunday Times*），成为南非最大的星期日报纸。1985年，因经济原因该报停刊。2014年10月，拥有该报报名版权的时报媒体集团（Times Media Group）将“Rand Daily Mail”建为网站。

1906年6月25日《兰德每日邮报》报头

1935年，约翰内斯堡又出现一家英文星期日报纸，即《星期日快报》（*Sunday Express*）。1910年，英国的路透社在南非建立分社，相对独立，名为南非路透社。这是南非第一家通讯社。1938年，各大报在原路透分社的基础上组建报联社体制的南非联合新闻社（SAPA），其总部设在约翰内斯堡。

1923 年，南非铁路公司创办第一家广播电台约翰内斯堡广播电台；1924 年，该公司又建立开普敦电台和德班电台。1927 年，这三家广播电台合并为南非广播公司，呼号为“非洲广播电台”。1936 年，在统一党执政的背景下，铁路公司所有的南非广播公司被改组为仿照英国 BBC 模式的公营南非广播公司（SABC）。

首任主编埃德加·华莱士（1928 年）

布尔人的南非国民党，则资助在开普敦出版的非洲荷兰语《市民报》，该报形式上是商业报纸，但一般被视为该党机关报。此后该党又资助了于 1936 年和 1937 年在约翰内斯堡创办的非洲荷兰文晚报《祖国报》和晨报《德兰士瓦人报》（*Die Transvaler*）。而各英文报刊，诸如《明星报》《兰德每日邮报》《开普守望报》《开普时报》等，均站在统一党一边，支持英国在南非的政策，人们一般把《开普时报》视为统一党的机关报。可以说，在这个阶段，主要矛盾是代表布尔人利益的非洲荷兰文报刊，与执政的南非英国人的统一党以及英文报刊的斗争。

黑人和有色人种与白人的斗争也已经开始，从总的情况看，尚不是南非的主要社会矛盾，但南非的种族歧视由来已久。1903 年创刊的有非国大背景的《纳塔尔太阳报》（*The Natal Sun*），是当时对黑人最有影响力的报纸，但是在 1923 年被当局查禁。第一家中文报纸于 1931 年 6 月在约翰内斯堡创刊，即由中国驻南非总领事何瓒等人以民办的形式创办的《南非侨声报》，由蒋介石题写报头。这也是第一家在非洲大陆出版的中文报纸。

（二）1948 年至 1989 年：布尔人化阶段

1948 年，南非国民党通过议会选举的合法程序，取代统一党执政，开始逐步与英国传统分离，于 1961 年退出英联邦，建立南非共和国。从 1950 年起，该党和其控制的南非政府，一步一步实行极端的种族隔离政策，将占人口 80%的黑人和有色人种驱逐到只占全国面积 12.6%的保留地内。1960 年，国民党宣布非国大党非法。鉴于与布尔人的利益冲突，南非英国人的统一党（以及后来从中分裂出来的进步党）和英文报刊，大都不同程度地支持或同情黑人和有色人种争取自身权利的斗争。也是在这个时期，南非的商业报团格局成形，其政治方面的色彩也颇为鲜明。

南非的英文报纸分为两个报团。一个是以开普敦的老报纸《守望报》（*The Argus*）为基础形成的“守望出版发行公司”，除了《守望报》外，它还拥有约翰内斯堡的《明星报》、德班的星期日报纸《星期日论坛报》（*Sun-*

day Tribune），以及20世纪60年代在约翰内斯堡主要为黑人创办的日报《世界报》（*The World*）。另一个是以开普敦的老报纸《时报》为基础形成的“南非联合报业公司”。除了《时报》外，它还拥有当时被国际上视为南非代表性报纸的《兰德每日邮报》、南非最大的星期日报纸《星期日时报》，以及《星期日快报》。《兰德每日邮报》自1957年由劳伦斯·甘达尔任主编后，较为明显地转向支持反对种族隔离，发表了一系列揭露黑人劳工受到非人虐待的文章。受政府控制的南非广播公司为此掀起了一场反对甘达尔的宣传运动，而该报在黑人中的传阅率达到每份十几人次。

以上两大报团同时还拥有许多小报刊，在舆论上均反对国民党南非政府的种族歧视政策（鉴于法律禁止直接反对种族歧视的言论，表明立场是间接的），同时相互间又有商业竞争。

非洲荷兰文报刊也划分为两个报团。一个是以开普敦《市民报》为基础形成的市民报团，除了该报外，它还有一份主要报纸，即1974年在约翰内斯堡创刊的晨报《图片报》（*Beeld*）。另一个是以《德兰士瓦人报》为基础形成的珀斯科（Perskor）报团，它的另一份主要报纸是《祖国报》。1970年，这两家报团各停刊一份报纸，在约翰内斯堡联合创办了星期日报纸《报道报》（*Rapport*），各拥有一半股权。这两个非洲荷兰文报团在其他城镇还分别拥有一些小报刊，舆论上均是支持国民党的南非政府，主张种族隔离政策的。同时，它们之间也有商业竞争。

鉴于历史原因，英文报刊总体上的力量大于南非荷兰文报刊。1976年，为了抵制英文报刊的自由主义倾向，由南非政府秘密资助，白人实业家路易斯·卢伊特（Louis Luyt）出面创办了一家大型英文日报《公民报》（*The Citizen*），在舆论上支持政府的政策。该报由于有较强大的财力后盾，和同在约翰内斯堡的英文老报纸《兰德每日邮报》形成竞争局面，最终迫使《兰德每日邮报》于1985年4月30日停刊。1998年该报被塔克斯顿和CTP出版与打印机公司（Caxton and CTP Publishers and Printers Limited）收购。2012年，该报改为小型日报。

现在的《公民报》

20世纪70年代，南非议会立法规定，南非联合新闻社在宣传上要为官方服务。同时，逐步使社会公营的南非广播公司实际上变成政府直接管辖的国营机构，以便强化对广播电视网的控制。

20 世纪 50 年代，南非的大城市就有了有线闭路电视，但只为白人家庭提供服务。之所以出现这种情况并非国家没有经济实力办电视，而是由于 1960 年南非议会辩论中得出结论：电视会对国民精神和社会生活造成危害。当时有线电视已经基本满足了城市白人的需要，而开办无线电视相当程度是为黑人。为了控制舆论，直到 1976 年南非才开办无线电视，一开办就是彩色的，其新闻节目也是支持政府和国民党的。电视开办六年后（1982 年）才开设了黑人语言的电视二台和电视三台。

1986 年 10 月，由南非四大报团共同出资建立了商业性的“媒介电视网”（M-Net），这是一家为广大市民服务的付费有线电视台，除不播新闻外，在其他广泛的领域（主要是电影和电视剧、娱乐节目）成为南非广播公司电视台的竞争对手，创办一个月后，用户就从 6 000 户猛增到 10 万户。1995 年，以 M-Net 为基础，形成南非最大的民营卫星电视公司“多选集团”。

1986 年起，面对越来越强烈的反对种族隔离的运动，南非当局持续三年实行紧急状态法，进行新闻检查，禁止许多党派和社会团体的活动，连续封闭多家黑人报纸。连美国刊有“南非内战”封面的《时代》周刊也不得进入南非，开天窗进入南非后受到当局警告，多名西方记者因报道了反种族歧视运动的新闻而被驱逐出境。

三、新南非的新闻传播业

1989 年，国民党改革派总统德·克勒克（de Klerk）上台，开始与非国大党谈判，启动了南非民族和解进程。此后，南非进入了以民族和解为特征的新闻传播业发展阶段，其特点是较全面地恢复自由主义新闻政策，强调法律对媒体主要是规范而不是限制，报刊的党派色彩自然弱化，黑人获得与白人同等的新闻自由权利。

鉴于以民族和解为目的实施废除种族隔离的总政策，以纳尔逊·曼德拉（Nelson Mandela）为代表的非国大新政府，于 1994 年 11 月废除了出版登记法。此后，任何公民、侨民，不分种族肤色，只要有实力，都可以自由办报和向独立广播局申请创办广播电台和电视台。南非的报刊业进入了正常的商业化运转时期，各自为争取阅读英语、非洲荷兰语和其他土著语言的接受者而竞争，报刊的党派意识明显衰退。通讯社恢复了独立经营的报联社体制，广播电视业实行公营和民营并行的体制。

南非定期出版物的数量居撒哈拉以南非洲各国之首，约有 5 000 种（含专业期刊）。南非共有 16 家日报和 101 家非日报，其中多数为英文报刊。每千人拥有报纸 40 份。

《太阳日报》（*Daily Sun*），创刊于 2000 年 7 月，创办人为资深记者杜帕莱塞斯（Deon du Plessis）。这是南非历史上第一家以黑人工人阶层为读者对象的小报，也是南非发行量最大的报纸。

DAILY SUN
MZANSI'S SCHOOLS OF SHAME!
Tuesday 11 March 2014
OUR LIVES. OUR PAPER.
Women laugh at me because my shy 4-5 lets me down, says sad Khazamula
NO SEX IN 30 YEARS!

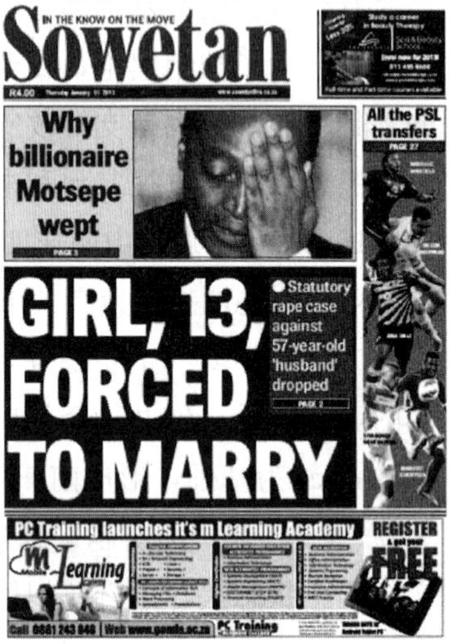
IN THE KNOW ON THE MOVE
Sowetan
Why billionaire Motsepe wept
All the PSL transfers
GIRL, 13, FORCED TO MARRY
● Statutory rape case against 57-year-old 'husband' dropped
PC Training launches it's m Learning Academy
REGISTER
FREE

2014 年 3 月 11 日的《太阳日报》　　2013 年 1 月 31 日的《索韦托人报》

《索韦托人报》（*Sowetan*），原名《世界报》，是为黑人服务的报纸，20 世纪 70 年代发行量位居南非第三位。该报曾两度被查封，1981 更名为《索韦托人报》出版。该报与《每日太阳报》为竞争对手。该报现在隶属于 Arena 控股公司，该公司旗下的《星期日时报》是南非发行量最大的星期日报纸。

《明星报》是约翰内斯堡出版、全国发行的老报纸，曾经仅面向白人市场，但现在超过 50% 的读者是黑人。该报属于阿格斯集团（Argus Group）。

由于对外交往的扩大，以及多数青年一代黑人学习英文的背景，非洲荷兰语报刊的发展处于停滞状态。目前比较重要的非洲荷兰语日报是《图片报》和《城堡报》，这两份报纸同属纳斯帕斯（Naspers）集团。《图片报》是南非发行量最大的非洲荷兰文报纸。《城堡报》的历史可以追溯到 1922 年。

南非面向大众的杂志约有 200 种，其中南非荷兰语家庭杂志《室友》（*Huisgenoot*）发行量最大，其次是英语杂志《你》（*You*），这两本杂志每周的总发行量近 100 万册。《淑女》（*Fair Lady*）和《莎莉》（*Sarie*）分别是南非销量最大的英语和南非荷兰语女性杂志。

现在南非的广播电视业形成了公营与民营并行、多种文化和睦并存的局面。全国有广播电台 362 座，电视台 556 座。全国收音机拥有量 1 375 万台，电视机拥有量 5 200 万台。公营的南非广播公司（SABC）有 23 个广播电台

Booysen: Ferran vir vennoot van Zuma bl. 2

Beeld

'My hart is seer vir Afrikaans'

Schwartz, Moore sê oor Steve Hofmeyr

Paasfees se bolle slaan jou dronk

Dink u u het moontlik Diabetiese Gastroparese?

DIE BURGER

Gille, toe klap doodskote

Franse moordpaar sterf in koeëlreën in Sutherland

Bok-vleuel kap Saru oor 'skokkende behandeling'

GROOT WAARDE ELKE DAG!

Pick n Pay

2020 年 11 月 28 日的《图片报》　　2011 年 1 月 21 日的《城堡报》

和 3 个电视频道，其新闻和娱乐节目全部用南非 11 种官方语言播送。民营电视台主要有多选集团下属的 M-Net 电视台和卫星电视台，除一个综合频道外，有 7 个专门频道，以及可供选择的 100 多个卫星频道。此外，民营无线电视台主要有 BOP 台、特兰斯凯台、西斯凯广播网等。

2021 年 2 月 6 日 SABC 电视新闻画面

南非的网络建设水平在非洲处于领先地位。根据互联网世界统计（Internet World Stats，IWS）发布的数据，南非人口 5 930 万，互联网用户数量为 3 261 万，互联网渗透率为 55%，高于非洲同期平均水平（39.3%），但与世界平均水平（58.8%）还有距离。[①] 截至 2020 年，94%的南非人拥有智能手机。南非 2020 年 3G 覆盖率达到 98.6%，使用互联网个人的比例为 56.2%，拥有计

① Internet World Stats Usage and Population Statistics. Internet Users Statistics for Africa [EB/OL]. [2020-10-08]. https://www.internetworldstats.com/stats1.htm.

算机家庭的比例为21.9%，使用互联网家庭的比例为60.7%。[①]

根据路透新闻研究所的调查，90%的南非人在线获取新闻，73%通过社交媒体获取新闻，68%通过电视获取新闻，37%通过印刷媒体获取新闻。[②] 2020年的调查显示，南非人每天花费在网络上的时间为9小时22分钟，其中花费在社交媒体上的时间为3小时10分钟，花费在电视上的时间为3小时33分钟，花费在听音乐的时间为1小时37分钟，花费在游戏上的时间为53分钟，通过手机上网的时间为4小时13分钟。社交媒体和电视成为南非人主要的“时间杀手”。

在网站方面，根据HootSuite和We Are Social的调查，2020年南非访问量最大的十大网站分别是Google. com、Facebook. com、Youtube. com、Google. co. za、Xvideos. com、Instagram. com、Twitter. com、DSTV. com、Netflix. com以及Hollywoodbets. net。其中仅DSTV. com属于本土网站。

南非 DSTV. com 网站

在社交媒体方面，根据Statista 2017年公布的数据，南非社会网络渗透率领先的社交媒体有WhatsApp（49%）、Facebook（46%）、YouTube（45%）、Facebook Messenger（32%）、Instagram（27%）、GooglePlus（26%）。[③] 南非社交媒体用户以年轻人为主体，45岁以上的用户占比较低。用户性别较均衡，但存在着性别使用偏好。Twitter用户中男性占比61.7%，女性38.3%；Snapchat用户中男性占比19.4%，女性占比78.4%。[④]

---

① 国际电联（ITU）. 2018年衡量信息社会报告：第2卷：信息通信技术国别概况［R］. 瑞士：日内瓦，2019.

② NEWMAN N，FLETCHER R，SCHULZ A，et al. Reuters Institute Digital News Report 2020［EB/OL］.［2020-10-08］. http：//www. digitalnewsreport. org/survey/2020/south-africa-2020/.

③ Statista. South Africa：Social Network Penetration Q3 2017［EB/OL］.［2020-10-09］. https：//www. statista. com/statistics/284468/south-africa-social-network-penetration/.

④ HootSuite，We Are Social. Digital 2020：South Africa［EB/OL］.（2020-01）［2020-10-08］. https：//datareportal. com/reports/digital-2020-south-africa？rq=south%20africa.

第三节 尼日利亚新闻传播史

尼日利亚位于几内亚湾，面积92.3万平方千米，是非洲人口最多的国家，达到2.01亿（2019年）。复杂的种族结构和随之而来的种族斗争，使得尼日利亚长期饱受内战与种族冲突之乱。

公元8世纪，在目前尼日利亚境内出现早期的游牧部落政权。15世纪初，欧洲人试图在尼日利亚的探险中获取利益。同时，尼日利亚的文化也受到欧洲影响：欧洲语言被引入贸易共同体；葡萄牙人将基督教带到了尼日利亚。文化融合的过程中，殖民者造就了尼日利亚的现代新闻传播业。

一、尼日利亚独立前的百年新闻传播历程

1859年10月，来自英国的传教士瑞夫·汤森德（Rev Townsend）在阿布库塔（Abeokuta）创办了尼日利亚历史上的第一份报纸，名为《日志》（*Iwe Irohin*）。最初，这份报纸为半月刊，只有约鲁巴语版本，随后加入英文版，并变为周刊。这份报纸的内容比较广泛，既包括教区活动、洗礼与入会等有关宗教的情况，也有当地的政治经济信息、国外新闻和少量的广告。汤森德将办报目标定位在“让尼日利亚人养成通过阅读搜索信息的习惯”。这份报纸与殖民当局保持着说不清的复杂关系，曾在1867年的一次暴动期间被迫暂停，后又重新出版。①

1861年，英国在尼日利亚最大的城市拉各斯建立领事馆，开始了对尼日利亚殖民的历史。英国殖民初期的尼日利亚，已有一些报纸，尼日利亚人参与到报纸工作中，但那时报纸的民族独立意识并不强烈。

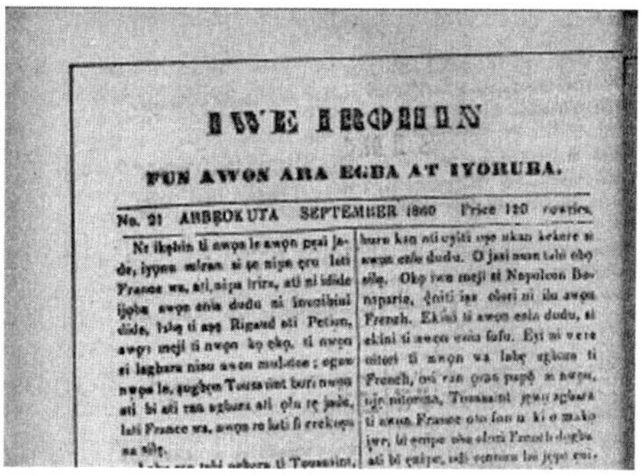
IWE IROHIN
FUN AWON ARA EGBA AT IYORUBA.
No. 21 ABBEOKUTA SEPTEMBER 1860 Price 120 cowries.

尼日利亚第一家报纸《日志》

为防止报纸批评殖民当局，英国殖民政府一度实行“报刊税”，在经济上对报刊加以控制，但遭到广

---

① SALAWU A. The Yoruba and Their Language Newspapers: Origin, Nature, Problems and Prospects [J]. Stud. Tribes Tribals, 2004 (2): 97-104.

泛抵制。1903年，英国控制了尼日利亚的绝大部分地区，尼日利亚历史上的第一部新闻法得以颁布。此法要求“报纸所有者签订宣誓书，实行实名制注册，并交纳250镑保证金”。官方宣称“这样的法律并非要抑制新闻出版自由，只是要对报纸的诽谤加以控制”[①]。

英国殖民时期的尼日利亚产生了一批商业报刊。1926年，拉各斯的商人创办了《每日时报》(*Daily Times*)，随后英国每日镜报集团获得了该报的大部分股份。1932年，埃及人穆罕默德·阿里（Mohammed Ali）从伦敦大学毕业后，在拉各斯创办《彗星报》（*The Comet*），提出了政治中立和新闻客观的理念，在尼日利亚获得成功。

在尼日利亚反抗英国殖民统治的历史中，纳姆迪·阿奇基韦（Nnamdi Azikiwe）始终是一个无法绕开的重要人物。1937年，他从美国留学归来，在加纳做了一段时间报纸编辑之后，回国创办了《西非向导报》(*West African Pilot*)，事实上这并非一份报纸，而是阿奇基韦创办的一个报业链（chain of newspaper），在不同地区以不同名称出版。例如在奥尼查（Onitsha）出版的《尼日利亚东部发言人报》（*Eastern Nigerian Spokesmen*）、在瓦里（Warri）出版的《尼日利亚南部守卫者报》(*The Southern Nigerian Defender*）等。

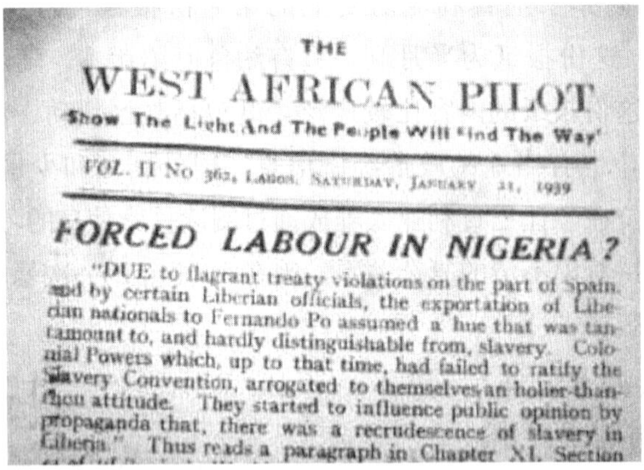
THE
WEST AFRICAN PILOT
'Show The Light And The People Will Find The Way'
VOL. II No 362, LAGOS, SATURDAY, JANUARY 21, 1939

FORCED LABOUR IN NIGERIA?

"DUE to flagrant treaty violations on the part of Spain and by certain Liberian officials, the exportation of Liberian nationals to Fernando Po assumed a hue that was tantamount to, and hardly distinguishable from, slavery. Colonial Powers which, up to that time, had failed to ratify the Slavery Convention, arrogated to themselves an holier-than-thou attitude. They started to influence public opinion by propaganda that, there was a recrudescence of slavery in Liberia." Thus reads a paragraph in Chapter XI. Section

1939年的一号《西非向导报》

纳姆迪·阿奇基韦（1904—1996)

这份报纸旨在唤起尼日利亚人民的民族独立意识，积极报道反抗殖民者的新闻，渐渐成为尼日利亚最重要的报纸之一。随后，阿奇基韦购买了《彗星报》等报纸，组成了奇克报业集团（Zik Group of Press），阿奇基韦也因此被称为“尼日利亚现代新闻之父”。在新闻业取得成功之后，阿奇基韦进入政界，于1944年联合赫伯特·麦考莱（Herbert Macaulay）创立“尼日利亚

① OGBONDAH C W. British Colonial Authoritarianism, African Military Dictatorship and the Nigerian Press [J]. Africa Media Review, 1992 (3): 5.

与喀麦隆国民大会党”（NCNC）[①]。1960 年尼日利亚独立，他成为首任总统。

1859—1945 年间，尼日利亚共有 96 份报刊出版，其中日报 23 家、周报 39 家、半月刊 3 家、月刊 7 家，以及地方性周报 24 家。除了得到殖民政府资助或直接由政府掌管的 10 家报刊外，其他报刊都是私人拥有。[②]

1932 年，拉各斯出现转播英国广播节目的广播电台。1951 年 4 月 1 日，尼日利亚广播电台（Nigerian Broadcasting Service，NBS）正式成立，英国广播公司提供了两名技术专家与所有设备和技术培训。1957 年 8 月 23 日，根据英国女王伊丽莎白二世签署的 1956 年法案，尼日利亚广播电台改组为尼日利亚广播公司（Nigerian Broadcasting Corporation，NBC），这一改组意在将尼日利亚广播系统独立于政府的干预和执政党的宣传政策。NBC 是英属殖民地中建立的第一家公共广播公司。

1959 年 10 月 31 日，尼日利亚第一家电视台“尼日利亚西部电视台”（Western Nigeria Television，WNTV）由尼日利亚西部地方政府创办，这是非洲第一家电视台。

二、民族主义的泡沫：独立前期的新闻传播业

1960 年 10 月 1 日尼日利亚独立，建立了联邦制国家。尼日利亚的大多数报刊积极推进民主与国家的统一事业。然而，这种热情很大程度上转变为对新当权者的吹捧。阿奇基韦在报刊上被描述成近似于神一样的人物，他本人也接受并鼓励这种谄媚。报纸上甚至出现了“尼日利亚人与非洲其他种族不同，我们独一无二”的口号。[③] 独立后，大多数报刊和广播电台被收归中央或地方政府所有。

尼日利亚各种族并没有融合成为一个强大的民族国家，独立后的几年中，各地区和部族之间的争斗激烈，选举中的政治暴力事件持续不断。这一时期，政党报刊为了支持自己所属的党派不惜伪造选举数据。联合进步大联盟（UPGA）拥有的《西非向导报》，在敌对政党的官员和支持者被攻击时，将袭击者描述为“为正义而战的勇士”。

独立后，尼日利亚之声广播电台（Voice of Nigeria，VON）于 1961 年

---

① 将党派命名为“尼日利亚与喀麦隆国民大会党”，旨在吸引在拉各斯的喀麦隆人参加。NCNC 后改名为“尼日利亚全国公民大会党”。

② OMU F. The Dilemma of Press Freedom in Colonial Africa：The West African Example [J]. Journal of African History，1968 (2)：116.

③ IBELEMA M. The African Press，Civic Cynicism，and Democracy [M]. Hampshire：Palgrave Macmillan，2008：98.

创办，是 NBC 的下属机构，担负对外宣传的任务。1962 年 4 月，尼日利亚政府开办尼日利亚电视台（Nigerian Television Service，NTS）。

创办初期的 NTS 台址

独立后不久，东部和北部的地方政府迅速建立了自己的广播系统，加上在独立之前已有的西部广播系统，尼日利亚的地方广播系统构成了 NBC 之外的“三足鼎立”之势。地方政府将各自的广播系统视为政治宣传工具，无一例外被用于强调各自地区的经济、政治和社会利益，而淡化国家统一。

三、漫长的军人统治时期：动荡的新闻传播业

1966 年，军人通过内战取得国家的统治权，尼日利亚新闻传播业的发展遭受重创，新闻媒体完全沦落为政治的工具。

（一）军人统治第一时期（1966—1975 年）

经过 1966—1967 年的内战，陆军参谋长雅库布·戈翁（Yakubu Gowon）中校建立了新的联邦政府，自封为上将。1975 年，联邦政府宣布购买 60％全国重要报纸的股份，其中包括《新尼日利亚人报》（*New Nigerian*）和其他北方的 10 家报纸。对此政府的解释是，收购报纸好处之一便是“可以迅速建立起与公众对话的途径，而不必创办新的报纸与既有报纸竞争”①。但这引起了公众的强烈不满，因为“用垄断的媒体体制解决地区间的对抗”无异于给尼日利亚的新闻出版自由带来了另一种独裁。随后的“水泥船队”事件②则让戈翁失去了几乎所有人的信任。1975 年 7 月 29 日，在一场不流血的政变中，穆尔塔拉·穆罕默德（Murtala Mohammed）中将取得政权，开始进行政治改革。

（二）短暂的第二共和国时期（1975—1983 年）

第二共和国时期的尼日利亚民主程度较高。这几年中，每个党派都积极

---

① UCHE L U. Mass Media，People and Politics in Nigeria［M］. New Delli：Concept Publishing Company，1989：101.

② “水泥船队”事件发生在 1975 年，戈翁为非洲艺术节订购了 2 000 万吨水泥，但到达后船只等待了一年才卸载水泥。尼日利亚为此支付了巨额滞纳金，水泥因结块也不得不被扔掉。

创办自己的报纸来争取更多的话语权，其中具有代表性的党派报刊有《民族和睦报》（*National Concord*）、《卫星报》（*Satellite*）、《尼日利亚召唤报》（*Nigerian Call*）等。尼日利亚历史悠久的《每日时报》此时被收归国有，成为尼日利亚第二共和国的政府机关报。

这个时期，尼日利亚全国性通讯社“尼日利亚通讯社”（News Agency of Nigeria，NAN）1978 年开始运行。NAN 直接受联邦政府信息部（Federal Ministry of Information）的监督和管理，并被授予采集尼日利亚新闻出售给外国媒体的垄断性权力。

2019 年 10 月 NAN 记者在拉各斯培训时的合影

1975 年起，尼日利亚政府实行一项为期五年的“广播发展计划”。在这个计划之中，NBC 和尼日利亚南部广播公司（BCNN）于 1978 年合并为尼日利亚联邦广播公司（FRCN），联邦政府还投入了超过 8 200 万美元用于 FRCN 的发展，其中的 1 200 万美元用来改善 VON 的对外宣传工作，这笔费用主要被用于购买先进设备，FRCN 也随之成为尼日利亚最具政治和社会影响力的广播媒体。

1984 年新年，第三师师长穆罕默杜·布哈里（Muhammadu Buhari）少将借反腐败之名，发动政变夺取了尼日利亚政权。

（三）军人统治第二时期（1984—1999 年）

新的军人政府除了对新闻记者恐吓、拘留、监禁外，同时采用诸多“软控制”的方法对新闻记者进行“收编”，例如：委任报刊主编以行政职务，并在其报纸上刊登大量政府广告；对不合作的报刊，政府则拒绝提供有价值的新闻信息。在这种软硬兼施的控制手段之下，很多媒体不得不在新闻实践中进行“自我审查”以谋求发展。

军人政府对报刊的控制还体现在立法层面。1984 年 4 月 4 日，布哈里政府公布了《公务人员避免诽谤保护法》（Public Officers Protection Against False Accusation），这一法律赋予军队首领整治危害国家安全的报刊的权力，政府将其解释为“一种遏制报刊泛滥并使其更有责任感”的行为。

这一法令遭到了报界的一致抵抗。尼日利亚记者联盟（Nigeria Union of Journalists，NUJ）发表公开信，要求军人政府撤销该法令，遭到拒绝之后，NUJ起诉政府违反宪法中的新闻出版自由的条款，结果是意料之中的败诉。①

布哈里的继任者们在新闻管制政策上与前任没有根本变化，都沿用了前任的新闻政策。尼日利亚新闻传播业经历着历史上最黑暗的时刻。

（四）军人统治时期的广播电视业：“中央”与“地方”权力斗争的缩影

1977年，中央政府以“管理混乱带来财政浪费”为由，设立尼日利亚电视管理局（Nigerian Television Authority，NTA），将电视台的管理权统一收归，全国电视系统被分为了六个管理区域（Zonal Board）。执政党经常将NTA作为批评其他党派的武器。于是盘踞在各州的党派高举1979年宪法中新闻出版自由的条款，在NTA的管理体系之外建立独立电视台，并借此发出自己的声音。

1984年，布哈里政府将所有的广播电台收归FRCN总部管理，借口“给人民提供更加统一有效的服务”，关闭了第二共和国期间建立的地方性广播电台，2 000多名职工因此失去工作。

尼日利亚广播电视业存在于“地方”与“中央”交织并存的状态中，它们之间的关系就如同连体婴儿一样——“任何试图将它们分开的手术都必须足够小心地进行，否则只会带来毁灭”②。在漫长的军人统治时期，这一特征表现得尤为突出。

四、走向民主政治：现在新闻传播业的基本格局

尼日利亚1999年进行了新的一轮全国大选，奥卢塞贡·奥巴桑乔（O. Obasanjo）以压倒性的优势获胜，担任总统。他开始着手尼日利亚的民主化改革，承诺要建立一个公正的、专注于国家发展而不是党派斗争的政府。监狱中的记者被释放，政府重新承诺了新闻出版自由。在经历了约30年军人政府黑暗统治之后，尼日利亚新闻传播业在21世纪初的十几年中获得了较为稳定的发展。

---

① KALEJAIYE O J. The Press，Military Coups，and the Nigerian Polity：A Historical Perspective [J]. The Social Science Journal，2009 (19)：78.

② UCHE L U. Mass Media，People and Politics in Nigeria [M]. New Delli：Concept Publishing Company，1989：58.

当然，过去军人统治的某些“惯性”还会存在。2005 年，一名摄影记者被尼日利亚安全部门带走，殴打至昏迷状态，差点因此丧命；2006 年，非洲独立电视台（African Independent Television，AIT）的记者和《每日独立报》（*Daily Independent*）的记者因为戏称政府新近采购的总统专用飞机为“二手飞机”而被逮捕，对他们起诉的依据是 1983 年被废除的法律。

（一）报刊

尼日利亚现有报刊 100 多种，其中日报约 30 种，每期发行量约 300 万份，每千人拥有报纸约 30 份。报业体制为公私并存，既有政府经办的，又有民营的。《每日时报》（*The Daily Times*）是政府控股的报纸中较有声望的，《今日报》（*This Day*）、《卫报》（*The Guardian*）和《笨拙报》（*Punch*）则是最有影响力的民营报刊。

《每日时报》在 1926 年创办，1974 年《每日时报》的所有股份都被尼日利亚人成功购买，第二年尼日利亚政府控股 60%，成为政府机关报，该报现仍由尼日利亚联邦政府控股，发行量 30 万～40 万份。现在该报已是一个报业集团，拥有 15 种报刊。

THE DAILY TIMES
Active voice call subscribers hit 162.52m in Q2
Lagos tops with highest number of subscribers
Bayelsa, Ebonyi emerge least number of subcribers
FRIDAY SEPTEMBER 14, 2018, VOL. 3 NO 792 N100
2019: Atiku raises the alarm over threat to life
Petitions Buhari, seeks police protection for himself, family members
Ex - VP should look inward- APC spokesman Nabena → 5
Court strikes out suit to stop Saraki's removal as Senate President → 11
Unlawful detention: Court orders DSS to pay N10.5m damages to journalist Abiri → 12
Gov Sani Bello visits 100 flood-ravaged communities in Niger State → 5
Dogara's supporters want him to dump APC, present him PDP nomination forms → 6
Buhari removes Seiyefa, appoints Bichi as new DSS DG → 3

2018 年 12 月 14 日的《每日时报》

《卫报》是尼日利亚新闻集团出版的一份独立报纸，最初为周报，后来改为日报。该报 1983 年创刊以来一直追求平衡的新闻报道，其职业格言为“真理培养良知”。该报注重商业信息的提供，读者多为公司白领和受教育程度较高的知识分子，该报还出版晚报和周刊。

《笨拙报》名称来源于英国著名幽默杂志《笨拙》（*Punch*）。该报创刊于 20 世纪 60 年代，在尼日利亚有着很强的社会影响力，尤其是在政治与文化领域。

《今日报》是尼日利亚主流英文日报，创办于 1995 年，总部位于首都阿布贾。1997 年成为尼日利亚第一份全彩色报纸，提供政治、经济、体育、生活等方面的新闻，内容丰富全面，影响力广泛。2019 年发行量为 10 万份。

（二）广播电视

由于文化水平较低，经济相对落后，广播是尼日利亚人最常接触的传媒。尼日利亚的广播系统分为地方和中央两个层级。尼日利亚 36 个州都拥有地方广播电台，绝大多数州拥有地方电视台。在中央层面，FRCN 现由尼日利亚

2012年4月26日《今日报》位于阿布贾和卡杜纳的两处办公地遭遇爆炸袭击

政府所有，是尼日利亚最具影响力的广播集团。如今FRCN已经拥有非洲最大的广播网络，并在阿布贾、拉各斯、伊巴丹等地开办了37家广播电台，用15种语言播音。对于尼日利亚这样的多种族国家，FRCN客观上起到了种族融合的积极作用。除此之外，VON作为官方的对外广播电台，也在1996年实现了全球范围的广播。

尼日利亚广播电视的创办实行注册登记制。法律规定，民营广播必须播出超过60%的“地方信息”，因此，高额成本和稀缺的广告资源限制了民营广播的发展。如今有一定影响的地方广播电台有北部城市卡诺（Kano）的Raypower台和自由广播电台（Freedom Radio）。英国BBC在尼日利亚广受欢迎。

NTA作为政府控制的电视集团，现拥有101个电视台，10个地区性的电视网络，覆盖全国90%的地区。其全国性的电视台实现了国际广播，电视节目被传送到了美国、加拿大和欧洲各主要国家。1996年，NTA将其总部迁至新首都阿布贾。NTA是非洲最大的电视网之一，也是撒哈拉以南非洲第一个全球广播的电视网。NTA将自身的使命之一定位为“促进民族融合”。

采访中的NTA记者

尼日利亚民营电视台中较有影响力的是非洲独立电视台（AIT）、星球电视台（Galaxy TV）和银鸟电视台（Silverbird TV）。其中 AIT 已经成为非洲第二大商业电视网络。

（三）通讯社

联邦政府控制的 NAN，是尼日利亚唯一的全国性通讯社。它在全国 36 个州派有 300 多名记者，其主要职责是为国外媒体提供尼日利亚本国新闻，而不是为国内媒体提供新闻，它的宗旨是，“告诉世界一个完整而客观的尼日利亚”①。一些外国媒体（如英国的 BBC 和美国的 CNN）在尼日利亚设立的办事处，负责采集、制作和出售新闻信息，一定程度上扮演了“通讯社”的角色。

（四）网络传播现状

尼日利亚网络建设水平在非洲处于领先地位。根据互联网世界统计（IWS）公布的数据，尼日利亚互联网用户数量达 1.26 亿，渗透率为 61.2%，而同期非洲总体水平为 39.3%。②

尼日利亚受外国媒体的影响很大。根据 HootSuite 和 We Are Social 的报告，排名前十的网站分别是 Google. com、Bet9ja. com、Youtube. com、Facebook. com、Yahoo. com、Nairaland. com、Jumia. com. ng、Wikipedia. org、Naijaloaded. com. ng、Daliypost. ng。其中仅有 Bet9ja. com、Nairaland. com、Naijaloaded. com. ng 以及 Daliypost. ng 四家本土网站，十大网站中谷歌访问量远高于其他。③

根据 NOIPolls Limited 的调查，尼日利亚网民主要以年轻男性为主。男性中 67%是网民，女性中仅有 55%。而网民在年轻人（18～35 岁）中占比 70%，在老年人（61 岁以上）中仅占比 28%。④

尼日利亚人整体喜欢使用 WhatsApp 和 Facebook。其中，男性更喜欢使用 Facebook（51%），女性更喜欢使用 WhatsApp（58%）。西北地区的人喜欢使用 WhatsApp（62%），东南地区的人喜欢使用 Facebook（63%）。老年人喜欢使用 WhatsApp（84%），年轻人和中年人（36～60 岁）则没有明显偏好。

尼日利亚的代表性网络媒体如下：

---

① 参见 NAN 官方网站介绍（http：//www. nanngronline. com/News/Pages/AboutUs. aspx）。

② Internet World Stats Usage and Population Statistics. Internet Users Statistics for Africa [EB/OL]. [2020 - 10 - 04]. https：//www. internetworldstats. com/stats1. htm.

③ HootSuite，We Are Social. Digital 2020：Nigeria [EB/OL].（2020 - 01）[2020 - 10 - 05]. https：//datareportal. com/reports/digital-2020-nigeria.

④ NOIPolls Limited. Social Media Poll Report [EB/OL].（2019 - 12）（2020 - 10 - 06）. https：//noi-polls. com/wp-content/uploads/2019/11/Social-Media-Poll-Report. pdf.

2016年Facebook创始人扎克伯格访问尼日利亚受到欢迎

Bet9ja.com，在线博彩公司，开展重大体育赛事的投注，由KC Gaming Networks Limited进行交易，有多国籍的众多股东。根据IABC非洲公司最近发布的清单，截至2020年4月，它是尼日利亚唯一进入全球访问量500强的网站。

奈拉兰论坛（Nairaland Forum），2005年创建的一个在线社区，尼日利亚本地网站访问量排名第二。它开设有政治、商业、汽车、工作、教育、旅行等众多栏目，拥有众多的成员和活跃的讨论。

Naijaloaded.com.ng是尼日利亚访问量最大的音乐和娱乐网站，2009年建立，每天提供热门的尼日利亚音乐、视频、娱乐和新闻。2010年赢得“最佳尼日利亚在线平台”的称号，2013年赢得“最佳音乐和视频下载网站”的称号。目前是尼日利亚国内访问量排名第三的本地网站。

第四节 肯尼亚新闻传播史

东非的肯尼亚，面积58万平方千米，人口4 756万（2019年）。在东非国家中肯尼亚新闻传播业是最发达的。从1899年第一张报纸诞生至今，肯尼亚的新闻传播业经历了百年发展历程。现在肯尼亚有1家通讯社、2家较大的媒体集团、4家主要的日报、8家电视台和超过30家调频广播电台，《民族日报》（*Daily Nation*）以及肯尼亚广播电视网（Kenya Television Network，KTN）的影响力延伸到了肯尼亚以南国家乃至全非洲。就传媒体制而言，肯尼亚的通讯社为国营，广播电视为国营与民营并行体制，报刊则基本为民营。

肯尼亚新闻传播业的发展中，由于政治体制、媒体所有权的组成复杂，以及多民族多部落、城乡经济发展不均等原因，新闻传播业存在与政府关系较为紧张、城乡媒体发展不均衡等问题。

一、肯尼亚新闻传播业的发展历史

肯尼亚的新闻传播业由其宗主国英国直接移植而来。1886 年英国与德国瓜分东非后获得肯尼亚这块殖民地。1899 年，英国人在港口城市蒙巴萨出版了肯尼亚的第一家报纸《东非与乌干达邮报》（*East Africa and Uganda Post*）。1927 年，英国东非广播公司在内罗毕建立了撒哈拉以南非洲国家独立前最早的广播电台。

独立前，肯尼亚媒体可以分为以下三个层次：欧洲人办的媒体处于最高层，印度移民办的媒体处于中层，而非洲本地人办的媒体则处于底层。在欧洲人和印度人来到肯尼亚之后，对肯尼亚会英语的当地人来说，欧洲人和印度人办的媒体能够提供比非洲人办的媒体更多的信息。来自欧洲的定居者到达肯尼亚后，在很短的时间内就已经有了他们自己的出版物。当时欧洲人办的主要媒体有内罗毕出版的《东非旗帜报》（*East African Standard*，1902 年）和《星期日邮报》（*Sunday Post*）、《蒙巴萨时报》（*Mombasa Times*）、《肯尼亚每周新闻》（*Kenya Weekly News*）（在当时的首都纳库鲁出版）。

同样，来自印度的移民出版了英语、印地语、古吉拉特语、乌尔都语的出版物，提供来自印度、南非以及当地涉及他们自己利益的新闻。由于很多印度移民都是文盲，这些出版物的发行量均很小，存在时间不长。印度人办的报纸中，有代表性的是《肯尼亚每日邮报》（*Kenya Daily Mail*）和周报《殖民时报》（*Colonial Times*）。1939 年以前，除了法律上的限制，政府很少对报纸实行控制。

1920 年到 1930 年之间，还有一些独立的非洲政治媒体，例如 1928 年肯尼亚政治团体不定期出版的基库尤语报纸（*Muigwithania*），其首任编辑便是独立后的第一任总统乔莫·肯雅塔（Jomo Kenyatta）。此外，罗马天主教的传教团为他们的皈依者出版了地方语的杂志。报纸的创办者多元化，既有私人团体，也有殖民地政府，目的在于向少数能够阅读的非洲人提供信息。

2017 年一个读报纸的肯尼亚人

非洲政治运动逐渐兴起，使得殖民地政府意识到，需要通过媒体来向当地人宣传政府的意图和政策。1922年，殖民地政府创办了一份斯瓦希里语报纸《新闻》（*Habari*），内容包括卫生、农业和教育。该报由于遭遇1929年世界经济大萧条而于1931年倒闭。后来殖民地政府出版新闻传单来解释重要的或有争议的事务，这些出版物数量很小，周期为每月一张，只持续了很短一段时间。

1939年二战在欧洲爆发时，殖民地政府已经认识到了大众传媒在政治和教育上的潜在作用。早在1935年，英国政府便开始计划一旦战争来临就在殖民地设立信息部，以确保殖民地提供大量的士兵、持续的生产能力和对英国政治上的忠诚。

1945年二战结束后，肯尼亚的报刊转而为众多种族而非特定种族的人群服务。激进的印度人办的报纸，如《殖民时报》、《每日纪事》（*Daily Chronicle*）以及《论坛报》，都支持非洲的政治独立运动，许多欧洲人办的媒体，也支持殖民地的多种族政策。此外，非洲地方语言的独立报纸也有较大的发展。但是，随着1952年肯尼亚人开始以武装斗争来争取民族独立，许多这类报纸遭到查禁。独立后，当年支持独立的报纸完成了自己的政治使命而大都停刊。

20世纪五六十年代，肯尼亚出现了几家较有社会影响力的报纸，例如英语的《周末民族》（*Sunday Nation*）和《民族日报》（*Daily Nation*）。拥有强大资本支持的旗帜媒体集团和民族媒体集团，开始逐渐占据肯尼亚新闻传播业的主导地位。二三十年代创立的一些独立报纸，陆续被媒体集团兼并，比如《肯尼亚每周新闻》和《星期日邮报》。

1963年，肯尼亚实现独立，其新闻传播业开始转型，而这一过程正是肯尼亚从英国殖民地向独立国家政治转型的缩影。独立初期，肯尼亚的广播和电视节目大都来自英国和美国。乔莫·肯雅塔担任国家领导人期间（1963—1978年），重视肯尼亚的本土文化，越来越多的广电节目使用斯瓦希里语播出，无论是广播电视还是报纸，其关于非洲传统文化的内容也越来越丰富。

莫伊（Daniel Arap Moi）担任国家领导人期间（1978—2002年），一度实行一党执政的制度，为了防范媒体挑战政府的权威，许多记者被逮捕。在国际社会的压力下，莫伊不得不在1992年恢复了多党制，此后肯尼亚的报业获得了大的发展，流行于贫民窟的小报也在这一阶段出现。反对党的出现使得报纸上对执政党的批评大大增加，但记者遭到恐吓乃至被关押的事件仍然时有发生。

2007—2008年交替之际，肯尼亚因为大选冲突而发生暴乱，传媒在这次事件中为维护国家统一而对冲突双方都进行了批评，表现出较高的新闻专业水平。2008 年 1 月 3 日，肯尼亚主流报纸史无前例地一同在头版刊登联合社论——《救救我们深爱的祖国》，电视台和广播电台也播报了这篇矛头直指两派领导人的文章。社论说："我们热爱的肯尼亚成了一片焦土。"社论要求齐贝吉和另一位候选人奥廷加结束这场要把肯尼亚摧毁的冲突，"在这种情况下，领导人却还在内罗毕舒适的宾馆和高墙四筑的家中，心不在焉地喊着和平……"

肯尼亚已经没有完全意义上的殖民地时期创刊的报纸，民营媒体的资本中外资所占比例较大，政府不出版自己的报纸。

二、肯尼亚新闻传播业的特点

肯尼亚传媒民营化程度较高，当权者对传媒的控制程度也较高。肯尼亚的报纸均为民营，部分电视台和广播电台也是民营的，这些媒体不仅商业化程度高，而且大多具有外资的背景。这些媒体的存在以新闻和言论自由为前提。但是，从肯尼亚的首任总统肯雅塔开始，连续四届政府从未停止过对新闻的严格控制，尤其在报刊行业，经常有媒体编辑部遭到搜查，记者、编辑被抓捕，近来这样的情况有所减少。

乔莫·肯雅塔担任主要领导人期间，《民族日报》的一名记者被驱逐出境，原因是其在社论中批评了未经审判的拘留。莫伊执政的前期实行了一党执政，媒体因此受到了更多的限制，许多记者被逮捕和关押。1987 年，来自瑞士和挪威的记者由于揭露了肯尼亚存在的违反人权的问题，被禁止入境。1992 年肯尼亚恢复多党制后，仍有记者受到政府的恐吓、威胁甚至被关押。2002 年齐贝吉赢得大选后，政府对媒体的控制仍然较为严格。2006 年 3 月，武装警察曾奉政府之命闯入旗帜集团总部进行搜查，声称是维护国内安全。

美国国务院 2003 年关于肯尼亚人权现状的报告指出，肯尼亚宪法明确规定了言论及出版自由，但这些权利有时被政府限制了。政府官员坚称，政府欢迎积极和建设性的批评，但什么是积极的、什么是建设性的则由政府评判，记者被安全部门骚扰、殴打以及逮捕并不是一件新鲜事。此外，政府官员在某些事件上会向记者施压以阻止报道，由于政府的压力或者贿赂，编辑或记者则会进行自我审查。①

肯尼亚从殖民地转型为代议制共和国的过程中，经济对外依存度很高，

---

① COLLENDER G（Communications Officer London International Development Centre）. The Media in Kenya [EB/OL]. [2020-11-22]. http://www.stanhopecentre.org/2007/.

2013年12月3日肯尼亚内罗毕记者嘴上贴上胶布
在议会外抗议严格的新媒体法案

基本经济政策是国家指导下的“混合经济”，鼓励外资进入。肯尼亚政府财政困难，是非洲接受外援较多的国家之一，外援对肯尼亚的社会经济发展产生了直接和重大的影响。外资全面进入了肯尼亚的经济生活领域，当然媒体业也不例外。肯尼亚政治民主化的进程也要求媒体业全面放开。

民营媒体所有权的复杂使媒体除了商业性质以外，尚有一定的党派倾向。执政党和反对党还拥有部分肯尼亚的民营媒体，特别是报纸。比如，《旗帜报》（*The Standard*）与莫伊有关，《每日人民报》（*People Daily*）则是反对党马提巴的阵营。这种政治性报刊的传统来源于肯尼亚国家创立初期民族独立的背景。无论在莫伊一党制的时代，还是在多党制的国家形式下，肯尼亚执政党都面临来自反对党阵营的批评和揭露。因此，不论哪个政党上台，媒体的言论都受到限制，媒体只能在自由化与政府管制之间寻找着生存空间。

肯尼亚城乡媒体发展严重失衡。在这个贫富差距较大的国家，无论是电视、报纸，还是传播和接收成本较低的广播，都将目标受众集中在了城市以及城市周边地区中说英语和斯瓦希里语的人群，这个人群的特征是受教育程度高、收入较高、寻求改变生活的机会等等，可以说是肯尼亚的中产阶级，而这个庞大的中产阶级正是肯尼亚媒体广告收入的主要来源。这样一来，造成城市和乡村的新闻传播严重失衡。在偏远地区和不会说英语以及斯瓦希里语的人群中，阅读报纸和收看电视的渠道不畅。其原因，首先是电视价格让农村居民望而却步，一台21英寸的彩色电视再加上一台录影机的费用，相当于一个小学教师年平均收入的5～10倍。其次，很多农村地区都不通电。农村居民靠电池和太阳能来看电视，也只能接收到肯尼亚广播公司（The Kenyan Broadcasting Corporation，KBC）的节目，甚至无法接收到节目。

首都内罗毕的读报人

肯尼亚人平均每天的生活费 1 美元，一份报纸就要花掉他们一半的生活费，很少人能负担得起。肯尼亚的公路交通也不好，许多偏远的地区甚至在最好的季节都很难进去，雨季则根本不可能进去，因而，报纸真正在全国发行是一件很难办到的事情。邮政系统不发达也是报纸和杂志发行的障碍，肯尼亚没有送信上门的系统。因此，用户订阅非常困难，这使得报纸和杂志难以保持大量的稳定读者和发行收入。为数不多的订户，经常在期刊已经上报刊亭以后才收到杂志，或者根本收不到。

肯尼亚有 40 多种语言，对于不会说英语和斯瓦希里语的人群来说，要获得信息的唯一大众媒体是广播电台。电台超过报纸和电视成为最受广大肯尼亚人欢迎的媒介，肯尼亚社会从总体来说还是一个重口语而非重读写的社会。

从广播电台提供的内容来看，要不就是政府控制的 KBC 电台发布的消息，要不就是民营商业电台播放的音乐节目。前者使信息弱势群体只能接收到政府提供的消息，后者则仅有娱乐功能而没有“社会开化”的功能。于是，城乡的新闻传播呈现“强者更强，弱者更弱”的马太效应。城乡新闻信息传播的失衡，导致处于偏远地区、说地方语言的人群被政治边缘化了。

独立后的肯尼亚大众传媒，不断在新闻出版自由与当权者对传媒的控制之间寻求生存空间，总体发展趋势还是不错的。但对于处于大城市以外的肯尼亚人来说，大众传媒的热闹，也许与他们毫不相关。

三、肯尼亚当代新闻传播业的大体格局

肯尼亚国内的媒体集团有 4 家，即民族媒体集团（Nation Media Group，NMG）、旗帜集团（The Standard Group，SG）、国营的肯尼亚广播公

司（KBC）、肯尼亚新闻通讯社（Kenya News Agency，KNA）。还有一些民营媒体，但影响力无法与上面4家相比。杂志业在肯尼亚则相对不发达。

民族媒体集团、旗帜集团两大媒体集团，是撒哈拉以南非洲除南非以外最大的民营传媒集团，旗下有报纸、电视台、杂志、电台等多种媒体，所有权构成比较复杂，主要是外资（肯尼亚不排斥外资进入媒体）、政党，以及少量个体的资本。KBC和KNA为政府所有。

下面分别论述肯尼亚的代表性传媒集团和传媒业情况。

（一）民族媒体集团

民族媒体集团（NMG）成立于1959年，其创始人是阿加汗[①]，目前是NMG的大股东。该集团主要经营报纸、电台、电视台及网站等各类媒体，覆盖肯尼亚、坦桑尼亚、乌干达等国。该集团在肯尼亚的报纸包括《民族日报》（*Daily Nation*）及其斯瓦希里语版《今日民族报》（*Taifa Leo*）、《商业日报》（*Business Daily*）以及周报《东非人报》（*The East African*）等四家；拥有的电视台为民族电视台（Nation TV）；电台则有QFM、Easy FM、93.3 KFM。此外，它还拥有乌干达和坦桑尼亚的一些报纸和期刊。

民族媒体集团下的报纸

《民族日报》由来自伦敦的报人创刊于1959年。当时它的出现打破了《东非旗帜报》的垄断。该报实行非洲化的编辑方针，在总统丹尼尔·阿拉普·莫伊当政时期，这份报纸被看作人民权利的捍卫者。无论在评论的影响力、发行量还是拥有的读者群方面，《民族日报》都位居东非媒体的前列，是肯尼亚和东非影响最大的报纸。

2013年9月21日下午，一伙恐怖分子袭击了肯尼亚首都内罗毕韦斯特盖特购物中心。一位38岁的中国女性公民遇难，她13岁的儿子受伤。22日出版的《星期日民族报》头版刊登了这位未成年人受伤的血腥照片。新任总

① Āgā Khān IV，真名为卡里姆·侯赛因，是伊斯兰教什叶派易司马仪派的现任最高精神领袖。

统乌胡鲁·肯雅塔（Uhuru Kenyatta）22 日下午到医院看望伤员时，中国死难者亲属就此提出抗议，他连连道歉。20 分钟后，《民族日报》主管联络中国大使馆工作人员，借助视频连线道歉。道歉声明指出，这张照片“本不应该使用”，“导致这样的冒犯，不符合民族报传媒集团的传统。我们向受害家庭及我们的读者道歉”。

《今日民族报》创刊于 1958 年，是肯尼亚唯一的斯瓦希里语日报。该报是《民族日报》斯瓦希里语缩减版，它没有单独的记者团队，内容基本来自《民族日报》。

该集团的《东非人报》是一家全国性的英文周报，1994 年 11 月创刊，主要关注影响东非的经济和政治事件。该报面向企业、政府和非政府组织中的中高层管理人员。《商业日报》创刊于 2007 年 3 月，发行量的 80%集中在内罗毕，该报的网络版阅读量在肯尼亚居首位，主要面向当地的商业经营人员。

20 世纪 70 年代，NMG 在首都内罗毕股票交易市场上市，是东非最大的媒体集团。目前 NMG 致力于以集团网站为平台，引入新的内容管理系统，将平面媒体的信息与电视台、电台信息整合起来，逐步实现媒介融合。

（二）旗帜集团

旗帜集团（SG）是一个所有权复杂的民营集团，其所有者主要是一群与前总统莫伊有关的商人。20 世纪 90 年代中期，它收购了《旗帜报》和 KTN 广播公司，并在 1996 年 9 月创办了 Capital FM 广播电台。

与民族媒体集团类似，SG 以《旗帜报》为集团的旗舰，将《旗帜报》与 KTN 的产品融合到了一个网络平台上。但遇到的问题与 NMG 相同，即新闻数量少，深度报道也不多。不过，SG 重视并已经开发出手机报产品。

《旗帜报》为英文日报，是政府政策的主要批评者，也是《民族日报》的竞争对手。它的前身是原《东非旗帜报》，由印度商人创办于 1902 年。如果连续计算年头，该报是肯尼亚历史最悠久的报纸。

KTN 是肯尼亚第一家免费的私营电视台，1989 年在内罗毕创办，最初只播出英语节目。该台的出现，打破了国家对电视台的垄断；它的出现，也使肯尼亚成为非洲第三个允许私营电视台存在的国家。[1] 1992 年，KTN 获得了当年奥运会以及其他几个国际事件的转播权，表现出强大的竞争力。这种竞争也迫使肯尼亚国营电视台改善其节目质量。

---

① HEATH C W. Structural Changes in Kenya's Broadcasting System：A Manifestation of Presidential Authoritarianism ［R］ //International Communication Gazette. Netherlands：Kluwer Academic Publishers，1992：37 - 51.

KTN电视台新闻节目画面

KTN的成功，催生了其他独立电视节目的制作服务。许多东非的媒体不仅依赖于KTN作为权威的消息来源，而且通过挖掘KTN的人才直接受益。英国伦敦的麦克斯韦尔传播公司（Maxwell Communications）、南非的MNET以及肯尼亚非洲民族联盟（KANU）都有KTN的股份。KTN公司在肯尼亚拥有13个电视台和17个调频广播电台，覆盖范围主要在内罗毕、蒙巴萨等大城市。

（三）两家日报

肯尼亚《每日人民报》于1992年创刊，其所有人为反对党领导人肯尼斯·马提巴（Kenneth Matiba）。它敢于报道《民族日报》和《旗帜报》不敢涉及的题材。英文日报《肯尼亚时报》（*Kenya Times*）1983年由KANU创刊，这是前总统莫伊所在的政党。

（四）肯尼亚广播公司

肯尼亚广播公司（KBC）最初由英国殖民者创建，广播电台于1928年开播。它是目前肯尼亚规模最大、广播电视节目覆盖全国的广播电视公司，能用英语、印地语和包括斯瓦希里语在内的15种非洲语言广播，成为肯尼亚国内既不会说英语也不会说斯瓦希里语的人的主要消息来源。肯尼亚的国家电视台于1999年12月6日首播，主要内容是新闻、自制的和国外的娱乐节目。KBC旗下的电视台包括免费的KBC一台（KBC Channel 1）、付费电视二台（Pay Television Channel 2）、地铁娱乐电视31台（Entertainment Metro Television Channel 31）等。

（五）肯尼亚网络媒体现状和代表性网络媒体

截至2020年，肯尼亚互联网用户数量为4 687万，渗透率为87.2%。[①]

① Internet World Stats Usage and Population Statistics，Internet Users Statistics for Africa [EB/OL]. [2020-10-04]. https：//www.internetworldstats.com/stats1.htm.

肯尼亚移动电话的渗透率为98%。[①] 2018年7月，根据肯尼亚信息通信与技术部部长乔·穆切鲁（Joe Mucheru）的对外声明，肯尼亚将使用谷歌母公司Alphabet的热气球系统为偏远地区消费者提供高速互联网接入服务。

2019年12月13日使用手机的肯尼亚人

在社交媒体方面，WhatsApp、Facebook、Twitter、Instagram、LinkedIn以及Snapchat等社交媒体平台最受欢迎。WhatsApp在肯尼亚排名第一，超过1 200万用户，远超Facebook（700万）和Twitter（220万）。[②] 同时，还有一批新的社交媒体涌现，例如IMO、Likee、Vskit、微信和Google Duo。

根据路透新闻研究所2020年的调查，肯尼亚90%的人群从网络获取新闻，74%通过电视获取新闻，而通过印刷媒体获取新闻的人群只占47%。77%的人声称自己从社交媒体上获取新闻；63%表示愿意通过社交媒体、电子邮件和短信分享新闻。社交媒体用户中67%和66%的人分别表示从WhatsApp和Facebook中获取新闻。[③]

肯尼亚人在媒介接触上有明显的性别差异。根据BBC的调查，15～24岁的人群中，男性中触网占比76%，而女性中则为56%。[④] 社交媒体的使用上存在年龄差异。14～20岁的人群更喜欢使用Snapchat、TikTok和Pinterest；

---

① HootSuite，We Are Social. Digital 2020：Kenya [EB/OL].（2020-01）[2020-10-04]. https：//datareportal. com/reports/digital-2020-kenya? rq=kenya.

② BAKE（Bloggers Association of Kenya). State of the Internet in Kenya 2017 Report [EB/OL].（2018-12-02）[2020-10-04]. https：//www. ifree. co. ke/wp-content/uploads/2018/02/State-of-the-Internet-inKenya-report-2017. pdf.

③ NEWMAN N，FLETCHER R，SCHULZ A，et al. Reuters Institute Digital News Report 2020 [EB/OL]. [2020-10-03]. http：//www. digitalnewsreport. org/survey/2020/kenya-2020/.

④ BBC Media Action. Kenya Media Landscape Report [EB/OL].（2018-12-02）[2020-10-04]. https：//www. communityengagementhub. org/wp-content/uploads/sites/2/2019/09/Kenya-Media-Landscape-Report _ BBC-Media-Action _ November-2018v2. pdf.

21～25岁的人群更喜欢使用Instagram、Snapchat和Telegram；而26～35岁的人群则更喜欢私密性较强的社交媒体，如LinkedIn、Skype和Twitter；36～45岁及45岁以上的人群更常用Facebook、WhatsApp和Skype。

肯尼亚乡村地区的网络基础设施比城市落后，大多人使用WhatsApp（44.2%）和Facebook（44.5%）。而城市地区的人群则更多使用TikTok（67.9%）、Vimeo（67.4%）和Pinterest（63.4%）。①

根据2020年HootSuite和We Are Social的调查，Google和YouTube是肯尼亚访问量最大的在线网站。而Nation、Standrdmedia、Tuko、Kenyans则是最受欢迎的本土网站。但是本土网站的访问量远远低于Google和YouTube。

Nation.co.ke是肯尼亚《民族日报》的官网，肯尼亚访问量第三的网站。Standardmedia.co.ke是肯尼亚旗帜集团旗下的在线网站，肯尼亚访问量第四的网站。Tuko是肯尼亚的新闻和娱乐网站，提供汇总的、独家的和用户生成的新闻内容，是肯尼亚访问量第五的网站。

第五节 民主刚果新闻传播史

刚果民主共和国（以下简称刚果），面积234.4万平方千米，人口8 134万（2017年）。该国位于非洲心脏部位，是撒哈拉以南面积最大的非洲国家。著名泛非主义作家弗朗兹·法农（Frantz Fanon）曾说："非洲像只手枪，扳机就在扎伊尔。"②

刚果史前时代就有人类生存和活动。14世纪下半叶，刚果境内出现国家组织，最早的是刚果王国，随后又陆续建立了库巴王国、卢巴王国、隆达王国、阿赞德苏丹国、孟格贝托苏丹国和姆西里王国。③ 15世纪下半叶，葡萄牙、荷兰、英国、法国、比利时和德国等国开始在刚果进行殖民探险和奴隶贸易，长达400余年的掠奴贩奴活动，使刚果数百万人惨遭掳掠。

独立后的刚果定名"刚果共和国"，简称刚果（利），因为还有一个同名的刚果河对岸的刚果共和国（布），所以加一个括号标注首都利奥波德维尔的简称。1964年改国名为"刚果民主共和国"。1966年首都改名金沙萨，国名简称

① SIMELab Africa. Social Media Consumption in Kenya Report 2020 [EB/OL]. [2020-10-04]. https://www.usiu.ac.ke/assets/image/Kenya_Social_Media_Lanscape_Report_2020.pdf.

② KAPLAN I. Zaïre: A Country Study [M]. 3rd ed. Washington D.C.: The American University, 1979: 95.

③ 大利菲利波，皮加费塔. 刚果王国史 [M]. 杨群章，译. 兰州：甘肃人民出版社，2004：1-3.

“刚果（金）”。1971 年一度改名“扎伊尔共和国”。1990 年 4 月实行多党制。1997 年再改回“刚果民主共和国”。该国总统蒙博托（Mobutu，1965—1997 年在任）、洛朗-德西雷·卡比拉（Laurent-Désiré Kabila，1997—2001 年在任）是通过政变和战争上台的。在洛朗-德西雷·卡比拉被刺身亡后，其儿子约瑟夫·卡比拉担任了 18 年总统。2019 年 1 月新总统菲利克斯-安托万·齐塞克迪（Félix-Atoine Tshisekedi）就任，他是前总理艾蒂安·齐塞克迪之子。

一、殖民地时期的新闻传播业（1884—1960 年）

1874—1877 年，记者史丹利（Henry Morton Stanley）最早用新闻报道的方式将刚果带入西方人的视野。他是英裔美国人，参加过美国内战，后供职于《纽约先驱报》，受报社派遣进入非洲，自行组织探险队，用 999 天从非洲东海岸穿过大陆沿刚果河顺流而下抵达西海岸。他关于非洲大陆内地一处巨大河流体系的报道吸引了比利时国王利奥波德二世（Leopold Ⅱ）的注意，他出资支持史丹利返回刚果参与“考察”。

1876 年利奥波德二世组织国际非洲协会，以考察和开发非洲为名，采用欺骗和武力手段，迫使刚果各地酋长签订 450 多个“保护性”条约，建立多个商站和据点。他以个人名义霸占刚果大片土地，称之为“刚果自由邦”。1885 年，比利时国会正式授予他刚果自由邦君主称号。他对当地居民的残酷剥削、压迫和屠杀，遭到世界舆论的谴责。对此，英国驻刚果领事罗杰·凯斯门特（Roger Casement）和一些传教士发出一系列报道，英国和比利时报纸也刊文批评利奥波德二世，证明他在刚果的一系列恶行，迫使刚果自由邦于 1908 年转为比利时政府管辖，改名为比属刚果。①

史丹利（1841—1904）（绘画）

（一）殖民地报刊

比利时人在刚果创办的第一家报纸是周报《刚果之星》（*The Star of Congo*），于 1911 年 5 月 26 日由旦斯（Duth Paul Dance）在加丹加省省会伊

① 吉尔伯特，雷诺兹．非洲史［M］．黄磷，译．海口：海南出版社，2007：278，281．

丽莎白维尔（现名卢本巴希）发行，这里居住着较多的白人。该报后收归联合矿业、专委会和加丹加省铁路 BCK 公司联营的公司所有。[①]

这一时期，殖民者创办的报纸中影响力较大的有三家。依创办时间，第一家是《比利时殖民地的未来》（*L'Avenir Colonial Belge*），创办于 1920 年 7 月 4 日，持自由主义立场，属于左派。初为周报，1960 年改为日报，卢蒙巴（Patrice Lumumba）执政时期改名为《进步》（*Progress*）。第二家是《刚果的崛起》（*The Rise of the Congo*），1922 年 3 月 1 日在安特卫普创办，在伊丽莎白维尔（卢本巴希）发行。初期发行量小，配备了现代印刷设备后发行量逐渐攀升。第三家是《非洲邮报》（*Mail of Africa*），1930 年 1 月 21 日在首府利奥波德维尔（现名金沙萨）创办，得到天主教派的支持，对抗社会主义者和反圣职者派的《比利时殖民地的未来》，由一家非洲邮寄印刷公司（Sodimca）的总经理指导发行。

这一时期的刚果报纸大多为在刚果的欧洲人服务，以本地土著为目标读者的很少。刚果第一家黑人报纸是《非洲新闻》（*The African News*），创办于 1956 年 1 月，创办者是皮埃尔·戴维斯特（Pierre Davister）和邦德罗伊特（Bondroit），他们首次聘请黑人记者和编辑办报。该报发行 4 000～8 000 份。

LE JOURNAL LE PLUS REPANDU DU CONGO BELGE

Le Numéro 1 franc

Samedi 7 Septembre 1940

L'AVENIR COLONIAL BELGE

Journal Quotidien

ÉDACTION ET ADMINISTRATION
LÉOPOLDVILLE-EST

Abonnement annuel :

POUR LES ANNONCES :

BRUXELLES

Directeurs : A. BRENÉZ & H. DE LANGHE

POUR ÊTRE BIEN SERVIS

Maison de confiance
possédant le plus grand
choix sur place

Tous articles pour européens

Livraison à domicile

《比利时殖民地的未来》1940 年的报头

（二）殖民地的新闻出版政策

比利时殖民地政府对刚果出版的报纸进行直接控制，比利时议会于 1908 年 10 月 18 日批准了关于吞并刚果的《殖民地宪章》（Charter coloniale de 1908），其中故意略去出版自由的部分。1922 年 3 月 5 日，比利时政府颁布立法条例对刚果的新闻出版自由做了详细规定。法令宣布，政府可以禁止在刚果范围之外出版的报纸和期刊，在刚果发行报纸和期刊需经殖民地总督许

---

① PATRICK K M. 刚果（金）大众传媒发展研究［D］. 长春：东北师范大学，2013：4.

可。二战爆发之后，刚果殖民地总督于1940年设立了审查制度，报纸和期刊出版前都要受到审查。1959年8月17日的法令废除了1922年的立法，规定“人们发表意见的自由在有限范围内得到保证，可能被事先授权”①。

殖民者实行严格的种族隔离政策，甚至挑选可移居刚果的白人，只接受知识精英或者投资者，因为在刚果出现白人无产阶级会有损殖民者威望。支持这种政策的报刊才能获准发行。在刚果的白人新闻工作者对所写内容十分谨慎，自我审查成为惯习。

殖民地时期刚果的新闻传播业发展十分缓慢，很大原因在于比利时政府的有意压制。二战结束后，比利时政府决定保留刚果这块非洲殖民地。直到1956年，才开始讨论比属刚果实行自治的可能性。比利时当局一直谨慎地将席卷非洲大陆的激进思想与刚果隔离开来。从居民的读写能力上，殖民统治晚期的比属刚果比非洲其他大部分地区好得多，但殖民当局对教育的援助限制在小学层次上，除了那些受训要成为天主教神父的人外，大部分人没有接受较高的教育。比利时政府不允许任何一级立法会中有非洲人代表，行政部门中的非洲人被限制在最低等级的职位上。在这种情况下，刚果直到1957年才出现独立报纸。②

二、第一共和国时期的新闻传播业（1960—1965年）

1960年，刚果独立。从独立到1965年11月蒙博托发动军事政变、自封总统之前，被称为第一共和国时期，报刊在政治派别纷争的无序状态中发展起来。

金沙萨街头地摊卖报

---

① PATRICK K M. 刚果（金）大众传媒发展研究［D］. 长春：东北师范大学，2013：6-7.

② 希林顿. 非洲史［M］. 赵俊，译. 北京：东方出版社，2012：499.

1960年8月，刚果独立后首任总统是卡萨武布（Joseph Kasa-Vubu），首任总理是卢蒙巴。卢蒙巴颁布法令规定，在刚果出版报纸期刊，必须经信息部部长的事先授权。该法令被后来掌权的蒙博托沿用。这一时期出现了刚果第一家全国性报纸——《刚果》（*Congo*），于1960年7月出版。该报倾向于卢蒙巴。同年9月，刚果国民军参谋长蒙博托发动政变，卢蒙巴11月遇害。该报持中立立场，但仍然被指控有支持卢蒙巴的倾向。

1960年7月到1965年11月，刚果有221人被授权成为报纸编辑，146人成为新闻广播的工作人员。这段时间出现的报纸主要在政治大省、市，例如利奥波德维尔、加丹加省、南基伍省等，政治家在报纸的出版活动中扮演着重要角色。刚果独立后，政党报纸是政党斗争的工具，其他报纸由具有影响力的政治家或者外国的私人团体提供资金支持。1963年刚果出版公司创立，由比利时和刚果的私有资本支持，接连购买了《非洲报道》（*African Press*）周报等几家报纸，并回收这些报纸的印刷权。各报主编由公司集中任命。

1963年，《我们的刚果》（*Our Congo*）、《非洲团结》（*African Solidarity*）和《独立》（*The Independence*）继《比利时殖民地的未来》之后因其社会主义倾向被禁。1964年4月末，《非洲邮报》和《刚果人》（*Presence Congolese*）的负责人被政府拘捕。

三、蒙博托时期的新闻传播业（1965—1997年）

1965年11月，刚果军队领导人蒙博托发动政变推翻总统卡萨武布，自任总统；1997年5月洛朗-德西雷·卡比拉率领他组织的军队攻入首都金沙萨，推翻蒙博托政权。1965—1997年，可以称为“蒙博托时期”。其中分为两个阶段，自1965年到1990年，称之为第二共和国时期，是刚果独立之后最重要的历史发展阶段，蒙博托在这一阶段实行个人专制下的一党独裁，刚果政局相对稳定。20世纪80年代以后，反对派越来越多。“冷战”时期，蒙博托被当作反苏同盟者得到了来自西方国家的支持。1990年4月，蒙博托被迫实行多党制，刚果进入第三共和国时期，直到1997年5月卡比拉政权上台。

蒙博托20世纪50年代在军队任职期间，曾向利奥波德维尔（金沙萨）的报纸投稿。1956年，他被解职后任《前途报》记者和《非洲现状》周刊编辑。通过新闻界的关系，他与刚果民族领袖卢蒙巴相识。

1965年蒙博托掌权后，获得比利时报纸《特别》（*Special*）的支持。周报《年轻非洲》（*Young Africa*）记者巴赫里（Bahri）发表多篇文章支持蒙博托。此外，蒙博托政府指定法新社独家采写刚果重要新闻并向世界转播。

在国内外媒体的支持下，蒙博托迅速确立了他在国内外的地位。蒙博托创建了自己的宣传工具，通过报刊、广播、电视等媒体系统宣传自己的理念。他试图让所有媒体都变成政府的服从者，建立一套军事化的传媒系统。①

长期以来，刚果政府对新闻媒体和图书出版控制较严。蒙博托实行一党制统治时期，刚果媒体的主要职能就是宣传政府的方针政策，特别是报道蒙博托在国内外的重大政治活动。各媒体所播新闻要受到严格审查，任何有损蒙博托的新闻均不得播出。实行多党制后，蒙博托政府名义上取消对报刊的控制，但公开批评政府的报刊常会遭到袭击，发表批评政府文章的记者会遭到逮捕。1995 年，蒙博托政府宣布允许民营广播电台和电视台，获准转播外国电台和电视台的节目，但不允许它们报道批评政府的新闻。

蒙博托时期刚果有 4 家有影响的报纸（均为政府控制），即《萨隆戈日报》（*Salongo*）、《埃利马晚报》（*Elima*）、《姆加姆贝日报》（*Mjumbe*）和《博约马日报》（*Boyoma*）。其中《萨隆戈日报》是政府机关报。周刊中影响比较大的是《扎伊尔周刊》（*Zaïre*）。

1990 年刚果涌现出 400 多个政党。各政党纷纷创办体现各自政治主张和立场的报刊。一些媒体为政治变革奔走呼号，公开批评蒙博托政府对公权力的滥用。当时的报社被分为“蓝色”和“绿色”，前者支持反对派，后者支持蒙博托政权。媒体由于被政治家操控，并不被民众信任。

1996 年，刚果断断续续出版的各种报刊约 400 种，这些报刊大多集中在金沙萨，每周出版一期或几期，日报只有十几种。这些报刊多为反蒙博托政权的报刊。比较有影响的如《潜力》（*Le Potentiel*）、《参考报》（*La Référence*）、《棕榈树》（*Le palmares*）、《灯塔》（*Le Phare*）、《乌莫加》、《精英论坛报》（*Forum des As*）、《标准》、《非洲都市》、《怨声》、《自由表达》、《社会》、《矿工之夜》、《非洲展望》、《同胞》、《地堑》、《热带风暴》、《希望》、《通讯》、《索夫金融日报》等等。政府机关报《萨隆戈日报》仍为亲蒙博托的报纸，《埃利马晚报》演变成强烈批评蒙博托政权的报纸。1991 年，《埃利马晚报》总编辑曾遭拘禁。1992 年，《埃利马晚报》《参考报》《灯塔》和《潜力》等报馆曾遭袭击。记者被拘禁事件时有发生。②

这一时期刚果有两大通讯社，一家是刚果政府控制的扎伊尔通讯社，每天发布有关政府活动的新闻。另一家是刚果天主教教友大会控制的非洲文献与信息通讯社。

---

① BOTOMBELE B. Les Politiques de la Communication au Zaïre. Communication Policies in Zaïre [R]. Paris：UNESCO，1978.

② 李智彪．刚果民主共和国 [M]. 北京：社会科学文献出版社，2004：266－271.

1990—2000年间，在撒哈拉以南非洲，民主化是国际援助和国际非政府组织关注的主要焦点，有时，也会对独立媒体给予特殊的关注，但是刚果却被排除在外了。1990年4月，蒙博托宣布一系列政治和出版自由政策，但是不到一个月，卢本巴希大学的学生遭到屠杀，国际社会对刚果的援助也停止了。1995年，全国新闻业代表大会召开，导致1996年通过了一项新的媒体法，将新闻出版自由纳入法律。传媒业显示出一些走向自我组织化的迹象。然而几个月之后，扎伊尔东部发生了武装叛乱，新统治者夺取了政权，蒙博托下台，更困难的时期开始了。①

La Référence Plus

Editorial

Aujourd'hui à la cité de l'Unité africaine, ouverture solennelle du 29ème sommet de la SADC

Les chefs d'Etat et des gouvernements entérinent les travaux des ministres

Quinze questions à Luzolo Bambi

L'ONGD/ACDI plaide pour plus d'accès des filles à l'école

Vente d'une maison résidentielle de M. Lukusa Muengula à Binza Pigeon

RECTIFICATIF

Avenue Gambela : les EGM créent une bonne déviation sur Shaba

Annonces

English Issue

Certificate Issuing at Angela in Binza

vers la tenue du forum national sur la lutte contre la corruption

2009年的一份《参考报》

四、卡比拉父子时期的新闻传播业（1997—2019年）

1997年5月，洛朗-德西雷·卡比拉夺取政权。他上台时曾许诺实行新闻出版自由，但在执政的头几个月，一度禁止政党活动。许多报刊的总编辑因发表批评政府的文章而被捕。1997年11月30日，卡比拉政府发布命令，禁止各广播电台转播外国电台的节目，但时隔两天政府又取消了这一禁令。1998—1999年，刚果再度发生国内军人叛乱。对普遍的媒体而言，这是一个非常艰难的时期，暴力事件普遍存在，财政问题不断。

刚果持续不断的武装冲突的特点是各方势力角逐：金沙萨政府、洛卡叛乱分子、非刚果军阀和外国势力（特别是卢旺达、乌干达、安哥拉和津巴布韦）。1999年7月，第一个停火协议在赞比亚首都卢萨卡签署，联合国开始执行联合国刚果维和任务（MONUC）。2002年初，联合国驻刚果维和使团建立奥卡皮广播电台（Radio Okapi），总部设在金沙萨，另在基桑加尼（东方省）、戈马（北基伍省）、卡莱米（加丹加省）、姆班达卡（赤道省）、卡南加（西开赛省）、金杜（马涅马省）、布卡武（南基伍省）等城市建立转播台，播出的节目基本上可覆盖刚果全境，播出的新闻和信息也相对可靠。

1999年2月，卡比拉政府颁布新的法令，规定广播电台和电视台的成

① FRÈRE M-S. The Democratic Republic of the Congo：Case Study on Donor Support to Independent Media，1990－2010［R］. The Media Map Project，2011.

1997 年 5 月 13 日刚果人在阅读报纸讨论和猜测第二天
总统蒙博托与卡比拉即将举行的会谈

奥卡皮广播电台[①]

立以及所播出的节目必须经过政府审查。卡比拉政府还用暴力方式限制当地媒体。[②]

蒙博托政权垮台后，原先的报刊有些继续出版发行，有些则销声匿迹，还有一些新报刊随新政权而问世。卡比拉政权接管扎伊尔通讯社后，将其改名为刚果通讯社。但由于长期拖欠通讯社工作人员工资，该社很少发布新闻。

总的来说，卡比拉时期的刚果媒体缺乏公信力，政治化严重，媒体不是以向公众发布政府信息为己任，而是追随某个政治领导人，承担宣传任务。进入媒体市场的门槛低，媒体间竞争激烈，但利润很低。[③] 本地出版物发行

---

① FRÈRE M-S. The Democratic Republic of the Congo: Case Study on Donor Support to Independent Media, 1990－2010 [R]. The Media Map Project, 2011.

② MATTI S A. The Democratic Republic of the Congo? Corruption, Patronage, and Competitive Authoritarianism in the DRC [J]. Africa Today, 2010 (4): 42－61.

③ SCHIFFRIN A. Power and Pressure: African Media and the Extractive Sector [J]. Journal of International Affairs, 2009 (2): 127－141.

量少，质量较低，缺乏生活服务和娱乐信息。

1998年，金沙萨出现记者维权公益组织“记者处境危险”（Journaliste en Danger），该组织为维护刚果和中部非洲的新闻出版自由而工作。时有叛乱分子用暴力威胁媒体，记者经常随意遭到逮捕或者遭受政治观点不同的个人和团体的攻击。2007年10月，刚果政府以未付执照费为由，强行关闭了38家广播电台；因而2007年无国界记者组织（Reporters without Borders）将刚果排在了最不自由的国家之列（第133位）。同年12月，刚果的22家广播电台获准重开。

2001年洛朗-德西雷·卡比拉被刺身亡，其子约瑟夫·卡比拉（Joseph Kabila）担任总统。他颁布了政党和政治团体组织活动法，各党重新登记。截至2015年9月，在刚果内政部注册的政党为477个。在其执政下，刚果的媒体格局发生了重大变化，在不到20年的时间里，从只有少数政府垄断的媒体机构发展到出现各种大量的、多元化的媒体。这些媒体背后有不同政党的支持是促成这种局面的重要原因。这里所说的多元，包括媒体政治观点的多样化，以及较为均匀的地理分布、迥异的传播规模和传播领域，有面向商业领域的、社区的和一般公众的。但在提供准确信息以及反映民众不同呼声方面，仍存在相当的不足。中国与刚果的媒体合作受到了赞誉，每年有近50名刚果记者到中国参加研讨会、培训和实习。①

刚果报纸数量的增多与政治格局的变化密切相关，政治观点多元化使得报社数量大增，很多记者就是政治活动家。在首都金沙萨，“一个部长，一份报纸”的情况很常见。但刚果传媒的新闻质量普遍不高，一个重要的原因是媒体没有必需的设备资源。许多报纸仍在使用比利时遗留下来的老旧印刷设备，许多记者没有电脑和电话。此外，记者的收入很低，且无法按时支付，因此，记者受贿成风，有偿新闻大行其道。2003年以后，媒体从业人员的水平相对有所提升。

2001年5月，刚果10个民间职业新闻组织共同创建专业媒体联盟（Federation des Organisations Professionnelles des Medias，FOPROMedias），联盟的领导机构是由10人组成的理事会。联盟宗旨是协调新闻组织之间的关系，保护新闻工作者的利益与合法权利，致力于同国际新闻组织的联系与合作。② 2004年3月，在三个非政府组织IPP（Institut Panos Paris）、GRET（Groupe de Recherche et d'Echanges Technologiques）和NIZA（Nederlands Institut Voor Zuijdelijk Africa）的支持下，一个新的全国新闻代表大会成立，包括全国超过200名新闻记者。这个代表大会为媒体应对所面临的新形势和挑战提供了机会，促进了媒体专业

① 那茨嘎．刚果民主共和国：媒体多元化发展［J］．王晓波，译．中国投资，2019（18）：68－69.

② 段建国．刚果（金）文化［M］．北京：文化艺术出版社，2005：258－259.

人士和援助机构之间关于媒体如何为关键选举做准备进行广泛辩论，这一进程本来就是后冲突时期的焦点。①

过去十几年来，刚果的新闻传播自由有一定进展，民营媒体逐渐发展起来。结构性局限、社会环境不稳定、职业培训不足等，是制约刚果新闻业发展的重要因素。

五、目前刚果新闻传播业的格局

作为联合国公布的世界最不发达国家之一（2019 年人均国民生产总值仅为 581.8 美元），刚果的新闻传播业发展水平普遍不高，大多数媒体工作都集中在首都金沙萨，广播仍是刚果最普遍的媒体形式，城区收听率近 90%。

（一）报纸期刊

2017 年 12 月的数据显示，刚果全国有 571 家纸质媒体，绝大多数为民营，主要集中在首都金沙萨，印刷报纸的主要消费人群是生活在金沙萨和周边的精英人群。贫穷是制约刚果报纸发展的主要因素。刚果人民的识字率较高，其阅读率却低得出奇，主要原因是刚果失业率很高，人们买不起报纸。通常日报每天只印 3 000 份，售出的报纸经常被人复印，然后以低廉的价格售卖报纸的副本。②

目前在刚果较有影响力的报纸有《潜力》、《棕榈树》、《观察家报》（*L'Observateur*）、《灯塔》等。发行量最大的《潜力》仅为 1 500 份，其他报纸的发行量在 300～1 000 份之间。金沙萨的印刷厂数量很少，其他省份也罕见印刷公司，这种缺乏市场竞争的情况导致印刷行业成本居高不下。刚果东部的报纸甚至在邻国印刷（布隆迪、乌干达、卢旺达）。由于印刷媒体的销售数量非常有限，每天结束时都会有大量报纸滞销，根据《潜力》《灯塔》等报的编辑介绍，每天大约有 60%的报纸未售出。为了确保报纸的生存，这些报社和政府走得越来越近，这也是大多数报纸都没有社论栏的原因。他们靠出售报纸版面给政客和广告商来维持，很多报纸的专栏都充斥着大量的广告，这是他们第二重要的收入来源。③

---

① FRÈRE M-S. The Democratic Republic of the Congo Case Study on Donor Support to Independent Media，1990 - 2010 [R]. The Media Map Project，2011.

② 戴比尔，梅里尔. 全球新闻事业：重大议题与传媒体制 [M]. 郭镇之，译，北京：华夏出版社，2010：270.

③ MUSHIZI C-M. DRC [EB/OL]. [2021 - 01 - 11]. https：//medialandscapes. org/country/democratic-republic-of-the-congo/conclusions/references.

Comme les autres Katumbistes
Modeste Mutinga et l'AAD saluent l'avènement de Félix Tshisekedi
Le Potentiel
Grogne sociale
Baptême de feu pour Félix Tshisekedi
Sommaire
Politique
Félix Tshisekedi appelé à matérialiser la vision des 13 parlementaires historiques de l'UDPS
Politique
La poursuite du processus électoral au cœur de l'échange entre le chef de l'État et la Céni
Économie
Impôt sur les bénéfices et profits : la DGI presse les petites entreprises à payer l'acompte de 60%
Provinces
Haut-Uélé : des localités de Dungu sous contrôle de la LRA depuis plus de deux semaines
Dernière heure
Le soutien à Félix Tshisekedi s'élargit : la Fondation Kalongo Mbikayi s'aligne
À HAUTE VOIX
À l'écoute du peuple
Prof André Mbata : «Il n'y aura pas d'inanition de la Nation. Tournons la page et avançons !»

2019 年 1 月 31 日刊载该报创办人穆丁加图片的《潜力》头版

最有影响的报纸是《潜力》，创办人穆丁加（Modeste Mutinga）是刚果著名记者、参议院议员。保护记者委员会（The Committee to Protect Journalists）认为该报是“在饱受战争创伤的刚果民主共和国中唯一的独立日报”。穆丁加认为本报具有促进经济发展和民主的“议程”。该报批评了刚果多位总统，他因这家报纸遭到指控而多次被逮捕和监禁。1992 年，报纸编辑部被炸。2000 年 1 月，他在纽约报道联合国安理会会议时遭到刚果总统洛朗-德西雷·卡比拉顾问的袭击。2000 年，他获得保护记者委员会授予的国际新闻出版自由奖。颁奖理由写道：他是“不屈不挠的人权拥护者”，“使整个非洲新闻界获得鼓舞，继续为表达自由和更好的治理而斗争”。

刚果的期刊数量相对较多，大体可分为以下五类：第一类为时事政治类，如《团结》（*Umoja*）周刊、《解放》周刊、《视野》和《鸽子》等；第二类为经济和商业类，如《经济导刊》、《信息通报》月刊、《企业家快讯》月刊等；第三类为学术类，如《刚果与非洲》月刊、《经济与社会手册》季刊和《非洲历史研究》年刊等；第四类为宗教类，如《新教文献与信息》、《非洲宗教手册》半年刊和《新教曙光》（*L'Aurore Protestante*）月刊等；第五类为体育类，如《非洲体育》月刊和《宾瓦体育》周刊。[①]

宗教刊物《新教曙光》月刊，发行量在 1 万份左右，是当地比较有影响力的期刊。

（二）广播电视

截至 2017 年 12 月，刚果有 625 家广播电台和 387 家电视台。[②] 法语数字刚果（Digital congo. net）是刚果的国有数字电视台，在刚果政府的资助下建立，同步直播数字电视的各类节目以及报刊新闻热点透视等。法语 Télé 50 是刚果的民营电视台，在线播放新闻视频，追踪热点新闻，更新时事新闻较快，并提供刚果其他主要网站的链接。

长期以来，无线电广播是刚果最普及的传媒，绝大多数刚果人主要通过

---

① 李智彪．刚果民主共和国［M］．北京：社会科学文献出版社，2004：266－271.

② 中华人民共和国外交部．刚果民主共和国国家概况［EB/OL］．［2020－02－21］．https：//www. fmprc. gov. cn/web/gjhdq _ 676201/gj _ 676203/fz _ 677316/1206 _ 677680/1206x0 _ 677682/.

2020 年 1 月 25 日 Télé 50 电视台新闻节目画面

无线电收音机获取各种新闻。社区和非营利性部门在广播领域占据主导地位，但在电视领域却不是很常见。[①] 电视机在刚果不太普及，一般只有大中城市才有电视机，能够买得起电视机的主要是收入相对较高的家庭。

刚果国家广播电视公司（Radio-Television National Congolaise，RTNC）是刚果地面和卫星电台、电视台的总管理机构，也是刚果最大的电台电视台运营机构。这是一个政府控制的广播电视公司，经费由政府财政拨款，新闻记者同时也是政府职员并领取政府薪水。它经营人民之声电台（蒙博托执政时期叫扎伊尔之声电台），总部设在金沙萨，同时在下刚果省的马塔迪、赤道省的姆班达卡、班顿杜省的班顿杜市、东方省的基桑加尼、加丹加省的卢本巴希、南基伍省的布卡武、西开赛省的卡南加、东开赛省的姆布吉马伊等 8 个城市设有卫星转播台，用法语、金瓦纳语、林加拉语、齐卢巴语和基孔果语等 5 种语言播送各种节目；坎迪普广播电台是另一家由刚果政府控制的电台，总部设在东方省东部的布尼亚市。1998 年刚果内战爆发后，这家电台一度落入反政府武装之手。

RTNC 电视台新闻节目画面

---

① 那奀嘎．刚果民主共和国：媒体多元化发展［J］．王晓波，译．中国投资，2019（18）：68－69.

RTNC经营的电视台是刚果电视台，总部设在金沙萨，周一至周五每天播放约5个小时的节目，周六和周日各播放10个小时的节目，节目覆盖范围主要限于金沙萨。TKM电视台原为民营电视台，1997年卡比拉执政后被收归国有。

刚果其余的广播电台和电视台为民营。2003年底，刚果有民营广播电台数十家，这些电台主要是转播美国之音、法国国际广播电台、英国广播公司以及瑞士、德国、加拿大、埃及和南非等国家广播电台播出的节目。民营电视台为数不多，集中在金沙萨、卢本巴希和基桑加尼等大城市。民营电视台大多数是商业性电视台，播出的节目单一，收视率不高。一些富有家庭常常自己购置卫星接收器接收欧洲国家的电视节目。

宗教民营广播电视台也在刚果广电媒体中占据较大份额，如为基督教公众自由信徒服务的宗教生活广播电视台（RTMV）、神力广播电视台（RTP）、救世军广播电视台（RTAE）；为金沙萨耶稣教（新教）各教区组织服务的好消息演播室广播电视台（SSM）；为金邦古教教会服务的金邦古教广播电视台（RTK）；为天主教徒服务的希望广播电台（Radio Elikya）。①

调频广播是刚果广播电视媒体中发展最快的。调频广播质量好，但传播能力较弱、覆盖范围较小，影响范围主要集中在城市中心，远郊农村基本收不到信号。

（三）通讯社

刚果有两家通讯社，刚果通讯社（ACP）为国营，联合通讯社（APA）为民营。国际新闻大多由驻在金沙萨的外国通讯社记者提供，其中比较有影响的通讯社有新华社、法新社、塞内加尔的泛非通讯社以及意大利、葡萄牙和西班牙等国的通讯社。

ACP 办公楼

① 段建国．刚果（金）文化［M］．北京：文化艺术出版社，2005：258－259．

（四）互联网

刚果的网络建设低于非洲平均水准。根据互联网世界统计（IIWS）公布的数据，刚果互联网用户数量 747 万，渗透率为 8.3%。而非洲同期平均水平为 39.3%。[①]

手机是刚果主要的触网设备。根据 2020 年 HootSuite 和 We Are Social 的调查，刚果使用手机的人数占总人口的 40%。在关于“设备的网络流量份额”的调查中，手机占据大部分流量份额（76.9%），电脑占据小部分流量份额（22.1%）。过去的一年内，手机的比例降低了 2.3%，电脑的比例上升了 12%。这说明刚果民众通过电脑访问网络的趋势在上升，但短时间内无法超过手机，手机仍然是刚果人民主要的触网设备。

2019 年 4 月刚果维龙加国家公园管理员和母大猩猩的自拍照在社交媒体走红

2015 年以来，刚果政府进行了多项信息通信技术（ICT）的创新，特别是移动支付业务的技术创新。在社交媒体方面，刚果有 310 万活跃用户。社交媒体用户数量占总人口的 3.5%。[②] 最常用的社交媒体是 Facebook、Instagram 和 Twitter。[③] 刚果社交媒体用户性别差异显著，根据 Napoleoncat 统计的资料，刚果有 377 万 Facebook 用户，其中女性占比 36.4%，男性占比

---

① Internet World Stats Usage and Population Statistics. Internet Users Statistics for Africa [EB/OL]. [2020-10-07]. https://www.internetworldstats.com/stats1.htm.

② HootSuite, We Are Social. Digital 2020: The Democratic Republic of the Congo [EB/OL]. (2020-01) [2020-10-07]. https://datareportal.com/reports/digital-2020-democratic-republic-of-the-congo.

③ MUSHIZI C-M. Media Landscapes [EB/OL]. [2020-10-07]. https://medialandscapes.org/country/democratic-republic-of-the-congo/media/social-networks.

63.6%；绝大部分集中在18～24岁（33.6%）和25～34岁（29.7%）年龄段。Instagram和Messenger等社交媒体的性别使用比例与之相差不大。①

小　结

本章介绍了撒哈拉以南非洲地区新闻传播发展的概况，并重点介绍了该地区最发达的南非共和国、西非也是非洲人口最多的国家尼日利亚、东非的肯尼亚和中非最大的国家民主刚果的新闻传播业的历史与现状。各国的新闻传播业发展差异较大，但殊途同归，都在20世纪90年代以后逐步走上了新闻政策民主化的道路，新闻传播业得到较快的发展。同时，撒哈拉以南非洲各国的新闻传播业几乎都面临着职业意识的培养和人民媒介素养提升的现实问题，各国本民族文化的独立发展也需要自立和创新。

本章思考题

1. 简述撒哈拉以南非洲新闻传播业的特点。
2. 简述20世纪南非共和国新闻业近百年以语言划界的斗争态势形成的原因。
3. 简述20世纪末以来南非共和国实行的自由主义新闻政策及对周边国家的影响。
4. 简述尼日利亚1999年实行民主化改革以后新闻传播业的发展情况。
5. 简述肯尼亚两大媒体集团——民族媒体集团和旗帜集团的发展及对周边国家的影响。
6. 简述民主刚果的长期政治动荡如何阻碍该国新闻传播业的发展。

---

① Napoleoncat. Facebook Users in DR Congo [EB/OL]. (2020-09) [2020-10-07]. https: //napoleoncat. com/stats/facebook-users-in-dr _ congo/2020/09.

第七章
大洋洲新闻传播史

学习要点

1. 了解大洋洲新闻传播发展的一般特点和代表性国家（地区）的基本情况。

2. 了解澳大利亚新闻出版自由传统的确立和媒介兼并的情况。

第一节 概 述

大洋洲是指澳大利亚大陆，以及新几内亚岛以东太平洋上分布的岛屿国家。这个地区只有澳大利亚、新西兰属于新闻传播业的发达国家。其他国家大多是在20世纪中叶以后独立的。这个地区的土著居民在西方人到来前，尚处于原始社会末期，现代新闻文化是从西方国家移植过来的。这个地区不处于世界的中心地带，与其他地区的新闻交流有限。鉴于地理上接近，澳大利亚、新西兰对周边国家输出新闻传播业。这个洲发展中国家的广电媒介发展速度相当快。在浩瀚的太平洋进行传播，需要先进的技术和材料。从人口与接收器的比例看，现在大洋洲的通信水平较高，不亚于拉美和亚洲。

一、平稳的新闻政策

大洋洲从殖民地或托管地向国家独立或自治的过渡是和平的，因而其新闻政策也保持了平稳过渡的状态。其特点可以归纳为以下三点：

（1）以自由主义为基础。除了澳大利亚和新西兰实行自由主义新闻政策外，太平洋的各岛国基本上也实行这种政策。这些岛屿上共有各种报纸约70种（其中日报十几种），三分之二为民营。广播电视业多数国家实行国营（或公营）与民营并行的体制。少数岛屿太分散、人口太少的国家，广电完全国营，并非不允许民营，而是民营在经济上得不偿失。在媒介与政府的关系上，该地区相对和谐，没有发生过重大冲突。

（2）逐渐实现本地人管理媒介（民族化）。实现独立的多数国家中，新政权没有采取收购或没收原有媒介的做法，只是要求原有媒介所有人培养本地新闻人才，逐步实现媒介的本地化。

（3）鼓励多种文化传播。澳大利亚自20世纪70年代开始鼓励多种文化传播以来，一定程度上带动了太平洋各岛国民族文化的传播。

以上三方面是一种有机结合的政策，既主张新闻出版自由，又维护民族利益，同时保持各民族之间的和睦相处，因而为国际上一些传播学者所肯定。

二、三个不同的发展地区

（1）澳大利亚和新西兰。这是大洋洲的主要国家，其新闻体制基本效仿英国：报刊业基本民营，广播电视业实行公营与民营并行的体制。不论是报刊还是广播电视，受众市场已经饱和，电视机的社会拥有量都是每两个人一台。澳大利亚为巴布亚新几内亚、新西兰为斐济分别开办了商业电视台。太平洋各岛国的广播电视节目中，这两个国家提供的所占比例较大。巴布亚新几内亚的《信使邮报》（*Post-Courier*）、斐济的《斐济时报》（*Fiji Times*），老板都是世界传媒大亨鲁伯特·默多克。

2020年4月18日出版的《信使邮报》

新西兰位于太平洋西南部，西隔塔斯曼海与澳大利亚相望，相距1 600千米，面积约27万平方千米，人口495万（2019年）。1840年4月18日，英国的“新西兰公司”在赫特河谷创办新西兰第一张报纸《新西兰公报》（*New Zealand Gazette*）。新西兰报联社（通讯社）1879年创办。新西兰1921年出现广播电台，1962年出现电视台。新西兰人均占有报纸率居世界第五位，全国共有报纸100多种，其中《新西兰先驱报》（*New Zealand Herald*）是第一大报，第二大报纸是《自治领邮报》（*The Dominion Post*）。新西兰有27家广播电台、11家电视台和22家地区电视台，大部分电视台总部设在最大的城市奥克兰。公营新西兰电台用短波向南太平洋其他岛国转播节目。公营新西兰电视台下设电视一台和电视二台以及五个地区电视台。电视三台是新西兰第一家商业电视台，也是新西兰主要的民营电视台。新西兰毛利电视台于 2004 年开播。①

2020 年 5 月 25 日新西兰总理杰辛达·阿德恩地震中的电视直播

（2）美拉尼西亚。这是大洋洲新闻传播业的次发达地区，以新月形远远地环绕澳大利亚大陆的东北部。其代表国家是巴布亚新几内亚、斐济。

巴布亚新几内亚的国名，是历史上对该地两种称谓的合一，面积 46.28 万平方千米，现在人口约 800 万（2020 年）。1884 年以后，该地区被德国和英国瓜分。德国占领新几内亚岛北部以及附近多个群岛，统称德属新几内亚；英国占领新几内亚岛南部及附属岛屿，统称英属新几内亚。1906 年，英属新几内亚交澳大利亚管理。一战德国战败后，国际联盟委托澳大利亚接管德属新几内亚。1942 年日本占领整个巴布亚新几内亚。日本战败后，1946 年联合国委托澳大利亚接管。1975 年巴布亚新几内亚独立。该国有约 1 000 个部族，语言较为复杂，主要使用英语、洋泾浜英语、莫苳语，主要通讯社为官方的巴新国际通讯社。主要报刊有英文报纸《国民报》（*The National*）、《信使邮报》和皮金语报纸《同乡报》。巴新国家广播公司（NBC）成立于 1975 年。该国广播的第三套节目（多种文化节目），名为“大鼓”（Kundu），使用 30 多种部族语言广播。这一地区的传播业虽然现在不够发达，但是发展速度明显较快。

斐济面积 1.8 万平方千米，人口 88.5 万（2017 年）。1874 年沦为英国殖民地，1970 年独立。现在是太平洋群岛中的一个出版中心，出版物主要使用英文、斐济文、印地文，十几家报纸竞争颇为激烈。代表性报纸是 1869 年创办的英语《斐济时报》、1974 年创办的《每日邮报》（*Daily Post*）、2000 年创办的《斐济太阳报》（*Fiji Sun*）。斐济的广播业较为发达，平均每两人有一台收音机。考虑到经济效益，该国原来没有建立电视台的计划。1991 年，

① 中华人民共和国外交部．新西兰国家概况［EB/OL］.［2020-02-25］. https：//www. fmprc. gov. cn/web/gjhdq_676201/gj_676203/dyz_681240/1206_681940/1206x0_681942/.

《斐济时报》1869 年 9 月 4 日创刊号报头

2021 年 2 月 8 日的《斐济时报》

新西兰电视台在斐济首都苏瓦建立了商业台，1993 年底，该台转变为由新西兰电视公司、斐济开发银行和私人股东构成的斐济电视股份有限公司。

这个地区的法国属地新喀里多尼亚的新闻传播业也较发达。

（3）波利尼西亚和密克罗尼西亚。在美拉尼西亚东北，以更远的新月形环绕着澳大利亚大陆的，是大洋洲新闻传播业相对不够发达的地区。其中位于东部的波利尼西亚比位于北部的密克罗尼西亚发展程度要高一些。

这个地区的代表国家是萨摩亚，面积 2 934 平方千米，人口 19.6 万（2018 年）。1899 年，西萨摩亚沦为德国殖民地，东萨摩亚由美国统治。一战德国战败，国际联盟委托新西兰管理西萨摩亚。1962 年西萨摩亚独立，1997 年更名萨摩亚。萨摩亚首都阿皮亚是又一个太平洋群岛中的出版中心，只有 3 万多人口，却有 6 家报纸，版式各不相同。代表性报纸是 1904 年创办的政府周报《萨瓦利》（*Savali*），有萨语版、萨英语混合版两种，萨语版主要向农村发行，混合版在首都地区发行。该国的广播开办于独立前的 1948 年，较为发达，平均每两人有一台收音机；萨摩亚现有 3 家电视台，即 TV1、TV3、Star TV，均为民营。

这个地区的汤加王国、法属塔希提岛、新西兰自治领库克群岛的新闻传播业也有一定规模。

三、独特的太平洋中的美国属地

太平洋中的美国属地分为本土和其他领地。属于本土的夏威夷群岛，以及美国的领地东萨摩亚、关岛等，由于其新闻文化直接来自美国，虽然起步晚，均在第二次世界大战后才得以发展，但新闻传播业很快达到了发达程度。这是大洋洲一个较为独特的情况。东萨摩亚面积 199 平方千米，人口 5.5 万（2016 年），却有 3 家报纸，广播电台和电视台各两家，收音机人均一台，电视机平均每户一台。代表性日报为《萨摩亚新闻》(*Samoa News*)。关岛面积 549 平方千米,人口 16.58 万(2018 年),有 5 家电台、3 家电视台和 7 家报纸,收音机每人平均拥有 1.5 台,电视机平均每户两台,移动电话的服务区覆盖全岛。代表性报纸为《太平洋每日新闻》。

2020 年 12 月 31 日的东萨摩亚《萨摩亚新闻》官网首页

1990 年独立的原美国属地马绍尔群岛、密克罗尼西亚联邦,其广播的基础也较为雄厚,均有广播电台和电视台。

大洋洲国家中,在世界上有影响的显然是澳大利亚,而且其对该洲的新闻传播的辐射也较广,因此,这里把澳大利亚作为详尽研究的国家。

第二节 澳大利亚新闻传播史

澳大利亚面积 769 万平方千米,人口 2 569 万(2020 年)。澳大利亚没有悠久的历史,17 世纪西方殖民者发现这块大陆时,广袤荒漠上只有二三十万处于原始状态的土著居民。18 世纪 70 年代,该地区被宣布为英王乔治三世的属地。由于过于贫瘠,只是充当了英国的罪犯流放地。第一批到达的 1 000 多名犯人和看押的警察,构成了澳大利亚最初所谓的现代“社会”。社会人口的素质、英国传统的殖民统治、土地的贫瘠、与欧洲距离的遥远和信息的闭塞,决定了澳大利亚早期社会传播的“初级阶段”性质。随着 19 世纪中叶发现金矿后大批西方移民的涌入,澳大利亚面向社会的现代新闻业形成,并逐步走向现代化。

一、现代新闻业的初创

1788 年,从英国到达澳大利亚大陆的第一批移民登岸时就带了一台木制印刷机。总督菲利普曾命令一名原职业为印刷工人的犯人乔治·休斯

（George Hughes）为当局印刷小册子《新南威尔士现行法令》，这是澳大利亚的第一本印刷品。

（一）第一批报纸的诞生

1803年，第三任总督菲利普·金（Philip King）到任，他较为看重办报，命令在当局办的印刷所工作的犯人乔治·豪（George Howe）于1803年3月5日为当局编辑和出版了《悉尼公报和新南威尔士广告人报》（*The Sydney Gazette & New South Wales Advertiser*），是为澳大利亚第一家报纸。这份报纸的长宽仅为29厘米×19厘米（相当于现在的A4复印纸大小），四版，每版三栏，售价6便士。其报头有一幅描绘当时建筑物的椭圆形的风景木刻画，椭圆形四周写有一行字：这就是我们繁荣的寄托（thus we hope to prosper）。该报的编辑和印刷相当简陋。

THE SYDNEY GAZETTE, And New South Wales Advertiser.

PUBLISHED BY AUTHORITY.

Vol. I. SATURDAY, MARCH 5, 1803. Number 1.

General Orders.

ADDRESS.

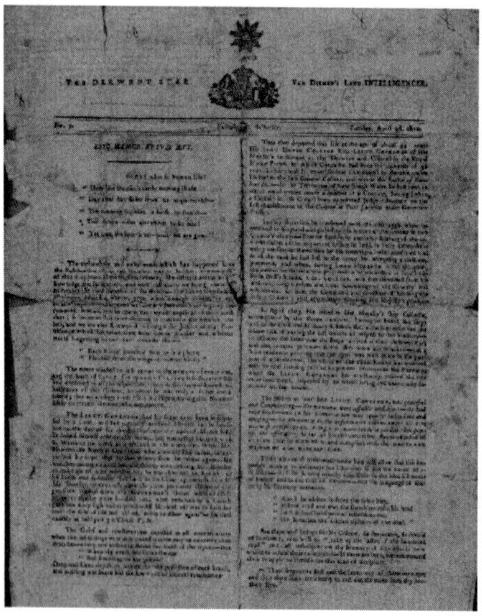

1803年《悉尼公报和新南威尔士广告人报》创刊号和1810年4月3日
《德文特明星和范迪门地信使报》第7号

总督金对于他创办报纸的决定做了如下说明："全体移民和居民都盼望能从传给他们的有用的信息中受益，一份周报可以大大推进这一构想，为此我批准一名能干的政府印刷业承办人每周搜集素材（这些素材要受到官员的审查），以周报和印刷品的形式出版……"① 显然，殖民当局这时已经意识到信息的传播对于澳大利亚新社会的意义，但是作为官报，其仍坚持实行英国本土已经过时了的新闻检查政策。

---

① 张威，李建红．澳大利亚报业溯源：上［J］．国际新闻界，2000（4）：70－74.

这是一份由犯人（后来为自由人）按照官方意图编辑的官报。豪出生于西印度群岛，父亲是当地政府的印刷匠，他在父亲指导下掌握了印刷技术。成人后在《泰晤士报》和伦敦其他的报纸印刷所工作过。他 1801 年因盗窃罪被判流放澳大利亚，1806 年获得自由人身份。1821 年豪逝世，报纸由其子罗伯特·豪接办。1827 年起该报改为日报，当年发行量达到 1 800 份。罗伯特·豪也是澳大利亚第一家杂志《澳洲杂志》（*The Australian Magazine*）的创办者、澳大利亚第一位书籍出版商。

澳大利亚的第二和第三家报纸均创刊于塔斯马尼亚岛，即 1810 年 1 月 8 日和 1816 年 5 月 11 日分别在该岛东南德文特河口一带创刊的《德文特明星和范迪门地信使报》（*Derwent Star & Van Diemen's Land Intelligencer*）和《霍巴特镇公报和南方记者报》（*Hobart Town Gazette and Southern Reporter*）。前者存续到 1812 年 2 月 7 日；后者存续到 1821 年，性质与《悉尼公报》相仿。

其他各州最早的报纸分别是西澳大利亚州首府珀斯于 1833 年创刊的《西澳大利亚人报》（*The West Australian*），该报最初是官报，原名《珀斯公报和西澳大利亚人报》，后来删除前半个报名，转变为民办报纸，出版至今；南澳大利亚州首府阿德莱德于 1836 年创刊的《南澳大利亚公报和殖民地记录报》（*South Australian Gazette & Colonial Register*），是为官报，后来停办；昆士兰州首府布里斯班 1872 年创刊的《电讯报》（*The Telegraph*）[昆士兰州从新南威尔士分出去晚些（1859 年），因而 1872 年才出现首家报纸]，是为晚报。

（二）新闻出版自由传统的确立

澳大利亚新闻史上，一般把 1824 年 10 月 14 日在悉尼创刊的《澳大利亚人报》（*The Australian*）视为该国第一家不受检查的民营报纸。该报创办人是当地一位法律界人士温特沃斯（W. C. Wentworth）和在曼彻斯特当过记者的沃德尔（R. Wardell）博士。他们在发刊词中宣布：报纸将是“独立的、一致的、自由的，不受约束的，同时不因恩宠和恐惧而变化”。这对当时的新南威尔士总督布里斯本（Thomas Brisbane）爵士来说是一件没有先例的事情。由于在英国本土已经不存在政治上直接限制新闻出版自由的法律，他在请示伦敦只得到暧昧的答复后，对该报的出版没有加以管束。于是，又一家民办的报纸《监督人》（*The Monitor*）于 1826 年由霍尔（Edward Smith Hall）在悉尼创刊。

1926 年新总督达令（Ralph Darling）到任。10 月，发生驻军两个士兵因开小差而被他施以酷刑、致死一人的事件，两报强烈谴责了总督的残暴。达

The Australian.

1824年10月14日《澳大利亚人报》创刊号

温特沃斯（1790—1872）和达令爵士（1772—1858）

令因此致电伦敦要求封闭这两家报纸，并向新南威尔士大法官福布斯（E. Forbes）施加压力，要求他立即取消民营报纸。英国殖民事务部没有同意他的要求，大法官也没有下达取消民营报纸的命令。于是达令利用掌握的权力对两家报纸课以很重的印花税，并以诽谤罪将霍尔和《澳大利亚人报》的一名编辑投入监狱。温特沃斯、沃德尔、霍尔和当地一些主张自由主义的社会人士向英国当局状告达令，各界对此反应强烈。1831年殖民事务部召达令回英国述职，宣布他对报刊所课的税无效，另派了一位奉行自由主义的总督。达令沮丧地离开悉尼之日，温特沃斯在自己的宅邸举办了一个有5 000人参加的盛大宴会，庆祝新闻出版自由的胜利。

这件事件之后，塔斯马尼亚州和西澳大利亚州也发生了同类总督限制新闻出版自由的事件。由于大势所趋，所有争取新闻出版自由的斗争都获得了胜利。澳大利亚新闻传播业如此轻易地获得自由，出版权这时由于英国本土和其他西欧北美国家的新闻传播业已经基本获得这种自由，加上它不是世界的焦点，所以这里的斗争带有一些戏剧性，并没有承受多大的艰险。各州的官报到19世纪40年代逐渐消失，澳大利亚从此自然形成报刊民营化的新闻体制。

（三）澳大利亚早期的报业竞争格局

如果说澳大利亚最初的民营报纸多少出于在政治上尝试新闻出版自由的动机的话，那么1831年4月18日创刊的《悉尼先驱报》便是第一家商业性报纸。该报由约翰·费尔法克斯（John Fairfax）和查尔斯·肯普（Charles Kemp）创办。前者在英国沃里克郡因从事印刷和办报而破产，带着怀孕的妻子和三个孩子来到这块新大陆；后者在英国曾是法庭记者。该报最初为周报，1840年改为日报。1841年在报名中加了个“晨”字（*The Sydney*

Morning Herald)，因为这一年悉尼出现了晚报《每日镜报》(*Daily Mirror*，1974年被合并)，它则以"晨报"的名义与之竞争。这也是澳大利亚报业竞争的开端。

在当时新南威尔士的另一个城市墨尔本，与悉尼几乎同时出现了报纸竞争。1835年那里首先出现《墨尔本广告人报》(*Melbourne Advertiser*)，接着于1840年出现澳大利亚的第一家晚报《先驱报》(*The Herald*)，还有1846年创刊的《守望报》(*The Argus*，1975年在竞争中停刊)。1851年，墨尔本成为从新南威尔士分出去的维多利亚州的首府；1901年成立澳大利亚联邦至1927年，这里还是联邦的首都。因此，从19世纪50年代起，就形成了悉尼、墨尔本两大城市之间新闻竞争的传统。19世纪中后期至20世纪初，墨尔本的新闻传播较悉尼发达；20世纪中期后期，悉尼较墨尔本更为发达。

约翰·费尔法克斯
(1804—1877)

二、1851年至建国初期新闻传播业的发展与新民族意识的形成

1851年对于澳大利亚的发展来说是一个至关重要的年头，由于在新南威尔士南部山区发现金矿，原来被人们视为"囚犯与袋鼠之乡"的偏远之地涌来了大批淘金者。澳大利亚的人口从当时的40万人，不到十年就增加到110万人，流放罪犯的制度也于这时终止；到1870年前后，又增加到160万人，人口的文化素质明显提高。1901年澳大利亚联邦成立之时，全国人口已有337万。

(一)报刊业的大发展及背景条件

金矿的发现使得澳大利亚开始成为世界的一个焦点，靠近金矿地区的墨尔本，以及相对近些的悉尼，报刊都得到迅速发展，种数增加，发行量更是急遽上升。

在墨尔本，由于工人数量的增长，这种商机使得一些具有自由主义倾向的商人联合起来，于1854年10月创办了《时代报》(*The Age*)，主要创办者是约翰·库克(John Cooke)和亨利·库克(Henry Cooke)兄弟及沃尔特·鲍威尔(Walter Powell)。该报以工人为主要读者对象，主办者的政治倾向与工人利益有一定关系，因而在创办之时遇到淘金工人起义(尤布卡栏栅事件)，它便站在工人一边，为他们的苦难申诉，谨慎地批评政府。当部分广告商因报纸的立场而退出后，40名印刷和排字工人每人拿出25英镑投入该报，它成为工人合作社的财产，坚持了18个月。1856年，该报被工人聘请的主编埃比尼泽·赛姆（E. Syme）和他的弟弟戴维·赛姆（D. Syme）以个人名义买下。四年后戴维接替因病逝世的哥哥主持该报。在以后的年代里，该报逐渐成为影响澳大利亚民主化舆论的主要报纸，其发行量到澳大利亚联邦成立时，也从创办时的1 000份达到了12万份。首任澳大利亚总理乔治·雷德谈到该报的影响力时说：戴维“是维多利亚州的真正独裁者”[①]。墨尔本19世纪后半叶的报纸竞争，主要在《时代报》《先驱报》《守望报》之间展开。

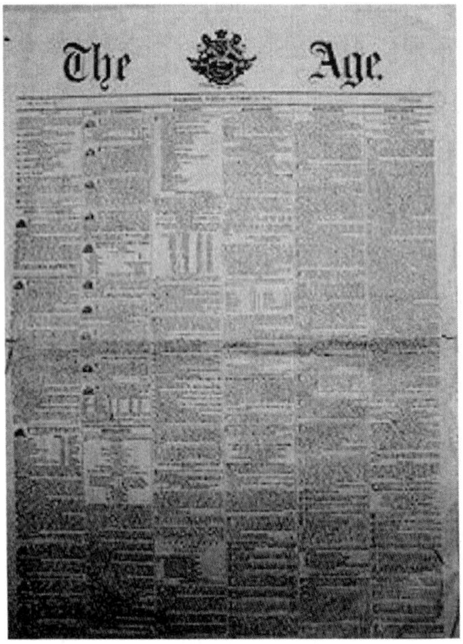
The Age

《时代报》创刊号

戴维·塞姆（1827—1908）

在悉尼，除了原先几家竞争的报纸外，1879年又出现一家大众化的日报《每日电讯报》（*Daily Telegraph*），这就形成一家严肃报纸（《悉尼先驱晨报》）、两家相对大众化报纸（《每日电讯报》与《每日镜报》）相互竞争的局面。悉尼也是澳大利亚的文化中心之一，在19世纪80年代创刊的《简报》（*Bulletin*）周围，聚集起澳大利亚新一代的职业文化人，而墨尔本则是老一代文化人的聚集地。

1872年，从南澳大利亚州的阿德莱德到北澳大利亚州的达尔文，长达3 000千米的大陆电报线架设完成；在达尔文，则有国际海底电话电缆通往世界各地。这两项伟大的工程使得澳大利亚较快地被纳入世界信息交往体系。从这年起，各报开始使用这条电报线接收国际新闻，第一家使用者是墨尔本的《时代报》。

① 沃克．报纸的力量：世界十二家大报［M］．苏滏均，诠申，译．北京：新华出版社，1987：331.

1870 年修建从阿德莱德到达尔文 3 000 千米电报线的劳工和家属留影

1870 年教育法案的实施，为澳大利亚的新闻传播带来了更大的读者群。随着大量人口涌入，澳大利亚的报纸逐渐趋向大众化。1862 年在阿德莱德创刊的《电讯报》（*Telegraph*）成为该国第一家便士报，第二家是 1867 年在悉尼创刊的《晚间新闻》（*Evening News*）。但是，真正形成便士报的潮流，是在 19 世纪末。其标志是最有影响力的《悉尼先驱晨报》于 1897 年将价格降为 1 便士。当时这些报纸只是在价格方面大众化了，在内容上有意识地适应大众流行文化的，则是 1889 年在悉尼创办的星期日报纸《真理报》（*Truth*）、1910 年创办的大众化日报《太阳报》（*The Sun*）、1922 年 9 月 11 日在墨尔本创办的《太阳新闻画报》（*The Sun News-Pictorial*）。

（二）报刊的发展与澳大利亚民族意识的形成

在澳大利亚人从一群英国殖民统治下的移民逐渐形成一个新的民族的过程中，大众传媒起了重要的催生作用。最早提出民族意识的是第一家民营报纸《澳大利亚人报》，它将美国作为澳大利亚发展的榜样，并把澳大利亚描绘成另一个半球的美国。受大众传媒日复一日的影响，一种要建立新社会的新民族意识在缓慢地发展着。1887 年《学报》中的一段话代表了这种意识的萌芽："所有那些离开暴政蹂躏的欧洲国家寻求言论自由以及个人自由权利的人，在踏上把他们带到这儿的船之前就是澳大利亚人了。"[①] 但是，几乎所有关于澳大利亚民族或澳大利亚人的观念，均以"白澳"作为前提，排除土著人和有色人种（包括中国人）。直到 20 世纪 70 年代以后，这种传统的"白澳"偏见才逐渐被摈弃。

这种强烈的以美国为榜样建立新社会的意识，使得澳大利亚 19 世纪的文

① 怀特．创造澳大利亚［M］．杨岸青，译．昆明：云南人民出版社，1999：101.

化业（包括报刊业）的发展速度远远超过英国本土。从人口比例看，整个澳大利亚支撑着一个规模比英国本土大得多的文化层：英国这类文化人与总人口的比例为1∶3 200，而澳大利亚是1∶2 100。由于相当一部分各种文学作品的创作者当时很少有机会在新闻业之外谋生，于是大多进入了报刊界，这无形中为澳大利亚报刊的发展和质量奠定了一个很好的基础。然而这种较高质量的报刊，在20世纪各类作家陆续脱离报刊而独立工作后，有一部分变得过分商业化，这也为世界新闻传播开创了另一种低俗的传统。

三、20世纪20年代以后报刊的集团化兼并

1851年澳大利亚金矿的发现一度使它成为世界的焦点。然而，随着黄金开采的枯竭，已经被纳入世界交往体系的澳大利亚，由于地理位置的偏远，仍然多少偏于一隅。两次世界大战期间，澳大利亚作为英美战线的后方，经济得到了较快的发展，但是人口发展相对停滞。这就造成了澳大利亚新闻传播业发展的相对封闭环境，以及以内向发展为主的特点。外部世界新闻传播业的发展与澳大利亚关联不多，而内部读者资源的挖掘是有限的，于是澳大利亚报刊业家族世代承办的情形较为显著，报刊业的垄断程度在西方国家处于第一位，达95%。最近七十多年，各家族报团相互兼并、发生变化的频率之高，在全世界也是少见的。

（一）20世纪60年代的五大报团

这五大报团依规模大小，分别是先驱与时代周刊集团、费尔法克斯报团、默多克新闻集团、帕克联合新闻公司、诺顿真理与运动员公司。

在墨尔本，1921年以《先驱报》和一家较大的周刊《时代》为核心，形成了一个报刊业的股份公司“先驱与时代周刊公司”。到20世纪60年代，这个公司成为澳大利亚最大的报团。该报团的最大股东是贝利厄家族。

资格最老的报团是费尔法克斯报团。1853年，《悉尼先驱晨报》所有人之一肯普以1.75万英镑的价格将自己的股份卖给了合伙人费尔法克斯。费尔法克斯建立的约翰·费尔法克斯公司20世纪中期以后迅速扩张。

1956年，鲁伯特·默多克（Rupert Murdoch）将《信使邮报》盘给父亲原来工作的老公司，同时买下西澳大利亚州珀斯的《星期日时报》（*Sunday Times*）和墨尔本的《新思想》杂志。1964年，他在首都堪培拉创办首家澳大利亚的全国性报纸《澳大利亚人报》（与1824年的同名报纸无关）。1960年，他从费尔法克斯报集团买下诺顿报团才卖出两年的《每日镜报》和《星期日镜报》，并拥有了悉尼和墨尔本商业广播电台的一些股份。这时成为澳大

利亚居第三位的报团。

（二）20世纪80年代以后两大报团相对的态势

20世纪80年代，兼并仍在继续。1987年2月，默多克一举买下先驱与时代周刊公司的主要股份，于是默多克的新闻公司成为在澳大利亚居于绝对第一位的媒介集团，它控制着全澳近七成的报刊。费尔法克斯公司是第二大媒介集团，控制着全澳二成多的报刊。原来的五大报团，20多年后变成了两大媒介集团。

1991年12月，加拿大的报业主康拉德·布莱克（Conrad Black）又以16亿澳元的价格，一举收购了费尔法克斯公司的主要股份。澳大利亚的新闻传播业竞争，当时变成了两个外国人（默多克加入了美国和英国国籍）在澳大利亚新闻市场的竞争。1996年，由于澳大利亚规定任何一位外国股东持有大都会媒体的股份不能超过25%，布莱克卖掉了澳大利亚的股份，2007年费尔法克斯家族重获对集团的控制权。现在，澳大利亚的新闻媒介主要由默多克的新闻集团和费尔法克斯集团控制。

四、澳大利亚报刊的特点与新闻出版自由

进入20世纪以来，澳大利亚的报刊逐渐呈现两个显著的情况：一是过于狭隘的地方性与低俗内容的结合，二是报业的商业垄断对新闻自由的限制。这些在其他西方国家都存在，但最典型的是澳大利亚。前一点使它成为世界第三代大众化报纸的起源地，后一点使它成为研究报业商业垄断干预新闻自由的典型国家。

（一）狭隘的地方性与第三代大众报纸格调的形成

澳大利亚19世纪的新闻传播曾因有较多的各类文学家参与而具有较高的质量，但从19世纪末开始，工业流程式的大众文化开始在新闻传播中蔓延。这种情形在英国本土也存在，但是那里的公众是开放的，观念上几乎是世界公民。而在澳大利亚，由于历史的原因和地理上无法改变的偏僻位置，以及大荒漠造成的地广人稀、以城市为中心的生活方式，人们倾向于一种狭隘的地域主义，漠视外界关系，各自限于都市的小区域，对全国乃至世界的事务兴趣淡然。澳大利亚的报纸中，四分之三以上是小型地方报。正是由于这一点，以地方社会新闻和娱乐迎合读者的报刊，从《太阳新闻画报》开始，大多获得了成功。特别是默多克在珀斯的《星期日时报》和悉尼的《每日镜报》，通过他对读者心理的观察而改进得更为彻底。原来那家珀斯的报纸就像一个满口脏话、半醉的酒徒，自他买下后，变成了一个见色流涎的活泼打手，

同样庸俗，但是版面生动，美工大胆。默多克在澳大利亚练就了这种格调后，1969年又把它转移到伦敦《太阳报》，再从那里传染了全世界，继北岩勋爵开创第二代大众报刊格调之后，他成为第三代格调的开创者。

然而，同样是默多克，也创造了澳大利亚现代严肃报纸的格调，这就是《澳大利亚人报》的格调。该报十分严肃，以硬新闻为主，相当全面地报道世界各地的重大消息，而且是澳大利亚广告最少的报纸，以至于有评论家认为，如果凭对默多克主办的格调低下的报纸的印象来看这份报纸，那么就会有人说："《澳大利亚人报》不是默多克所拥有的，它正是那种如果要出售，就会有许多善心人士出来大力呼吁政府干预，防止被默多克买去的报纸。"① 问题在于，默多克作为报业主，他考虑的一是与传播对象相适应的专业性，一是发行量。只要对路，格调高低只是经营策略问题。

（二）高度的报业垄断对新闻出版自由的威胁

20世纪以后的澳大利亚新闻出版自由问题，虽然多少存在着政府干预的因素，但是总体来说，政府干预不得人心已经是大势所趋，发生这类事件的频率越来越低。1940年6月至11月，老默多克曾出任无薪的第二次世界大战时期政府新闻部部长，企图征用全国所有电台的黄金时间广播新闻部的稿件，并拟定政府文件，要求各报免费以同等篇幅刊登政府反驳报纸对其批评的文章，结果在一片反对声中被迫离职，他的这些计划均未能实行。1980年11月，《时代报》因政府下令禁止发表一篇关于政府十年前国防和外交的报道而开了天窗，12月，联邦最高法院关于该事件的判决实际上否定了政府拥有这种权力。

1972—1975年，澳当局实行"多种文化"政策，从此澳大利亚人承认生活在多种文化而不是"白澳"文化的社会里。这样，历史上澳大利亚排斥（包括在新闻传播方面）土著人和有色人种的问题在法律上也解决了。

但是，由于澳大利亚的新闻传播为极少的几个家族集团公司所掌握，对新闻自由造成新的威胁。费尔法克斯、帕克报团所属的报纸的新闻工作者，就曾因老板干预他们自由报道新闻，而与之发生冲突。默多克更是由于与他所属报刊的新闻工作者在新闻自由问题上发生冲突而著称。对这些大报业主们来说，谈不上政治信仰，他们的立场或出于利益关系，或纯粹出于个人的好恶和关系的亲疏，因而他们通过自己的报刊所表达的政治态度和关于政治家的评价变化无常。

默多克便是这样的典型报业主。1975年11月，由于他的暗示，《澳大利亚人报》在大选中对两个候选人惠特拉姆、弗雷泽的态度没有保持平衡，转

① 柯瑞奇．纸老虎：操纵言论自由的人［M］．汪仲，译．广州：广东教育出版社，1997：423－424.

而攻击该报原来支持的惠特拉姆。澳大利亚记者协会将一封有 76 位记者签名的抗议信交给了默多克，认为这种显然是一面之词的新闻报道是一种政治检查制度。在默多克不予理会的情况下，记者们以职业道德的理由罢工三天。

澳大利亚政府 1991 年对报刊业垄断问题进行过大规模调查，然而尚无解决的良策。

五、广播电视业的和谐发展

澳大利亚的广播电台出现较早，1923 年 11 月 23 日，第一家广播电台 2SB 在悉尼播音，是为政府台。接着，政府又开办了三个台，即 2FC、3AR、6WF 台。1924 年 7 月，政府的文件将广播电台划分为两类，A 类不播广告，收听时要收取收听费（1929 年明确 A 类台为公营台），B 类以播出广告作为主要收入来源。这实际上就规定了两种广播体制。

公营台的管理体制类似于英国广播公司。1932 年 7 月设立了统管公营台的"澳大利亚广播委员会"（ABC）；1983 年 7 月，澳大利亚广播委员会改称"澳大利亚广播公司"，缩写依然是 ABC。这是一个相对独立于政府的机构，由一个从公司职员和社会人士中推选出来的九人经营委员会管理日常事务。

2020 年 8 月 17 日 ABC 新闻节目画面

澳大利亚的民营商业台始于 1924 年，只比公营台晚几个月。这里没有走西欧、加拿大先公营一统天下、再民营与之抗衡的道路，一开始两者就各有自身的发展空间，较为和谐。公营广播覆盖面较大，而民营广播囿于财力，大多是社区台，这种自然的分工一直延续到现在。

1956 年出现电视台后，澳大利亚广播电视业的发展速度加快，其规模在亚太地区仅次于日本。第一家澳大利亚的电视台是于 1956 年 9 月 16 日开播的悉尼 TCN 台（民营），接着，公营的悉尼电视台（ABN）于当年 11 月 5 日开播。各大报刊集团都在觊觎电视领域的经营权，但是根据澳大利亚限制传播垄断的法律，在同一运营区内，一个报业主只能占有一家电视台市场份额的15%，一个电视业主最多也只能占有一家主要报纸市场份额的15%。

（一）广播电视业的商业竞争

自从出现电视台，澳大利亚的报业大王们就开始为控制民营商业电视台而展开竞争。1957年，费尔法克斯公司和先驱与时代周刊公司以各种间接公司的名义，控制了悉尼和墨尔本的“电视七频道”；帕克集团与电子工业公司联手，控制着两个大城市的“电视九频道”。几经周折，默多克在1981年一定程度控制了新开辟的“电视十频道”。

澳大利亚大陆五个州首府城市（悉尼、墨尔本、阿德莱德、布里斯班、珀斯）的民营电视台已经联网，各城市的七、九、十电视频道变成了七、九、十电视网。鉴于法律的限制，报业集团应该在民营电视网中各占有比例小于15%的市场份额。但是，许多占有股份的公司与它们存在何种间接关系难以查明。

（二）从广播开始的“多种文化”政策

1978年元旦设立的“特别广播机构”（Special Broadcasting Service，SBS，1979年开始广播节目，1980年10月开播电视节目），开创了澳大利亚广播电视的特色。广播电台每天用60种语言或方言向国内广播；电视每天在不同时间向国内播出英、法、德、俄、中、意、希腊等语言的节目，主要为国内的少数民族服务。SBS是个独立的公营机构，用以体现20世纪70年代以来澳大利亚政府实行的“多种文化”政策。澳大利亚广播的这一特色已经闻名世界，得到联合国教科文组织和许多新闻传播学者的肯定。这个特殊的公营机构有广播、电视节目各一套。为保障这个机构的经费，除了政府拨款外，1991年起允许有限制地播出广告（每小时限5分钟）。为鼓励制作国产节目，政府对进口节目有一定的限制。

SBS办公楼

六、澳大利亚新闻传播业目前的格局

（一）报刊

澳大利亚现在有全国性和大都市日报 12 家、地区性日报 38 家，城市郊区报纸 138 家，城镇和社区报纸 350 多家，总计约 500 多家报纸。代表性报纸如下：

《先驱太阳报》，由原来历史悠久的《先驱报》和《太阳新闻画报》于 1990 年合并而成的一家“新”报，在墨尔本出版，是澳大利亚发行量最大的日报。

《悉尼先驱晨报》作为澳大利亚现存历史最悠久的报纸，依然保持了高级报纸的风格，它的金融版、国际新闻和联邦首都新闻都较有特色。2018 年 12 月 10 日，九出版公司（九娱乐集团子公司）从费尔法克斯集团收购了该报。

TEST TEMPERS ERUPT

Herald Sun

FREE FOR CHRISTMAS

Thousands of Black Saturday donations stuck in storage

WHAT A WASTE

SPECIAL REPORT

PIES ARE TOP TWO

I WANT A MAN

The Sydney Morning Herald

SPILL THE BEANS

HACKETT OUT OF THE GAMES

SOCCER WORLD CUP SPECIAL EDITION

If we die for jihad, it must be maximum damage

Uruguay show a lot of class in a tight spot

Oceanic curse strikes again?

Supersize your cash

《先驱太阳报》和《悉尼先驱晨报》

《澳大利亚人报》1964 年由默多克创办于堪培拉，后移到悉尼出版，成为代表澳大利亚的一份主要报纸。

《时代报》是 1854 年创刊于墨尔本的高级报纸，属于九娱乐集团。

（二）广播电视

澳大利亚的主要广电机构是公营 ABC，下设全国性的电台 6 家，全国性电视台一家。商业广播电台共 274 家，商业性的电视网三个，即七、九、十频道。这三个全国联网的商业电视台的收视率达到 90%，而公营电视台只有 10%。

THE AUSTRALIAN

Debt crises stalk world markets

Five cities, 625 arrests and 10,000 police rushed on to the streets as Britain burns

Labor won't budge on surplus

Pearson slams public housing 'obsession'

THE AGE

Hockey in doghouse over trusts

《澳大利亚人报》和《时代报》

（三）通讯社

澳大利亚的多数报纸以地方性城镇为发行范围，又分别处于几个本来关系不密切、被荒漠隔开的州，“全国”的观念淡漠，而世界性新闻又可以从世界级大通讯社获得，因而成立本国综合性的较大通讯社直到1932年才提上日程。最初是由几个很小的通讯社合并为澳大利亚统一通讯社；1935年再由路透社出面，在统一通讯社的基础上，联合15家较大的报纸成立澳大利亚联合通讯社（AAP），当时费尔法克斯所属的澳大利亚最大的报纸《悉尼先驱晨报》还拒绝加入。现在这家通讯社仍然是澳大利亚最大的通讯社，在世界上属于区域性通讯社。该社为新闻公司、费尔法克斯公司、《西澳大利亚人报》和哈里斯集团四家新闻机构所有，2020年6月26日结束营运。

（四）网络媒体

澳大利亚广播公司的网站ABC News online，从单一的广播服务开始，已发展成为一个多平台的媒体运营机构，并且是国际知名的公共广播公司，在全国及该地区提供澳大利亚的故事和对话。现在ABC加大了对数字平台的投资，包括App、ABC广播播放器和更好的流媒体设施在内，使得ABC能够满足数字时代的观众期望。

Nine. com. au是九娱乐集团下属的Channel 9的在线网站。1997年，Channel 9与Microsoft合作，推出了ninemsn。它是澳大利亚最早使用在线平台的网站之一。2016年，ninemsn转变为nine. com. au，如今nine. com. au是澳大利亚领先的新闻、体育、生活方式和娱乐网站之一。

Sky News online，由澳大利亚新闻集团（News Corp Australia）的子公司澳大利亚新闻频道 Pty Ltd（ANC）运营，提供现场新闻、体育新闻、天气新闻和国家事务报道。2018 年，推出了 Sky News Extra、Sky News UK 频道以及数字新闻网络 skynews. com. au。

nine. com. au 的网页

七、澳大利亚网络传播现状

（一）网民规模与新闻获取

澳大利亚在网络普及方面处于全球领先地位。根据互联网世界统计（IWS）公布的大洋洲的互联网使用和人口统计（2019 年），澳大利亚互联网用户数为 2 171 万。[①] 根据国际电联（ITU）2018 年公布的数据，澳大利亚个人使用互联网的比例为 86. 5%，拥有计算机家庭的比例为 82. 4%，使用互联网家庭的比例为 86. 1%。[②]

2019—2020 年澳大利亚丛林大火和新冠肺炎疫情期间，电视新闻保持着稳定趋势且有一定程度的增长。但整体而言，通过网络获取新闻仍然是澳大利亚人获取信息最主要的方式。

社交媒体和搜索引擎是获取网络新闻的两种常见途径。2018 年 82%的澳大利亚居民通过社交媒体和搜索引擎获取新闻。在 2019 年丛林大火和 2020 年新冠肺炎疫情期间，这一比例有所下降，分别为 73%和 76%，但仍然保持着超然的地位。

智能手机的便携性增加了人们获取网络新闻的频率。调查显示，58%的澳大利亚人通过智能手机获取新闻，远超过了计算机（48%）和平板电脑（21%）。

播客和视频等多媒体也成为新闻呈现的重要形态。视频新闻消费比例从 2019 年的 55%上升到 2020 年的 60%。播客在澳大利亚的使用人数也在稳步增长，尤其在年青一代中，播客这种多媒体形式的新闻更受欢迎。1995—2009 年间出生的人（Z 世代）和 1980—1995 年出生的人（Y 世代）中，分

① Internet World Stats Usage and Population Statistics. Internet Usage and 2019 Population in Oceania [EB/OL]. [2020 - 10 - 03]. https: //www. internetworldstats. com/stats6. htm.

② 国际电联（ITU）. 2018 年衡量信息社会报告：第 2 卷：信息通信技术国别概况 [R]. 瑞士：日内瓦，2019.

别有57%和51%的人收听播客，而Y世代中有近一半的人（49%）愿意为此付费。[①]

悉尼年轻人在悉尼歌剧院前玩手机

（二）社交媒体使用

在社交媒体方面，澳大利亚人常用的社交媒体分别是Facebook、YouTube、Facebook Messenger、Twitter、Instagram以及WhatsApp。[②] 其中，Facebook是澳大利亚人最常用的社交媒体，根据IWS的调查，截至2018年12月31日，Facebook在澳大利亚拥有1 500万注册用户，占澳大利亚网民总数的69.08%。[③]

（三）澳大利亚网络传播受众特征

澳大利亚人在获取新闻上具有明显代际、性别和城乡差异。Z世代的人有48%从社交媒体获取新闻。而在婴儿潮一代（1945—1965年出生）和年龄在74岁以上的人群，使用社交媒体获取新闻的比值只有9%和4%，绝大部分（两者都是57%）通过电视获取新闻。相较于其他世代，Y世代的人更喜欢在线新闻。而印刷媒体最受年龄在74岁以上人群的欢迎。在电视新闻消费中，相比于城市（36%），乡村的新闻消费者（45%）更依赖于电视作为他们

---

① PARK S，FISHER C，LEE J Y，et al. Digitial News Report：Australia 2020 [EB/OL]. [2020-10-03]. https：//apo. org. au/sites/default/files/resource-files/2020-06/apo-nid305057 _ 0. pdf.

② NEWMAN N，FLETCHER R，SCHULZ A，et al. Reuters Institute Digital News Report 2020 [EB/OL]. [2020-10-03]. http：//www. digitalnewsreport. org/survey/2020/australia-2020/.

③ Internet World Stats Usage and Population Statistics. Internet Usage and 2019 Population in Oceania [EB/OL]. [2020-10-03]. https：//www. internetworldstats. com/stats6. htm.

的主要新闻来源。另外，相比于乡村（22%），城市新闻消费者（30%）更倾向于使用在线新闻。而在广播、印刷媒体和社交媒体新闻消费上面，城乡间没有明显的差异。

近年来澳大利亚用户为网络新闻付费的意愿正在稳定增长。2016—2020年，新闻付费的人数从4%增长至8%。这个趋势刺激越来越多的新闻网站建立付费墙。与其他英语国家相比，澳大利亚在新闻订阅方面落后于美国，但领先于英国、加拿大和爱尔兰。

据调查，澳大利亚男性（17%）比女性（12%）更愿意为新闻付费，但愿意为新闻付费的女性数量正在缓慢增加。从2019年开始，这个差距已经缩小了2%。Y世代（20%）比其他世代更愿意为新闻付费。Z世代新闻付费人数增长速度远超于其他世代。较高受教育程度（20%）和较高收入（20%）的人更愿意为新闻付费。总体而言，受教育程度较高的人新闻付费的数量是较低的两倍。[①]

小　结

本章介绍了以澳大利亚为代表的大洋洲新闻传播业的历史和现状。读者需要重点关注澳大利亚的新闻出版自由与多元文化政策、媒体高度垄断的情况和大众报业的风格，并通过澳大利亚自身的历史文化理解其新闻传播的特征。另外，对大洋洲三大群岛——美拉尼西亚、波利尼西亚和密克罗尼西亚的代表性国家的新闻传播业，也要予以关注。它们处于世界一隅，却有相当平稳和谐的新闻政策。

本章思考题

1. 简述大洋洲各个区域新闻传播政策的总体特点。
2. 简述报刊发展与澳大利亚民族意识形成的联系。
3. 简述澳大利亚广播电视的“多种文化”政策。

① PARK S，FISHER C，LEE J Y，et al. Digitial News Report：Australia 2020 [EB/OL]. [2020-10-03]. https：//apo. org. au/sites/default/files/resource-files/2020-06/apo-nid305057 _ 0. pdf.

图书在版编目（CIP）数据

外国新闻传播史纲要/陈力丹，张玉川著．--3版．--北京：中国人民大学出版社，2022.1
新编21世纪新闻传播学系列教材
ISBN 978-7-300-29979-2

Ⅰ.①外… Ⅱ.①陈… ②张… Ⅲ.①新闻事业史－国外－高等学校－教材 Ⅳ.①G219.19

中国版本图书馆CIP数据核字（2021）第204865号

“十二五”普通高等教育本科国家级规划教材
北京市高等教育精品教材立项项目
新编21世纪新闻传播学系列教材
外国新闻传播史纲要（第3版）
陈力丹　张玉川　著
Waiguo Xinwen Chuanboshi Gangyao

出版发行	中国人民大学出版社		
社　　址	北京中关村大街31号	邮政编码	100080
电　　话	010－62511242（总编室）		010－62511770（质管部）
	010－82501766（邮购部）		010－62514148（门市部）
	010－62515195（发行公司）		010－62515275（盗版举报）
网　　址	http://www.crup.com.cn		
经　　销	新华书店		
印　　刷	北京溢漾印刷有限公司	版　　次	2008年4月第1版
开　　本	787 mm×1092 mm　1/16		2022年1月第3版
印　　张	24 插页1	印　　次	2025年7月第7次印刷
字　　数	436 000	定　　价	59.80元

关联课程教材推荐

书号	书名	第一作者	定价	出版时间
978-7-300-20259-4	外国新闻传播史	陈力丹	35.00	2015 年 3 月
978-7-300-03324-2	外国新闻传播史	郑超然	39.00	2000 年 10 月
978-7-300-17516-4	外国新闻史	李磊	39.80	2013 年 6 月
978-7-300-10682-3	美国新闻史（第九版）	［美］迈克尔・埃默里	89.00	2009 年 5 月
978-7-300-15292-9	美国电视史	［美］加里・R. 埃杰顿	48.00	2012 年 6 月
978-7-300-31966-7	中国新闻传播史（第 4 版）	方汉奇	59.90	2024 年 5 月
978-7-300-28338-8	中国新闻传播史新编（第二版）	王润泽	48.00	2020 年 8 月

配套教学资源支持

尊敬的老师：

衷心感谢您选择人大版教材！相关的配套教学资源，请到中国人民大学出版社官网（www. crup. com. cn）下载。部分教学资源需要验证您的教师身份后，才可以下载。请您登录出版社官网后，点右上角“注册”，填写“会员中心”的“我的教师认证”项目，等待后台审核。我们将尽快为您开通下载权限。

如您急需教学资源或教材样书，也可以直接与我们的编辑联系。

联系人：龚洪训　　电话：010-62515637　　电子邮箱：6130616@qq. com

欢迎加入全国新闻教师 QQ 群（群号：723715191），开展学术讨论，交流教学心得。

群名称:全国新闻教师2群
群　号:723715191

俯仰天地　心系人文

www. crup. com. cn
中国人民大学出版社
欢迎登录浏览，了解图书信息，下载教学资源